献 辞

母爱无垠

——谨以此书献给已故的母亲

一个探索者的人生

李扬鉴 著

南方日报出版社
NANFANG DAILY PRESS
中国·广州

图书在版编目（CIP）数据

一个探索者的人生 / 李扬鉴著. --广州：南方日报出版社，2009.3

ISBN 978-7-80652-849-5

I. ①一… II. ①李… III. ①李扬鉴－自传 IV. ①K826.14

中国版本图书馆 CIP 数据核字（2009）第 033714 号

一个探索者的人生　　李扬鉴 著

出版发行：南方日报出版社
地　　址：广州市广州大道中 289 号
电　　话：（020）87373998-8502
经　　销：全国新华书店
印　　刷：广州市怡升印刷有限公司
开　　本：787mm×1092mm　1/32
印　　张：13.375　彩插：0.25
字　　数：300 千字
版　　次：2010 年 3 月第 1 版
印　　次：2010 年 3 月第 1 次印刷
定　　价：32.00 元

投稿热线：（020）87373998-8503　读者热线：（020）87373998-8502

网址：http://www.nanfangdaily.com.cn/press　http://www.southcn.com/ebook

作者的母亲

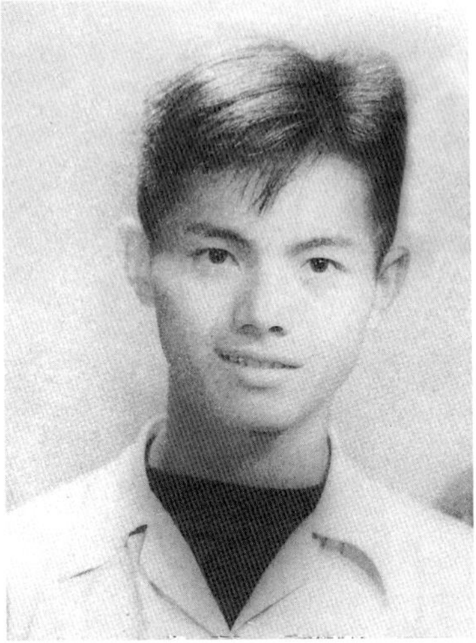

作者，1953年摄于武汉

作者，1954年摄于东北工学院

作者，1965年摄于枫林硫铁矿
（劳改矿山）

作者，1989年摄于
学术会议上

作者，1990年在辽东野外地质调查期间摄于鸭绿江边

作者，1991年摄于化学矿产地质研究院

作者，1992年在日本京都参加第29届国际地质大会期间摄于日本海滨

作者（右），1992年摄于日本京都第29届国际地质大会会议大厦

作者（右二），1992年摄于日本京都第29届国际地质大会会场

1994年摄于广东老家（自左至右：李扬鉴、李扬修、李扬训）

作者（右二），1996年摄于北京第30届国际地质大会会场

作者，1996年摄于北京第30届国际地质大会会场

作者（中），1996年在第30届国际地质大会期间与国内外学者进行学术交流

作者，1997年摄于苏州寒山寺

作者，2003年在西安参加学术会议期间摄于秦始皇兵马俑遗址

2004年摄于广东老家（自左至右：李扬鉴、李扬镜、李扬训）

序

丁东

近些年，撰写个人回忆录渐成风气。尤其是在历次政治运动中受过不同伤害的人，步入人生的晚年，自述历史，存之后世的心理动力更为强烈。李扬鉴先生所著的回忆录《一个探索者的人生》，就是如此。

李扬鉴先生是一位在反右运动中蒙难的理工科知识分子。此前，同时蒙难者写作长篇回忆录的多为作家、记者、社会人文学者和律师，理工科学者较为少见。因而这本书不仅是个人苦难和奋斗经历的宝贵记录，也是科学社会学研究的鲜活标本。这方面的标本不多。作家出版社出版的《东星北档案》（刘海军著）可算一个典型标本，受到知识界的高度关注。现在，李扬鉴又提供了一个典型标本，同样值得关注。我对束星北从事的理论物理学和李扬鉴从事的构造地质学都是外行，对他们从事的专业没有资格发言，只想从学者和学术生态环境的关系入手，对他们做一些比较。

先说他们二人的共同点，我看至少有三：一是性格都很独立。李扬鉴的回忆录就叫《一个探索者的人生》，特立独行是他的性格特点。束星北也是如此，在强烈程度上，恐怕比李扬鉴还有过之。二是都在自然科学的某些专业分支提出过不同于前人的理论创见。束星北从相对论到电磁学、热力学、气象学、海洋学等领域都有独特的见解，李扬鉴在地质学方面提出了大陆层控构造学说。三是都关心政治，因表达合乎人性、合乎普世价值的政治见解而贾祸。束星北主张法治，反对人治，维护宪法尊严，申张公民权利。李扬鉴针砭官僚主义，批评个人崇拜，向往议会民主。他们都在1957年后长期沦为专政对象，受到严重的人格污辱和人身伤害。

再说他们的不同点：束星北生于1907年。这就使得他有可能在民国年代接受高等教育，负笈欧美，到世界科学前沿留学深造，在较高的起点上开始学术研究，回国后任教于浙江大学这样的前沿学术机构，培养了像李政道等杰出的学生。他沦为政治贱民时已经功成名就。李扬鉴生于1934年。历史决定了他只能在20世纪50年代以后展开自己的事业人生。现代科学是一个不断积累的过程。只有掌握科学共同体公认的游戏规则，了解已往的研究成果，才有可能在前人的基础上创造。良好的教育，能够给有科学研究兴趣的青年提供这样的基础。自学也有可能走进科学研究的殿堂，但往往要付出更大的努力。在这方面，束星北在同时代人中受到了最好教育。李扬鉴在中学被开除团籍以后，1953年能考上东北工学院已算万幸。但和束星北相比，还是差了一个台阶。李扬鉴还没有来得及在科学领域登堂入室，就被人告密，成了劳改犯。在收入仅够勉强糊口的处境下，他从牙缝里省出钱来订阅学术期刊，购买专业书籍。对科学的迷恋成为苦难人生的精神支柱，在极其悲惨的境遇中，闪现了科学发现的灵感。直到国家改变了政治航向，人到中年的他才得以幸遇伯乐，从基层企业调进部属科研机构，一展才华。此后虽然还有磕磕绊绊，但已经不能阻碍他破土而出。他们的不同命运表明，对于科学家来说，青年时代遭遇政治磨难比中年以后遭遇政治磨难，代价更为惨重，需要更大的努力。

独立思考的精神，是从事创造性的科学研究的必备条件。科学创造不但要求承认规则，更需要标新立异。没有求异思维，科学创造无从谈起。中国的教育体制以应试制度为基本特色，偏于引导求同思维。科研体制对专业人员的选用，也较多行政色彩。以至在很多专业研究机构里，因袭成说、迷信权威成为主导的风气，保持独立思考精神者反而像凤毛麟角般稀缺。自然科学工作者首先是一个人。一个具有独立思考精神的人，不可能仅仅把自己的思考向专业领域投射，而不向自身在期间生活的社会政治领域投射。自然科学比社会人文科学在理论思维上往往更精确，更彻底。这使得一些以理工科为专业背景的知识分子在谈论现实政治时更尖锐，更不含糊。这在以阶级斗争为纲的20世纪50—70年代就成了大忌。至少有几十万从事自然科学和工程技术领域的专业人员，在历次政治运动中因为议论时政，成了文字狱的牺牲品。这也是我国半个多世纪以来科学研究落后于发达国家的直接原因。改革开放以后，自然科学和工程技术领域的学术自由已经今非昔比，人们从事纯学术研究告别了恐惧的阴影。右派中有相当一批人，本来就是木秀于林，才华过人，长期压抑后一旦解放，智慧有如井喷，在各个领域都取得了社会瞩目的成就，成为改革开放后的亮丽风景。

我曾把新中国成立以来学术生态的演变分为三个阶段。第一个阶段是毛泽东执政年代，结束了民国时代学术相对独立的体制，在意识形态领域实行全面专政。学者不允许有独立的政治立场，也失去了自主谋生的手段，失去了自由思想的空间，学术的天地十分狭窄。第二个阶段是改革开放前期，中国学术出现了一次中兴。平反冤假错案，使知识界走出恐惧。真理标准讨论，让学者开始挣脱对领导人的思想依附，追求真理，崇尚创新，关注现实，勇于批判，与人类文明的主流接轨。老的学科出现了新的观点，被取消的学科迅速恢复，涌现出新的学派。第三个阶段是近二十年，学术生态环境再次下滑。行政权力调整了对学术的控制方式，形成了市场经济条件下的新特点。政治通过经济的中介来驯化学术。行政部门通过掌控学术经费、学术职务、学术头衔、学术荣誉、学术传播渠道来掌控学界，还是让学术依附于政治权力。政府支配的科研经费越来越多。大批学者在经济利益的诱导下，逐步放弃独立性，使得学界主流宠物化，独立学者边缘化。20世纪80年代曾经出现的学术中兴，又成了远去的风景。以官治学，权力本位，量化管理，劣胜优汰，抄袭剽窃，有恃无恐，作弊盛行，底线失守。学界告别了恐惧的阴影，又跌进了腐败的酱缸。80年代科研经费稀少时，专业学者还能潜心钻研学术。后来大量的科研经费与个人物质利益挂钩，寻租机制、权钱交易便不可避免地向科学研究的立项、鉴定、评奖、评聘、国际交流等环节渗透。那些保持清高的个人，在这种氛围里再度感到孤独和无力。李扬鉴先生在政治上获得改正，在学术上破土而出以后，仍然遇到种种不快，或许与这种变化不无关系。当然，学阀弄权、官僚掣肘、内部倾轧、妒贤嫉能等现象，不是中国独有的，在任何国家都难以避免。有些科学家在自己功成名就以前受到过权威的压制，自己成了权威以后又压制别人，古今中外也是屡见不鲜。但中国学界在转型期的特殊病象，却是我们不能回避的现实。

现在中国经济实力增强了，政府希望科教兴国，投入科学研究的财力也相当雄厚，但人们对中国科学的前景仍然未敢乐观。诺贝尔奖何时花落中国？中国的科学界能否激浊扬清？中国人不缺乏科学创造的聪明才智，如何才能营造适宜科学之花盛开的生态环境？李扬鉴先生的人生经历，或许可为求解这道难题提供多方面的启示。

神奇大峡谷

周殿芳

走向世界的科学家理所当然以世界级自然奇观相比拟！

谨以此诗献给尊敬的地质学家——化学工业部化学矿产地质研究院教授级高级工程师、大陆层控构造学说的创立者李扬鉴先生。

你拥有亿万斯年的悠长岁月
层层断崖　道道岩纹
印记着新旧地球年代
啊，你是博大精深的地学全书

你历经亿万斯年的默然演进
如今五洲游众如云
取代了亘古蛮荒阒寂

啊，你是一首开拓者的恢弘乐曲

你的丹岩橙壁似油画凝重
你的峥嵘嶙峋如雕塑庄严
你的“神殿”、“宫阙”那样圣洁奇幻
你的科罗拉多那么古老年轻

你啊你，大峡谷
给予艺术家浑然天成的灵感
赋予诗人神奇瑰丽的遐思
而一个被你震撼着心灵的凡夫俗子
曾从你雄阔深辽的躯体
感喟着华语“虚怀若谷”内蕴
曾从你辉煌神奇的演进
解读着哲思“沉默是金”真谛

啊，大峡谷
你不愧是享誉世界独具风采的大自然骄子
然而我赞赏你同时更要礼赞另一种神奇
——一个“囚徒”成为地质学家的奇迹
他与你何其相似又自拥特异
二十二载身陷囹圄似漫长寒夜
其悲凉心境一如你曾经的荒漠冷寂
而源于他超凡价值观的生命潜流啊
却如同奔腾于你怀中的科罗拉多
不舍昼夜　奋进不息
他魂系梦牵地创见和追求
一直在地壳奥秘的理论殿堂求索

啊，大峡谷
你整整沉默十七亿年终被世人发现
从此便由亘古蛮荒向现代化飞跃
拥有无与伦比的价值美丽
而地质学家生命中最美好的年华
也一直在焦灼等待中沉默
是悲剧年代终结科学春天降临的历史机遇
是伯乐式老前辈慧眼识珠相中千里马
他才如愿以偿驰骋万里跃上世界讲席
科河用自然伟力　在峡体
营造不可胜数的奇妙洞穴
诚然是古生物学人类学珍贵的实验室资料库
地质学家以叛逆性格
蜷曲于易坍塌中毒的废弃矿坑
所记录绘制的坑道素描图堪称天文数据
他反传统不囿于洋人充满挑战性之执著
赢得了崭新多元中国特色地质理论之诞生！

啊，大峡谷
他的形貌远不如你华彩奇崛
心灵，却打造得光洁透明
他的身躯更比不上你雄阔深杳
令五洲游众心神倾服
而他生命光环构织的地学华章
与你一样丰美绝伦
亦令世界级权威拍案称奇耳目一新
他的地学理论与你一样既深且博
不愧是富于传奇的中华大地骄子！

如果说，科罗拉多为成就大峡谷的奇绝
永恒和谐　相伴相依
而大峡谷开拓者们变荒芜为美丽
却同时破坏了自然的和谐
令好莱坞影星凯蒂妮心碎不已
那么，兼容峡川性格风采的地质学家
“老骥伏枥”“壮心不已”
正步履坚实探索人生真谛
大书特书——人生应与宇宙自然一样
和谐有序　和谐永恒

啊，大峡谷
在这物欲横溢纷争频仍的寰宇
你说，这是不是更为高山景行的神奇！

（原载《新国风》2002年9—10月，
《大风筝》诗集2002年下卷转载。）

目 录

前言

我有幸下过地狱，也登上了天堂。从劳改队的苦役到科研单位的学术研究，这两种极端的生活体验，使我这个崇尚独立人格、独立思考的特立独行者，对自己、对人生、对社会、对自然有着异乎寻常的理解和感悟。陈独秀先生当年在《每周评论》第25号发表的《研究室与监狱》一文中说得好：“世界文明发源地有二：一是科学研究室，一是监狱……出了研究室就入监狱，出了监狱就入研究室，这才是人生最高尚（优）美的生活。从这两处发生的文明，才是真文明，才是有生命有价值的文明。”所以这些在“世界文明发源地”产生的理解和感悟，不应该仅仅属于我自己。

人的生活大抵可以分成三个层次：物质生活，情感生活，思想生活。人之所以成为一个真正意义上的人，是因为他有思想。思想是人性中最高贵最有价值的东西。有思想的人，宛如扎根于泥土中的树木，根深柢固，任凭风吹雨打，依然挺然屹立；而缺乏思想的人，则像水上的浮萍，随波逐流，无法把握自己，把握人生。

思想是我人生漫漫长夜中的一盏指路明灯。它使我过去长期在那令人绝望的劳改矿山中，不但没有自贱，没有沉沦，反而充分利用那里采矿工程的有利的观察条件，对矿井中丰富多彩的构造现象进行了全面深入的研究，解决了当时生产中许多重要的地质问题，获得了显著的经济效益；并发现了不少前人没有发现过的构造现象，产生了一系列与传统观念不同的新思路，为日后探索地壳运动奥秘奠定了坚实的基础。思想挽救了我的生命，净化了我的心灵，升华了我的人生。

1980年改正之后，我调到化工部化学矿产地质研究院（以下简称为地研院）。这时已近知命之年的我，又受理性精神的驱使，力排众议闯新路。在我们这个缺乏科学传统的国度里，在我们这个因循守旧的环境中，为了充分发挥自己创造性理论思维的优势，我又不畏艰难险阻，坚决选择一条与众不同的影响深远的构造地质基础理论研究道路。我把自己过去的矿山地质构造研究成果，与国内外地质科学成果“杂交”后，升华为具有普遍意义的理性认识，然后运用演绎法使这些认识成为解决当今种种构造热点问题的钥匙。这种与传统归纳法不同的研究方法，使我迅速获得了一系列重大突破， 在一篇篇论著中，提出一系列新概念、新模式，从而创立了大地构造新学说。

在板块构造学说盛行的1996年，我们于献给第30届国际地质大会的专著《大陆层控构造导论》中，运用多元的新思维，从流变学角度研究了大陆岩石圈软硬相间层圈结构的形变特点，发现大陆构造是一幅多元的，空间分布有序、时间演化和谐的宏伟构造画卷，创立了大陆层控构造学说，并使之成为大陆地质研究新的理论基础。同时指出，发端于中—新生代刚硬单一大洋岩石圈、风靡全球的“板块构造学说是‘登不了陆’的”。时隔7年的2003年4月，美国网上以白皮书方式，公布了总结性文件《构造地质学和大地构造学的新航程》，终于承认板块构造学说不适用于大陆地质，也开始认识到未来应以流变学为核心，来解开大陆构造之谜。一个从根本上怀疑的人，才能从根本上创新。

今日到了迟暮之年，在继续从事地球科学研究之余，独特的人生追求又鼓舞我闯入并不谙熟的文学园地。“老夫聊发少年狂”，提起笔来重新咀嚼一遍自己几十年来坎坷人生和艰难学术生涯的种种酸甜苦辣，为广大读者，尤其是青年读者提供一些认识自己、认识世界的有益借鉴，使他们在争取发挥个人优势、实现自我价值的奋斗过程中，增加自信、勇气和智慧。

社会愈进步，对个人潜能的开发也愈彻底。在当今竞争异常激烈的知识经济时代，个人创新能力的高低，将决定着一个民族一个国家的兴衰存亡。马克思说，自由是创造的前提。所以我们再也不能把人当作“驯服工具”和“螺丝钉”了，而应该让每个人都成为具有独立人格，能够进行独立思考和创造性劳动的真正意义上的人。

当前人类社会面临着人口、资源和环境三大问题，生存环境严重恶化，那种与天斗其乐无穷、与地斗其乐无穷、与人斗其乐无穷的“斗争哲学”，既破坏了自然，也毒化了社会，应该成为历史的陈迹。为了避免人类文明从内外两方面毁灭的有效途径，应该把《易经》中的“天人合一”思想，以及大陆层控构造学说根据地壳运动规律，升华出来的多元、有序、和谐的世界观，发展成为新的“天人合一”哲学体系，以克服当今人类社会从工业经济时代沿袭下来的，不顾生态环境，片面追求高经济增长、高消费带来的严重灾难，指导人类活动朝着心灵与肉体、人与人、人与自然全面而有序和谐的健康方向发展。

几十年来，在人生舞台上，我扮演过革命者、囚徒和学者三个截然不同的社会角色，大起大落。但人生目标始终如一，一直朝着“立德，立功，立言”理想主义的方向踽踽独行。我一生都在路上，追求独立人格，追求独立思考，追求理性，追求创造，追求极限，追求和谐，苦苦求索，从不放弃自己，从而做到了“贫贱不能移，富贵不能淫，威武不能屈”，达到了自己人生的极限。

我感谢长期困境的磨砺。没有过去那漫长的艰辛的劳改矿山生活，我也就不可能有今日在构造地质学领域的重要成就和对人生、对社会的深刻感悟。为了总览山川，必须站到高处俯瞰；然而要深刻了解社会、认识人生，又得身处生活的最底层由下往上看。人在低处仰望，可以窥见我们这个金字塔式社会最宽广底层的真面目和人们掩饰不住的赤裸裸的人生百态；而且人在逆境中对人间世事，才有更深刻的体验和思考。这就是为什么古今中外许多千古绝唱，多是圣贤在落魄时的悲愤之作的原因。长期的劳改队生活，给我提供了一个观察社会、探索人生的良好窗口。思考使我受难，受难又使我进一步思考。尼采说过，一个人洞察时代的深度，与他痛苦的强度成正比。

我更感谢改革开放给我提供了充分施展才干的良机。没有这个千载难逢的机会，我在劳改矿山所积累的大量宝贵地质资料及新思路，就无法上升到理论的高度；我独特的人生经历及感悟，也不会以今日这样的方式面世。文学艺术与科学技术不同，它是非常个性化的，可以超越的。没有牛顿去发现运动三定律，迟早总会有其他人以这种或那种方式来发现。可是离开了曹雪芹，决不会有第二个人写《红楼梦》。

从中学时代起，我便养成了写日记的良好习惯。它培养了我观察、分析、表述问题的能力。然而在那个文字狱盛行的时代，这却埋下了监牢之祸。反右派斗争之后，我再也不敢写日记了。现在虽然已经彻底改正了20多年，但原来所写的日记，至今还被扣留在阳新县人民法院。多次去函索回，却被以“还要继续存档备查”为由，拒绝退还。这次写回忆录，对逝去年华的雪泥鸿爪，主要凭借记忆，所以难免有遗漏和不确切之处，这是无可奈何的遗憾。

在语文教学园地辛勤耕耘了一辈子、于国内外报刊时有力作问世的周殿芳老师，于旅美期间参观了美国国家公园科罗拉多大峡谷。她被大峪谷的磅礴气势深深震撼，为此在2002年第9—10月的《新国风》诗刊上，发表了《神奇大峡谷》华章。周老师把这动人的诗篇慷慨地赠送给我，溢美之词令人汗颜无地。不过我把这篇感人肺腑的佳作，当作周老师馈赠给长期默默耕耘的广大开拓者的一份珍贵礼物，所以收录在书前。深深感谢周老师赠送这份厚礼。

本书还承蒙丁东先生赐序，在此谨致衷心致意。

第一章◎孤独的童年

故　乡

1934年4月16日，我出生于广东省普宁县新寨村（今属揭西县棉湖镇）一个工商业兼地主的大家庭，潮汕（潮州和汕头的统称）人氏。

位于中国东南沿海的潮汕地区，在唐代韩愈因谏迎佛骨事被贬来潮州任刺史时期，还是一片荒僻之地。后来中原战乱频仍，众多先民为了躲避兵火之灾，遂不辞辛劳，纷纷南迁。李氏也是在南宋时经闽入粤的。于是潮汕地区才渐渐繁荣起来，潮汕人也由此拥有移民特有的刻苦耐劳和积极进取的优良传统。

到了清朝后期，海上交通兴盛，潮汕地区人口稠密，地少人多，先民又勇于开拓进取，故许多人便漂洋过海，出外谋生。现在潮汕人遍布于世界各地，在海内外各有1000多万人。当年这些赤手空拳外出闯荡的游子，由于具有艰苦奋斗和团结互助精神，后来多已发迹，不少人还成为当地受人敬重的实业界巨子。团结奋进的潮人精神，早已蜚声海内外。

棉湖位于榕江南河中游，建寨于宋代，已有千年的历史。由于地理条件优越，到了明清时期，它已经发展成为粤东地区经济比较发达的重镇。那里盛产甘蔗，用它榨制的红糖，大规模远销京、津、沪、苏、杭一带，出口量为当时全省之最。其中赤砂糖最负盛名。

商业社会培养了强烈的竞争意识和尊重知识、尊重知识分子的优良传统。从前我们那里只对教师和医生才称先生，其他职业的人，无论是高官或巨贾，一概不能以先生称呼，由此可见一斑。

棉湖历史悠久，文化发达，人才辈出。清代揭阳县中进士者十余人，棉湖（原属揭阳县）就占4人。其中历官至度支部右丞的曾习经，为人正直，能力超群，办事认真，文才出众，被梁启超誉为“有清易代之际第一完人”。现代更有中国社会科学院前副院长、著名经济学家许涤新等一大批在各自领域作出突出贡献的学者、专家。

第一次国共合作时期，为了打倒盘踞在粤东的军阀陈炯明，广东革命政府进行第一次东征。由黄埔军校校长蒋介石、政治部主任周恩来率领的学生军教导团1000多人，于1925年3月13日，在棉湖大功山与陈炯明干将林虎1万余众的部队遭遇。学生军以一当十，英勇无比。他们从清晨一直战斗到傍晚。之后侧出援兵，击溃了十倍于自己的敌人，歼敌3000多，取得了第一次东征最关键的伟大胜利，为国民革命军北伐奠定了基础，并在棉湖人民心头播下了革命的种子。

由于棉湖有着独特的历史背景和文化传统，文物古迹众多，广东省人民政府于1996年6月5日发文批准该镇为第二批省级历史文化名城。

新寨村位于棉湖镇东北部，现有人口3000多。原来是李氏的宗族围寨，四周有四五米高的厚实的防御性围墙，东西南北各开一个寨门。村里街巷纵横有序，围墙外有溪河环绕。这是潮汕地区一种典型的围寨格局。围寨，是在当时动荡的严酷的生存环境中，为了集体抵御外来的掠夺、杀戮和便于寨内居民生产生活互助而建的一种建筑。潮汕人世代相传的强大凝聚力，就与这种围寨建筑文化的熏陶有关。同宗族的人住在同一个寨内，有着共同的祖先、祖业和供奉祖先牌位的祠堂，关起寨门，便俨然是一家人。

“文化大革命”期间，围墙被拆除，溪河也被填平。现今“寨”存“围”亡，昔日围寨格局已面目全非。

清代乾隆末年至嘉庆初年，在村外东门溪庵前潭畔，修建了一座风景秀丽的李氏花园。这是当年李氏子弟学文习武之学堂，俗称武馆。该馆培养具有文韬武略的经天纬地之人才，故命名为经纬学校。在学校的正门上，题写有门联“养天地正气，法古今完人”，综述了办学的宏伟宗旨和做人应有的高尚情操。后来学校改为小学，我的小学时代多半时间便是在这里度过的。

我家住在寨中央一座全村规模最大的大院里。该院俗称大厝内，为“四马拖车”建筑，三厅二花巷，后有花园。院内大小房间三四十间，四角各有一口水井。这是潮汕乡村传统住宅中比较雄伟的一种建筑。原来大院里还聚居着其他十多户远房亲戚。

这种宅院建筑与围寨建筑一样，也是为了集体防卫，为了同姓同宗的人世世代代居住在一起。随着私有经济的兴起，个性意识的抬头，人们开始追求独立生活、独立发展。于是原来集体主义的、不适应现今生产生活方式的大宅院，就渐渐被冷落被淘汰了。近20多年来，许多人家先后迁出了大宅院，到寨外更大的更自由的空间另立门户，另谋发展了。昔日熙熙攘攘的大厝内，现在已经人去房空，冷冷清清。

双重性格

我的父辈有五兄弟两姐妹。到我懂事的时候，这个大家庭已经有30来人了。那时祖父也还健在。每餐吃饭，大家挤在一个大厅里，大人用大餐桌，小孩用小餐桌，热闹异常。土改后，大家庭解体，各房头过各自的日子。祖父也在这时过世。原来的家庭成员，现在大部分仍在家乡，但也有不少人散居国内外各地，人口已经增加了两倍。

生父排行老二，我是他的第三个儿子。出生时大伯膝下只有一个女儿，无男孩，我便被过继给长房，成为他们的掌上明珠。虽然几年后长房自己也先后生了一女一男，但对我的溺爱依然未减。我是从小被抱过来养大的，与长房的感情比与二房还深，称养父养母为阿伯（父亲）阿姆（母亲），称生父生母为二叔二婶，所以在我性格形成过程中，养母的影响起着决定性作用。

在封建的大家庭里，长子长孙享有一些特权。养母是长房大姆，在家庭日常生活中自然处于支配地位；加之她脾气暴躁，又善于操持家务，故尽管有的婶母背后对她颇有微词，但当面还是俯首帖耳，不敢说个“不”字。我是这个大家庭的长房长孙，又得到有权有势的养母过分宠爱，在家里自然过着比别人优裕的生活，也自幼养成了唯我独尊的心理。

当时家里早、中餐吃稀饭，晚餐吃干饭。这种两稀一干的饭食，那时比起周围老百姓过着吃了上餐愁下餐，长年以红薯充饥的日子，已经算是殷实人家的优裕生活了。可是我不喜欢吃稀饭，故每天中午家里又单独给我捞干饭吃。

吃饭时，自家种的蔬菜可以随便吃，花钱买的豆腐、鱼、肉这些好一点的菜肴，每个孩子却只能分到一小碟。养母掌握着好菜的分配权，每次分菜，我总比别人多一两倍，令兄弟姐妹们羡慕不已。家里母鸡下的蛋，也经常成为我的囊中物。由于养母的偏爱和精心照料，我的身体从小便长得非常健壮，为自己日后在长期的逆境中经受住磨难打下了良好的体质基础。所以尽管我对养母在家里那种颐指气使的作风不以为然，但对她老人家给予自己的关爱，让我日后在落难期间身体没有彻底垮掉怀着深深的感激之情。

在养母的袒护下，小时我在家里为人也很霸道。记得有一次我与二房的二兄扬训打乒乓球，老是输，便恼羞成怒把他的一件新褂子剪破。还有一次，是在棉湖第一小学念三年级的时候。那天下着雨，我不肯戴斗笠上学，嫌它俗气，怕被同学讥笑为乡巴佬，要求家里管钱财的四叔给买把廉价的油纸伞。他不答应，我就不肯去上学。双方相持不下，陷入了僵局。这时已经快到上课的时间了，我便勃然大怒，操起门后一根扁担，把家里存放餐具的大立柜捅了个窟窿。虽然我这一生从此再没有因为发脾气破坏过任何东西，但从这些事可以看出，当时我是多么任性，多么胆大妄为了。

在家里谁惹了我，不管有理无理，只要我唤一声“阿姆，他欺负我”，谁就会遭到养母的斥责。这样我在家里便成了一个谁也惹不起的小霸王，而没有人愿意与我一起玩，使我在童年时代过着一种没有伙伴的孤独生活。于是，我从小便养成了一辈子也改不掉的沉默寡言、落落寡合的孤僻性格。

养母的过分呵护，也造成了我强烈的依赖性，缺乏自卫能力。在家里我可以借助养母的威严称霸一方，可是一旦出了家门，便无力保护自己，成为胆小如鼠的懦夫。

我们邻居有个年纪跟我差不多的男孩，头大眼睛小，个子矮，样子有点吓人，我们叫他“大头鬼”。他很顽皮，我每次路过他家门口时，他都要出来吓唬我，吓得我不敢单独一个人经过他家门前。这种怕人的怯弱心理，造成了我终生克服不了的腼腆性格。

记得上初中时，每次进入教室，面对着众多同学的睽睽目光，我只好低着头走路，不敢抬头望人。在高中时期，因我与女同学说话常常脸红，还被她们戏称为“李小姐”。

我自幼胆小怕事，几乎从未与人打过架。唯一的一次例外，是在念初中的时候，班里一个流里流气的同学老是欺负我。有一次我忍无可忍，在三房扬镜兄在场可作掩护的情况下，出其不意地偷袭了他一拳后，便躲到堂兄背后去。这是我这一生唯一的一次动了拳头。当时偷袭那一拳的紧张心理，至今还记忆犹新。

小时养成的怕人心理，在日后长期受凌辱的囚徒生活中，又进一步加深了。时至今日，我依然有意无意地与人保持着距离，很少与人交往，像只怕人的猫。这种状况迫使我唯我独尊的心理，像缩进硬壳里的蜗牛一样，躲进自己的内心深处，不敢外露，导致思想和行为走向两个极端，形成内刚外柔的双重性格：内心世界非常自我、自信、自傲，外在行为却保守、懦弱、谦让。古希腊哲人赫拉克利特说：“一个人的性格就是他的命运。”我的性格也贯穿了自己的一生，演出了一幕幕惊世骇俗的悲剧和喜剧：在“以阶级斗争为纲”的时代，这种局限于思想上的独立思考，为那时的当局所不容，我被错划为右派分子，长期身受牢狱之苦；可是到了改革开放时期，大胆的探索精神，却又使我成为一名在学术上颇有建树的构造地质学家。真是败于斯亦成于斯。

早年我常为自己的封闭性格苦恼不已。与人打交道时，往往由于自己的羞涩、木讷、腼腆，弄得大家很尴尬。解放后在强调集体、强调统一的氛围中，我的孤僻行为更是被人指责为脱离群众、脱离集体的个人主义表现，从而影响到对自己未来的信心。那时我多次痛下决心，克服自己这令人烦恼的腼腆毛病，积极参加集体活动，广泛结交朋友。但收效甚微，为此感到困惑不解。后来读了古罗马哲学家、戏剧家塞涅卡的《论腼腆》一文，才明白这种从小养成的性格，尔后任何不懈的努力都无法完全改变。江山易改，本性难移。

其实，性格虽然难以改变，但任何性格都有其优势和劣势，可以扬长避短，开发利用。木材用不着为自己没有石材的坚硬和钢材的柔韧而自暴自弃，无需刻意也没有可能去学习石材、钢材的那些特性。木材自有木材的用处。它可以面向自己、开发自己，发挥石材、钢材所无法取代的独特作用，实现自我价值。天生我材必有用。一个人的智慧，主要表现在对自己优势和劣势的全面认识，然后根据客观环境的可能，选择一条最有利于发挥自己优势的人生道路，最大限度地开发自己的潜能，达到自己人生的极限。

优点与缺点是伴生的，而且优点愈突出，缺点也愈明显。一个刻意追求完美的人，往往把自己的优点也丢失了，成为一个没有任何特色的平庸之辈。当年打遍天下无敌手的世界乒乓球赛冠军庄则栋，是一个进攻型选手，以猛攻猛打著称。后来他觉得自己应该克服善攻不善守的毛病。这个想法表面看来是合情合理的，一位举世无双的乒乓球健将，怎么可以存在着这样严重的缺点呢？于是有段时间他专门训练防守。这么一来，防守能力虽然有所加强，但由于专注于防守，削弱了进攻的力度，给对方留下了反攻的可乘之机，反而处处被动挨打。后来他吸取了教训，改变了训练方法，充分发挥自己过去猛攻猛打的优势，压得对方只有招架之功，无还手之力。这样他不善于防守的缺点也就被掩盖了下去，而又打出了新的水平。所以多年来我不再关注自己缺点的克服，而一心一意把注意力放在个人优势的充分发挥方面。于是既增强了自信，也收到了良好的效果。

其实即使是缺点本身，只要利用得当，也可以变成优点。正是我性格孤僻，很少与人交往，才使自己能够高度集中时间和精力于学术研究之中，从而对问题的认识达到了那样的广度和深度，并获得了多项引人注目的成果。我常常为根雕艺术感叹不已：一块连劈柴都不如的百无一用的树根，在艺术家手里，却被雕刻成那样栩栩如生的艺术品。天下没有无用之才，只有无能的自弃。

家　　风

其实，我在家里的特权很有限，只是局限于养母权势所及的饭食和为人方面，越出这些范围，她也无能为力。下雨天上学，我要买把廉价的油纸伞，四叔不答应她也没办法。所以在家里，许多方面我也与其他兄弟一样受到家规的严格约束：一年只能做套新衣服，几年才能买双新鞋子，必须参加家庭劳动，不准吸烟、喝酒，等等。这使我从小也养成了勤劳、俭朴等良好的生活习惯。

我们的家产起初是靠父辈这代人劳力多、勤俭治家积攒起来的。他们年轻时家里一贫如洗，过着有一餐没一餐的穷日子。起初兄弟几人以钓鱼为生。钓了鱼回来，还不敢开口向家里要饭吃。放下鱼竿，先到灶边蹭一下，用身子测试一下灶温，探探家里是否烧火做饭了。如果灶是凉的，说明家里断了炊，只能饿着肚子又拿起鱼竿出去。

后来家里办起了磨红薯做粉丸的小作坊。每天天蒙蒙亮，兄弟几个人便各自抱着一个磨钵，用手磨红薯。磨钵是陶瓷的，直径半米左右，内壁布满密密麻麻的磨齿，操作时手紧捏着红薯，在该壁上不断摩擦，把红薯磨成细末。随后将红薯末放入苎麻织成的过滤布中，用水冲洗，使其中的淀粉随水析出，经沉淀后便成为淀粉。再把淀粉放在竹筛里不断摇晃，做成细细的粉丸。当时潮汕农村煮这种甜粉丸汤待客，算是一种礼遇。

磨红薯时，一不小心，手指碰上了磨齿，磨破了皮，弄得鲜血淋漓。到我记事的时候，还见过长辈在冬闲时，干这种十分辛苦的营生。不过那时家里经过了好些年的惨淡经营，已经积攒了些钱，主要转移到投资较大、盈利较多的榨花生油和加工甘蔗糖作坊的经营方面去了。商店字号为吉合。

过去潮汕的蔗糖，先是由土寮把甘蔗加工成红糖，然后再经过作坊，把红糖加工成最受京、津、江、浙一带民众欢迎的赤砂糖。在花生和甘蔗收获的夏季，家里便收购花生和红糖，并雇用十多个临时工，把花生压榨成花生油，把红糖加工成白糖和销往外地的赤砂糖。在家产积攒过程中，也先后购买了几十亩田地，兼做起收租子的地主，以预防风险大的工商业活动一旦失败，一家二三十口人不至于饿肚子。

抗日战争胜利后，家里生意有了进一步发展。从1946年到解放初期，还在滨海的汕头市先后与人合资开办过三家商行，批量销售自家从棉湖等地收购来的红糖给天津等北方城市的客商，也为他人代销这方面的商品，从中赚点佣金。

长辈年轻时吃过苦，也亲身体验到创业的艰辛，故发财后不敢忘本，依然保持着克勤克俭的生活作风，对子女管教也较严格。

我们这个殷实的大户人家，生活上最大的优越性，也只不过是每天有稳稳当当的两餐稀饭一餐干饭吃，荤菜一个月也难得碰到几次。当然，这种饭食比起当时的左邻右舍来，算是好得多了，但与一些境况相仿的家庭比起来，却是个受人称道的俭朴之家。近年妹夫说，他小的时候就曾经被长辈带领到我们家里，观摩过我们当时那种粗茶淡饭的生活。2004年清明节，我们在外的兄弟几人回家扫墓，受到生活宽裕了的亲人宴请。席间大家无意间竟然忆苦思甜起来，七嘴八舌地拿过去的穷酸生活调侃。

过去家人衣着也很简朴。孩子们每年只有到了春节前夕，才能一起买些土布或低廉的洋布做套新衣服。解放前我们读初中时，学校规定学生每天上学得穿童子军制服，夏天短裤，冬天长裤。家里只给做一套夏天穿的，所以冬天也只能穿着短裤上学。虽然广东天气比较暖和，但冬天冷时气温也可降到10摄氏度以下；而且那里空气潮湿，天气显得格外冷。在这样的气温下穿着短裤上学，冻得双腿直起鸡皮疙瘩。我们平时也与其他穷孩子一样打赤脚，只是在过年等少数日子才穿一下鞋子。我这种长年打赤脚的习惯，一直持续到1953年去沈阳念大学时才改变。

家里自己种菜、养鸡、养猪，蔬菜、鸡、鸡蛋自给自足。每当春、夏季溪河涨水时，长辈便带着网去捕鱼改善生活。

家里要求我们这些孩子参加力所能及的家庭劳动。大人去种菜、去捕鱼，总要把我们带上。每年劳动时间最长、劳动强度最大的，是帮助家里的榨油作坊晒花生。

作坊的生产固然是雇用了工人，但每天把收购来的大量花生进一步晒干，还得由我们家里人自己负责。广东沿海地区夏天气温高，雷阵雨多，有时一天要下几场。雨也来得急，好好的天气，像孩儿脸，说变就变。我们成天守着两三个晒场，一看到天边起了乌云要下雨，全家大小就齐动员，冒着酷暑抢收花生。在雨下来之前的短短二三十分钟时间内，得弯着腰，把这些晒场数千千克分散的花生，用双手扒入簸箕内，装入麻袋中，挑回屋里，我们常累得喘不过气来，手指头也磨破了。那种紧张的劳动场面，至今还历历在目。后来我们虽然上学了，但整个暑假也还是几乎天天在晒场度过。由于烈日曝晒，出汗过多，每年夏天我通身长满痱子，刺痒难耐。

小时候在这样艰苦的环境中培养起来的刻苦耐劳精神，使我到了20世纪50年代初期，去离家30千米的揭阳县城读高中时，每次回家，为了节省7角钱的公共汽车费，还是打着赤脚徒步而行。走到家里，脚板都磨起了水泡。虽然起初一两年，家庭还未彻底衰败，不缺这点车费。

父辈年轻时因家境贫寒，没有读多少书，除了五叔是高中毕业外，其他长辈都只念了小学。他们对子女教育并不懂多少道理，但在周围尊重知识、尊重知识分子的社会风气影响下，以及根据自己在工商业活动中的切身体会，知道要使下一代在这个竞争激烈的社会环境中生存、发展，必须鼓励他们努力学习。

养父过世后，生父主持家政。他很重视我们的学习，并制订了明确的奖励办法：在班上考入前十名奖励5元，考入前三名奖励10元。虽然钱不多，但是对我们这些身无分文的孩子来说，却起了很大的鼓励作用，故我小学时代的学习成绩在班上一直名列前茅。在这种充满着强烈竞争意识、进取精神和勤俭风尚的家风熏陶下，我逐渐克服了年幼时在家里的那种霸道作风，也养成了爱学习、爱劳动、积极向上的良好习惯。

铁 蹄 下

我的家乡距滨海重镇汕头市90千米。抗日战争爆发后，潮汕地区海上交通被日寇切断，外部物资运不进来，日常生活用品匮缺，我们过起了半原始的生活。没有火柴，只好用火镰击打火石，发出火星来点燃火绒。没有煤油，点不成煤油灯，只好用小玻璃瓶装当地出产的花生油，放根棉线当捻儿点灯。没有牙膏，只好用食盐加水溶解后，放到锅里熬干成粉末状细粒刷牙。

在珍珠港事件爆发之前的抗战前期，盟国尚未参战，日寇整部战争机器全压在中国人民头上。他们的侵略气焰极其嚣张，连棉湖这样不起眼的小城镇，也经常派飞机来轰炸、扫射。从我记事的时候起，就成天惊慌失措地躲避敌机的空袭。一听到警报的钟声，大家便扶老携幼逃到村外的树林里。有时一天数起，惶惶不可终日。躲避不及时，就往床底下钻。我胆子小，往往把响一点的关门声也当成警报，一听到便拼命奔逃。后来家里为了避免长途奔跑之苦，在大院后面的空地上挖了个防空洞，一有警报，全家便就近钻入洞内。

1939年6月汕头沦陷，敌人活动更加猖獗，侵略者的隆隆炮声，在宁静的清晨经常依稀可闻。1945年1月起，鬼子还多次入侵棉湖，更是奸抢烧杀无恶不作。几乎我的整个童年时代，便是在这样的一片战争恐怖气氛中度过的。

在日寇入侵棉湖之前，国民党军队便早已撤走，使整个城镇成为一盘任人宰割的散沙。侵略者的暴行传闻，在居民中不胫而走，大家成了惊弓之鸟。一有风吹草动，立即传遍千家万户，人人惶恐万状。在大白天，只要有人在街上奔跑一下，人们便会以为是鬼子来了，商店就慌忙竞相关门闭户，像发了疯似的，一日数惊。入夜时，整个城镇则如同死去了一般，没有一处灯火，没有一点声响，甚至连狗都吓得不敢吠一声。

在这种恐怖的氛围中，没有组织的涣散的民众，在求生的欲望支配下，人人自危，抵抗意识丧失殆尽。所以日寇进犯棉湖时，如入无人之境。镇守我们这个当时拥有两万多人口的城镇，有时竟只留下一个鬼子兵；而且进入民宅作恶时，公然敢把背带的步枪随意丢放在门口，毫不戒备，猖狂到了极点。

日寇的骄纵，与我们这个民族几千年来专制统治和传统文化培养起来的奴性有关。据金辉在《我们为什么被屠杀》一文中记载，在南京大屠杀中，3000多名中国人被赶进一间大货房，只有3个日本人看管，大门开着，又都没有被捆绑，可是谁也不敢动，最后全部被杀害，只有一人逃生。迟浩田将军家乡那个县，在抗战时被七八个鬼子兵“扫荡”了全县，几万人被赶得到处逃跑。奴性使中国人变成一群绵羊，驯服地任人宰割。所以如果不把人当人，不把人的个性解放出来，人不仅缺乏独立思考能力，缺乏创造性，甚至连外族的入侵也抵挡不了。

起初几次，鬼子进犯家乡时，我们一家男女老少都逃往附近山里亲戚家避难。第一次入侵正是隆冬季节。那天天空阴沉沉的，我们光着脚板，冒着刺骨的寒风，艰难地跋涉于雨后泥泞的乡间小道上，情景十分凄凉。那个时候，有时深更半夜听说鬼子来了，便摸黑慌忙弃家出逃，失魂落魄，如丧家之犬。

鬼子初次入侵棉湖时，养父刚刚过世。鬼子迷信，他们从大院紧闭着的大门门缝里，窥见大厅上摆着灵柩，不敢进屋，我们躲过了一次劫难。可是在后来鬼子再次进犯时，家里还是遭了殃。

有一次，我们一家人都逃到山里去了，只留下无力远走的祖父看家。一天，两个手握着白晃晃大刀的鬼子闯入我家大院，祖父见状便躲进自己房里，锁上了门。穷凶极恶的鬼子弄来了柴火烧门。房门着火了，祖父怕烧了房子，酿成大祸，不得已又把门打开。丧心病狂的鬼子竟然举起了闪着寒光的大刀，用刀面朝着祖父光秃秃的头顶打去。祖父前额顿时崩开了一道三四厘米长的裂口，血流如注。祖父怕再次挨打，便从床底下端出一坛鸡蛋来消灾。鬼子拿了鸡蛋才幸灾乐祸地离去。村里有的妇女遭到强暴后，抛夫弃儿，愤然投河自尽，惨不忍睹。那时我们这些小孩，只要远远地听到鬼子的反毛钉皮鞋踩在街道石板路上发出“哒、哒、哒”的刺耳声，便吓得拔腿就跑。

鬼子是一群丧尽天良的野兽，他们的所作所为，令人发指，罄竹难书。国民党对日寇的不抵抗态度和民众的涣散懦弱，也教人痛心疾首。由于我自幼是在这种国破家难、东躲西藏的战争恐怖环境中成长，饱尝社会动荡、人生艰辛和生命无寄之苦，从而使自己幼小的心灵增添了忧患意识和危机感，萌生了救国救民的爱国情怀。

第二章◎叛逆的少年

大家庭中的叛逆者

1945年8月15日，日本无条件投降的捷报传到了家乡，人人欣喜若狂，家家户户张灯结彩，燃放鞭炮，一派扬眉吐气的欢腾景象。好不容易熬过了这苦难的八年，终于换来了抗日战争的彻底胜利。大家以为中国从此将走上繁荣富强的康庄大道，物价一落千丈，家里榨油作坊生产出来的花生油，用当时家里人的夸张说法——比溪水还便宜。可是好景不长，不久内战的烽火又起。当局横征暴敛，贪官污吏横行，物价飞涨，民不聊生，盗匪四起，抗战胜利后的喜悦情景烟消云散，整个社会又陷入了黑暗的深渊。天一黑，我们便不敢走出家门。深夜里，令人战栗的清脆的枪声时时划空而过，犬吠声也此起彼伏，人们又过起了提心吊胆的日子。由此，我开始对国民党的独裁统治感到失望。从小养成的孤僻性格，使我怯于待人接物，喜欢独处冥思苦想。童年时代当亡国奴的痛苦体验和目睹当时社会的遍地疮痍，使我小小年纪便开始思考一些与人生与社会与政治有关的大尺度问题。

1946年，我升入棉湖的揭阳第二中学（今棉湖中学）念初中。该校创办于1936年，前身是兴道书院，为清同治六年（1869年）所建。它是过去棉湖的文化教育中心，是时棉湖一大批卓有成就的名人学士，几乎无不出自于此。当年广东革命政府第一次东征时，具有决定性意义的棉湖大捷，黄埔军校校长蒋介石、政治部主任周恩来率领的学生军作战指挥部，便曾设在这里。

学校远对铁山笔架峰，近濒风光旖旎的云湖，环湖一带林木苍翠，风景幽美，是个读书的理想场所。当时还少不经事的我，受此地的文化传统和自然景观的影响，已心怀超凡脱俗的志向。

在念初中一年级的时候，我便不满社会的黑暗，喜爱宋朝理学的开山鼻祖周敦颐的《爱莲说》一文。该文所赞赏的“出淤泥而不染”的洁身自好的人生态度，一直是我做人处世的准则。我这种清高孤傲、独来独往的行为，遭到班上那些浪荡公子的攻击，被他们讥为不合群的“圣仔”。到了初中二年级，国语课里那篇林觉民给爱妻的绝笔信，更是教我感动得热血沸腾。

作为黄花岗七十二烈士之一的林觉民，在参加广州起义前夕写给妻子的绝笔信中，忧国忧民，句句是血，字字是情，慷慨悲歌。我在教室里一边朗读，一边潸然泪下。我被这种惊天地、泣鬼神的大无畏献身精神深深震撼，梦想自己有朝一日，也像黄花岗烈士和黄埔军校学生军一样，“先天下之忧而忧，后天下之乐而乐”，为国为民干出一番轰轰烈烈的大事业。

为了发泄个人对国民党黑暗统治的不满情绪，我故意不遵守学校一些政治性规定。记得念初中二年级的时候，学校规定，学生每天上学，必须向礼堂正中的孙中山先生遗像鞠躬，放学时则应对悬挂在大门口屏风背面的蒋介石肖像敬礼。出于对孙中山先生的敬仰，上学时我们都遵守了学校的规定；可是放学时由于我和其他一些同学痛恨国民党的腐败，拒不行礼，气得监督行礼的训导主任直跺脚。那时我为自己敢于公开向学校当局挑战而感到自豪。

当时我暗暗地立下了誓愿：宁可做一颗小小的但能够自己发光的星星，不愿成为一个大得多却只有靠太阳才能发光的月亮。这种争取个人独立的志向，驱使我逐渐摆脱了充满世俗利益欲望的家庭环境的影响，走上了一条跌宕起伏的人生道路。

那时，满目疮痍的国土上，主张平等、民主和正义的中国共产党代表了进步，代表了光明，而受到具有爱国优良传统的广大知识分子，尤其是青年学生的热爱。那时我为了寻找个人和国家的出路，怀着济世救民的理想，开始阅读一些革命书籍和进步文学作品。我偷偷地阅读汪全球同学介绍的艾思奇的《大众哲学》和平心的《青年修养与锻炼》等违禁书籍。《大众哲学》于1936年出版，在当时进步知识青年中广泛流传。这是一本宣传辩证唯物论和历史唯物论的通俗读物。我也喜欢巴金的《家》《春》《秋》、老舍的《骆驼祥子》和茅盾的旅苏游记等进步作品。这些作品使我初步了解到一些革命道理，也激起了我对旧社会旧礼教的憎恨和对新社会新生活的向往。

那时我愤世嫉俗，忙于阅读课外读物，寻求救国救民之路，功课成绩平平。尤其是我从小便是个左脑型的人，喜欢抽象思维，缺乏形象思维和记忆的能力，故绘画、音乐、英语等几门功课更为逊色，成为一个所谓眼高手低的学生。所以不同老师给了我截然相反的评价：有的称赞我心存高远，鹤立鸡群；有的则责备我好高骛远，不切实际。

那时候我虽然还是个乳臭未干的“少爷”，但由于满怀追求平等追求正义追求光明的狂热激情，对自己家庭所过的剥削生活，竟然产生了深深的原罪感。我觉得平民百姓劳作终日得不到温饱，而我们不事劳动却过着吃饱穿暖的优裕日子，内心深感不安。当时国语课上，白居易的《村居苦寒》中的诗句对我影响至深：“草堂深掩门。褐裘覆绝被，坐卧有余温。幸免饥冻苦，又无垄亩勤。念彼深可愧，自问是何人！”我想古代的士大夫尚且有这样的自省精神，自己作为当代的热血少年，过着这种剥削生活，怎能心安理得呢！为了减轻心理压力，我拒绝吃荤菜，过着俭朴的苦行僧似的生活，气得过去总给我多分好菜的养母，不知道拿我如何是好。

1948年暑期的一天清晨，我要乘船去汕头度假，起床后自己便炒点剩饭吃。为了向穷苦大众的生活看齐，炒饭时我不但故意不放肉不放蛋，连油也不肯放一点，只是拿盐水下锅。结果饭炒不起来，都粘在锅里了。烧糊了的饭没法吃，可我硬是强迫自己咽下去。

汕头是个繁华的南方沿海城市，夏天夜市很热闹。有一天傍晚，我们商行的一位朋友，与我们兄弟几人出去散步。走着走着，大家都渴了，这位朋友便邀请我们到附近一家颇为雅静的露天茶馆喝冷饮。冰冻莲子汤和糕点端上来了，我却坚决拒绝饮食，声称自己不愿意过这种资产阶级的糜烂生活，弄得这位朋友非常尴尬。他大惑不解，连连反驳：“我又不是带你们去逛妓院！”

这个时期我也开始以巴金的《家》中敢于反抗封建大家

庭的觉慧自居，为家里各房头之间的不公平待遇打抱不平。我发现我们这个受人羡慕的大户人家，其实并不像表面看来那样和谐、幸福，各房头之间的地位相差悬殊，彼此之间存在着种种猜疑、忌恨。三叔是个没有文化的粗人，在大家庭中的处境比佣人好不了多少。有时我看不过去，便违忤养母之意站出来为三房说句公道话。我厌恶这个不平等的大家庭，巴不得它早日解体。当时这点微不足道的正义行为，在我离家41年之后的1994年回去探亲时，仍让已经到了耄耋之年的三婶念念不忘。她老人家说我自幼心善，有正义感。其实我在童年时代，与她长子扬镜兄口角，曾经拿她出气，没完没了地跟在她后面谩骂。她老人家记好不记坏，把我幼年时期的恶行淡忘了，这种宽容态度令人感动。

我少年时代培养起来的这种淡远于物质享受和超脱于个人得失荣辱、独钟于精神追求和社稷利益的理想主义人生态度，使我这个在大家庭中享有特权的大房长孙，不愿意去继承封建家庭的衣钵，而在解放前夕冒着生命危险，毅然投身于革命，秘密加入了学校的新民主主义青年团（今共青团）地下组织，成为我们这个殷实人家的第一个叛逆者。的确，我对于革命的追求，并不是出于自身利益的需要，而是完全受理性思考和正义感支配，是对自己剥削家庭的背叛。

恰同学少年

解放前，在揭阳第二中学的师生中，对我影响最大的是汪全球同学。汪虽然起初低我一年级，但年龄似乎比我大一两岁，所以那时在书信上他昵称我为贤弟。到了1949年春天，棉湖初次解放，我又回二中重读一年初三时，我们才是同班同学。

汪全球是客家人，家住邻近共产党领导的韩江纵队游击区的九斗埔乡，父亲在东南亚。我们是何时开始交往的，现在已经记不起来了，不过我从初二起，便与他是形影不离的好朋友了。当时他向我介绍革命书籍，经常和我谈论学习、人生、社会等方面的严肃问题，从而使我的思想从童年时代日寇入侵激起的爱国精神，迅速升华为献身于祖国解放事业的革命理想。1949年上半年，在我刚刚年满15周岁时，他便介绍我秘密加入学校的新民主主义青年团地下组织，并曾一起掩护过在学校从事党的地下活动的两位老师撤退，替他们匿藏两箱文件书籍。那时棉湖还是个过渡地带，共产党游击队和国民党军队都时来时走。

汪是我人生道路上第一个，也是唯一一个引路人。那时我不仅视他为挚友，而且敬他如师长，处处以他为榜样，严格要求自己。即使是在阔别多年之后，我身处逆境的艰难岁月里，他那大智大勇的精神依然鼓舞着我去奋斗、去拼搏。

汪思想进步，博学多才，人品出众。他每门功课都优秀，作文更是出类拔萃，在全县中学生作文比赛中曾经荣获第一名。虽然是时他还只是个初中生，但兴趣已经远远超过课程范围。他广泛阅读哲学、逻辑学、文学、教育学、心理学和个人修养等方面的书籍，对事物也有自己独到的见解。那时他便看出我国的应试教育制度的严重弊端，认为这种填鸭式（灌输式）的教学方法，无助于学生获得真正有用的知识。当时他的这些议论，我听起来还似懂非懂。为了摆脱应试教育制度的桎梏，1950年初他初中毕业后，竟然放弃了升入高中深造的机会，回到家乡教小学，边教书边自修。在当时的条件下，他大胆地选择了这条独特的治学道路，利弊得失姑且不论，但他这种勇于独立思考、勇于独立行动的叛逆精神，对我日后的人生取向产生了重要影响。

他还有长者风范，为人正直、友善、和蔼，连学校中最顽皮的同学也愿意亲近他，听他的话。

汪全球的广博知识和人格魅力，在二中不仅赢得了广大同学的尊敬和老师的器重，就连地方名流曾靖圣也对他推重有加。曾是时赋闲，兼教我们的公民课。他在课堂上曾公开断言："汪全球未来是个了不起的人物！"

曾靖圣是清朝末年进士曾习经之继子，早年毕业于北京大学，民国年间先后出任过潮安、揭阳县长和揭阳县第一中学校长等职，任一中校长一职长达13年之久。他一上任，便把该校由原来只有初中的初级中学，扩建成一所设有初、高中的完全中学，为社会培养了一大批优秀人才。他是地方上一位一言九鼎的显赫人物。

1951年下半年，我在揭阳一中念高中期间，曾利用休学在家养病的机会，徒步十多公里去拜访过汪全球。后来他通过自学，考入华南师范学院历史系。在那个"以阶级斗争为纲"的时代，由于他的海外关系，毕业后竟被发落到雷州半岛农村一所偏僻的中学任教，"文革"期间还挨了不少整。

1982年，我从北京乘火车去海南岛参加一个全国性地质专业学术会议，路经那里时，曾经中途下车去拜访过他。下火车后，我转乘了个把小时的长途公共汽车，又徒步走了半个多小时，才到达他的学校。那所学校孤零零地坐落在田野中，像个社会的弃儿。

斗转星移，这次在阔别了31年之后的重逢，由于双方走过了各不相同的漫长的人生道路，思想感情都已经发生了巨大的变化，显得相当隔膜，这与昔日亲如手足、无所不谈的情景，形成了强烈的反差。他缺乏过去的那种睿智和锐气。回不去了，昔日的友谊。

他依然勤奋好学，桌上床上摆满了各种各样的书籍，有社会科学的，但以中医学最多。他学的是历史专业，当时教的是英语，业余兴趣似乎是中医。他认真的教学态度，也备受学生和家长的称赞。不过在那块贫瘠的土地上，又遭受到长期政治风暴的严酷摧残，任何饱含生机的幼苗也难以茁壮成长。

2004年清明节，我离开老家后第三次回去探亲、扫墓，才得知他离休后仍住在学校，但那时已经得了脑血栓，失去了语言能力。2005年春节，我给他妻子打电话拜年，才听说他已于年前逝世，一棵潜在的参天大树便这样枯萎了。这是他个人的不幸，也是社会的不幸、时代的不幸！

欢欣鼓舞庆解放

抗日战争胜利后，共产党领导的韩江纵队势力迅速壮大，活动日益频繁，先后几次打入棉湖，收缴国民党警察局的枪支和银行的货币。1949年1月，东南三省的游击队合编成闽粤赣边区纵队。同年四五月间，棉湖初次解放。七八月份国民党胡琏兵团败退到潮汕地区，逃往金门，棉湖又落入国民党之手。

胡琏兵团到了潮汕地区，挨家挨户抓壮丁补充他们的队伍，闹得人心惶惶。我差点儿也被他们抓去。

那时我和生父住在榨油作坊吉合栈。是日清晨起床后回大厝内吃饭，便看到满街是戴着钢盔、端着刺刀的国民党兵，押着一长串抓来的村民。我们趁其不备躲进街边一户人家，藏到他们眠床的蚊帐后。不一会儿一个士兵闯了进来，用白晃晃的刺刀到处乱捅，寻找壮丁。有一次刺刀尖捅到离我们只有米把远处。我们在暗处，他在明处。他见不到我们，我们却看得见他，吓得连气也不敢出一口。

我在1949年初已经初中毕业了，但在棉湖初次解放后，为了接受革命教育，我又重新回到二中再念一年初三（那时棉湖没有高中），并在那时加入了还处于地下状态的新民主主义青年团。棉湖彻底解放后，团组织公开，在群众大会上举行入团宣誓仪式。台上的十来名团员中，其他的都是农家子弟，唯独我一人是商家“少爷”，我一时成为棉湖的新闻人物。

解放后，我心花怒放，欣喜若狂，认为自己梦寐以求的理想社会终于出现了。当时我天真地以为，随着蒋家王朝的覆灭和新政权的建立，旧社会的贫困、落后、腐败、罪恶将一扫而光，国家从此便走上平等、民主、自由、繁荣、富强的康庄大道，人民将成为新社会的主人。该时期社会面貌也确实焕然一新，出现了欣欣向荣的新气象：物价稳定，社会秩序井然，共产党干部廉洁奉公，待人和气。那时棉湖的工商业者，由于在国民党统治时期遭受恶性通货膨胀和苛捐杂税的重压，生计无以为继，也对市场稳定、为政清廉的新政权啧啧称赞，纷纷组织种种慰劳游击队和南下解放军的活动，整个社会呈现出一派喜气洋洋的欢欣鼓舞的新景象。

当时我一反过去腼腆、拘谨的常态，一下子变得异常开放、活泼。我以笨拙的身躯和五音不全的嗓子，跟大家一起上街扭秧歌，登台跳舞，下乡搞宣传，大唱革命歌曲，也如饥似渴地啃着那些刚从老解放区运来的革命书籍，如列宁的《共产主义运动中的“左派”幼稚病》、毛泽东的《新民主主义论》等。虽然有的书籍读后不知所云，但我仍硬着头皮读下去。那时我对革命书籍的虔诚态度，不亚于后来“文革”时期红卫兵对《毛主席语录》的崇拜。我羡慕每一个从老解放区来的干部、老师和同学，认为他们接受革命教育时间早，思想进步，处处都值得自己学习。解放前后，为了使自己的思想进步得更快些，我还曾经试图离开学校，去参加革命队伍，接受革命的洗礼。后因家庭的坚决反对，方未成行。在这种狂热的革命热情支配下，我还在游击队接收学校的大会上，积极发言，慷慨陈词，严厉批判前任校长所谓的种种错误。这是我这一生最兴奋、最愉快的第一个黄金时代。那时我还未入世，思想单纯，用童真的目光看待一切，觉得新社会处处充满了阳光，事事如玫瑰般绚丽。

在这期间，尽管学校离家里不足一公里，但为了与自己的剥削家庭划清界限，我决然搬去学校住宿。可是学校的伙食太差，菜中连油水都没有，我成天饥肠辘辘。我的革命意志抵挡不住饥饿感的不断袭击，不得不每个星期天又回家去带回一小坛油炸花生米充饥，结果界限还是未能彻底划清，依然藕断丝连。

无垠的母爱

据说我在婴儿时期晚上爱哭闹，不好侍候，害得养母和生母经常深更半夜轮流抱着我到处转，夜不成寐。养母在我身上倾注了她全部的心血，可是自从我在少年时代开始萌生革命意识之后，便日益疏远她。到了家乡解放前后，更是把她当作我们这个大家庭的封建势力代表人物，对她怀着敌视的态度，经常有意无意与她作对，公开指责她对婶母们不公。土改前，养母怕自己私人的衣物被没收，曾经向邻居转移了两箱子衣服。我认为这是不法行为，向村上农会检举。然而养母对我这个由她辛辛苦苦拉扯大的逆子的所作所为，从来没有一丝丝的抱怨、责备。到了1951年下半年我休学回家养病期间，养母还既往不咎，依然尽心尽力关爱我，每餐尽其所能给我弄些好吃的东西，使我的健康情况迅速好转，第二学期便康复返校了。可是即使这样，我对她还是冷若冰霜，丝毫没有感恩之意，仿佛她的一切辛劳都是理所当然的。1952年初，在我返校复学时，养母意料到家里财物不久将会被农会没收，怕我日后受冻，便叫我把一件厚实的新毛衣穿回学校。当时我把自己个人的衣物也当成不义之财，认为这是转移财物的违法行为，予以断然拒绝，刺伤了她那颗慈母的心。1953年，我要远离家乡去沈阳上大学时，由于家里在土改后已经一无所有，拿不出一件让我到东北御寒的衣服，她还向我表示了深深的歉意。

那个时代，人性被严重地扭曲了，不仅人与人之间珍贵的温馨的友谊和爱情受到了普遍的伤害，就连最崇高最纯真的母爱也遭到了践踏、亵渎。

养母这位曾经在我们大家庭中叱咤风云的人物，也有着自己太多的不幸和痛苦：中年丧夫、守寡，把自己后半生的希望寄托在我这个长子身上，却又遭到了我无端的冷遇、敌视。对于这一切，她似乎并无责怪他人的意思，只是归咎于自己命运的多舛。她经常求神拜佛，祈求神灵保佑。所以尽管她脾气暴躁，却始终对我的种种拂逆行为持容忍态度，无一丝怨尤。

1953年秋天，在即将远行去东北读书时，我曾回家一趟。那时养母还冒着被检举被处罚的风险，偷偷地给我做了餐干饭。那时地主家吃餐干饭也是犯禁的。她还买了几尺白布，连夜给我赶制一个装衣被等简单行李的大布袋。

那天晚上，她老人家戴着一副老花镜，在微弱的油灯光下，低着头，颤抖着双手，一针一线地缝连着。那时双方都久久地沉默不语，各想各的心事。她对自己未来茫然的命运，没有诉说一句；她养育了我19年，到了这个即将远走高飞的时刻，我也没有对她表示一丁点的安慰和感谢，形同路人，说走就走。蓦然间她停止了手中的针线活，抬起头来木然地望着我，打破了长久的沉默，问道：“多少年才能回来？”养母对自己未来的命运不抱什么希望，却依然牵挂着我。

到了这个时候，养母对我这个逆子也还没有绝望，还在期盼着再见呢。可是我冷冷地回答说：“三年五年不一定，十年八年也不一定。”万万没有料到，翌晨我只身孤影，扛着养母连夜赶制出来的大布袋悄然走出家门后，一走竟然是26年。一直到了1979年初她老人家临终前夕，我才急急忙忙地赶回去见最后一面，真是生离死别啊！

1953年那天清晨，我就是从这间只有10平方米的狭小的房子离家的，26年后我还是在这间狭小的房子里与养母重逢，但情景比当年更惨。这间我度过了童年和少年时代的狭小房子，也成为我给她老人家送终的场所。

那次我从湖北劳改矿山赶到她老人家病榻前时，看到她躺在床上，衣衫褴褛，骨瘦如柴，奄奄一息，不禁热泪盈眶。多年来劳改队生活的磨难，使我的心早已磨起了老茧，欲哭无泪了。没有想到，当日看到这番情景，竟然还能这样泪如泉涌。我当了“右派”之后，遭受了长期的牢狱之苦，倒也罢了；但无辜的老母因此所受的物质上和精神上的致命打击，令人懊悔不已。而且在我长期离家后重逢的眼下，在她老人家弥留之际，我除了带条卑贱的命回来之外，竟然拿不出任何可以告慰她的东西，甚至连句让她宽心的空话也说不出。是时右派改正还只是闻其声，未见其实，结果如何，尚难逆料。多年来遭受的打击太多了，以致我对什么事情都不敢抱乐观的态度。我这个几乎从不后悔的硬汉子，面对着这种惨境，竟然深深地后悔了。当时我想如果时光能够倒流，让我重新选择人生，那么为了让老母过上温饱的生活，我宁可庸庸碌碌过一生，也不愿意做个忧国忧民的“右派分子”。

我蹑手蹑脚地走近床前，轻轻地叫了一声“阿姆”。她老人家缓缓地张开了双眼，久久地凝视着我，有气无力地说：

“我以为你早就不在人世了呢！”这些年来，我虽然断断续续给家里写过一些信，但她不识字，又一直未见人影，便以为是家里人骗她的。

养母一生把全部的爱倾注于我，却遭到我无情的冷遇，可是她至今仍然无怨无悔，一往情深。在这个阔别了多年的生命垂危的时刻，老人家对我说的第一句话，竟然不是她自己危在旦夕的病况或过去的悲惨遭际，而是依然牵挂着我。长期以来，养母对我这个给她带来了一次次沉重打击的逆子，不但不怨恨，反而一直牵肠挂肚地担心着我那险恶的命运。1958年我被捕入狱、对连续三封家书没有回复时，养母便打算派当时正在念高中的妹妹千里迢迢来湖北看个究竟。更令人感动的是，为了见上生离死别的最后一面，她老人家强撑着最后一口气，等我回来见了面之后，才算了了心愿，撒手人寰。那时我这个在人生道路上历尽了苦难、心早已麻木的“植物人”，却被这突如其来的人世间最纯真最博大的母爱强烈震撼。有人说：“这世界上把一切都承担下来，最后却把自己忘了的人，往往只有母亲。”的确，在这茫茫的天地之间，唯有母爱能够宽恕一切，包容一切。它与宇宙一样，是无边无际的。天下慈母心是人类情感的源泉。它是一部永远读不完的鸿篇巨制，也是一首常听常新的乐曲。

那时我还在枫林硫铁矿劳改队就业。虽然早在1963年我便已经在名义上刑满释放了，但是我们这些“刑满释放犯”仍然不能回邻近港澳“敌情严重”的广东老家去探亲。一直到了粉碎“四人帮”后的20世纪70年代末期，我才获得了探亲的机会。真是祸不单行，1978年底妻子左眼视网膜破裂，去武汉的医院做手术，我陪她住了一两个月的医院。刚刚回矿，便得到养母病危的消息。我立即回了电报，并马不停蹄地南下广东。我到家那天，她老人家还清醒地和我说了一些话，但到了翌日便神志不清，没过多少天就仙逝了。

她老人家在我长期落难期间，受尽了人世间种种痛苦的熬煎，而在我“右派”身份即将改正前夕，却突然离我而去。更加不幸的是，在她老人家弥留之际，我们母子最后诀别的谈话，竟然由于出现了语言障碍而无法顺利进行。潮州话与普通话相去甚远，是一种独立的地方方言。由于我离家20多年来，没有讲家乡话的语言环境，家乡话忘得差不多了，竟然说不出一句完整的潮州话来，连听也有困难。潮汕人地方观念特别强，将那些忘记了家乡话的人，视为数典忘祖的不孝子孙。所以我与养母之间的交谈，出现了语言和情感的双重障碍，使悲剧性的场面变得更加不堪。

不管她老人家身上有过多少缺点，一生做过多少错事，她这种崇高的无垠的母爱，却是人世间任何情感都无法比拟的。我对养母给予自己无与伦比的关爱，除了在1955年参加工作之后，至1958年入狱之前，按月给她寄点生活费，以及1963年刑满就业之后至1966年我结婚之前，经常给她寄去一些零用钱外，并没有给她什么回报，反而有意无意地一次次地伤害了她。我在青少年时代抛弃了最珍贵的母子真情，不顾个人安危狂热地追随革命，造成了自己这种漠视情感、崇尚理性的冷漠性格。我平生没有做过亏心事，清白一生，心迹坦荡，但对养母的忤逆不孝，使我的良心常常受到无情的鞭挞。她生前我没有什么报答，只有在她故去15年之后，来到她老人家坟前忏悔了。

1994年清明节，在远离家乡后第二次回去探亲时，我给养母上了坟，烧了香。我来到她老人家坟前，双膝跪地，双手捧着三炷焚香，连续三次高高擎起，感谢她的养育之恩，祈求她对我的宽恕。叩头下拜，只是在孩童时代过春节时，向长辈讨点压岁钱做过。尔后半个世纪我再也没有向谁屈膝过，无论是在1958年大山压顶的法庭上，抑或在造神运动登峰造极的“文革”时期。

“阿姆，安息吧！”我在心灵深处轻轻地呼唤着，不禁潸然泪下。

第三章◎追求与幻灭

"李氏三秀"

解放初期，棉湖唯一的一所中学二中，还是个初级中学，没有高中班。1950年初我在二中初中毕业后，便到县城榕城的揭阳县第一中学念高中。

一中坐落于榕江之滨，是所历史悠久、人才辈出的学校，建校于清乾隆八年（1743年），原称榕江书院。该校具有优良的教学传统，闻名遐迩。200多年来造就了一批又一批的优秀人才：既有历代的文武官员和海内外实业界的巨擘，又有众多的各类专门人才。今日仅北京一地，该校校友中获高级职称的就有百把人。

我到一中念书时，扬训兄和扬镜兄也从普宁县第一中学转学过来。那时大家庭尚未解体，彼此还是一家人。我们兄弟三人借住在学校附近一位同学家里，吃一锅的饭，亲密无间。但我们的性格各不相同，爱好殊异。扬训兄勤奋好学，成绩优秀，为人憨厚老实，深受老师和同学的喜爱。扬镜兄才气横溢，能诗善歌，喜欢结交朋友，风流倜傥。我则爱好文学和哲学，勤于思考，孤高自傲。由于我们各有特色，所以在一中乃至整个县城的几所中学颇为引人注目，被人称为“一中李氏三兄弟”。

1951年春天，两位哥哥高中毕业后升入大学深造。扬训兄从华南工学院制糖专业毕业后，先后在吉林、四川等轻工业学校任教，因教学成绩优异，1983年晋升为副教授。在制糖技术理论方面，他也作出了重要贡献，在国家和省级刊物上先后发表论文十多篇，并出版了《甘蔗压榨理论与工艺管理》专著，填补了国内在这一领域的空白。其中一些新公式、新观点得到了广泛应用。20世纪80年代与他人合编的两本制糖专业主要教材，被评为轻工业出版社的优秀教材。曾任全国制糖学会理事、四川省制糖学会副理事长、全国轻工中专教育研究会常务理事和学校管理委员会主任等职。1986年被国家选派赴马里共和国制糖联合企业任总工程师兼工业处长，旅外3年。由于工作成绩突出，受到了中马两国政府表彰，并获我国外经贸部授予的“援外先进工作者”称号。回国后，出任四川省轻工业学校校长兼四川省轻工业干部学校校长，为该校被评为国家重点中专作出了很大贡献。后该校晋升为四川省工商职业技术学院。他是一位职业技术教育和制糖技术理论上知名的专家，因此英国剑桥名人传记中心、美国名人传记研究院和国内多部专家辞典，都刊载了他的生平事迹。

扬镜兄就读于华中师范学院中文系，退休前任武汉教育学院副院长。在语文教学的理论和实践方面，成绩斐然。他担任过全国中学语文教研会理事、武汉市中学语文教研会会长和武汉市师范教育学会会长等职。主编出版了全国特级教师系列丛书《中学语文教与学设计新编》等一批书籍，在全国和省级刊物上发表了有关语文教学和教学科学等方面的论文数十篇。其中一篇被国际师范教育学会第36届年会选用，他并应邀出席了会议。著有《中国现代散文精品欣赏》和《古今谭》等书。前些年移居美国后，在世界华人社会影响广泛的洛杉矶华文报纸《世界日报》上，还经常有佳作问世，是位颇有造诣的语言学家。

意想不到的是，经过了半个世纪的风风雨雨，我们在不同的领域发挥了各自的优势之后，在1993年一中250周年校庆特刊上，承蒙母校和乡亲的厚爱，兄弟三人再次一起成为该刊主要介绍的校友，并被棉湖乡亲誉为“李氏三秀”。

20世纪50年代前期，是个革命英雄主义的时代。那时我在英雄主义思想鼓舞下，把功课放到一边，狂热地阅读了弄到手的苏联等社会主义国家的所有文学作品，如奥斯特洛夫斯基的《钢铁是怎样炼成的》、绥拉菲摩维支的《铁流》、戈尔巴托夫的《不屈的人们》、科斯莫杰米扬斯卡娅的《卓娅和舒拉的故事》、华西列夫斯卡娅的《虹》，以及伏契克（捷）的《绞刑架下的报告》和爱尔兰作家伏尼契的《牛虻》，等等。有的作品，如《绞刑架下的报告》，我竟读了不下10遍，倒背如流。这些作品中可歌可泣的英雄人物，为我萌生于少年时代的理想主义人生追求，提供了具体的学习榜样。我被捷克民族英雄伏契克在德国法西斯牢狱中，与敌人进行不屈不挠斗争的英勇献身精神深深震撼，也敬佩《钢铁是怎样炼成的》中的主人公保尔·柯察金身残志坚、为全人类解放事业奋斗终身的革命英雄主义精神，并把他这段鼓舞着当时千千万万青年人为社会为人类建功立业的名言，作为自己终生追求的目标：

人最宝贵的是生命，生命对于每个人只有一次。人的一生应当这样度过：当他回首往事的时候，不会因为碌碌无为、虚度年华而悔恨，也不会因为为人卑劣、生活庸俗而愧疚。这样在临终的时候，他就能够说："我已把自己的整个生命和全部精力，都献给了世界上最壮丽的事业——为人类的解放而奋斗。"

当年我对苏联文学的热爱，受郭笃士老师的影响至深。那时学校共青团经常邀请郭老师给团员讲苏联文学作品。郭老师是地方的名士。他以文质彬彬的学者风度，精辟透彻的分析，生动活泼的语言，富于感染力的声调，娓娓道来，引人入胜。在他的启迪下，苏联文学便成为一块巨大的磁铁，强烈地吸引着我。

当时郭老师教我们历史课，他的教学方式也很独特。他不要求我们去背诵历史，而是要求我们去思考历史、理解历史。期末考试，他不出考题，而要我们自己命题写篇关于某个历史问题的文章。这种教学方法，对培养学生独立思考能力大有裨益。

那个时期，我还自修了艾思奇的《辩证唯物论与历史唯物论》及其他重要的哲学著作，初步掌握了辩证唯物论和历史唯物论的科学精神和观察事物的正确方法。如果说，文学使我热爱生活，从而产生了强烈的社会责任感和献身精神的话，那么哲学则给了我智慧，并培养了我的理性思维能力和正确的世界观。它们对我日后人生道路的选择，以及对社会对自然的认识，都产生了深远的影响。

第一次沉重打击

1951年初，我们家乡进行民主改革，家里被附近另一姓氏的贫困村无缘无故地罚以巨款。我们家里的田地不在该村，与他们也从来没有任何经济关系；不过两村祖辈曾经发生过宗族械斗，彼此间有恩怨，而且该村也缺乏可以分配给农民财产的地主。可能基于后面这个原因，当时工作队为了调动该村农民参加民主改革的积极性，让他们能够从改革中得到实实在在的物质利益，便把我们这个富裕村一些地主的财物，划给他们分配。

其时我正在汕头度寒假，听到这个消息后，很不以为然，便在给黄同学的一封信中流露出一些怨言。那时我还是个未成年的中学生，哪里懂得政治这门大学问的复杂性，只是实话实说，认为他们的罚款没有道理。

家里被罚了巨款之后，所经营的工商业便遭到了重创。次年家乡土改，家里全部财产又被没收，于是榨油、制糖作坊和棉湖、汕头两地商行也就彻底破产了。

真可谓造化弄人。一次几乎置我于死地的毁灭性打击，竟然由偶然因素所引起。开学后我回到了学校。该学期我们28班凑巧被选为全校整团的试点单位。其实试点搞过后，整团工作不知道何故也停止了，并没有在全校推开。

在整团的群众座谈会上，黄同学为了帮助我“进步”，公开了那封信，批评我丧失立场，同情自己的地主家庭。为此我受到了停止团籍一年的处分。

这个处分对我这个解放前便冒着生命危险秘密入团、自认为一向革命的年轻人来说，无异于晴天霹雳，精神上遭到了致命的打击。我成天惶恐不安，痛苦万分，深深地陷入无边无际的自责之中。我在心灵深处一遍遍无情地自我谴责，检讨自己错误思想产生的根源及其危害性，决心脱胎换骨改造自己成为新人，争取团组织的宽大处理。

长期的严厉的自责，使我这个年轻人脆弱的心理，产生了无法忍受的压力。深夜里我经常被噩梦惊醒，难以成寐。久而久之，我的健康受到了严重损害，晚上盗汗时时沾湿衣裳。后经医院X光透视，发现肺部出现了阴影。于是1951年下半年，我便不得不辍学回家休养。

该时期我在家里又刻苦地自学了大量的马列主义著作，从《社会发展史》、《辩证唯物论》、《历史唯物主义》、《辩证法》、《共产党宣言》，到毛泽东的《改造我们的学习》、《实践论》、《矛盾论》和刘少奇的《论共产党员的修养》等等，无所不学。在学习过程中，我虔诚地结合自己的所谓思想实际，不断反省自己、批判自己，竭力否定自己、诋毁自己。我写下了许多学习心得体会，深挖自己的“反动思想”根源。说实话，日后在“文革”期间广大知识分子，包括不少著名的作家、学者，在极“左”思潮的蛊惑下，所进行的这种旨在铲除一切自我意识的忏悔，我早在20世纪50年代初便已经主动做过了，体会到了其中的真正含义，不再上当受骗了。

于是我在长期沉重的心理压力下，精神几乎崩溃。说也奇怪，当时在知识分子的思想改造运动中，广泛推行的这种所谓理论联系实际的学习方法，不但没有解决自己的思想问题，反而越学习、越反省，思想越混乱、越“反动”。明知不对、不让出现的思想，在脑子里却不断地自动冒了出来，不能自已。我不仅彻底否定了自己，认为自己是个十恶不赦的罪人，而且毫无根据地怀疑一切、否定一切，觉得天地之间没有可信的东西。书本说的不可信，报纸说的不可信，信仰在我脑子里全部动摇了、破灭了。这些无法控制的杂乱无章的“反动思想”，如同决了堤的洪水，横冲直撞，四处为虐。我害怕极了，如临深渊，不明白自己的思想为什么一下子混乱、“反动”到这步田地。我经常产生莫名其妙的恐怖感，仿佛大祸即将临头，脑子胀得发痛。由于那时能够帮助我的两位哥哥，都已经远离了家乡，到外面念大学去了，没有人可以助我一臂之力，只有自己孑身一人，独自闭门进行着残酷的自我思想斗争。

我对自己的这些“反动思想”，使出浑身解数去控制、围堵，不让它冒出来。结果却适得其反，愈控制，愈围堵，“反动思想”愈泛滥，几乎到了无孔不入的程度。我束手无策了。这种异常的精神状态，是在精神长期处于高度紧张、抑郁的情况下，严重神经衰弱所产生的混乱思想。这点简单的医学常识，我是在许多年之后才弄明白的，可是当时我坚信这是剥削家庭给予自己的思想根深柢固的“反动”影响所致。

由于养母的悉心照料和自己进行了适当的体育锻炼，我在休学一学期之后，肺部终于恢复了健康，1952年初返校复学，插入29班学习。那时我觉得与自己顽固的“反动思想”作斗争，个人力量已经势单力薄，无能为力了，而必须把它暴露在光天化日之下，依靠群众、依靠组织才能奏效。我像堂·吉诃德大战风车一样，摆出一副与自己的“反动思想”决一死战的架势。我真诚地向学校团组织坦白了自己脑子里这些经常无缘无故冒出来的“反动思想”，请求举行班会，向同学们彻底交代，希望得到大家的帮助。于是学校团支部应我的请求，专门召开了会议，来解决我的“反动思想”问题。

我在会上检讨说，现在我对什么都怀疑，都不相信，对报纸上所说的都有不同的看法。我挑选出其中对当时一些重大政治事件的“反动认识”进行了交代。例如，认为“三反”“五反”运动中被惩治的人，是政治牺牲品，人民政府是杀鸡吓猴，等等。我把这些由于严重神经衰弱所产生的、在脑子里一闪而过的种种混乱思想，在会上毫无保留地交代了出来。可是这一交代非同小可，不仅吓坏了在座的每个同学，也震惊了全校师生。他们弄不明白，这个一向沉默寡言的进步学生，思想怎么会一下子变得如此反动。

解放初期，大家对政治问题怀着敬畏的态度，既不敢谈论，也不会有不同的想法。那天我主动在大庭广众面前侃侃而谈，而且一下子暴露出这么多“反动思想”，这种举动令他们诧异、愤慨。他们在会上严厉地批判了我，会后学校还出了黑板报专刊，谴责“李扬鉴思想”。不久学校团支部的温支书违背团章有关规定，在没有征求我本人的意见、不经过团员大会讨论的情况下，擅自在全校师生大会上宣布开除我的团籍。这是我这一生遭受到的第一次沉重打击。

在那个时代，一个青年人被开除了团籍，便意味着他第二生命的死亡，从此被打入了另册，永世不得翻身。然而打击到此还远没有结束。到了几年后的反右派斗争，这些主动交代出来的“反动思想”和温支书个人对我的处分决定，又成为我一贯坚持反动立场、被判处5年徒刑的主要罪证之一。

当时我陷入了四面楚歌之中，大家都对我投以鄙视的愤怒的目光。我原来期望自己的坦白，会得到同学和团组织的热情帮助，但结果适得其反，不是热情帮助，而是残酷斗争和无情打击。我这个向来傲视一切的进步学生，陡然间从天上跌落到十八层地狱之下。我羞愧万分，无地自容，恨不得地下立即裂开一道缝一头扎进去。我成天诚惶诚恐，不可终日。当时支撑我活下去的唯一信念，是在一本书上看到的一句话：“时间会消磨人们的记忆。”希望随着时光的流逝，人们对我的耻辱会逐渐淡忘。

好像上帝生怕我在5年之后，经受不起更加沉重的打击，故意预先安排一场演习，以提高我的承受能力似的，在这个痛不欲生的时刻，又给了我一记重拳——那时家乡进行了土改，家里一切财产全部被没收，我的经济来源一下子便完全断绝了。没有钱买菜，只好用酱油拌饭吃；没有钱买衣服，一件有几处拳头大窟窿的背心，打了结继续穿。在这走投无路的困境里，为了完成高中最后的学业、进大学深造，我抛开了自幼养成的强烈自尊心和“君子不言利”的人生信条，向不久前还是一家人的一位叔父求助。婶母得知后，婉言拒绝了。虽然他们手头也不宽裕，但叔父念及叔侄之情还是偷偷地给了我50元，解决了我一个学期的吃饭问题。那时物价便宜，生活水准又低，一个月10元钱便可勉强度日了。叔父一再叮嘱我，此事切切不可让婶母知道。这使我这个向来傲视财物的富家子弟，平生第一次尝到了贫穷带来的屈辱和苦涩滋味。经过了这次的切肤体验，我便暗暗地下了决心：日后参加了工作，一定要尽力资助弟妹们上学，使他们避免陷入我这样的缺衣少食、遭人白眼的尴尬困境。这就是我在1955年大学毕业后，全力以赴地资助4个自房和他房弟妹读书的起因。

1953年春节，我不敢回到土改后已经一无所有的家里过年，也没有其他地方可去，只好像只无处栖息的孤雁待在学校里。节日里无所事事，我便孑身一人，躲在静悄悄、冷飕飕的教室里看小说消磨时光。我这个解放前便狂热追随革命的富家子弟，在这样政治上和经济上的双重沉重打击之下，顿时跌入到人生的低谷，备受着耻辱和贫困的熬煎，独自在这凄楚的冰冷世界里，咀嚼着不幸遭际的苦果。这种严峻的现实，对于一个还未入世的年轻人来说，着实太残酷无情了。

我双手捧着苏联作家革拉特科夫的长篇小说《士敏土》（后来译为《水泥》），细细地阅读着。书中所描写的一位帝俄时代的工程师，在苏联革命初期的遭遇和内心体验，引起了我强烈的共鸣。

用自己的智慧和双手建造起世界第一流水泥厂的克列伊斯特工程师，在十月革命后，看到工厂遭到了严重破坏，几乎成为一座荒凉的坟墓，他自己也变成一个被人遗忘了的无所事事的废物。这时他欲弃不忍，欲干不能，内心感到无限的空虚和茫然。他被自己所热爱的建设事业彻底抛弃了，等待着与工厂同归于尽。我呢，不也是一个自己所一直追求的革命事业的弃儿吗！想到这里，不禁浑身战栗不已。

经受了这次严重的打击和痛苦的磨难之后，我逐渐摆脱了过去的盲目性，对自己、对社会有了比较清醒的认识。所以在几年之后我当上了“右派”，被关进专门改造人的劳改队里，也始终认为自己是人不是鬼。甚至到了极“左”思潮发展到登峰造极的“文革”时期，我也没有像许多知识分子那样自责自贱；尽管在每天晚上两个小时“雷打不动”的政治学习中，我也跟大家一样，口口声声表示要“脱胎换骨”地改造自己，但心里明白这是充当“四类分子”（地主分子、富农分子、反革命分子和坏分子的统称）这个角色应该经常背诵的台词，并不当真。

烛照一生的谈话

1952年夏天，我被开除了团籍后不久，被大家视为异类的时候。一天薄暮时分，我独自在学校近旁的榕江边，踏着夕阳破碎的余晖低头徘徊。自从温支书在全校大会上宣布开除我的团籍之后，我一直深陷于痛苦、恐惧、羞愧之中不能自拔。那时我正万念俱灰，一片茫然。蓦然间抬起头来，见到陈佩绚同学已经悄悄地走到了我的身旁。

起初我不敢正视她。落到今日这步田地，还有什么脸面见老同学呢？可是她向我友善地微微一笑，亲切地站到我的面前，若无其事地跟我聊起天来，仿佛不久前震惊全校的我被开除团籍的重大事件，并没有发生过。

陈的年龄似乎比我大一两岁，原来是我在28班时的同班同学。当时她是班上最受人敬重的品学兼优的好学生，具有大姐风度。后来我辍学一学期回家养病，便不在一个班了。解放初期，中学沿袭了过去春秋两季招生的传统，后来为了与大学单一的秋季招生制度接轨，便让春季入学的学生，提前一学期于夏季毕业。她毕业后，因家庭经济负担重，放弃了升入大学深造的机会，留校当了教员，一直到前些年退休。

过去我们在班里虽然也说过话，但从来没有这样单独一起谈过心。现在我犯了“错误”，栽了大跟头，遭人唾弃，而且彼此又早已分开了，一般人躲避都唯恐不及，她反而亲热起来，主动与我随意攀谈。这种超然的纯真的情谊，像久旱中的雨露，滋润着我当时那片干涸的心田。那天傍晚，我们谈兴极浓，相向伫立，海阔天空地聊了很久很久，才依依惜别。

起初我对这次邂逅怀着严重的畏惧情绪，生怕她拿我被开除团籍的事来教育我或安慰我，在我那还在淌血的心灵伤口上再撒一把盐。可是她压根儿就没有提及这桩事，像什么事情也没有发生过似的。这便解除了我的戒备心理，敞开心扉与她畅谈起来。这种女性独有的宽厚的慈爱态度，与当时整个学校环境的冷酷无情形成了强烈反差。所以虽然半个多世纪过去了，那天傍晚我们在一起究竟谈了些什么，早已经淡忘了，可是谈话时的温馨氛围，我至今依然可以感觉到。

当时我发现自己在这位令人敬重的大姐心目中，居然还是人，而不是鬼，从而在欣慰中重新捡回了早已丧失的自信。她的慈爱，像滔滔的榕江水，久久地温暖着我那冰冷的心。

当时陈与我的那场谈话，也许是不经意的，然而她怎么也不会想到，这场不经意的谈话，竟然对我产生了如此深远的影响。它不仅当时帮助我摆脱绝望情绪，找到了自信，而且在日后长期身陷囹圄的艰难岁月里，仍然成为一股鼓舞着我战胜困难的精神力量。慈爱，是茫茫大海中永不熄灭的灯塔。

黑暗凄冷中的微光，能烛照人的一生。感恩情绪是个分数，它以当时的处境为分母，恩惠为分子。所以身处逆境时得到一点点恩惠，甚至只是一句贴心的话，一个暖人的目光，都会让人受到很大的鼓舞，而久久不能忘怀。顺境时因分母很大，即使得到了很大的好处，也觉得平淡无奇。这就是人们所说的“幸福递减律”。因此，雪中送炭比锦上添花珍贵得多。

1994年我与扬训兄、丽卿嫂回老家探亲，路经榕城时曾经中途下车，去拜访阔别了41年的一中母校，得到了许声建和林树才两位校长的盛情款待。席间谈及过去的许多老师、同学，得知家住该城的陈佩绚已经退休。本拟前往看望，但考虑到几十年过去了，人事全非，怕现实会冲淡昔日留下的美好记忆，只好作罢。精神是永恒的，现实是短暂的。我希望当时温馨的气氛，永远原汁原味地封存下去。

精神转移

1952年暑期，我在经历了一段被开除团籍所产生的悲观失望时期之后，理智又开始逐渐占了上风。那时我知道自己在政治上已经彻底完蛋了，再没有什么可以争取的了；离毕业又只有一年时间，高考迫在眉睫。过去我热衷看课外读物，忙于“思想改造”，学业荒废了，学习成绩一直平平。我想此时应该振作起来，学好功课，迎接高考，争取进入大学深造，这才是唯一的出路。问题想通了，奋斗目标明确了，我便不再像过去那样去关心那些虚幻的政治，也无暇顾及自己“反动思想”的改造，而一心一意埋头于功课的学习。我从学习中获得了乐趣，学习成绩也呈直线上升，作文还被班主任夸奖为我们这个全校最优秀班级首屈一指的佼佼者。这是我整个中学阶段，功课学习最专注、成绩最好的一个时期。于是老师和同学便从疏远我、鄙视我，渐渐地转变为亲近我、尊重我。说也奇怪，这时我无暇顾及的那些过去成天萦绕于脑子里的“反动思想”，反而逐渐消失了，从而摆脱了过去那种自我思想苦斗的烦恼，大大地增强了自信心。

人在痛苦时进行精神转移，是医治心灵创伤最有效的方法。当时我如果不是有了这种新的精神寄托和追求，肯定经受不起自身和环境那种强大的精神压力，而毁灭了自己。这次无意间得到的这个切身体会，为我日后在当了“右派”、被投入监牢的漫长艰难岁月里，主动进行精神转移的自我保护，提供了宝贵的经验。

通过这次正反两方面的经验教训，我感悟到人的主要精力，不应该放在克服自身虚假的或真实的缺点上，力求成为一个完人，而是必须集中于创造性的劳动中。人生的价值在于创造，而不在于改造。所以那时我便暗暗地告诫自己：切不可做一个“十全十美”的庸人，而宁可成为一名有缺点的创造者。

其实每个人在本质上都有美好和丑恶的两个方面，只要我们把一个人本身内在的美好一面激发出来，使它升华、丰富，便能起到“扬善抑恶”的作用，而无需去“改造人的灵魂”，给人外加一个什么东西。

初露锋芒

我对马列主义著作的刻苦学习，虽然没有达到改造自己“反动思想”的目的，但使我从小养成的叛逆性格得到了理论武装，而大大地增强了独立思考能力和批判精神，受用终生。真是歪打正着呵！

那时教我们语文课的是王绍基老师。王老师思想进步，崇拜鲁迅，性格耿直，疾恶如仇，解放前曾经三次被国民党当作共产党嫌疑分子逮捕入狱，是位具有正义感和献身精神的好老师。我对鲁迅先生及其作品的热爱，便得益于他的启示。但我对他的一些文艺观点持有异议，并经常与一些同学背后议论他。

有一次他在讲解课文《孔雀东南飞》时，认为焦仲卿和刘兰芝这对青年男女爱情悲剧产生的原因，是由于焦母性变态——她自己早年丧夫守寡，便妒忌别人的幸福，逼迫儿子把贤惠的爱妻赶出家门，残酷地强行拆散这对年轻的恩爱夫妻，导致他们为了反抗这种无情的迫害，双双自杀身亡的悲惨结局。把悲剧发生的深刻社会原因抛开不顾，而仅仅归结于个人的心理因素。当时我对他这种只从心理学角度，没有就社会背景方面分析悲剧成因的观点，持强烈的批评态度，认为该观点并没有抓住问题的实质，是历史唯心主义的，与历史唯物论背道而驰。

第二学期陈隆士老师继授我们的语文课，我便写了一篇作文，讨论《孔雀东南飞》中爱情悲剧产生的原因，不点名地批评了王老师的观点。

陈老师与郭笃士老师一样，也着重培养学生的独立思考能力。所以他不命题作文，不设框框，而由学生自拟题目，自由发挥。于是，我便写了这篇“犯上”的文章。

我在文中指出，根据辩证唯物论的观点，社会存在决定了社会意识。所以焦母的性变态在这场爱情悲剧中，虽然可能起了一定的作用，但它不是决定性因素，决定性因素是让这种性变态心理可以为所欲为的封建专制制度。在这个“吃人”的社会制度中，父母操纵着子女的命运。子女是父母的私有财产，丧失独立人格，唯父母之命是从，“三纲五常”、“三从四德”是子女必须遵循的道德准则。这便是封建社会酿成种种爱情悲剧的主因。梁祝哀史是另一个典型的例子。如果子女拥有捍卫自身独立人格的权利，不受制于父母，那么父母无论存在着多么严重的性变态心理，也不可能危及子女的幸福。

这篇观点新颖、文字简练的作文，得到了新任语文老师的推崇。他在文后的评语中称赞说：此文达到了炉火纯青的地步，在这短短两小时时间内写成的这篇作文，只要稍加补充，便可以在报刊上发表了。这一高度评价，使我名声鹊起。它对于我这个当时遭受过严重打击、几乎丧失了生活信心的年轻人来说，无异于打了一支强心针。我看到了自己的聪明才智，从而重新振作起来，珍惜自己，热爱学业。

说实话，到了这时，在我经受了严重打击之后，思想才变得成熟些、深刻些，才有了点真正的独立思考能力。以往虽然生吞活剥地读了不少文学和哲学书籍，但多是囫囵吞枣，食而不化。打击促使我进步。

我在一中时期虽然遭受到人生的第一次沉重打击，但也奠定了我正确的人生观和世界观，培养了我的独立思考能力和理性精神，克服了少年时代的狂热性。不过在那个险恶的时代，这些可贵的思想品质，却给我日后的人生埋下了祸根；然而它们也为我在漫长的艰难岁月里和改革开放时期，提供了战胜困难和科学创新强大的精神力量。

第一次人生选择

高中快毕业了，要升大学了，究竟报考什么专业，便成为我人生的第一次重大选择。在过去那个计划经济时代，这一选择便几乎是一锤定音地确定了终身职业，对人的一生具有决定性的意义。

我虽然热爱文学，但是参加国家的重工业建设，对我具有更大的吸引力，认为那里是实现自己多年来富国强兵夙愿的理想场所。同时考虑到在火热的建设现场，更便于观察生活、体验生活，届时有了生活积累，也还是可以从事文学创作。再说，那时文艺界已经开展过对《武训传》电影和《我们夫妇之间》小说等的批判，我意识到搞文艺容易犯错误，没有当工程师保险。经过了方方面面的认真思考，我决定放弃文学专业，报考我国重工业名城沈阳的东北工学院（今东北大学）采矿系。

当时我认为自己这个选择，是进可以攻，退可以守的，既能向文学方面发展，又可固守于科技领域，万无一失。始料不及的是，尽管我绕开了布满暗礁的文学险区，但在那个阶级斗争“年年讲、月月讲、天天讲”的严酷时代，一个放荡不羁、坚持独立思考的知识分子，依然未能摆脱在反右派斗争中触礁沉没的命运。

不过现在回想起来，当初的选择还是唯一正确的选择。那时我那些得到老师称赞的作文，是些论证性文章，而不是叙事性或抒情性作品。我这个左脑型的人善于逻辑思维，而缺乏形象思维能力。所以无论从个人潜能的特点或日后惊涛骇浪的国家政治生活来看，那时确定理工科作为自己一生的主攻方向，是对头的。这使我在遭受到毁灭性打击之后，依然能够发挥自己的优势，在科技事业上有所成就；到了今日古稀之年，也还能够撰写具有浓厚思辨色彩的回忆录。

经过了半个世纪的风云变幻，今天我提起笔来写回忆录，涉足于文学园地，似乎又回到了自己当初的人生起点。年轻时的梦想，总是难以摆脱的，或早或迟总要回归。这是心理上的一种返祖现象吧。

第四章◎大学时代

校园生活

1953年秋季，我怀着摆脱了苦难的家庭、心有余悸的母校和献身于祖国重工业建设事业的喜悦心情，来到了沈阳东北工学院采矿系。

那时全国解放不久，百废待兴，急需培养各类专门人才。所以国家在财政状况还十分困难的情况下，仍向大学教育投入大量资金，对大学生实施种种优惠政策。当时的大学生，真是天之骄子。我们在校学习期间，不仅不用缴学费和住宿费，而且学校还给每个学生提供免费的伙食及一些生活、学习用品。没有御寒衣服的南方同学，学校还发给棉衣棉裤。学校对每个学生的照顾，可以说是无微不至的。毕业后政府统一分配工作，走出校门便是国家干部。这样，一旦跨过了大学的门槛，就等于进了保险柜，从此就可以抛开那些困扰着当今莘莘学子的经济和就业方面的种种烦恼，而一心一意地埋头学习了。

一个广东人骤然来到了东北，无论在气候上或饮食上反差都很大。好在我过去过惯了苦日子，适应能力很强。从一个没有冰雪的南方城镇，来到这个冬天气温降到零下20多摄氏度的北国，从过去以大米为主食，到陡然吃起没有见过的高粱米饭来，也没有什么不适之感。毕竟这比过去愁吃愁穿的日子好过多了。

东北工学院当时就是东北地区的重点院校之一，颇负盛名。该院有冶金、机电、建筑和采矿四个系，院部和前三个系在该市的南湖新校舍，采矿系则留在原来的铁西区。其中建筑系于1956年全国院系调整时，合并到西安建筑学院。虽然铁西是老工业区，工厂密布，烟囱林立，空气污染严重，每次外出鼻孔都是黑的，但是对我这个来自南方小县城、过去连火车也未曾见过的年轻人来说，能够来到沈阳这个重工业大城市学习，又有雄伟的教学大楼，宽敞明亮的教室、图书馆和宽阔的运动场，生活上也彻底摆脱了高中后期那种缺吃少穿的困境，心情还是异常舒畅、激动的。所以坐在肃穆的教室或图书馆里学习时，每每听到远处传来的火车汽笛响，我也会把它当作催人奋进的时代前进的脚步声，兴奋不已。那时的我们无忧无虑，天真烂漫。

解放初期，整个社会那种高涨的革命热情和冲天的劳动干劲，在我们的校园里也得到了反映。虽然学校里没有一张标语一句口号，但为了迅速改变祖国“一穷二白”的落后面貌而学习的理想，却深深地镌刻在每个同学的心中。校园里的学习生活紧张活泼，处处呈现出一派朝气蓬勃、奋发向上的感人景象。尽管这时也开展对《红楼梦研究》专著等方面的批判，但阶级斗争的狂浪主要局限于文艺界内部，一时还未扩展到一般大学校园，而且斗争方式也没有后来反胡风、反右派、“文革”那样恐怖、残酷。这是解放后一个令人向往的充满幻想和希望的黄金时代。

那时学习非常紧张，每天上午6节课，从早上8点钟一直上到午后1点钟。下午和晚上自习。吃了午饭后，大家都顾不得休息，又匆匆地挟起了书本和笔记本去图书馆或教室自修。一个可以容纳三四百人的图书馆阅览厅，天天座无虚席，经常需要提前去排队才能占到位置。在坐满了人的阅览厅里，人人都在聚精会神地埋头做功课，鸦雀无声。连轻轻咳嗽一下，也尽量压低着嗓子。那种专注、肃穆的氛围，令人肃然起敬。

大家明白，过这样紧张的学习生活，如果没有一个强壮的体魄是支持不下去的，于是同学们都重视体育锻炼。每天清晨，没有人组织、督促，大家都自觉自愿地到操场运动。位于北国的沈阳，冬季天亮得很晚，清晨6点钟起床时，大地还是一片漆黑，气温也经常在零下20摄氏度左右，可是这些困难都没有影响大家锻炼身体的决心。起床的电铃一响，人们便争先恐后地拥向操场，在满天星斗的微光下，冒着凛冽的寒风跑步。每天傍晚，同学们在做完了功课之后，也都先后自动地汇集到洒满了金色余晖的操场来。宽阔的操场熙熙攘攘，热闹非凡，处处洋溢着青春和活力。这是校园里一天中最欢乐的时刻。此情此景，令人心旷神怡，使我深深地体会到做一名新中国大学生的骄傲和幸福，而与在一中后期那种茫然、恐惧、抑郁的心情迥然不同。

我学的是采矿专业专修科，两年制。在这宝贵的短短两年时间里，我成天沉醉于科学技术知识的海洋中，无暇他顾，每天只身孤影往返于宿舍、食堂、教室、图书馆和操场之间，过着紧张而有序的生活，一两个月难得迈出一次校门。学校里每个周末晚上定期举行的舞会，我也从不涉足。

20世纪50年代，社会上曾经一度流行过跳交际舞，学校还进行过扫除舞盲活动，可是我始终是个死角。孤僻的性格，也使我一直远离热闹的娱乐场所。时至今日，我还从未去过舞厅瞅一眼。

说实话，我原来对采矿专业并无认识。我们家乡没有矿山，从未见过矿山是个什么样子，只是凭着参加祖国重工业建设的热情报考这一专业的。第一学期结束后的寒假，学校组织我们去矿山参观实习，我才首次见到了矿山的模样。

东北的矿山，星罗棋布。第一站是到那时著名的鞍钢弓长岭铁矿。很不凑巧，我们到达那天，矿上刚刚发生过井下采场冒顶砸死4名工人的重大事故，这给同学们心理上当头一棒。下到井下，又见随处都是黑魆魆、阴森森的景象，很是可怕。第二站是到中国当时的煤都抚顺煤矿，那里有露天和井下两种开采方法。虽然露天采场劳动条件好一些，但到了井下，看到工作面那些采煤工人，如同用墨水染过了一般，除了牙齿和眼睛是白的以外，浑身一片漆黑，活像个黑鬼。那时在矿山工人中流传着一个顺口溜，来形容他们在井下劳动的危险和艰辛：五面石头夹块肉，不死也够受。五面石头是指在坑道掘进过程中，上、下、左、右、前五面都是岩石，而一块肉则是指自己。目睹矿山生产环境这么脏、苦、危险，一些同学的专业思想动摇了，有的甚至索性退了学。

通过这次实习，我虽然对矿山情况有了真实的了解，而抛弃了昔日玫瑰式的幻想，但是由于自己对社会主义建设事业满怀激情，并没有过多地考虑个人的利弊得失，认为祖国需要的地方，就是我施展才干的最好场所。苏联作家阿扎耶夫在长篇小说《远离莫斯科的地方》中，所描写的主人公年轻工程师阿列克塞，在抗击德国法西斯的进攻中，为了前线的需要，义无反顾地告别了在莫斯科的温馨的家，孑身一人来到冰天雪地的远东地区敷设输油管道的英雄事迹，给我提供了学习的光辉榜样。我认为对于一个生活中的强者来说，重要的不在于他从事何种工作，而在于他对所从事的工作持何种态度。我坚信行行都能出状元。

行成于思

虽然我在大学里只待了两年时间，但那段短暂而紧张的学习生活，使我的独立思考能力得到了严格的训练，受益终身。

解放初期，过去大学里欧美式的旧教科书被废弃了，新的教科书一时又编写不出来，学习没有课本，全凭老师讲学生记。考试时就根据自己的笔记本来复习，笔记记得完整的同学自然便占了便宜。

那时潮汕人还普遍不会普通话。我到东北工学院第一学期，听老师讲普通话就像听外语似的，笔记记不下来，只好下课后借同学的笔记本来抄，学习非常吃力。到了第二学期，才消除了语言障碍，可以凭自己的听力记笔记了。

听课做笔记是件苦差事。我向来反应迟钝，又要听讲又要做笔记，应接不暇，经常丢三落四（虽然老师讲的每一句话，不可能也没有必要全部记下来，只能择要笔录），所以上课时必须全神贯注，眼睛、耳朵、脑子、双手齐动员，不敢松弛，并要快速作出判断，哪些该记哪些可以忽略。这种紧张的学习方法，培养了我敏捷地分析判断问题的能力。

当时学校的考试方式，学习苏联的五分制，笔试和口试并重。考试时学生把抽到的试题，先在考卷上写好答案，随后再向主考老师面述。参加面试的老师往往不止一位。在陈述过程中，老师经常会提出一些问题，要求学生作进一步解答。如果你对答案缺乏真正的理解，只是死背笔记，那么即使你的答案全对，也仍然难以躲过老师那双锐利的眼睛，而得不到高分；但是倘若你对答案有了真正的理解，而由于某些次要的原因，造成最终结果有误，老师反而会予以谅解。

记得有一回我考微积分时，一道重要的试题，因忘记了其中一个三角函数公式，解不出来，得不到结果。我懊丧极了，以为这次考砸了，但事实完全出乎我的意料。口试时我把解该题的基本方法向老师面述后，他认为我的思路正确，居然还给了我满分。这种考试方式，注重学生的理解能力，而不太关心答案是否完满。于是便鼓励了学生对课程的内容，不是去背诵，而是去理解；不是靠记忆，而是靠思考。这种教育方法，与当今要求学生一点不差地熟背标准答案的应试教育截然不同。

在这种教育方法的培养下，我的独立思考能力获得了迅速提高，也养成了对事物寻根究底的习惯。位居唐宋八大家之首的韩愈，在1000多年前留的下一句名言“业精于勤，荒于嬉；行成于思，毁于随”，成为我当时的座右铭。

2004年3月底，我在离家后第三次重返广东故里时，才有机会来到潮汕人所敬奉的潮州市韩文公祠前，拜读到镌刻在一本翻开的石雕巨书上的这两句激励了自己一生的千古名言。

我在学习上碰到了什么难题，宁愿自己多花时间琢磨，也不肯轻易去问人。晚上助教来学生宿舍答疑，我也从不参加。我在笔记本上，记满了自己从各个角度提出的问题和思考，尽量做到对所学内容吃深吃透。所以我所学到的知识，都是经过自己的刻苦钻研而真正理解了的东西，因而能够做到触类旁通，运用自如。我在大学里所学的几十门课程，参加工作后实际用得上的只是少数，可是在这期间培养起来的独立思考能力和深入钻研问题的习惯，意义却远远地超越所学的专业知识范围。

由于我积极学习，勤于思考，故尽管起初存在着语言障碍，但学习成绩很快就上来了。从第二学期开始，便几乎门门功课都是满分，成为班上学习的佼佼者。我向来多虑，初到东北工学院，生怕自己这个生长于南方小城镇的小伙子，突然来到这个北方工业大城市念书，学习跟不上。经过了这一年的努力，我终于消除了这种自卑心理。

由于我的性格内向、木讷，不善于交际，过去颇受同学们漠视。此时他们陡然间发现我的学习成绩一下子跑到了大家的前面，很不服气，认为我的成绩是靠死记硬背抠出来的，算不得什么真本事。甚至有人还当着我的面公然断言："别看李扬鉴都考了五分，他毕业后到社会上也干不了工作。"

我听了这些议论，起初真的也有些气馁，觉得自己这样腼腆，日后如何能胜任复杂的科技工作呢，内心忐忑不安。经过了一段时间的全面分析之后，我发现自己虽然缺乏社交能力，但善于动脑筋，又能够刻苦耐劳，具备了从事科技工作的基本素质。离开学校后，我虽然无法克服自己性格上的弱点，但只要充分发挥个人这些优势，还是可以有所作为的。当时我在日记中写了一首小诗，来表白自己这种心志：

不要笑我幼稚软弱，
我是一棵饱含生机的嫩苗，
在生活的泥土里，
会蓬勃成长。

反胡风运动

两年紧张而愉快的大学生活，眼看就要圆满结束了，大家都怀着各自对未来生活的美好憧憬，准备奔向不同的工作岗位去施展才干，实现自己的人生梦想。没有料到，在毕业前夕的1955年夏天，一场开始只针对文艺界的反胡风运动，一下子也让我们这些对生活对社会主义建设事业满怀激情的纯真青年学子，无端地被卷入到这个残酷的政治漩涡之中。

那时我们正在本溪庙儿沟铁矿进行毕业实习。起初我读到《人民日报》1955年5月13日《关于胡风反党集团的一些材料》（即第一批材料），以及同年5月24日、6月10日关于“胡风反党集团”的第二批、第三批材料和6月10日《必须从胡风事件中吸取教训》社论，颇感突然。

我过去没有读过胡风的著作，对胡风问题不甚了了，只知道他与鲁迅关系密切，和周扬历来有矛盾。读了《人民日报》发表的这些材料和社论，我相信胡风集团成员都是坏人，居心叵测，应该从文艺界中清除出去。党中央于1980年9月决定对“胡风反革命集团”予以平反，1988年6月又进一步决定对该“集团”彻底平反，表明原来对他们的指控都是些不实之词。不过当时我认为此事与己无关，看看也就算了，并不特别关注，依然成天忙于进矿井与工人滚打在一起。

可是不久形势便急转直下。6月15日，《人民日报》将前后三批材料汇编成册，统一重新定名为《关于胡风反革命集团的材料》，公开出版发行。该书序言指出：“只要广大的革命人民从这个事件和材料学到了一些东西，激发了革命热情，提高了辨别能力，各种暗藏的反革命分子就会被我们一步一步地清查出来。”该书出版后，反胡风运动迅速演变成一场声势浩大的遍及全国的肃反运动。6月下旬，学校通知我们中止实习，立即返校参加运动，形势非常紧张。

为了便于监视每个学生的言行，我们一回到学校，就被赶到教学大楼集中起来，在教室地板睡通铺，禁止私自外出和一切自由活动。这座原来是从事教学和科研活动、生机勃勃的教学大楼，顷刻间便变成了一个关着采矿系1000多名学生、成天相互批斗的可怕场所。校园里处处充满着萧飒恐怖的气氛，过去生机盎然的宽阔的操场，此时却空无一人；以往座无虚席的图书馆，眼下也大门紧闭。我在高中时期被整怕了，家庭出身又不好，自己还是个被开除团籍的异己分子，这时更是坐立不安，惊恐万状，不知道又是什么厄运在等待着自己。

每个班由党员组成领导小组，组织大家以班为单位开展批判斗争。每天从早到晚开会，人人过关，人人又必须积极发言。于是人人被斗，人人斗人。大家相互间疾言厉色地进行检举、揭发、批判，剑拔弩张。那些个人历史复杂的、家庭出身不好的和平时爱发牢骚的同学，自然便成为斗争的重点对象。班上有个年纪较大的东北籍同学，仅仅因为在解放战争敌我占领区犬牙交错的复杂时期，曾经路过国民党的管辖区，便被当作特嫌分子天天批斗，追问他在国统区干了哪些不可告人的勾当、接受了国民党什么派遣任务。一连斗了他半个多月，逼得他在会上捶胸顿足，说后悔自己当时在国统区没有干什么坏事，不然现在就有材料可以交代了。一个四年级的同学被整得走投无路，趁夜深人静，悄悄地从四楼的窗户跳下身亡。

那天晚上，我们班上的党员同学，也打着手电筒去清洗楼外溅了一地的鲜血，恐怖极了。这是我有生以来头一回碰到自杀事件。接着，建筑系一位老师也不堪折磨，大白天从他们的教学大楼上跳窗自杀。为了防止类似事件的发生，学校下令把全部教学大楼的所有窗户钉死，并严禁任何人在白天和晚上单独行动，连上厕所也得两个人同行——进行更加严厉的管制，使人们既无生的自由，也失去了死的选择。

我慑于运动的威力，也意识到自己存在着政治污点，害怕成为斗争的重点，于是便早早地向班上领导小组主动交出日记，请他们审查，表明自己心迹坦荡。由于我在高中时期挨整之后，对险恶的政治已经厌倦了，不再关心了，只是埋头于学业，所以日记上所写的，不过是些学习上的心得体会、对校园里美好生活的赞赏和关于自己未来前程的憧憬，并无什么出格言论，这样开了几次批斗会之后也就过了关。到了9月中旬学校运动结束，我们被分配工作离开了学校。这时大家像犯人走出监狱一样，个个都松了一口气。

经过了两个多月的肃反运动，虽然在全班四五十名同学中，没有抓出一个反革命分子，但是这些过去朝气蓬勃的青年学子，一个个被整得垂头丧气。本来同学们朝夕相处了两年，在分手时总会有依依惜别之情。可是经过这场运动之后，大家在离校时，谁跟谁都不打招呼，愤愤然各走各的路。我在20世纪八九十年代几次路过沈阳时，对母校还是望而生畏，无意去看一眼，过去的那些同学也不想联系。

目睹身受了这场运动的恶劣行径，我这个几年来一心读书的年轻人，又关心起政治问题来了。的确，我的叛逆性格和在学业上培养起来的探索精神，教我不能不对这场惊心动魄的政治运动进行深入的思考。我想自己在高中时期也挨过整，但那时我认为是自己的过错造成的，挨整的也只有我一人；可是此时挨整的却是平白无故，而且几乎遍及每一个同学。受宪法保护的公民基本权利，为什么会遭到这样肆意践踏？是谁给了他们这种无法无天的权力？我们这个欣欣向荣的新社会究竟出了什么毛病？这些严肃的重大政治问题，当然不是一个年轻的大学生所能回答得了的。就是一二十年后暴力行为已经遍及神州大地的“文革”时期，不是还有许多有头有脸的知名人士，仍然被蒙在鼓里诚心诚意地顶礼膜拜吗？

这场反胡风运动，对崇尚独立人格、独立思考的知识分子，造成的创伤是深刻的，影响是深远的。它使广大知识分子慑于强大的政治压力，变得更驯服更盲从了，从而也丧失了独立性和创造性。

1955年9月，我怀着参加社会主义建设的激情和对国家前途的忧虑的矛盾心情，告别了母校，走上了工作岗位。

第五章◎生活第一课

风餐露宿

毕业后，我被分配到沈阳前冶金部地质局东北分局104地质队黑山分队，任坑探技术员，在河北承德大庙铁矿黑山矿段从事勘探工作。由于那里的铁矿石中含有质硬而轻的钛金属元素，其合金是制造飞机和坦克等武器的重要材料，在国防工业上具有特殊意义，所以该矿当时被列为苏联援助中国的156项重点工程之一。大庙铁矿已于20世纪60年代中期建成一个中型的钢铁联合企业。

该矿位于巍巍的燕山山脉北部，重峦叠嶂。当时那里的交通闭塞，人烟稀少，在深山里走半天，也难得见到一两户人家。他们世世代代在贫瘠的山坡上种苞谷为生，与世隔绝，对外面翻天覆地的变化茫然无知。村民生活穷困潦倒，许多人冬天穿不起棉衣，平时买不起食盐，因缺碘而患大脖子病的人比比皆是。

那时地质队的生活和工作条件，比现在艰苦得多。住的是帐篷，成年累月在荒山野林里风餐露宿，还没有实施后来的冬季回城里生活基地的休假制度。

大庙山区里冬天气温，经常降到零下10多摄氏度。在四面透风的帐篷中，虽然烧着火炉，但仍在零下好几摄氏度，晚上洗澡后在通铺上睡觉，头发都结了冰，冻得久久不能入寐，真是“火烧胸前暖，风吹背后寒”。夏天气温，却多为三十几摄氏度，帐篷又如蒸笼，酷热难耐。

那时队上的探矿坑道，散布在山山坳坳之中。冬天山区里漫山遍野覆盖着厚厚的积雪，看不清道路，山野里又到处遍布着当地老百姓砍柴火留下的锐利的灌木茬子。每天我穿着进坑道的胶鞋穿梭于各个坑口之间。有一次我踩上了路旁埋在积雪里的灌木茬子，脚板被戳穿了。当我用劲把脚板拔出时，斑斑点点的鲜血洒了一地。那鲜红的血洒在洁白的雪地上，格外显眼。我向来胆子小，怕见到血，目睹自己洒了一地的鲜血，不禁一阵眩晕。的确，这里的生活不仅是艰辛的，而且有时还需要付出血的代价。

工人三班作业，我们这些值班技术员也跟着三班倒。冬天上零点班最为辛苦。深夜里睡得正酣，突然间被唤起床，爬出暖烘烘的被窝，换上潮湿冰冷的工作服，就像一下子被扒光了衣服推下冰窟窿似的，通身颤抖不已。深更半夜，孤身一人，用戴着双层手套还冻僵了的手提着盏电石灯，怀着与猛兽遭遇的恐惧，奔走于黑黝黝的深山峻岭之中。有时听到狂风吹打着周围的草木，发出阵阵的沙沙声，仿佛是群兽猛扑过来，令人毛骨悚然。

我成天与工人打成一片，一起在坑道里打眼放炮。坑道里放炮的场面真是惊心动魄。那时队上用导火线放炮，拿电石灯点火。导火线1米多长，燃烧时间3分多钟。每个工作面用风钻打了一二十个炮眼，然后装入炮药，用泥巴封住眼口，再开始点火放炮。放炮时，必须在这短短的几分钟内，敏捷地点完全部炮后，快速地撤离到安全地点。稍有延误，来不及躲避，便会被炸得粉身碎骨，死无完尸。所以每放一个工作面的炮，都是一场紧张的生死搏斗。起初我参加放炮，眼看着那点着了火的导火线，嗞嗞地往外冒烟火，随时都有爆炸的危险，心都提到喉咙上来了，紧张得双手瑟瑟发抖。但不久也就渐渐习惯了，好像那些炮在自己未离开之前，决不会爆炸似的。

好在我少年时代便经受过严峻的劳动锻炼，高中时期饱尝过饥寒之苦，对社会主义建设事业又非常热爱，故为自己能够在这个国家重点工程中贡献出一分力量而自豪。这种革命英雄主义精神，使我当时甚至羞于领工资，觉得干革命还要拿钱，怪不好意思的。记得参加工作后第一个月发工资，我自己不敢去领，托别人代劳，结果被人误解为摆知识分子臭架子，遭到了一顿奚落。

那时我只想奉献，不想占有；只想他人，不想自己。参加工作后不久，就碰上了1956年国家工资调整。我连升两级，从二级助理技术员晋升为五级技术员，工资由38元增加到53元，外加20元野外津贴，一个月可以拿到70多元，相当于当时县团级工资待遇。可是我每月领了工资后，除了留下自己的伙食费和零用钱外，其余的悉数寄给养母及其子女和两个在念中学的堂弟。有时还给仍在学校读书的同学寄点钱，压根儿就没有想到要关照自己。当时我连块手表也没有，穿的还是大学时代学校发的棉衣服和在队上领的工作服，盖的是几年前从老家带来的那床旧被子。在那北方严冬的帐篷里，这样单薄的被盖根本无法御寒，深夜里常常冻醒。即使如此，我也没有想到要给自己添置什么，甚至连每月需要给自己留下多少吃饭钱也胸中无数。当留下的钱不够吃饭时，到月底就没有餐票了。我向来羞于言钱财，人家借钱不还，不敢向人要，更不好意思向别人借钱。没有钱买餐票，就只好饿肚皮，每天靠进坑道吃几个保健面包充饥。有时一连饿了两三天，饿得头晕眼花也不敢作声。的确，那是一个忘我的时代。

初战告捷

到工作岗位后不久，队上派我去东北一个大型矿山学习竖井的施工技术，回来后在矿区打竖井。可是我到沈阳上级主管单位东北分局报到时，却因为我历史上有政治污点，被开除过团籍，被他们打发了回来。为此，队上又另外选派了一名技术工人去。当时我懊丧到了极点，认为自己已经入了另册，成为内控分子，连这么一般性的技术工作也不让插手，今后一切都算完了。可是消沉了一阵子之后，勇于迎接挑战的叛逆精神，又促使我重新振作起来。

我不承认别人强加于自己头上的枷锁，我的命运不能听任别人的摆布，我要从他们的手里夺回控制权。你们不培养我，我自己培养自己，东方不亮西方亮。为了摆脱这种被围堵的困境，我决心深入生产实际，以工地作为锻炼自己、施展才干的人生舞台，实现个人的人生价值，赢得大家的承认和尊重。

然而那时我刚参加工作，不知道劲往哪里使，不晓得如何把书本知识应用到实际工作中去。生产上插不进手，很是苦恼，也被一些工人瞧不起。有的工人故意拿些简单的技术问题来考问我，取笑我。有一次，一名管道工手上托着一小节钢轨，轻蔑地问我："李技术员，这是几千克的？"钢轨的规格，是以1米长钢轨的重量来划分的，品种多样。我刚走出校门，哪里知道这是什么规格的钢轨呢？起初几个月，对一切都感到陌生。每天上班，只是帮助工人干些粗活，在生产中找不到自己应有的位置，惶惑不安，怀疑自己究竟能够做些什么。

20世纪50年代中期，极"左"思潮还未发展到后来那样登峰造极的地步，在生产上还可以实行多劳多得。1956年初，队上为了调动工人的劳动积极性，在坑探工程中推行按坑道进尺发工资的计件工资制度，改变了以往拿固定工资、干多干少一个样的不合理现象，有效地提高了劳动效率。可是在推行过程中缺乏配套措施，造成了炸药消耗量严重超支的不良后果。因为工人为了多进尺多拿钱，便不顾一切地把每个炮眼都填满了炸药，浪费惊人。结果刚过了一个季度，便消耗了近半年的炸药配额，危及下半年炸药的供应和坑探任务的完成。那时炸药是国家统一分配物资，按坑道进尺调拨，超支部分不予补充。

为了扭转这种严重浪费的局面，队领导派我们这些技术人员跟班劳动，与工人一起放炮，指导他们合理使用炸药。这样一来，技术人员便处于与工人对立的地位。他们要多装炸药，我们不让，双方经常发生争执和冲突。再说，技术人员少，也顾不过来那么多分散工作面的作业。所以这一强制性措施效果不佳，炸药消耗量没有明显下降。对此，大家束手无策。

我想生产中出现的任何重要问题，不管是技术问题或管理问题，自己都有责无旁贷的责任，应该迎上去接受挑战。经过一番实地观察和分析，我发现工人之所以这样浪费炸药，是因为炸药是国家无偿提供的，用多用少与工人切身利益无关；而坑道进尺和工资直接挂钩，于是工人为了多进尺多拿钱，自然愿意多装炸药了。人们总是从切身利益角度来思考问题的。为了改变工人对炸药消耗量的不良态度，我认为必须从管理制度入手，摒弃现行的强制性管理办法，实行新的鼓励性措施，让工人从节约炸药中得到好处，使他们变被动节约为主动节约。依照这个思路，我制订了一套奖励条例：以国家规定的每米坑道进尺炸药消耗量9.7千克的定额作为一个平均标准，按各个工作面岩石的坚韧程度，由工人自己定期进行民主评议分配，节约下来的炸药折价的一半发给工人。这个条例经队领导批准实施后，由于它使工人从节约炸药中得到了实实在在的经济利益，而大受他们的欢迎，炸药消耗量立即大幅度降了下来，收到了立竿见影的显著效果。这时工人不仅不再与技术人员对立，而且还主动找我们研究节约炸药的种种办法。结果该年度全队总的炸药消耗量不但没有超支，反而有所节余，一年节约了炸药几千千克。这样一来，个人得利，国家受益，收到了双赢的良好效果。随后我总结了这一节约炸药的成功经验，写了一篇标题为“我们的炸药消耗量是怎样降低下来的”的文章，发表于东北分局主办的勘探小报上，向该局所属各地质队推广。这是我参加工作后干成的第一件大事。

一个好的管理制度，既能调动人们的劳动积极性，为社会创造财富，使个人和国家都能够从中得到好处，又可以改善人与人之间的关系，意义重大。如果说，我在高中时期关于《孔雀东南飞》爱情悲剧成因的认识，还只是局限于理论方面的话，那么这次炸药使用管理制度改革的成功经验，则使自己从实践中体会到了制度对人们思想行为的决定性影响。从此我开始自觉地运用社会存在决定社会意识这一辩证唯物论基本观点，来观察分析实现生活中种种社会和政治问题。

参加工作才半年多，便解决了这个大家解决不了的生产管理难题，使我对自己的实际工作能力产生了初步的信心，也开始赢得了队上领导和周围同事的重视。接着，我又深入生产实际，发现什么问题，就研究什么问题，解决什么问题。其中高天井两段供水法和双空隙眼排列法两项技术革新成果较为重要，并于后来撰写了《高天井两段供水法》和《空隙眼排列方法与经验体会》两篇文章，分别发表于全国性科技刊物《地质与勘探》1957年第19期和1958年第4期上。

作为一名工程技术人员，这种既面向生产实际，又重视实际经验总结提高的优良作风，使我在生产中不断作出贡献的同时，专业水平也获得了快速提高，并为自己后来在劳改矿山从事地质构造研究提供了理论联系实际的宝贵经验。

理想产生了激情，激情产生了智慧。献身于社会主义建设事业的崇高理想，激发起我强烈的事业心和创新精神，从而使我茁壮成长。到了1957年春天，该队勘探任务基本完成，我即将调离时，竟被同事们公认为全大队10名坑探技术人员中最出色的一个。虽然由于我的思想行为与众不同，早已被一些人誉为“一个典型的知识分子”，但是这次在离开学校才短短一年半时间内，便获得了这么高的评价，还是受宠若惊的。

说实话，我自从参加工作之后，一直对自己不满意，认为自己能力太低，贡献太少，成天思考着如何尽快地提高自己的专业水平，在生产中发挥更大的作用，压根儿就没有想到过什么名誉地位这回事，更无意与人比高低。再说，当时我只是个五级技术员，在全大队同专业的技术人员中，级别是倒数第二位，仅比一名同期毕业的中专生高一级。其中还有一位八级工程师，这教我怎敢去与谁相比呢？那时的工程师可是凤毛麟角，令人敬畏，不像现在这样普遍。在这么多强手面前，我居然获得了这顶从天而降的桂冠，着实诧异不已。

人世间许多事情，真是令人始料不及。当你刻意去追名逐利时，它却像蝴蝶一样振翅远飞；当你摒弃了凡尘杂念，为了社会，为了理想，专心致志于事业的追求时，意外的收获反而悄然而至。这个无意间得到的荣誉，唤醒了我一直沉睡着的自我意识，认识到这是自己走向生活的一个良好开端，从而对个人能力和前途有了较多的自信，为日后落难时战胜困难增添了许多勇气。

人对自己的信心，不是平白无故就能产生的，而是在现实生活中，通过一点一滴的成功，才逐渐认识自己、肯定自己。

我虽然是一名优秀的工程技术人员，但我更喜欢理论思维，更希望从事理论性较强的地质工作。在104队期间，我曾经向队领导要求转行，但未获同意。解放初期，地质人员奇缺，学采矿的转行搞地质大有人在。

1957年4月，我被调到南京前冶金部地质局华东分局普查队（后来先后改称为813队和603队），到湖北阳新、大冶一带找铜。虽然那里是个新摊子，工作尚未全面铺开，但我依然扎根于工地，搞技术革新，解决了一些生产中的难题，并于1957年第15期的《地质与勘探》上，发表了《应用手电池进行电雷管爆破的计算方法及经验介绍》一文。

那时我不仅兢兢业业地钻研坑探工程技术，也关心社会关心政治。我被调往华东分局时，从承德乘火车南下，路经淮海战役旧战场，见到沿线两侧田野中荒冢累累，不禁萌生了一个想法——把这些为国捐躯的先烈遗骨，集中起来建立一座宏伟的纪念碑，供大家瞻仰、缅怀，以教育生者和后代，又可以避免累累荒冢占去大量农田，一举两得。走一路想一路，到了南京，我便以国家主人翁的态度，立即给《人民日报》写了封信，提出了上述建议。一两年后我在枫林硫铁矿劳改时，看到了《人民日报》报道淮海战役英雄纪念碑落成的消息，兴奋万分，虽然我不知道该纪念碑的修建，是否与自己那封信的建议有关。

先立业后成家

在104队期间，我这个长着一个强壮体魄和清秀面孔的年轻人，已经是个二十二三岁的大小伙子了，因而受到了队上一位漂亮姑娘的青睐。青春期强烈的爱情欲望，也常常令自己躁动不安。歌德说得好：哪个少男不钟情，哪个少女不怀春。

这位姑娘是湖南人，姓姜，在地质组当描图员。她中等身材，皮肤白皙细嫩，长着一双含情脉脉的大眼睛，留着一对长长的辫子，笑容甜蜜可人，浑身散发着诱人的青春魅力。

按理说，这时我已经长大成人，经济条件也算具备，是谈婚论嫁的时候了。眼前这位如花似玉的姑娘又有爱慕之心，还等待什么呢？可是我想到自己在专业上还缺乏根底，应该趁此时还年轻先干一番事业再说；若过早坠入爱河，将分散精力，影响前程。经过一番慎重的思考，理智终于占了上风。我决心放弃这场令人心醉的爱情，先立业，后成家，把自己胸中熊熊燃烧着的感情烈火强压下去。但是每次与小姜邂逅，被强压下去的情爱又像一头挣脱了缰绳的野马，奔腾而出。这时我心中又爆发了一场新的理智与感情之间的冲突，被弄得手足无措，连招呼也不敢与她打一个，生怕一打招呼，理智的堤坝就会在感情的洪水冲击下土崩瓦解，不可收拾。于是双方见面时，只是相互深情地凝视着，不敢越雷池一步。早在情窦初开的少年时代，我便曾经有过两次朦朦胧胧的柏拉图式的爱情体验，可是到了这时反而视爱情如洪水猛兽，严加防范了。感情可以控制，却无法扼杀。半个世纪过去了，她那笑吟吟的面孔和喷射着炽热目光的眼睛，在我脑子里至今依然清新如初。凡是温暖过我的心的、女性独有的柔情似水的目光，我都终身无法忘怀，尽管彼此之间可能连一句话也未曾说过。精神上的东西，比现实更有生命力。

谢天谢地，当时我持晚婚的理智态度，虽然遑论给个人事业带来了多大的成就，但避免了一两年后自己成为“右派”时，对妻小的毁灭性打击。在那个时代，一人犯法株连数族，那时是不能有任何亲朋好友的。

第六章◎理性的觉醒

人生识字忧患始

作为精神文明创造者的知识分子，离开了实事求是和独立思考，离开了批判和创新，将一事无成。这是他们生存意义之所在。没有怀疑，便没有创新，“我思故我在”的理性精神，是他们思想行为的指针。所以，他们不媚俗不从众，不迷信权力，不迷信传统，不迷信权威，天生不愿意充当“驯服工具”和“螺丝钉”。他们以追求独立人格、独立思考和创新，作为自己人生始终如一的目标。这种代表人类文明和进步的可贵精神，在今天日新月异、竞争激烈的知识经济时代，更是一个国家一个民族兴衰存亡的关键所在。

知识分子“谋道而不谋食，忧道而不忧贫”的理想主义人生取向，自然与世俗社会中以个人和团体利益为追求目标的权力拥有者格格不入，更是垄断、独裁、专制的天敌。中国知识分子又特别爱国，忧国忧民，以“天下兴亡，匹夫有责”为信条，直言国是。在过去极“左”路线统治时期，知识分子被视为异己力量、被视为所谓政治战线和思想战线上应该彻底革命的对象。“四人帮”甚至公然宣称“知识越多越反动”。

北方农民要毛驴当“驯服工具”推磨，便把它的双眼用黑布蒙起来。中国历代的统治者也总结出一套万全的统治术：“民可使由之，不可使知之。”他们把统治的稳定寄托在人民的愚昧上。

迄今为止，人类社会的统治方式，随着科学技术的进步和社会生产力的发展，大体可以分成三个阶段：暴力统治、金钱统治和智慧统治。建立在愚民基础上的暴力统治时代，具有人文精神的知识分子，总难逃脱灾难性的命运，所以在有2000多年封建传统的中国，早有了痛切的古训：“人生识字忧患始。”

中国近代饱受列强欺侮，中华民族因此丧失了自强不息的信心，丧失了理性思维的能力，导致偶像崇拜、从众意识盛行。到了解放后的计划经济时代，根深柢固的专制主义又恶性发展，知识分子便集体性地受凌辱受摧残。

1957年那些怀着赤子之心、以天下为己任的知识分子，一个个都成了“右派分子”。他们像只顾仰观星空，结果却失足掉入脚下深坑的古希腊哲学家泰勒斯，成为现实生活的牺牲品。其实在那时的社会里，不只有一个天然的深坑，而且是处处埋设着人为的陷阱，早在那里诱惑你就范了。因此即使是那些眼睛一直盯着地下不敢他顾、如履薄冰地探一步走一步的人，也往往难免遭受遍地皆是的阴谋、“阳谋”之灾。到了史无前例的“文革”时期，知识分子更是普遍受到了毁灭性打击。

不过，“愚驴”政策对于磨坊里的毛驴来说是有效的，然而对于沙场上冲锋陷阵的战马可能就不行了。你把他当工具，他便只能发挥工具的作用，但工具是没有创造性的。唯有把他当人，尊重他的独立人格、独立思考，他才会有作为人的主动精神，才能充分发挥自己的潜能，去拼搏，去创造。20世纪50至70年代，在西方社会开始从工业经济时代向知识经济时代过渡、知识分子已经成为推动社会进步中坚力量的时候，我们却依然沿袭小农经济时代的暴力统治方式，对他们采取蒙眼睛、堵耳朵、封嘴巴、打棍子的严厉措施，结果不仅使我们的科学技术与西方的距离进一步拉大，而且给国家民族带来了一连串大灾难。

我自知没有纵横捭阖的能力，也毫无卷入腥风血雨的政治漩涡的兴趣，但我深深地爱着这片生我养我的热土。我以主人翁的态度献身于社会主义建设事业，也以同样的态度来关心社会关心国家。我无法在国家存在着严重隐患和人民基本权利遭到肆意践踏的时候闭上眼睛，我也不能接受全国只允许一个脑袋拥有思想权、只允许一张嘴巴拥有话语权这种令人窒息的现实。

当时我为国家在和平建设时期沿袭革命战争年代那种高度统一高度集中的做法而忧心。在苏共二十大批判斯大林个人崇拜之后，我联想到自己在大学时代的反胡风运动，以及现实生活中由于权力过分集中所产生的官僚主义和个人崇拜现象，开始对国际共产主义运动和国家政治体制等问题进行认真思考，并在1956年至1957年上半年的几十则日记中，发表了自己的认识。从此我便走上了一条勇于观察、勇于思考、勇于怀疑、勇于挑战、勇于创新的“不归路”。这条“不归路”注定了长期的孤独和坎坷。所以当初我即使没有当上“右派”，日后也可能逃不过“文革”的浩劫。在那个时代，一个具有强烈人文精神的知识分子，如同一叶在惊涛骇浪中航行的小舟，随时随地都会有覆没的危险。

观察与思考

1956年2月25日，赫鲁晓夫在苏共二十大上作了《关于个人崇拜及其后果》的秘密报告，揭露了斯大林个人崇拜的种种严重错误，翻开了国际共产主义运动新的一页。苏联作为世界上第一个伟大的社会主义国家，斯大林作为国际共产主义运动伟大的领袖，居然犯这么大的错误，给苏联国家和人民造成了那么深重的灾难，真是不可思议！具有一定独立思考能力的知识分子，在震惊之余，不能不思考起一些过去不敢思考的问题，怀疑起一些过去坚信不移的东西。

当时我在大庙黑山的大山沟里，对这一重大事件不甚了了。然而官方报刊透露出来的零星信息，使我多少也了解到斯大林个人崇拜错误导致的一些骇人听闻的事实，得知权力过分集中所产生的严重社会弊端，已经不仅局限于中国，而且危及整个国际共产主义运动的健康发展。从小养成的忧患意识和宏大志向，激励着我大胆地去思考这些关系到社会主义事业成败和国家人民命运的重大政治问题。叛逆的性格也决定了我有挑战权威的嗜好，尤其是当时年轻气盛，更是初生之犊不畏虎。我想既然作为国际共产主义运动导师的斯大林，都犯了这么严重的错误，作为各个社会主义国家学习榜样的苏联老大哥，都存在着这么多重大的问题，那么任何社会主义国家及其领导人，会犯这样那样的错误便不足为奇了。如果说在苏共二十大之前，我思考和怀疑的对象，还只是局限于自己耳闻、目睹、身受的一些具体的局部的事物，那么到了苏共二十大之后，我的思考和怀疑对象，则涉及国际共产主义运动和社会主义制度这些全局性普遍性的问题了。到了这时，我的心目中已经没有什么不能怀疑的偶像，也不存在任何不能怀疑的禁区了。我开始用彻底的理性精神审视一切。

一、阶级斗争尖锐论

肃反运动之后，我除了怀疑运动中那种做法之外，还对指导这场运动的《人民日报》社论主要观点持有异议。《人民日报》在《必须从胡风事件中吸取教训》的社论中认为："在为国家的社会主义工业化和建设社会主义社会的伟大运动中，阶级斗争更加尖锐，反革命分子必然要更加进行破坏活动。"在这个理论指导下，解放后政治运动一浪高过一浪，一直发展到最后酿成中华民族空前大浩劫的"文化大革命"。

当时我认为这种观点无论在事实上或逻辑上，都是站不住脚的。根据马克思主义政治经济学的基本原理，经济基础决定上层建筑。一般来说，阶级矛盾是随着社会生产力的发展，而逐渐趋向缓和的。封建社会农民与地主之间的矛盾，就比奴隶社会奴隶与奴隶主之间的矛盾缓和；资本主义社会工人与资本家之间的矛盾，又要比封建社会农民与地主之间的矛盾缓和。这是众所周知的基本事实。所以随着社会主义社会的向前发展，社会生产力和人们物质生活、精神生活的不断提高，阶级斗争只会趋向缓和而绝不会趋向剧烈，这应该是普通常识吧。再说，既然共产主义社会是个没有阶级、没有阶级斗争的大同世界，那么作为向共产主义社会迈进的社会主义社会，在其发展的过程中，阶级斗争也应该愈来愈缓和，并最终导致阶级斗争的彻底熄灭才是。怎么反而说社会主义社会愈向前发展，阶级斗争愈剧烈呢？倘若这样，其结果将不是产生一个共产主义天堂，而是出现一片人类的废墟。

当然，那时我不可能知道这段文字的思想来源于斯大林的公式，只是就事论事而已。

1928年，斯大林在《论工业化和粮食问题》的演说中说："随着我们的进展，资本主义分子的反抗将加强起来，阶级斗争将更加尖锐。"1937年，他又在《论党的工作缺点和消灭托洛茨基两面派及其他两面派的办法》的报告中说："我们的进展愈大，胜利愈多，被击溃了的剥削阶级残余也会愈加凶恶。"这就是斯大林著名的公式：社会主义越发展，阶级矛盾的形势就越严峻。正是这个公式，导致了苏联肃反的严重扩大化。也许相反，是为了彻底消灭政治对手，巩固、扩大自己的权势，才制造出这个公式来。

二、成绩主要论

参加工作后，我发现当局不管犯了多大错误，造成了多大损失，总是文过饰非，千篇一律地说"成绩是主要的，缺点是次要的"，不愿意实事求是地对待自己的缺点错误。联想到大学时代那场伤害了那么多人的肃反运动，我认为用这个公式到处乱套是不切实际的，于是在日记中写了一篇题为"傻子"的寓言，予以讽刺：

一个傻子看到祖父光秃秃的头上停着一只苍蝇。这只苍蝇正伸出前腿在自由自在地抹脸，傻子气极了："你这人类的大敌，胆敢如此放肆！"于是操起一根大棒，朝着苍蝇，也即祖父光秃秃的头劈去。苍蝇被打得粉碎自不待说，祖父呢，也应声而倒，脑浆四溅。傻子看到苍蝇被打死在地，哈哈大笑，拍手欢呼。邻居见状惊异地问道："你打死了祖父为什么还如此高兴呢？"傻子满不在乎地回答说："我已经消灭了一只人类的大敌——苍蝇，成绩是主要的；至于祖父吗，缺点是次要的。"

所幸的是，三年"大跃进"失败之后，刘少奇终于接受了这个惨痛的教训，在1962年的七千人大会上，勇敢地站出来说了句真话，指出"大跃进"造成的全国三年大饥荒，是"三分天灾，七分人祸"，"过去我们经常把缺点、错误和成绩，比之于一个指头和九个指头的关系。现在恐怕不能到处这样套"。

三、干部选择制度问题

解放后，我们国家的干部选拔制度，继续沿袭革命战争时期自上而下的委任制，而不是实行自下而上的民主选举。这种委任制度产生的后果，与从秦始皇开始的官僚政治相仿。百官不对人民负责，只层层向上级负责，最后皆向最高最大的官僚——帝王一人负责。只要巴结好了帝王，巴结好了顶头上司，就可以为所欲为地谋取私利，鱼肉人民，而无需什么别的本事，也无需负任何的责任，所以做官历来是最容易干的行当。正如清末北洋重臣李鸿章所言："世上的事只有做官最容易，要是一个人连官都不会做，那就太不成器了。"

更加不堪的是，当年唯成分论盛行，许多具有真才实学的知识分子，被当作利用、改造的对象，被排斥在单位的权力圈子之外，使他们的积极性得不到应有的发挥；而单位的当权派，又多是些缺乏文化、缺乏专业知识的低能者。

在104队期间，我们分队的领导，便是一些没有文化、不懂专业的农村干部。分队长姓叶，是个解放战争时期参加革命的农民，只有小学文化程度，在地方当过区长。他生了一群子女，成天在家里忙家务，无心工作和学习。其他几个头头，也凭着自己出身好、参加革命较早等所谓的政治优势，养尊处优，不思进取。他们成天无所事事，蹲在办公室里聊天、打牌，很少深入工地，有时还带着枪上山狩猎。这种官僚主义作风，与当时队上广大群众火热的劳动干劲，形成了强烈的反差。

那时我对他们这些不良行为颇为不满，并认识到他们之所以敢于这样为所欲为，是因为他们的官是上面赐的，而不是群众选举的，他们掌握着群众的命运，而群众管不着他们。所以在他们的心目中只有上级，而不会把国家利益和群众意见放在眼里。

当时我在报刊上还看到一篇文章，抱怨某个城市的宣传部长没有文化，读不懂文艺作品，却掌握着该市文艺作品出版的审批权。这名部长让自己正在念中学的儿子来决定这些申请出版的作品的命运。文章说，一些作家花了多年心血辛辛苦苦写出来的作品，却往往被这个中学生莫名其妙地“枪毙”了，令人心寒！

看到这些不良的社会现象，我在日记中写道：

当官不仅仅是待遇，更是责任。对于那些在战争时代出生入死的有功之臣，可以给予“厚禄”，但不一定要委以“高官”。

当年委任制所建立起来的金字塔式的权力结构和权威结构，虽然有利于中央集权统治的稳定，但由于它缺乏公平竞争和有效监督，压制了有才能的人脱颖而出，也助长了当权者的贪婪、懒惰，从而形成了一支无能、低效、奴性和霸性混为一体的干部队伍，社会也由此丧失了生机和活力。

四、权力崇拜问题

当时在集权统治下，已经形成了官本位的社会风气，权力崇拜之风盛行。谁的官大，谁手中掌握的“真理”就多，“老爷说的准没错”，官位高低成为人们判断是非的标准。大家唯地位是从，歌功颂德，极尽谄媚之能事。哲字、艺术、科学成为权力的婢女，奴才思想泛滥成灾，实事求是的科学精神荡然无存。为此我在日记中斥责道：

现在作为“国家主人”的人民，反而像戏台上褂子印着“兵”字的走卒，不管上台的是红脸黑脸，是文是武，一律顶礼膜拜，摇旗呐喊。

五、和平建设时期国家领导制度问题

当年我发现解放后实行的高度统一高度集中的国家领导制度，带着浓厚的战争时代色彩。这种制度是一柄双刃剑，它在战争年代被用来动员、组织一切人力物力去战胜敌人，是非常有效的；可是到了和平时期，再拿它来领导与战争规律不同也复杂得多的经济建设，往往伤害了自己。那时我虽然没有料到在一两年后便会发生“大跃进”造成的大破坏、大饥荒，但我着实预感到这种集权制度，由于缺乏民主决策和民主监督，使领袖拥有无限的权力，从而导致领袖的个人错误，必然酿成全局性和长期性的大错误。我在日记中表示了忧虑：

大概是他们带兵带惯了，凡事都要喊口令、齐步走。殊不知人民不是军队，和平时期的经济建设也不同于战争年代的带兵打仗。这种高度统一高度集中的领导，往往一错就会错到底，而且非要弄到了不可收拾的地步不肯拐弯。

其实后来事态的发展，比我当初大胆的预测还要严重得多，“弄到了不可收拾的地步”，依然不肯“拐弯”：1958年的“大跃进”已经造成了国民经济的大破坏和全国性的大饥馑，可是在1959年的庐山会议上，还容不得彭德怀的直言敢谏，又来了个“反右倾斗争”，把中华民族进一步推下灾难的深渊；“文革”给中国人民带来了一场空前的大浩劫，但到后来还念念不忘“过七八年又来一次”。

六、权力腐败问题

那年头我看到了这个打了20年仗、牺牲了无数先烈建立起来的新中国，由于没有实行民主选举和民主监督，当权者可以为所欲为，而广大人民群众却依然处于无权无势的奴仆地位。联想到大学时代的反胡风运动和苏联的斯大林个人崇拜，我在日记中表示了无比的忧虑和愤慨：

> 封建时代，人民在帝皇的暴力下苟且偷生，今天人们又不得不屈膝于权威的淫威之下，什么时候人民才能畅所欲言、畅所欲为呢！由于这个专制制度的保障，当权者操纵着人民的命运，如果这个制度不被改变，不知道还会有多少人在这个“高度民主”的社会里郁郁而死。

不幸而言中。日记墨迹未干，便发生了使众多知识分子蒙难的反右派斗争，以及接踵而来的造成全国三年大饥馑的“大跃进”和十年大浩劫的“文革”。

七、官僚主义成因问题

当年各级官员的腐败现象，主要表现在官僚主义和个人崇拜方面，与今天市场经济时代集中于经济领域的情况不同，也还没有发展到后来大家所见到的严重程度。然而在昔日哲学熏陶下培养起来的理论思维能力，使我能够“一叶知秋”，从一点一时的现象想到整体，想到未来。我从队上头头的官僚主义作风、大学时代的反胡风运动和苏联的斯大林个人崇拜，意识到了我国当时的政治体制权力过分集中的严重弊端，预感到这个体制将给国家民族带来巨大的灾难。当时我还不知道英国历史学家阿克顿勋爵在19世纪晚期说过的这句名言：“权力导致腐败，绝对的权力导致绝对的腐败”。可是，我通过对现实生活的观察和思考，也得出了类似的结论，并在日记中写道：

官僚主义是官僚制度产生的，如果不正视这血淋淋的现实，继续扩大缺点，无疑会把新社会拖回到旧社会毁灭性的道路上去。

值得庆幸的是，经过了十年“文革”浩劫之后，在1980年8月18日中央政治局扩大会议上，邓小平在“党和国家领导制度的改革”的讲话中实事求是地指出：“我们现在的官僚主义现象，除了同历史上的官僚主义有共同点以外，还有自己的特点，既不同于旧中国的官僚主义，也不同于资本主义的国家的官僚主义。它同我们长期认为社会主义制度和计划管理制度必须对经济、政治、文化、社会都实行中央高度集权的管理体制有密切关系。”

八、斯大林个人崇拜成因问题

为了回答苏共二十大提出的、关系到国际共产主义运动前途的斯大林个人崇拜问题，1956年4月5日《人民日报》以头版头条的重要位置，发表了一篇标题为“关于无产阶级专政的历史经验”的近万字的长文。文中在论及斯大林晚年产生个人崇拜的原因时，只是轻描淡写地归结于他个人的思想品质问题。文章写道：斯大林之所以在他后一个时期犯了某些严重的错误，是因为“他骄傲了，不谨慎了，他的思想里产生了主观主义，产生了片面性，对于某些重大问题作出了错误的决定，造成了严重的不良后果”。由于文章把斯大林的个人崇拜错误，仅仅看作是个人的思想品质问题，而不是政治体制问题，于是认为克服和防止个人崇拜的有效方法，是“经常进行适合的、恰如其分的批评和自我批评”。

当时我读到文章这一段落时，大吃一惊。一家天天都在宣传历史唯物论的权威报纸，在这么一个极其重要的问题上，怎么持历史唯心主义观点呢！斯大林的个人思想品质，和普通人一样可以谦虚也可以骄傲；但是他个人恶劣的思想品质，之所以能够影响到整个国家，影响时间又是那么长久，一直到他去世之后才得以制止，这就远远超出了他个人品质的范畴，而主要应该归根于那个赋予领袖以至高无上权力的专制制度。把斯大林的个人崇拜仅仅说成是他个人的思想品质问题，这如同把《孔雀东南飞》一文中的爱情悲剧，仅仅归咎于焦母性变态的嫉妒心理，而不去谴责那个“吃人”的封建制度一样，是舍本逐末的。所以克服个人崇拜的有效方法，不是“批评与自我批评”，而是应该以法治代替人治，建立具有充分约束力的民主制约制度，才能使任何人都不能为所欲为。这点邓小平在1980年《党和国家领导制度的改革》一文中，也曾经正确地指出：“我们过去发生的各种错误，固然与某些领导人的思想、作风有关，但是组织制度、工作制度方面的问题更重要。这些方面的制度好可以使坏人无法任意横行，制度不好可以使好人无法充分做好事，甚至会走向反面。即使像毛泽东同志这样伟大的人物，也受到一些不好的制度的严重影响，以致对党对国家对他个人都造成了很大的不幸。”

的确，把一个国家、一个政党的兴衰，寄托于领袖人物个人的道德修养，而不是立足于有效的民主制度的建设上，着实是太危险了。

20世纪80年代初期，邓小平总结了毛泽东晚年所犯的“左”的严重错误，尤其是发动“文革”的惨痛教训，一再强调政治体制改革的重要性。他在1980年8月答意大利记者奥琳埃娜·法拉奇关于如何避免“文革”那样的错误的提问时，指出：“这要从制度方面解决问题。我们过去的一些制度，实际上受到了封建主义的影响，包括个人迷信、家长制或家长作风，甚至包括干部职务终身制。我们现在正在研究避免重复这种现象，准备从改革制度着手。我们这个国家有几千年封建社会的历史，缺乏社会主义的民主和社会主义的法制。现在我们要认真建立社会主义的民主制度和社会主义法制。只有这样，才能解决问题。”

是时我为自己提出了与权威报纸重大理论问题观点相左的新认识，喜忧参半。喜的是认为自己发现了了不起的真理，发现了自我的重大价值；忧的是这可不同于高中时期对语文老师文艺观点的批评，这是忤逆了权威报纸，它可能会使我遭到致命打击。

在那个思想禁锢的时代，我作为一名工程技术人员，冒着极大的政治风险来关心这些国家大事，纯属题外之义。因此，“知我者谓我心忧，不知我者谓我何求”，没有一个人理解我。在104队期间，一个最了解我的颇有见识的同事，却误解了我，说我这种与众不同的认识，是对现状不满。当年“对现状不满”的含义，相当于“思想反动”。

对现状不满有两种态度：一种是希望它不断进步，不断完善；另一种是希望它后退到旧秩序中去。没有前者这种不满，大家都安于现状，社会便丧失了前进的动力，人类至今还可能仍然停留于茹毛饮血的原始状态。我是个永远不安于现状的叛逆者，所以那时我在日记中写下了自己的心迹："我不满现状的真正目的，是想改良现状。"后来我还试图撰写一篇题目为"论叛逆性格的形成及其积极意义"的论文，以古今中外一些叛逆者在政治、哲学、文艺和科学诸领域的伟大成就，来证明叛逆性格和求异思维对推进人类社会进步的重要意义。文章还来不及动笔，反右派斗争便开始了，拟议中的论文自然也宣告流产。

我这种大胆的怀疑精神，同样也不放过自己。起初我也被自己这些宛如空谷足音的"盛世危言"吓坏了，并一再反躬自问：这些与官方观点相悖的大逆不道的想法，是从哪里冒出来的？是否来源于自己剥削家庭根深柢固的反动影响？因为那年头大家对欣欣向荣的新社会，歌功颂德还唯恐不及，独独我专在"太阳里找黑子"。这种试图从根本上来否定自己的严厉诘问，使我惶惑不安，饱受折磨。我在苦恼和彷徨中不断地思考、探索，并用活生生的事实进行检验。经过了一段时间的深入观察、分析之后，我才终于确信自己的认识是切合实际的，与任何阶级偏见无关。这如同自己在解放前作为一个富家子弟，不顾个人安危去参加共产党地下组织一样，完全是超越于狭隘的个人利益动机，而受到国家前途和人民福祉驱使的。在我的心目中，只有国家前途和人民福祉，才是我思考问题的出发点和归宿，对其他一切我都持理性的怀疑态度。那时我在日记中写道："'修正'有什么不好，如果不是'修错'的话？"

说实话，当时我在日记中针砭时弊，有时也害怕被人发现后，被戴上反党反社会主义的帽子。不过我又天真地认为，自己是希望这个社会变得更好而不是更坏，是想推动她前进而不是拉她后退，目的是建设性的。我在日记中引用了那时苏联一位诗人的名句，来证明自己忧患意识的积极意义："谁没有忧愁和愤怒，谁就不爱自己的祖国！”再说，我是中华人民共和国的公民，享有宪法赋予的思想、言论等自由权利。我在日记中发表不同意见这点起码的公民权利，总该受到宪法的保护吧。殊不知在那个人治的时代，权力是高于一切的，只要你的意见与当局相左，立即就会被剥夺公民权利，说你是人民的敌人，不受宪法保护。这点浅显的道理，是我在付出了惨重代价之后，才翻然大悟的。

那时我想，他们既然找不到产生个人崇拜的真正原因，抑或故意掩盖个人崇拜问题的实质，无论这两种原因中的任何一种，都将谈不到他们会对这一严重的政治隐患采取有效的防范措施，那么中国重蹈苏联个人崇拜错误的覆辙，将是不可避免的了！这是一个比反胡风运动和官僚主义都严重得多的问题。想到这里，我为国家民族未来可怕的命运心惊胆战。

忧患是沉重的，也是痛苦的。不顾个人安危去思考这么一些异常严肃的政治问题的精神，当时对我这个年轻人来说，着实是匪夷所思的。

现在回想起来，当初我这个少不更事、成年累月在野外钻山沟的年轻人，之所以能够提出一些许多人过了20多年、个人和国家都付出了惨重代价之后才有的认识，并不是因为自己天资聪明和学问过人，而是因为自己的愚鲁和无知。愚鲁和无知，才使我没有过多的个人顾虑和不受传统观念的束缚，勇于直面事实和真理，“童言无忌”。在安徒生童话《国王的新衣》里，戳穿国王裸体游街示众骗局的，既不是见多识广的大人，也不是地位显赫的权贵，而是一个年幼无知的孩童。

那些年我对现实生活的观察、思考，所产生的这些离经叛道的认识，现在看来也许已经没有什么新颖之处了；可是我们不要忘记，一直过了10年后还发生了一场长达10年的“文革”造神运动，连文化界许多著名人士也被卷入其中。他们在被折磨得死去活来的悲惨情况下，还依然诚心诚意地低头“认罪”，诋毁自己，不敢对“四人帮”的所作所为有丝毫的怀疑。这种为了国家和人民的利益，敢于冒天下之大不韪，言人之不能言、不敢言，大胆地去探索这些会惹来杀身之祸的重大政治问题，不能不说是需要具有巨大的理论勇气和布鲁诺甘赴火刑那种崇高的献身精神的。我这种大无畏的理想主义人生态度，在当时处处布满了暗礁的社会里，触礁沉没肯定是为期不远了。我的不幸在于，自己是属于未来的，但生于当时。

第二次人生选择

1956年2月，赫鲁晓夫在苏共二十大上，作了反对斯大林个人崇拜的秘密报告后，在各个社会主义国家中掀起了轩然大波。高大无比的偶像倒塌了，不容置疑的观念动摇了，人们纷纷从过去教条主义的桎梏中挣脱出来。作为灵敏的政治温度计的文学园地，反对官僚主义的报晓之作应运而生。刘宾雁在《人民文学》1956年6月号上，发表了报告文学《在桥梁工地上》，王蒙在该刊同年9月号上，发表了短篇小说《组织部新来的青年人》。这些针砭时弊的作品，引起了我强烈的共鸣。一个生机盎然的思想解放的新时代，眼看就要来临了。这时我自己先后订了《人民文学》、《文艺报》、《文艺学习》、《新建设》和《哲学译丛》等多种刊物，在闭塞的山沟里，尽量多吸取一点外面文艺界、思想界的新信息。

当时我像只胸怀壮志的候鸟，在这样春光明媚的大好时光中，禁不住想冲向蓝天翱翔，去翻开自己人生崭新的一页，实现远大的抱负。那时我自认为是时代的骄子、国家的主人，“指点江山，激扬文字”，试图成为反对官僚主义的英雄。

我虽然没有能力也没有兴趣染指诡谲的政治，但认为自己具有透过现象看本质的理论思维能力、拥抱生活的激情和一支尚能达意的笔。所以我觉得不应该把自己这多方面的潜能，限制在搞好眼下这点工程技术工作的小圈子里。我怀着强烈的社会责任感和时代使命感，试图对自己未来的人生道路作出新的选择。

人生的真正意义，在于不断地寻找自我、发现自我、实现自我。当时我根据自己的潜能、时代的要求和周围的条件，认为自己未来的人生道路，可以有下列三种选择：一、从事社会科学研究，寻找克服和防止官僚主义、个人崇拜的有效办法，做一名挽救国际共产主义运动的思想家；二、做一名为民请命、积极干预生活的作家；三、做一名优秀的科技专家。我不知道自己在哪方面具有更大的优势，也不晓得客观环境对哪种选择会提供更多的支持，心想这得经过一段时间的动态观察才能确定，于是我通过实践对这三种选择同时进行探索。

第一种选择。认为自己具有强烈的创新精神和透过错综复杂的表面现象，抓住事物本质的理论思维能力，而当时国际共产主义运动旧的理论已经过时，新的理论尚未创立，时代正呼唤着填补这一理论真空的思想家出现。关于斯大林个人崇拜的成因，自从我提出了与《人民日报》观点不同的新认识之后，便开始对自己过人的理论思维能力充满了信心，认为如果沿着这条合理的思路走下去，找出克服和防止官僚主义和个人崇拜的有效途径，挽救国际共产主义运动于将倾，那么在理论上和实践上都具有巨大的意义。

当时我这个不谙世事的年轻知识分子，从良好的愿望出发，天真地把这个将招来杀身之祸的重大政治问题，当成纯洁的学术问题来研究。我密切地关注着苏共二十大之后国内外的政治和思想动态，细心阅读弄到手的报刊有关报道和文章，并在日记中写下自己的观察和思考。可是在那个思想垄断的专制时代，当思想家的梦想自然不可能实现，而牢狱之灾的厄运在前面虎视眈眈地等待着我。

第二种选择。我爱好文学，读过不少俄罗斯和苏联小说，以及中国现代作家的作品。高中时期作文得过老师的赞许，大学时代还曾经在院报上发表过小品文，并被编辑部称赞“具有一定写作才能”。这是有生以来自己的文章第一次变成出版物上的铅字。这篇不起眼的豆腐块文章和编辑部的鼓励信，却唤起了我当作家的念头。眼下艰苦、紧张的地质工作，又给自己提供了观察、体验生活的有利条件，所以如果能够像刘宾雁、王蒙那样，根据身边的生活素材，写出一些如《在桥梁工地上》和《组织部新来的青年人》之类针砭时弊的作品来，推动社会进步，也算是成就了一番事业。我也以他们为榜样，开始进行文学创作。1956年下半年，我曾充当《在桥梁工地上》曾刚式的反对官僚主义英雄，撰写了一篇报告文学《在虚假成绩背后》，投给了《长江文艺》。

这篇作品写的是我当时所在的黑山分队的一个真实故事。故事的梗概——原来队上的坑探工程，根据当时的人力物力，开工了12台风钻，每月坑道总进尺400米。可是队上领导为了骗取荣誉，片面提高风钻的台班效率，故意减少风钻的开工台数，把原来12台风钻的人力物力，集中在一起，只开了6台。这样一来，虽然由于人员多、设备多，减少了停钻时间，台班效率提高了一半，但每月坑道总进尺减少了1/4，只完成了300米，从而造成了勘探速度下降、人力物力浪费和坑探成本提高等严重后果。为了这一虚假的成绩，国家付出了惨重的代价，百害而无一利。

我的叛逆性格使自己平时便不肯去“摧眉折腰事权贵”，此时又敢于给刊物写稿批评他们，引起了队上头头的不满。所以稿子转回队部复审时，被他们扣压了下来，未能发表。虽然随后他们也接受了我的批评，改正了错误，恢复了12台风钻的生产，稿子也没有用真实姓名，但他们仍认为我不尊重领导，而伺机报复。在工资调整时，他们利用手中掌握的权力，压低了我的级别，后经同事们仗义执言，才没有得逞。

在那个时代，从事文学创作无异于自投罗网。所以此后不久，我所敬佩的一批文坛闯将，如刘宾雁、王蒙等，都被一网打尽，一个个成为“右派分子”。

第三种选择。认为如果前面两种选择行不通的话，就只好在本专业范围内苦心经营，干出一番业绩，成为一名有所成就的优秀工程师。于是，我成天深入工地，搞技术革新，并在专业杂志上陆续发表一些经验总结性文章。

到了1957年夏天，我的人生选择还未最终确定下来，反右派斗争便开始了。前两种选择所进行的一些探索，成为我被划作“右派”的“罪证”，惹来了灭顶之灾；后一种选择，在厄运降临的当时，似乎也将成为泡影。

第七章◎整风运动

两封信引发的冤案

1957年2月27日，毛泽东在最高国务会议上作了《关于正确处理人民内部矛盾的问题》的讲话，号召民主党派人士和广大知识分子帮助共产党整风，使社会的民主风气空前活跃起来。不过当时我们队部驻在偏僻的阳新县城，大城市的大鸣大放运动并没有波及那里。该县的大鸣大放，一直到了全国开始反右派斗争4个多月后的深秋时季，才被作为“引蛇出洞”的手段来开展，受官方操纵，并无真正的民主气氛。所以那时大城市大鸣大放的热闹场面，我只是从报纸上感觉到，并无切身体验。

大鸣大放初期，大家所谈的多局限于一些枝节性问题和基层干部作风问题，还不敢涉及国家一些敏感问题。我对这种刚刚开始的民主风气虽然感到欣慰，但认为还有禁区，不能真正做到畅所欲言。只谈皮毛不谈实质是解决不了问题的。

当时给我印象最深的是，《中国青年报》发表的一篇通讯《上海在沉思中》中的这句话：此间人们认为，今天之所以没有产生敢与周扬相抗衡的鲁迅，是因为一个作家与宣传部长的关系不同。

1957年，周扬任中共中央宣传部副部长，权倾一时。权力过分集中压制了不同意见的发表和自由平等的讨论，严重妨碍了文艺事业的蓬勃发展和作家的健康成长。

在大鸣大放运动中，我依然没有吸取高中时期栽大跟头的惨痛教训，再次在给同学的信中谈政论国。1957年6月4日，我在给西安建筑学院林同学的信中，引用了上述这段话后，接着写道："新的局面已经出现，但遗憾的是还有禁区，带根本性的问题与党的权威人士还不许碰，大错误就产生在那里。"

林同学在高中时与我同班，1953年我们一起考入东北工学院。我读的是采矿专业专修科，他进入建筑系本科班。1956年他随该系合并到西安建筑学院去了西安，我则于1955年毕业后被分配到104地质队去大庙铁矿从事地质勘探工作。虽然各居一方，但一直保持着通信联系。他在回信中对当时的鸣放运动和我关于政局的批评持否定态度，由此我颇为不满，认为这是由于他的爸爸是邮递员，解放后翻了身，有狭隘的报恩思想，因而缺乏实事求是精神，对新社会只说好不说坏，报喜不报忧，对社会采取不负责任的态度。

正在这时，我又收到了清华大学侯同学的一封来信。他在信中谈及学校的整风情况，说校园里出现了反动标语，还有个同学卧轨自杀，在学生中引起了强烈反应，字里行间流露出一些对学校当局的不满情绪。我于1957年7月7日在给他的复信中说：个别别有用心的人肯定是有的，但当前的整风运动基本上是健康的；我们应该本着对国家对人民认真负责的态度，帮助共产党整风，实事求是地提出各种批评和建议，做到“知无不言，言无不尽”。并影射了林同学，说不能因为自己得到了党的“培养”，便只图报恩，光说好不说坏，因为现在“值得忧虑的问题何止千万件，目前强权竟达到极端的境地”。忧国忧民的赤子之心，跃然纸上。信的最后还提及我最近给林同学的信和自己写日记之事，说这支笔“愈磨愈尖了”。

侯同学也是我高中的同班同学，与我是同乡，1953年高中毕业后考入清华大学机电系。他的父母亲在泰国，定期汇款供他上学。在一中期间，有时钱未能按时收到，便到我那里临时借用。侯、林和我三人情谊甚笃，信札往来不断。

这两封对时局表示关切的私人信件，竟然酿成了我后来22年的牢狱之灾。清华大学开始反右派斗争之后，由于侯同学发表过一些“右派言论”，被学校盯上了。为了“立功赎罪”，保护自己，他检举了我，把我的信交给了学校当局，并附了一封举报信，说我向来“性格孤僻”，云云。由于我的信中谈及自己近期给林同学写过信，所以林那里的信也被清华索去。这两封信和侯同学的举报信，由清华大学党委一并转到我所在的普查队党支部，要求我单位严肃处理。这些材料在反右派斗争的批斗会上，作为我的“罪证”都被公开宣读过。因为在给侯同学的那封信中，还提到了自己在写日记，于是日记也被抄了出来。这两封信和几十则日记，便成为定我为“极右分子”和判处我五年徒刑的全部罪状。

侯、林两个同学，毕竟与我有过几年的交往，所以并不绝情，在东窗事发前后，都曾给我来过信。侯同学在检举我的同时，给我写过一封信。虽然他没有言明自己已经向学校揭发了我，但要我向组织坦白交代。那时我们单位还未开始整风，我也认为自己没有什么过错，便置之不理。林同学的来信则是在我遭了批斗之后。那时他还不知道我已经落难，故在信中仍在重叙旧情，希望继续保持昔日的友谊。大概是他念及我在参加工作后，曾经主动给他寄过两次为数不多的钱，以及那时我参加工作刚刚两年，便能在专业杂志上陆续发表一些文章，觉得我这个人够朋友、有进取心的缘故吧，所以信写得很长，也情真意切。我这一生遭到了两次致命的打击，都与友谊有关：高中时期被开除了团籍，精神濒临崩溃，是黄同学“帮助”的结果；这次侯同学的举报，则使我长期遭受牢狱之灾，险些儿丧了命。

在告密文化盛行的时代，情谊是危险的陷阱，令人望而生畏。那时朋友之间、夫妻之间、父母与子女之间都不敢讲真话，彼此戒备、猜疑，人人自危。所以整个社会既无真诚的友谊，也无家庭的温馨，大家都过着一种缺乏爱心的冷漠生活。在这种环境的长期影响下，时至今日，我这个性格内向的孤独者，变得更加惧怕变化莫测的感情世界，而独钟于永恒理性的科学事业。

尽管我遭到了朋友的告发，历尽了坎坷和磨难，但我对他们一直并无怨恨之心。在那个“以阶段斗争为纲”的时代，个人是负不了多少责任的。1980年我改正后，从湖北阳新枫林硫铁矿调到河北涿州化学矿产地质研究院。虽然这里紧邻北京，我也经常到北京出差，但从来没有去清华大学打听侯同学的下落。到了1996年我在北京参加揭阳一中校友会活动时，才得知侯同学毕业后，一直在山西一所大学任教。至于哪所大学，我无意细问。而林同学的情况，至今依然一无所知。我于1994年回广东老家探亲时，曾去揭阳一中母校拜访。虽然他的老家离学校不远，但我也无心去打听他的消息。交不了朋友也无需成为仇人。往事如烟，人世茫茫，各走各的路吧，不必为了个人的恩恩怨怨耿耿于怀。“宁教天下人负我，休教我负天下人”，这是我终身恪守的人生信条。几十年来在我的脑海里，没有留下一个我所仇恨的人、一件我所仇恨的事，所以我的内心没有负担，活得坦荡。其实仇恨是一种毒素，它既能伤害他人，也会毒化自己的心灵。在我们这个小农经济、以物质财富分配为角逐核心的社会里，历来有太多的仇恨、太多的杀戮，缺少爱心和宽容。过去“斗争哲学”大行其道，时下一些武侠片也依然在宣扬报恩和复仇思想，报恩和报仇成为侠客们人生的全部目的和意义。没有博爱，没有宽容，自然也没有和谐。这样的社会，如同关着一群斗兽的笼子。其实人们不断相互争斗的结果，是同归于尽，都是失败者。让世界少一些仇恨，少一些不幸，多一些宽容，多一些关爱吧。人与自然尚且需要和谐，难道人与人之间反而非要你死我活地争斗不可吗？仇恨和暴力与现代文明是格格不入的。

在大鸣大放运动中，过去长期被压抑的意见，由于一下子有了个说话的机会而找到了“排气孔”，于是座谈会上的发言愈来愈剧烈、尖锐，最后竟然触及当时最禁忌的一些敏感问题。国家领导人员认为这些言论，已经危及到政权的稳固，必须予以毁灭性的打击，于是“诱敌深入，聚而歼之”。

1957年6月8日，《人民日报》发表了社论《这是为什么？》，拉开了反右派斗争的序幕，这样许多敢于直言的知识分子，一个个被打成了“右派分子”，成为“人民的敌人”。

那时我年轻气盛，对国家对社会又爱之太深、知之太切，因此奋不顾身，准备赴汤蹈火。起初我认为“右派们”手中握有真理，握有正义，当个“右派”挺光荣，自己愿为真理献身，想主动去报名当个“右派”，没有考虑到这会给自己和家庭带来什么样的严重后果。所以当侯同学来信劝我向组织坦白交代时，我便断然拒绝，不予理睬。不过后来在阳新开始反右派斗争之后，我目睹了“右派”戴高帽子游街、饱受凌辱的可怕场面，便胆怯了。这时我不但打消了报名当“右派”的念头，而且为了避免当“右派”，还销毁了“罪证”，偷偷地把自己的日记丢入公共厕所中。但为时已晚，我早已成为斗争的靶心，成为瓮中之鳖，在劫难逃了。

“最后”的足迹

我到普查队后被分配在队部生产股，负责坑探工程施工技术工作。当时普查队刚从福建转移到湖北，地质工作还未全面铺开，坑探工程不多。于是我在完成现场施工技术工作之后，便充分利用余下的空闲时间，提起笔来总结自己在104队和普查队的一些技术革新成果，先后撰写了3篇专业性文章，发表于《地质与勘探》上。由于我到普查队才短短几个月，便深入实际解决了现场几个技术难题，又在全国性专业刊物上发表文章，颇受大家好评，因而被队上评为1957年上半年的先进工作者。

当大城市的反右派斗争已经闹得风声鹤唳时，我们的驻地却连鸣放也未开始，暂时还风平浪静。然而，我预感到这是暴风骤雨降临之前的片刻宁静，灾难即将到来。这宛如少年时代帮家里榨油作坊晒花生时，在烈日当空的情况下，便判定雷阵雨已经迫在眉睫了。我虽然成天沉默寡言，没有散布什么“右派”言论，但意识到自己给侯、林两个同学的信，可能会授人把柄，自己家庭出身又不好，个人历史也有被开除团籍的政治污点，所以认为这场运动迟早会整到我的头上来，从事心爱的技术工作已经时日无多。为此我决心抢在洪水到来之前，趟过河去，抓紧时间完成《空隙眼排列方法的经验与体会》这篇酝酿有时、非常重要的文章。心想这也许是我这一生最后的一篇文章了，那么就让它作为自己在工程技术界留下的最后一个足迹吧，以免挨整之后丧失了写文章的机会，埋没了这一宝贵的技术经验；何况多一份成果，便多一分自信，因而也就多一点在未来险恶环境中战胜困难的精神力量。

在该文的撰写过程中，我始终怀着类似于阿基米德在罗马入侵者杀害他之前，还急于想解决数学难题的悲壮情怀。我分秒必争，日夜兼程，与洪水争夺时间。真的是天助我也！经过三四个月的紧张拼搏，终于在我队开展整风运动之前半个月，完成了这篇5000字的文章。该文杀青后，我连忙去邮局寄出，生怕这一成果被他们扼杀在摇篮里。

这时我已经成熟了许多，理智了许多，在这“黑云压城城欲摧”的大灾大难降临前夕，再没有像高中时期那种大祸临头时惊慌失措的紧张感，而是在进行着有条不紊的人生撤退。

在劫难逃

1957年9月20日至10月9日，党的八届三中全会在北京举行。会议总结了前阶段的整风运动和反右派斗争成果，决定反右派斗争扩大到地、县级。所以在大城市开展反右派斗争几个月之后，我队在所在驻地阳新县县委的统一部署下，也开始了以抓“右派分子”为目的的所谓大鸣大放运动。

当时我队只是个科级单位，仅设党支部。由党支部委员所组成的运动领导小组，广泛动员大家就国家大政方针等重大政治问题公开发表意见，贴大字报。虽然这时我还不知道自己给侯、林两个同学的信，早已被转到了队党支部，并被确定为斗争的重点对象，受到了秘密监视，日记也被他们偷看过了，也不知道这是“引蛇出洞”，是“阳谋”，是陷阱，但是由于我向来对大轰大嗡的政治运动十分反感，而且认为克服官僚主义和个人崇拜这些严重的社会弊端是个严肃的学术问题，应该进行长期的深入的理论研究才能解决，而不是靠贴大字报这些华而不实的行为能够解决的，所以对办公室门外走廊墙壁上铺天盖地的大字报不屑一顾。我对领导小组的一再动员置之不理，保持沉默，与大家争先恐后参加鸣放运动、成天忙于到处贴大字报形成了强烈反差。作为领导小组成员的生产股邹股长，见我这条“蛇”不肯出洞，心急如焚，便指派一个平时与我亲近的同事来动员我大鸣大放，贴大字报，而他自己则躲藏在隔壁的房间里监听。这种卑鄙的阴谋诡计，我当时并无觉察，是后来在批斗会上邹股长本人无意之间透露出来的。

是时我对这个来做动员工作的同事说：“看来不贴大字报是不行了，不然他们会说我不积极参加运动。别人贴大字报是为了给人家提意见，我贴大字报是为了避免人家提意见。”随后我写了两三张无关紧要的大字报敷衍了事。

他们见我不肯“放毒”，大失所望。后来在批斗我时，邹股长咬牙切齿地说：“我们监视你很长时间了，就是抓不到你的任何把柄！”他们为了置我于死地，用心何其良苦！

天真无邪的书生们，哪里是这些精于奸计的恶棍的对手？那时我如同一只在凶鹰虎视眈眈下而毫不知情的雏鸡，随时随地都会成为它们利爪中的猎物。

邹股长是江浙一带人氏，原来是国民党还乡团团长，后来投诚了解放军，加入了共产党，当过连长。肃反运动中被清理出部队，转业到地方，来到普查队任生产股股长。他是个久经军事和政治沙场的老将，整人心狠手辣。为了捞取政治资本往上爬，我们生产股两名技术员被他一网打尽，都成为“右派分子”。这也是整个队部一二十名科技人员中仅有的两个“右派”。虽然我这个“右派”“罪有应得”，没有他的“栽培”也跑不了，清华大学转来的那些材料“铁证如山”，可是负责钻探工程的曾技术员，纯粹是他一手“培养”出来的。

曾技术员不关心政治，只是爱发些牢骚，说点怪话。在队部进行鸣放期间，邹股长也派人去怂恿他大胆鸣放。结果他贴了几张大字报，挖苦队上一个国民党团长起义过来的副队长，有职无权，如同阿斗，就因此成了“右派”。不过后来他受的处分比我轻得多。

邹股长后来被调到我所在的劳改矿山附近的一个铜矿当行政科长，“文革”期间因历史问题遭批斗，靠边站。有一次我受单位指派，到该矿借用一台井下小钻机。他在办公室里看见了我，便假惺惺地走了出来，想和我握手言欢。十多年过去了，他依然是那么一副阴阳怪气的可憎嘴脸。我把头扭了过去，不予理睬。对于恶棍，虽然也无需仇恨，但应给予蔑视，我连瞅都不愿意瞅他一眼！

批斗会上

按县委的统一部署，我队在大鸣大放半个多月后，便转入反右派斗争阶段，开始是收拾那些浮在表面的，即平时表现不好的和贴了“反动”大字报的。我因在队上并无过失，暂时被搁置一边。虽然在运动的第一阶段，我没有贴过一张“攻击性”大字报，往日也没有说过一句“错话”，可是这时我从领导小组成员那种寒气逼人的严厉目光中，意识到大祸就要临头了。

我们这个外来单位的反右派斗争，比当地机关文明些，没有人身侮辱行为，更无后来“文革”时期普遍出现的那种肉体摧残的暴行。但是当我看到附近县商业局的“右派分子”，被戴高帽子挂黑牌游街这些从未见过的可怕场面时，不禁心惊胆战起来，生怕自己也会遭到同样的凌辱。我想到自己那些日记可能会惹来烧身之祸，便把日记本拆散后投入公共厕所中，但没过几天，就被点名批斗了。他们在会上宣读了我给侯、林两个同学的信，侯同学的检举信和清华大学党委的来函，并要我立即交出日记。到了这时，我已无路可逃，只好领着他们去厕所打捞。

那时小城镇的公共厕所，是农肥的重要收集场所，挖得又深又大。厕所里的粪便很稠，日记又是用钢笔写在道林纸的笔记本上，相隔数日纸张并无损坏，字迹也还依稀可辨。由于这些纸张很脏，他们便把打捞上来的日记重新誊写一份，让我签字。为了加重我的“罪状”，在誊写的过程中，他们对有的日记内容进行了肆意篡改。譬如，把前面那篇《傻子》的寓言，篡改成：“共产党是傻子，肃反政策是支大棒，反革命分子是只苍蝇，祖父脑浆四溅（把反革命打击了），受暴力强使，如法西斯一样。”

这则寓言被彻底篡改的痕迹虽然昭然若揭，但到了这时，我已经坠入了万丈深渊，无心去计较这些了。他们写什么就是什么，反正欲加之罪，何患无辞！我对这份并不完全真实的抄件，没有提出任何意见，便在上面签了字。尔后阳新法院就以这份抄件为依据，给我定了罪。一直到了1979年我右派改正时，阳新县革命委员会对在1979年11月中共中南冶勘603队委员会《关于李扬鉴极右分子的复查意见》中，这则寓言的原文连看也不看一下，又在《关于李扬鉴问题的复议决定》书里，再次抄录这则只要有点粗浅文化便能一眼看出的赝品，继续指控我“攻击肃反政策和诬蔑共产党”。这些人连起码的责任心和粗浅的文化都不具备，却在那里“依法”办案，令人扼腕欷歔。这些日记和信件，当年在武汉举办的湖北省反右派斗争展览会上，曾经作为右派分子的典型“罪证”被公开展出过。

在批斗会上，大家对这些日记和信件中的警世忠言，断章取义，无限上纲，把其中对权力过分集中所产生的种种严重社会弊端的善意批评，说成是对共产党、无产阶级专政和社会主义制度的恶毒攻击；把我这个一向埋头苦干、为社会主义建设事业作出了许多积极贡献的先进工作者，说成是一贯仇视新社会的反动分子。邹股长甚至指着我的鼻尖吼叫着：“你在娘胎里思想就反动，祖宗三代都反动！”当时我听后不禁哑然失笑：在他的心目中，我真的是个超人了，未出生就有深刻的政治思想，太抬举我了；再说我的父辈年轻时穷得当当响，那时他们巴不得趁早来一场劫富济贫的革命才好呢，干吗要反动？

我想眼下是无理可讲了，秀才遇到兵，有理讲不清。只好他们说什么我就承认什么，听天由命了。

他们在会上疾言厉色地批斗了我半个多月，又给我出了漫画专栏，把我画成一个躲在一把大黑伞底下书写“反动日记”、凶恶无比的魔鬼。在那个人妖颠倒的年代，被美化的是鬼，被鬼化的却是人！

起初几天，受到这种从未经历过的严厉批判斗争，真是胆战心惊，惶惶不可终日。不过不久也就麻木了、习惯了，死猪不怕烫。这时我对什么都不在乎了，就像平常一样泰然处之。

在运动期间，他们为了给我罗织更多的罪名，寻找我在技术工作中的破坏行为，把我所做的一份阮家湾矿区坑探设计，拿去给队上一位老工程师鉴定。这位刚直不阿的老工程师，对该设计进行了仔细审查之后，不但没有发现任何的破坏行为，反而对它的全面、合理啧啧称赞，令他们大失所望。

运动中有一个特别活跃的积极分子值得一提。他姓张，

20岁出头，身材修长，五官端正，戴着一副金丝边眼镜，仪表堂堂，中专毕业，在财务股当会计。那时他是党支部培养入党的对象，凭着自己伶牙俐齿、擅长书画等优势，在运动中的各种场合，挥刀砍杀，潇洒自如。关于我的漫画专栏，便是出自他的高手。他的漫画画得很传神，字也龙飞凤舞，功力极佳。在批斗会上，他对斗争对象的痛斥，声色俱厉，慷慨激昂，口沫横飞，挥手拍桌，大义凛然，煞有介事。他在发言时，我常常在一旁暗暗地欣赏他那眉飞色舞的表演才能，心想这个才华横溢的小伙子，日后仕途无量。可是1979年我去该队办理右派改正手续时，听说他在好多年前，因盗用公款去贿赂单位的头头，东窗事发后畏罪自杀了。

这一意外的消息，起初令我大惑不解：一个当年红得发紫的积极分子，怎么能够干出这种肮脏的勾当？最后为什么又这样轻生？后来细细想来，才觉得完全可以理解：一个一心损人利己的人，决不会局限于某一领域；一旦他受到了沉重打击，便会觉得个人的一切已经丧失殆尽，而失去了活下去的勇气。的确，一个人的生存极限，决定于他的人生目标：一个只图私利的人，当他对个人利益感到绝望时，就只有死路一条了；而一个为社会为人类活着的人，则任何严重的打击对他都不会是致命的。

我生性内向，调来普查队又才几个月，原来并没有引起人们太多的注意。自从开始批斗我之后，一些人见到我的日记和信件，竟然涉及社会、政治、哲学、文学等诸多领域，视野开阔，观点新颖、独特，反而刮目相待了。他们觉得我这个小伙子，不仅埋头工作，具有一定的专业水平，而且肚子里居然装着这么多东西。所以尽管在批斗会上邹股长恶狠狠地申斥我“你这种反动思想，在延安时期早就枪毙了！”，但是大家还是不好意思以打骂、戴高帽、挂黑牌、游街等侮辱性行为相加。甚至当邻近的县商业局批评我队搞“和平斗争”时，还被队里顶了回去：“我们的斗争对象是知识分子，与你们的不同。”

那年头人们还没有发展到后来“文革”时期那样疯狂，知识分子在一些地方多少还受到了一点“优待”。所以我这一生虽然饱经磨难，但从未受过皮肉之苦。也许当初没有当上“右派”，可能到“文革”时期反而更糟糕了。不知道这是不幸还是幸。这是那个悲剧性时代的悲剧性问题，其讽刺意味是深长的。

引颈受戮

批斗我半个多月后，该说的都说了，该批的都批了，终于偃旗息鼓，暂告一段落。从此我就被挂了起来，既不宣布处分，也不给分配工作。这时大家为了自保，都不敢接近我，使我成为一个不可接触的贱民。本来我的性格就内向，此时更是孤家寡人。我被社会彻底地抛弃了。

我所处的那个社会那个时代，大家崇拜权力，争当“驯服工具”和“螺丝钉”，我却在追求独立人格、独立思考，于是被人们视为异类，茫茫世界无知音。对于一个思想者来说，这种精神上的孤独比现实生活中的孤独更加难以忍受。我饱尝了持有真理而被误解的痛苦。虽然这时我依然坚信自己人生道路的正确性和思想的合理性，但是长期孤身只影跋涉于这漫漫的人生险途上，也常常感到无比的寂寞和悲凉。

在这万般无奈的日子里，我想不管自己日后被如何发落，都应该珍惜眼下这段宝贵的空闲时光。于是我又打起精神来，根据自己过去在104队对气腿式风钻和支架式风钻优劣的实验对比资料，撰写一篇文章，肯定了日后被普遍推广、至今仍在使用的气腿式风钻的优越性。文章完成后，寄给《探矿工程》月刊，可惜不久我便被捕法办，文章下落不明。

在这段难耐的孤寂的时间里，发生了一件令人振奋的、影响深远的大事。我那篇在反右斗争前夕寄出的文章，终于在1958年2月份的《地质与勘探》半月刊第4期上发表了。由于该文所介绍的两个空隙眼的排列方法，由原来的直线排列改为横向排列，克服了苏联直线龟裂掏槽的弊端，爆破效率提高15%，效果显著，又引入了材料力学双支梁概念，对它作出了独特的分析，理论上有所创新，因而受到了编辑部的重视：在刊物封二的目录中，该文题目被放在专栏的首位，并用黑体字刊出。它是该刊在国家完成了第一个五年计划后，所发起的有奖应征文章之一。倘若不是我在不久后被捕入狱，此文是颇有获奖希望的。

这一意外的成功，使我为自己的理论才能首次得到了全国性科技刊物的充分肯定而兴奋无比，给我当时孤寂的心情注入了巨大的活力，并在日后艰难的人生道路上，给我增添了许多战胜困难的勇气。这篇具有一定理论水平的技术性文章，赢得了该刊物这样的重视，使我对自己的理论思维能力充满了信心，对我日后选择地质构造基础理论研究作为自己终身的主攻方向，产生了重要的影响。

批斗后两三个月，我们股里曾技术员被作了结论，被划为“一般右派分子”，受到降职降级、继续留用的处分，我则依然被挂着。我想自己的处分肯定与他不同，不是比他轻，就是比他重。人为刀俎，我为鱼肉，只好听天由命了。不过人总是心存侥幸，我认为自己在鸣放中没有说过一句“错话”，没贴过一张“攻击性”大字报，而且还是个先进工作者，处分也许会比他轻些。然而我又是个忧患意识强烈的人，凡事爱往最坏方面考虑，觉得自己的思想问题比他大，处分可能比他严重。但不管怎么样，在未作出结论之前，心里一直忐忑不安。这时我像一叶在茫茫大海中随风漂流的小舟，不知道自己会漂向何方，也不晓得未来是什么样的命运在等待着自己。原来想充当挽救国际共产主义运动思想家的我，刻下却连自己的命运也无法掌握了。不过我做梦也没有想到，自己竟然会由此被捕入狱，身陷囹圄那么多年。

后来他们打发我到阳新李家山普查点搞施工。这时我虽然像只等待屠宰的羔羊，但在未被宰杀之前，依然默默地在生产中发挥着积极的作用。那时探矿坑道正碰到断层破碎带，经常发生坍塌，每前进一步都异常艰难。我成天在坑道中与工人一起，冒着生命危险为坑道穿越断层破碎带出谋划策，使坑道每天都有所前进。在自然界面前，再恶劣的环境，我们尚且有办法克服它、战胜它；可是面对政治上的困境，我束手无策，只好坐以待毙，引颈受戮了。

正当我怀着一丝丝侥幸心理，期待着被宽大处理的时候，他们却在紧锣密鼓地磨刀霍霍，准备给我这只樊笼中的猎物以致命的一击：1958年初，普查队党支部对我作出了“极右分子”的结论，报单位所在县处理；中共阳新县委五人领导小组于1958年5月26日裁定我为反动分子，建议法办；1958年6月8日，县公安局把我按现行反革命分子处理，下达逮捕令。

锒铛入狱

我就这样艰难地一天天地煎熬着。到了1958年6月8日，即《人民日报》第一篇吹响了反右派斗争号角的社论《这是为什么？》发表一周年那一天，吃过早饭后，我穿好了工作服正要进坑道，队部忽然来人通知我到赤马山普查基地开会。我知道半年来日夜担心的、决定自己命运的时刻已经到来。

从李家山到赤马山约摸5千米。那天天空中乌云密布，沿途山野笼罩在一片阴森森的气氛之中，与我当时沉甸甸的心情浑然一体。原来我巴不得快点给自己作结论，现在结论来了，反而惶恐起来。我预感到这次一去，肯定是凶多吉少。

我像只走向屠宰场的羔羊，明知等待着自己的是可悲的命运，但是不走不行，两条腿像灌满了铅似的，愈走愈沉重，5千米的乡村小道足足走了两个小时。在半路上，见到一家供销社，便走了进去。那里有卖芝麻饼之类的食品。我思忖着，这也许是自己这一生吃芝麻饼的最后机会了，所以尽管那时刚吃过早饭，并无吃意，但还是买了几块，边走边吃，未到赤马山便把饼子都扫光了。

到了赤马山基地，我被带到家属住宅区。在那里，队上头头和两名扛着长枪、拎着绳子的小青年正等着我。这两名小青年大约十六七岁，穿着破旧的便装，身材瘦小，个子比他们背的步枪高不了多少。其中一名是我们队部驻阳新城关时，在当地雇来扫地、烧开水的临时工。由于那时抓人很多，公安局人手不够，便临时雇用这些城镇失业青年来执行专政任务。

他们向我出示了逮捕证，宣布我被逮捕了，并用绳子松松地套在我的双肩上，象征性地权充捆绑。从此我便锒铛入狱，成为一个“反革命分子”。

由于《人民日报》社论《这是为什么？》发表一周年是个具有历史纪念意义的日子，为了进一步显示反右派斗争的彻底胜利，全国各地科技界的“极右分子”都在这一天被捕，比文教界的“右派”晚了半年。原来留在最后处理、试图挽救的这批科技人员，此时不要了，一个也不要了，统统按敌我矛盾法办。

我在来赤马山的路上，走一路想一路，思想波涛汹涌；虽然还没有想到会被捕。眼下逮捕证一念，绳子往身上一套，尘埃落定，无需再作任何猜测了，思想一下子变得出奇的平静、坦然，甚至莫名其妙地暗暗庆幸自己终于有了结论。

人是在有希望的时候，才会有怕失去希望的恐惧；真的到了彻底绝望的时候，反而处变不惊，风轻云淡，处之泰然了。所以我常常想，引起人们思想感情强烈变化的，是事物的发展过程，而不是事物的终结。人们看到枯黄的树叶，在阵阵秋风扫荡下纷纷飘落时，会产生岁月流逝、青春不再的愁苦；可是到了严冬，树叶已经落尽，只剩下光秃秃的枯枝残杈时，反而不再伤感了，仿佛这些树压根儿就从没有长过叶子。

这时我虽然已经24岁了，但仍孤身一人，甚至连异性朋友也没有。幸好当初我抱着“先立业后成家”的晚婚态度，所以这时的毁灭性打击才没有酿成妻离子散的家庭悲剧，也没有出现亲人生离死别、撕心裂肺的悲惨场面。自己落难自己承受，不连累他人。唯一令我牵肠挂肚的是，广东老家的养母和几个还在中学读书的弟妹，日后经济来源断绝了，不知道如何是好。

我被这两个小青年带到附近的白沙铺乡政府，与该乡早被抓来的几个农村老头一起，被押往阳新县城看守所。

那时交通不发达，白沙铺每天只有早上一趟班车进县城，故从白沙铺到县城的二三十千米路程，全靠徒步。在押送我们的路上，两个小青年为了显示他们的威风，在后面像赶牲口似的一个劲地厉声吆喝着：

“走快点！走快点！走快点！……”

这么小小的年纪，一扛起枪来也变得如此凶狠。我实在听不下去了，走得好好的，吆喝什么，便回头瞪了他们一眼。那个在我队打过工的小青年，不好意思地连忙解释道：

“不是说你的，是说他们的。”

他对几个同行的农村老头逞凶，却对我这个并不比他们走得快的小伙子示好，在这里我再次目睹了人类中欺软怕硬的丑恶现象。

从中午走到傍晚，终于踏进了县城。这时一日两餐的看守所，已经开过了下午饭，两个小青年便押着我们去食品店购买点吃的东西。我早上在工地吃的那餐饭和路上吃的那几块芝麻饼，经过一天的长途跋涉，早被消化干净了。幸好身上还有几块钱，便称了0.5千克蛋糕，边走边狼吞虎咽地吃了起来。还未走到看守所门口，就全部塞进了肚子里。我知道这可能是自己在人间的最后一顿美餐，马上就要坠入万劫不复的深渊了。这顿美餐虽然来不及仔细品味，但那香喷喷的蛋糕滋味还是终身无法忘怀。

这个看守所坐落在我们过去的宿舍附近。到了门口，看到邻近熟悉的篮球场、民宅和小学，内心不禁发出“风物依旧，人事全非”的感慨。没有想到自己离开这里才4个月，就发生了如此翻天覆地的变化，成为这个昔日不拿正眼看的看守所的阶下囚。

第八章◎看守所的日日夜夜

狱中生活

两个小青年如逐鸡犬一般，把我们赶进了看守所。进入了看守所，首先是彻底检查，收缴随身带来的东西。为了防止犯人逃跑、自杀和其他不轨行为，每个犯人只能穿一身衣服和带一床被子入牢房，其余物品一概留下，由看守所暂替保存，离所时再发还。我来时只身穿一套工作服，没有带任何东西。故我身上除了买食品剩下的钱和一根裤带之外，没有别的东西可以收缴。我留在工地上的那些简单行李和几十本书、笔记本，则是几天后队里派人送来的。检查、收缴完毕，我们同来的几个犯人，便分别被送入不同的牢房中。

这个看守所是座平房大院，由两排房门相向的牢房围成，每排牢房约摸有六七间。它们比一般平房高得多，以防止犯人翻墙逃跑。每间牢房有一道终日紧锁着的厚重的铁栅栏门，把人间与地狱截然分开。牢房宽约3米，长约五六米，四壁没有窗户，只在屋顶安一扇小天窗采光，阴暗潮湿，充满了阴森森的恐怖气氛。

牢房中沿正面和一个侧面的墙边，用木板钉了一溜大通铺，只在门边留一空当，摆着两个便桶。那时看守所人满为患，我所在的那间牢房，关着14个犯人，每人只有半米宽睡觉的地方。通铺挤不下，还有两个铺点稻草睡在水泥地上。我的铺位离便桶只隔一个铺位，相距不足1米，成天被臭气熏得喘不过气来。

进了牢房，我的姓名随着人身自由的丧失，也被剥夺了。在看守所里犯人不能叫名字，只能称代号。我被编为12号，从此“李扬鉴”便成为“12号”了。现今人们家里养宠物，还要给它起个“贝贝”、“欢欢”等好听的名字，那时我们却连这些狗、猫都不如。

牢房里晚上灯光通宵达旦，荷枪实弹、穿着反毛皮鞋的武警，日夜在牢房门外耀武扬威地来回巡逻着。他们通过铁栅栏门，监视着每间牢房里每个犯人的一举一动。在这死寂的恐怖的牢房里，每每听到这些武警踩着水泥地发出的沉重的脚步声和不时呵斥犯人的吼声，便毛骨悚然。此情此景，使我不禁想起了童年时代当亡国奴的可怕情景。那时我只要远远听到鬼子兵的钉皮鞋踩在街道石板路上发出的刺耳的脚步声，就吓得魂不附体。

犯人每天早上6点钟起床，晚上10点钟睡觉。其他时间只能在自己的位置上，背靠墙壁，盘膝挺腰，正襟危坐。不许躺下或歪斜，更不准交谈和走动。不管白天或黑夜，犯人要去解手，都得事先大唤一声：

“报告班长，我解手。”

“去！”

得到武警允许后才能起身。

未经武警许可，便擅自去解手者，以及违反其他监规的，立即被扣上手铐脚镣。

看守所没有放风制度，犯人走出牢房门唯一的机会，是大约每星期轮流到一次去大院内厕所倒便桶的5分钟时间。每天每间牢房由两名犯人值日倒便桶，他们趁此机会，也把自己穿了多日的恶臭的衣服，放到水中揉搓一下。在这短短的5分钟时间内，要同时干完这两件事并不容易。所以每个值日的犯人，在武警打开铁栅栏门之前，就得把便桶搬到门边，脏衣服拎在手上，做好了充分的准备。牢门打开时，便冲出去抢倒抢洗，这样才能按时返回牢房。有一次隔壁牢房一个犯人，因洗衣服超过了规定时间，被武警发现，那个武警便硬是逼着他把洗衣服的脏水喝下去。当时我在牢房里，听着那个武警强迫该犯人喝脏水的如狼似虎的吼声：

“喝！喝！喝！……”

随后又听到该犯人喝了脏水后不止的呕吐声，声声入耳，整个心都在强烈地颤抖着。由于被长期关禁在监牢中，该犯人身体已经十分虚弱，一下子又喝了那么多污水，于是没过几天，便一命呜呼了。

人是由动物进化的，又受到了人类文明的长期熏陶，故人的身上便潜藏着人性和兽性，即具有善的一面和恶的一面。在那个批判人性论和人道主义的腥风血雨时代，人性消融了，剩下的往往是赤裸裸的兽性。

由于人类比其他动物“聪明”，故兽性发作起来，有时比本能的禽兽更凶残。眼下我跌入社会的最底层，有幸耳闻目睹身受了人世间的种种恶行，所以对这点浅显的道理，似乎比心地善良的巴金老人有着更早更深的理解。巴老一直到了1984年1月2日写《我的日记》一文时，还弄不明白“文革”时期为什么会有那么多人干出野兽不如的暴行来：“那些造反派、‘文革派’如狼似虎，兽性发作起来凶残还胜过虎狼……人怎样会变成了兽……‘文革派’如何化作虎狼，我至今还想不通。”

在监牢中难以忍受的是饥渴感。每个犯人每天粮食定量375克，用臭咸菜下饭，一天吃两餐，食不果腹。那时正值盛夏，大家打着赤膊还汗流浃背，通身臭不可闻。但我们不仅没有水漱口、洗脸、擦身，就连喝水也受到了严格限制，只是在开饭时送一次开水，每人一杯，令人饥渴难耐。

在牢房里，我们每天唯一的希望，是眼巴巴地等待着一日两次不能解饥渴的饭食和饮水。大家成天焦急地注视着从牢房顶那扇小天窗投射到通铺上的阳光行踪，估算着距离送饭送水的时间。

人是缺什么便想什么。为了满足饥饿感的精神需要，我一遍又一遍地回忆着过去吃过的所有好吃的东西，尤其是油乎乎的红烧肉，聊以充饥。画饼充饥，在万般无奈的情况下，也不失为一种精神享受。心想日后发迹，就拿红烧肉当饭吃。这种无奈的心态，使我蓦然想起了安徒生童话《卖火柴的小女孩》中，在除夕的雪夜，那个孤苦伶仃、饥寒交迫的卖火柴的小女孩，蜷缩在街道墙角里，幻想着温暖的火炉、喷香的烤鹅、幸福的圣诞树和已故的慈爱的老祖母。

在牢狱中，比饥渴更加不堪忍受的是，被剥夺了一切行动的自由。尤其是对于酷爱自由的知识分子来说，失去了自由宛如失去了生命。有眼不能看，有口不能说，有耳不能听，有手不能写，有脚不能走。日复一日地被钉死在这恶臭的阴森牢房里，成天眼睁睁地面对着铁栅栏门和徒然四壁，饱受着肉体上和精神上双重的无情摧残。我生性酷爱自由，不容束缚，此刻为了自己的自由思想，却跌落到这个世界上最不自由、最受管束的人间地狱里。那时我常常羡慕天上自由翱翔的飞鸟、草地上悠然自得的牛羊，乃至监牢中可以到处乱跑的老鼠。我们这些所谓的万物之灵，竟然过着连禽兽也不屑的生活。

在这种严酷的环境中，一切好像都是静止的僵死的，连大脑也几乎处于停顿状态。孤苦无援，欲诉无门，人只是凭本能活着。这时我完全麻木了，没有痛苦，没有悲伤，欲哭无泪。人痛苦到了极点，便麻木了，如同在冰天雪地里，冻僵了的手脚失去痛感一样。只有回到了室内，获得了温暖，才逐渐摆脱了麻木，恢复了知觉，产生了剧烈的疼痛。这就是德国法西斯在严刑拷打坚贞不屈的捷克爱国志士伏契克失败之后，要把他从牢狱中带出去欣赏都市美景的原因。这时我深深地体会到，这种不讲人道的监狱，是摧残人们意志、促使人们精神崩溃的残酷场所，是世界上最罪恶、最痛苦的地方。难怪当年勇于坚持自己独立见解的胡风，经过长期关押后竟然发疯了。所以人类社会唯有在彻底消灭了这种不人道的监狱之后，才算真正进入了文明时代。

在这个阴阳难辨的牢房中，唯一使我真正意识到自己依然活在人间的东西，是附近那所小学不时飘来的委婉动听的风琴声。不知道为什么，这台风琴过去和那时，总在反反复复地弹着1937年著名影星周璇在《马路天使》电影中，所唱的那首脍炙人口的《四季歌》：

春季到来绿满窗，大姑娘窗下绣鸳鸯，忽然一阵无情棒，打得鸳鸯各一方；

夏季到来柳丝长，大姑娘漂泊到长江，江南江北风光好，怎及青纱起高粱；

秋季到来桂花香，大姑娘夜夜梦家乡，醒来不见爹娘面，只见窗前明月光；

冬季到来雪茫茫，寒衣做好送情郎，血肉筑成长城长，侬愿做当年小孟姜。

…………

我过去在这附近居住时，这首动人的曲子使我体会到生活的温馨；而在牢房里听到这首熟悉的曲子，则使我感到自己还活在人世。

牢房的铁栅栏门，虽然能够剥夺人们的人身自由，却阻挡不住悦耳音乐的自由传播。暴力是凶残的，但也是有限的，世界上还有许多东西是它所无能为力的。

监狱是所特殊的学校，它使我这个天真无邪的年轻知识分子，一下子成熟了许多。关进了牢房，过去所有最平常、最不经意的东西，譬如说话、看书、写字、走路、喝水、吃饭、阳光、空气、自然，顿时一概都变成了难以企及的奢侈品。失去了的东西，更使我意识到它们的弥足珍贵。这时，也只有到了这时，我才对生活、人生、社会、自然有了更深刻的思考和感悟，从而决心日后应该更加热爱生活，更加珍惜自己，多为社会和人类作贡献，以免辜负这个美好的世界和自己这条来之不易的生命。俄国批判现实主义大师陀思妥耶夫斯基在刑场上陪绑时，面对着死亡，他也才真正领悟了什么是生活："生活是一件礼物，生活是一种幸福，每分钟都可以成为一个幸福的时代。"所以几十年来，我对人类社会和自然界一切美好的东西，始终怀着敬畏之情。时至今日，我每每见到一片秀丽风光，读到一篇好文章，吃到一个甜苹果，都会油然涌出感激之情：感激大自然，感激社会，感激生活，感激大家辛勤的劳动。为了回报自然和社会的慷慨馈赠，为了达到自己人生的极限，长期以来我不管是在顺境或逆境中，始终对人生持着虔诚的态度，一直励志图强，奋力拼搏，从不放弃自己。从这方面的意义上来说，苦难是一种精神财富，也是一种人生享受。它使我真真切切地感受到了自己，感受到了生活，感受到了我们赖以生存的这个世界。在这非人的环境中，我仿佛触摸到了自己的灵魂，触摸到了主宰万物的上帝。

虽然我们没有必要故意去坐牢（那里还是不去为好），去受苦受难，去歌颂暴力和不人道，但是对于一个意志坚强的思想者来说，即使在苦不堪言的环境中，也能够吸取到可贵的精神营养。

台湾作家李敖说得好，世上有两个锻炼男子汉的地方，一个是战场，一个是监狱。在那里你只有战胜了自己，才能挺过去，变得更强大；如果不能，就会变得痛苦不堪，难受万分，甚至万念俱灰，精神彻底崩溃。

刚进看守所时，我依然心存一丝侥幸心理，幻想着无罪释放。认为自己是热爱共产党热爱社会主义的，只是希望她克服一些缺点，变得更好些罢了，并无什么恶意。这点从我参加工作后的实际表现，便可以得到充分的说明。虽然有些言论过于激烈，不知道天高地厚，需要教训一下，但是这些言论只是在自己的日记和私人的信件中流露，并未贴大字报，也没有在大庭广众面前煽动。故抓起来关几天，吓唬一下，煞煞那股狂劲也就够了。人总是从良好的愿望出发来理解事物的。可是经过多天的监禁，遭受到肉体上和精神上无法忍受的双重折磨之后，我放弃了无罪释放的幻想，希望他们快点判决，即使是判无期徒刑也行，以便早日去劳改队劳动。因为那里虽然也要受到严厉的管制，还要干繁重的体力劳动，但毕竟还有说话和四肢活动的自由，甚至可能还有灿烂的阳光、新鲜的空气、充足的饮用水和较多的饭食。我急于要回到大自然中，去过劳动的生活。同牢房的犯人，也个个都在翘首期待着法院的提审、判决，都恨不得早日离开这个令人发疯的人间地狱。

在这令人窒息的牢房里，一天天地受着煎熬，法院既不提审，也不作出判决，不闻不问，让你受个够。为了惩处囚犯，每个犯人都要经过长期关押，有的一关就是两三年。我时刻都在焦急地盼望着法院的提审，但始终落了空。我仿佛被推下无底的深渊，不知道何时能够熬到头，真是牢门深如海呵！我所期盼的，不是释放回家，而是去劳改队服刑，把劳改队当成自己的希望之所在。可是，即使是这样可悲的希望，也还是个难以企及的奢望。

法庭闹剧

盼星星，盼月亮，终于在我坐了30多天班房之后，法院来提审了。我喜出望外，好像是恢复了自由似的。那天当我走出牢房门时，同房的囚徒们也都用羡慕的目光欢送我，就像我是获得无罪释放一样。

法院在看守所对面，没走几步就到了。进入了法庭，那里已经坐着四五个人。有审判的、检察的、陪审的和记录的，应有尽有，煞有介事。其实在那个当权者垄断一切的时代，什么都早已决定了的，什么也都更改不了了，只要来一个人，丢给我一纸判决书就行，何必这样兴师动众、装模作样呢？

他们照章办事地问了我的姓名，并征求了我对他们这几个人来负责审判我有何意见。我与他们素不相识，自然表态没有意见。这种审判形式完全是做样子的，好像他们是在依法办事似的。但是，他们很快便用判决书，来戳穿自己这层伪装公正的薄薄面纱，露出了本来的面目。

他们对我宣读了一份事先准备好的起诉书和判决书，罗列了我在高中时期自己主动交代的于严重神经衰弱时所产生的混乱思想、1957年给侯和林两个同学的两封信部分内容，以及那时所写的一些日记之后，便断章取义、无限上纲地指控我反对无产阶级专政、反对社会主义、攻击共产党、企图武装暴动推翻人民政权。末了，宣布以现行反革命论处，判处我五年徒刑。

听到“企图武装暴动推翻人民政权”的指控，我不由得吃了一惊，以为是自己听错了。他们念完了起诉书和判决书以后，问我有什么意见。我知道这里不是讲理的地方，当时也不是讲理的时候，他们怎么说就怎么是，安之若素。我早想好了，判多少年都无所谓，只要能离开这个无法忍受的牢房就行。所以当时我没有申辩，也不敢申辩。因为如果据理力争，不但于事无补，而且还会被作为继续坚持反动立场的证据，罪加一等。为了生存，我只好缄默。先活下去再说，其他的日后再从长计议。“留得青山在，何愁没柴烧。”他们指控我反对这攻击那，解释权在他们手里，由他们去说好了。再说这些陈词滥调，在反右派斗争的批斗会上，也早已听腻了，耳膜都磨出一层老茧来了，不是什么新鲜玩意儿，他们姑妄言之，我姑妄听之，无需较真。至于判决书末尾指控我“企图武装暴动推翻人民政权”这一子虚乌有之事，我想肯定是他们弄错了。大概是他们在哪里发现了什么枪支弹药之类的武器，误栽到我的头上了。我这个自幼连吵嘴打架都没有勇气的一介书生，怎么有胆量去“企图武装暴动推翻人民政权”呢！这点却不能不弄个明白。于是我问道：“指控我‘企图武装暴动推翻人民政权’的根据是什么？”

“你这种思想发展下去，必然会走上武装暴动这条路！”

审判长斩钉截铁地回答说。

噢！我恍然大悟，一切都明白了：审判长兼算命先生，身兼二任。他首先作为算命先生，掐算出我未来会进行武装暴动；随后便以审判长身份，根据这一掐算出来的结论给我定罪、判刑。面对着这样一个身兼二任的法官，我只能是瞠目结舌，无言以对了。

其实这一指控的用心还是非常良苦的。他们完全明白，为了给我定罪，当然不能根据我的“反动思想”，而必须有行为才行，因此只好捏造我“企图武装暴动”了。“企图”者，介于思想与行为之间，事出有因，查无实据。我说你“企图”你就企图，真是欲加之罪，何患无辞！20世纪的“莫须有”，已经不是原来“也许有”的意思了，而是蛮横霸道的“不须有”，真是青出于蓝胜于蓝！

既然堂堂的人民法院，公然与街头巷尾的算命摊子“公私合营”，庄严的法律可以这样与荒诞的推算相结合，那么在“神圣”的判决面前，我只好“低头认罪”了。一介文弱书生，面对着如此强大的暴力，双方又遵循着截然不同的游戏规则，于是我就宛如一只落入猛虎血口里的羔羊，想挣扎一下都不可能。

此时此地，指鹿为马，有口难辩。在暴力面前，事实、真理、正义竟然如此苍白无力。到了这时我才深刻体会到鲁迅先生笔下的国民精神麻木的原因。在中国几千年封建统治的暴力重压下，小民只有“忍”一条路可走，“忍”成为国民精神状态的基本特征。一切不由分说，只有忍受和顺从。忍久了，精神便麻木了。

人们的一切活动，包括政治活动和科学研究，大凡事先都怀着某种目的，然后再根据目的去寻找证据和理由。这就是胡适先生所说的“大胆假设，小心求证”。不过科学家为了能够提出令人信服的论点，当发现事实与假设不符时，往往便根据事实去修正自己的假设，因为科学家一般不拥有强迫别人信服自己不切实际论点的能力，而当权者却不然。如果科学家也拥有当权者这种呼风唤雨的能力，那么科学也就不成其为科学了。人性的弱点在不受外部世界制约时的失控现象，对个人对社会都是灾难性的。历史上那么多英雄豪杰，在打天下的时候，由于大敌当前尚能谦虚谨慎；但一旦夺取了政权，登上了权力顶峰，也就无所顾忌，为所欲为了。这就是“权力导致腐败，绝对的权力导致绝对的腐败”的根本原因。正如黄炎培先生于1945年访问延安时，对毛泽东所说的，在中国历史上，历代皇朝谁也没有跳出“其兴也浡焉，其亡也忽焉”的怪圈。

审判长在作出最后判决后，问我还有什么意见。我想你们既然垄断了一切，我也只好任凭你们随意宰割了，还有什么话可说呢！我回答说没有意见，并在判决书上签了字。随后我提出一个小小的要求，希望被分配到枫林硫铁矿劳改。

那时阳新县犯人有两个去处：一个是枫林硫铁矿劳改矿山，一个是劳改农场。我是学采矿的，毕业以来又在地质队搞坑探施工，到了劳改矿山可以发挥自己专业的优势。不过我也做好了充分的思想准备，即使被发配到劳改农场，也决心利用那里一切可以利用的条件，最大限度地发挥自己的潜能，在农业科学上干出一番业绩来。我要像藤木植物爬山虎那样，只要有块墙壁，有根细线，就能顺着它向上爬到任何的高度。英雄不会无用武之地。在这五雷轰顶的时刻，我反而处变不惊，变得格外冷静和理智。我没有惊慌失措，没有自怨自艾，没有哭泣求饶，更没有绝望，而是抱着更高的期望和自信，决心与未来险恶无比的命运进行长期顽强的抗争。

“听候处理！”审判长又是一声怒吼。

当时枫林硫铁矿正在大发展，需要许多劳动力，我们这批犯人恰恰被全部送往那里。由此我又与地质工作结下了不解之缘，为日后的地质构造研究提供了机会。人的命运，是由许多必然的和偶然的因素所决定的。

这场审判前后不过半个小时，可是它决定了我近半生的命运：在枫林硫铁矿服刑五年，刑满后在该矿就业，继续戴着反革命分子帽子，接受监督改造长达22年之久，像草芥一样惨遭践踏，多次险些儿丧了命。这时我风华正茂，为了针砭时弊的两封信和几十则日记付出了惨重的代价。我这个在解放前背叛自己家庭、冒着生命危险参加共产党地下组织的革命者，从此便变成了似乎永无出头之日的“反革命分子”，处处遭人唾弃。

当初报考大学时，我选择了远离意识形态的工科，企图避开危险的政治地雷区。可是强烈的社会责任感，又悄悄地驱赶着我走向这一险境，踩响了政治地雷，被炸得体无完肤。在那个“以阶级斗争为纲”的时代，狂狷的知识分子肯定是在劫难逃的，挨整只是迟早而已。因为我可以不搞政治，但我不可能不关心生活，不关心人生，不关心社会。

我对祖国对人民怀着赤子之心，对事业怀着执著的追求和强烈的创新精神。这种不同凡响的精神品质，使我厌恶平庸和墨守成规，疾恶如仇，勇于挑战，勇于创新。这便决定了我必然与传统、与现实相冲突。

经过了反右派斗争之后，大家看到了因言获罪的“右派分子”的可悲下场，一个个都从中得出了自己的经验教训：头脑清醒者，为了自保，再不敢作声了；头脑糊涂者，觉得当“驯服工具”最安全。整人者，看到大家更服帖了，认为“阶级斗争一抓就灵”，从此更加肆无忌惮，无法无天了。所以在1959年庐山会议上，批斗为民请命的彭德怀时，整个中央委员会竟然没有一个人站出来说半句公道话。到了“文革”时期，这些沉默自保的人，也都一个个厄运难逃。

当时我深信，一个拥有几百万军队的强大政权，对付我们这些手无寸铁的书生，就如同老鹰抓小鸡，易如反掌；可是他们想通过制服、消灭这些先知先觉者，来达到抹杀被书生们发现的种种严重社会弊端的目的，却是再强大的暴力也无能为力的。真理从来就不会充当权力的奴仆。讳疾忌医，痼疾掩盖的时间越久，付出的代价也将越惨重。后来事实表明，个人崇拜之风愈演愈烈，给国家人民造成的灾难愈来愈深重，继1958年“大跃进”和随后的三年全国大饥馑之后，又发生了史无前例的“文化大文革”。

当年“右派分子”一个个束手就擒，让当权者高兴了一阵子，认为知识分子在“较量”中失败了。但那时我认为历史将会作出公正的裁决。我要看看当权者下一步如何面对这无法回避的、权力过分集中所产生的种种严重的政治弊端和社会弊端。个人的力量在人类历史的长河中，是微不足道的；但是如果个人代表了社会的最大利益和人类历史的发展方向，那么他将是不可战胜的。我等待着时间和事实来解决问题，寄希望于未来。

其实，真正的知识分子没有与谁“较量”的兴趣，他们与代表世俗利益的当权者不同，既不争权，也不夺利。他们只是想争取一个做人的基本权利，保留一块独立思考、独立发表言论的“自留地”。他们所追求的是真、善、美，并以此服务于社会，服务于人类。如果由此冒犯了谁，那不是他们的初衷。再说我是个唯物论者，我坚信任何事物都有不以人们意志为转移的客观规律。所以并不是知识分子不开口，这些问题便不存在，气温高低不是温度计造成的。那时当局采取这种野蛮的鸵鸟政策，将给国家民族未来的命运带来巨大的灾难，对此我忧心如焚，大有“盲人骑瞎马，夜半临深池”之感。

当时我就坚信：法院这份判决书是无效的，因为再大的权力也是脆弱、短命的；唯有事实、唯有真理才是最权威的。少年时代我就敢于藐视庞大无比的蒋介石政权的黑暗统治，此刻我自然更不会屈膝于任何强权的淫威之下。我在法庭上暗暗发誓：今后我将以更多的实际行动，证明自己是个无愧于时代无愧于社会的铮铮赤子，历史将宣判我无罪，我相信未来！

我感谢历史的公正。在时隔22年之久的1980年，我也终于获得了改正，实现了当初自己在法庭上暗暗立下的誓愿。虽然历史的春天姗姗来迟，而且据说反右派斗争还是必要的，只是“扩大化”而已。但是真理毕竟冲破了重重阻力，在我有生之年给予改正了。

第一次外出劳动

看守所中被判了刑的犯人，可享受到监狱外劳动的权利。我在遭受了30多天牢房的折磨之后，终于有机会走出监牢，来到一个湖边工地劳动。由于长期的关禁，见不到阳光和缺乏活动，又饱受饥饿的煎熬，我已经被摧残得面黄肌瘦，四肢软弱无力，连路也走不稳了，但是能够走出这个地狱般的牢房，还是喜出望外。

第一次离开监狱，回到大自然的怀抱，我仿佛发现了一个从未见过的绚丽的世界，真是心旷神怡。在臭烘烘的牢房里，成天面对着高墙和铁栅栏门，日子久了就以为世界上只有这些东西了，把外面五光十色的世界淡忘了。此时蓦然置身于丰富多彩的自然界中，便感到格外新奇：在这个世界上，怎么居然还有灿烂的阳光、清爽的凉风、碧绿的草木、微波荡漾的湖水和千姿百态的山峦？它们构成一幅妙不可言的风景画。我惊呆了，久久地凝视着，内心激动不已。虽然那里是血吸虫疫区，但我已经顾不得会被感染的危险，情不自禁地欣然步入湖水中，去感受一番久违了的水的柔情。面对着这个五彩缤纷的世界，我赞美自然，愿意做自然的儿子，永远躺在她那宽阔的温馨的怀抱里。所以到了傍晚收工时，我虽然劳累了一天，浑身无力，整个躯体像散了架似的，但还是怀着依依惜别之情，舍不得离她而去。

过去我在野外搞地质勘探，成年累月与自然界打交道，并没有感觉到她有多么美。现在失之又得，有着一种截然不同的全新感受，觉得这些以往并不经意的自然景观，一下子变得如此婀娜多姿，处处充满着诗情画意，美不胜收。的确，人世间唯有失去了的东西，才特别宝贵。

这时我才深切地体会到，世界上唯有那些被长期关禁于暗无天日的监狱的囚犯，才会对多姿多彩的自然景物如此一往情深。有了这次切肤的体验，故前些年读到一篇文章，记述胡风在狱中珍惜一棵小草的故事时，我产生了强烈的共鸣。文章说，蹲了20多年冤狱的胡风，即使在多次自杀未遂、无意让自己屈辱的生命延续下去的情况下，仍对监狱中地面砖缝里冒出来的被晒得蔫蔫的一棵小草呵护有加。他为了救活这棵小草，每天放风时，嘴里总含着一口水，往小草身上喷洒，天天如此。当他看到这棵小草在自己的精心培育下，居然生机勃勃，越长越高时，油然产生了无比欣慰之情。这种在丧失自由的困境中，所萌生的热爱自然胜于热爱自己生命的心境，是那些没有亲历其境的人所难以理解的。

我的心灵受到了绿色的大自然的强烈震撼，从此以后深深地爱上了生机盎然的大自然，爱上了充满活力的绿色。因此，在随后投入枫林硫铁矿劳改期间，看到那里山上成片的草木被炼磺炉排出的二氧化硫气体熏死，不由产生切肤之痛。在时隔

38年之久的1996年，我们出版《大陆层控构造导论》专著时，我坚持用代表着生命的绿色作为封面的底色。

长期不见阳光的牢房生活，把我这个原来身体很棒的小伙子折磨得弱不禁风。只劳动了一天，翌日便发高烧病倒了，通身长满了小手指头大的水泡。这时不但没有医生治疗，就连请求看守所所长用我自己存放在他们那里的钱，买半斤红糖冲水喝，也遭到了断然拒绝。这个所长住在我们原来的宿舍附近，虽无来往，但低头不见抬头见，彼此还是认识的，他却连这点起码的同情心都没有。落入到社会的最底层，我时时看到了人们身上丑恶的一面。

押赴劳改矿山

我在看守所被关押了40天之后，便与其他十多个犯人一道，被几名武警押赴枫林硫铁矿劳改。

当时枫林是阳新县下属一个区公所所在地，不通公共汽车，只有一条从阳新到富池口的水路从北面穿过。从县城到枫林的30千米，其中一半是水路，乘小火轮；另一半则是山路，徒步而行。我们这群骨瘦如柴、衣衫褴褛的囚徒，在南塍下船后，便在武警的押送下，挑着行李，沿着迂回曲折、崎岖不平的山路，朝着枫林方向缓缓行走。每走一步都是艰难的。经过这么多天的严酷监禁，我的身体已经孱弱不堪，连自己那点十多千克重的简单行李也挑不动了。这时我的行李，与5年前离开老家时差不多，除了一年前拿到稿费时，做了件短棉大衣和买了床新棉被外，几乎没有新添什么东西，只是增加了大学时代的几十本笔记和一些专业书。押送我们的武警，得知我是个大学生，便高抬了贵手，把我那些沉甸甸的笔记本和书，分摊给同行的其他犯人挑。我这个年轻的小伙子尚且挑不动，那些体弱多病的老犯人，又如何能挑呢！他们自己行走已经非常困难，还要帮我挑东西，很不情愿，但又不敢违命，迫于无奈，只好边挑边嘀咕："活都活不了了，还要这些鬼东西干什么。"这些当时看来的确是百无一用的"鬼东西"，后来却派上了大用场。

在我们这批同行的犯人中，有两个过去在本县当过县长：一个是国民党县长，另一个当过几个月日本伪县长。他们并无多大罪恶，故镇反运动和肃反运动都没有碰他们，到了这时，才与"右派分子"一起被一网打尽。他们与我一样，也被判5年徒刑。这在当时的思想犯和政治犯中，算是被判得最轻的了。

这个前国民党县长个子矮小，虽然已经50多岁，但行动敏捷，精神矍铄，一派军人风采，真不愧为黄埔军校第四期学生——与林彪同届。

他是本地人，家里是地主。土地革命战争时期，他的哥哥被当地农民打死。那次革命失败后，他回到家乡当县长。乡里农民生怕他报复，纷纷外逃。他却公然安抚大家，保证不算老账，无需害怕，为此当地老百姓对他感激不尽。解放后政府念及他过去的德行，没有惩处他，一直到了1958年才逮捕法办。

那个伪县长身材魁梧，约摸70多岁，老态龙钟。他走到半路便走不动了，躺倒了。这时两名武警便拽着他的双脚拖着走，如同猛虎拖死猪。他仰躺着，头部和背部被地面的砂石擦出一道道血沟，走一路血染一路。老头子有气无力地断断续续地哼哼着：

"哎哟，哎哟……活不了了，我快要死了……"

那两名武警对着这个老弱的同胞一声声撕心裂肺的呻吟和满背的鲜血，竟然无动于衷，继续拖着走。

我再一次耳闻目睹了隐藏在人类身上的兽性的发作，思忖着为了抑制这种兽性的作恶，人类社会太需要宗教、道德、法律的约束，太需要和平、民主、人权的维护了。

我向来胆子小，怕见到血。所以在事隔半个世纪后的今天，当年血淋淋的场面依然历历在目，一回想起来便毛骨悚然。

到了枫林硫铁矿矿部，我们依次办理了登记和照相手续。照相时每个人胸前挂着一块写着自己姓名的牌子，就像要枪毙一样。这些例行的手续办完后，便根据每个人的年龄和身体健康状况，分配到下属不同的中队干不同的活。年老体弱的被分到副业队种菜、养猪，我因年轻，被派到第四中队宽长山矿井劳动。

第九章◎生与死的搏斗

荒凉的矿区

枫林硫铁矿位于鄂东南的幕阜山东端，北临网湖，东南与江西接壤。区内山峦起伏，交通闭塞，土地革命战争时期，彭德怀、滕代远所领导的红三军团，曾经在这一带进行过武装斗争，建立过苏维埃政权。这里当年参加革命的人很多，牺牲很大，破坏很严重，有的村庄整个被国民党烧光杀光了。网湖的血吸虫又异常猖獗，湖边老百姓得血吸虫病的很普遍，造成人口大减。虽然解放后政府对血吸虫病进行了大力防治，疫情得到了有效控制，但直到20世纪50年代晚期，区内依然人烟稀少，随处可见残垣断壁，野兽四处出没，人民生活贫困不堪，通年以当地盛产的红薯维生，以红薯叶当菜，处处是荒凉、衰败的景象。到了20世纪60年代中期，路过矿区的阳新至江西瑞昌公路通了公共汽车，矿区内部也陆续修了一些简易公路。改革开放以来，尤其是20世纪80年代后期，修通了穿过矿区的武昌至九江铁路以来，那里的情况想必会有较大的改善。不过我自从1980年离开该矿区之后，从未回去看过，对那里出现的新气象一无所知。

枫林硫铁矿是20世纪50年代中期创办的劳改矿山，起初归黄冈专区公安处领导，属营级单位。到了20世纪60年代后期，随着所在的阳新县一起划归咸宁专区管辖，晋升为团级单位。犯人来自专区所属各县。

该矿开采对象是上二叠统龙潭组炭山湾煤系中的沉积型硫铁矿（含结核状硫铁矿黏土页岩或含星散状硫铁矿泥岩）和无烟煤。煤系厚1.5—3.0米。煤系顶板和底板都是厚层状、中厚层状的石灰岩。矿区地质构造复杂，煤系露头多、分布广，但矿层和煤层薄，经济价值低。

该矿在20世纪50年代末的鼎盛时期，有三四千人，矿井9对，分布于东西长15千米、南北宽10千米的范围内。每年开采硫铁矿石七八千吨，炼出千把吨硫磺，外加采出万把吨无烟煤，总产值百把万元。

整个矿区的生产和管教，归矿长及其所属各个职能部门所组成的矿部领导，下设中队，管理各个单位的具体事务。最多时全矿有十来个中队，除了几个矿井中队外，还有工程队、副业队，负责修筑矿区内部简易公路、盖房、种菜、喂猪等行当。

起初几年枫林硫铁矿设备简陋，生产方法落后。各矿井唯一的机械设备，是一台几匹马力的柴油发电机，供井下和井上电灯照明。井下通风靠空气自然对流，掘进、采矿、运输、排水全是笨重的体力劳动，用原始的方法采矿，因而资源浪费严重，通风不良，劳动条件差，劳动强度大，劳动效率低，坑木消耗量大，职业病严重，工伤事故频繁。

从矿井中开采出来的硫铁矿石，在井口附近用土炉炼硫磺。炼磺炉排放出大量的二氧化硫气体，导致周围树木枯死，寸草不生，光秃秃一片。这种气体对人身的危害也很大，使炼磺人员普遍患支气管炎。当炉里供氧不足时，则产生剧毒的一氧化硫。这时鸟从炉顶上空飞过，会中毒掉下死亡。人闻到这种毒气，也立即丧命。矿井中排出的酸性水和废石，以及炼磺炉排出的炉渣，酸化了农田，占用了田地，造成附近农作物减产、绝收。矿区及其周边地区众多的松树，也被作为坑木用材砍伐殆尽。由于生态环境受到了矿山生产的严重破坏，这个本来就很穷困的山区，更是雪上加霜。当时我看到这种满目疮痍的衰败景象，常常暗暗地思忖着：为了这点经济利益，对生态环境造成这么大的破坏，是得不偿失的。可是我怕被人指控为"攻击党的正确领导"、"否定社会主义制度的优越性"，罪加一等，所以只敢想，不敢说。何况即使说出来，不仅对己有害，也于事无补。在那个连人都不被当人看待的时代，遑论还有谁会去关心那些生态环境问题。当年湖北省的许多劳改队，便在从事这种劳动条件恶劣、生态环境破坏严重、经济效益差的采硫铁矿炼磺的营生。

1970年该矿改变为社会企业，尔后由于管理不善，年年严重亏损。结果这个开采了近30年的矿山，终于在20世纪80年代初期倒闭。该矿的兴衰存亡，从一个侧面反映了社会的演变和时代的进步。

宽长山上

该矿井位于宽长山上的山坳里，是枫林矿区的一对主要生产井。那里只有十多户人家，非常荒凉。山高路窄，与外界处于半隔绝状态，出入物资全靠人工挑运。山上缺水，我们洗澡洗衣服用的水，是井下排出来的黄澄澄的酸性水，不能用肥皂。天干时连吃水也要到山脚底下去挑。

宽长山矿井于1960年与山下的夏家冲平峒贯通后，该中队人员才下山，并改称为夏家冲矿井。

那天我和其他犯人被武警押解到宽长山，首先映入眼帘的，是横立在寸草不生的光秃秃的山坡上的一排排炼磺炉。炉的上空黄烟袅袅，刺鼻的硫磺气味扑面而来。

这里有三四百名犯人和少量刑满就业人员。他们来自社会的各个阶层，是社会的一个缩影。其中有中小学教师、机关干部、农民、工人、转业军人、国民党党政军人员、地主富农、封建把头、流氓、窃贼等。以“右派”教师最多，他们比我早来了半年。

到了宽长山的第一个明显变化，是改变了称呼。我在看守所叫“12号”，到了这里改称为“李同改”。劳改队中的囚徒，不分年龄大小，不分文化程度高低，不分过去身份贵贱，一律平等，人人都是犯人。在这里，也只有在这里，我才第一次真正享受到了“在法律面前人人平等”的权利。犯人之间，既不是同志、朋友，也没有师徒关系，而是在一起共同接受改造的伙伴，故不能称为同志、老张小李或张师傅李师傅，而只能统称为“张同改、李同改”。这个称呼言简意赅，贴切之极，教人不得不钦佩劳改系统干部这种非凡的语言创造力。

监房两大间。它们用土砖砌墙，用茅草盖顶，宽四五米，长二三十米。房内两侧，搭上下两层大通铺，每间睡一两百人。房外用炼磺渣垒了一道围墙，防止犯人逃跑。中队干部办公室及家属宿舍，是砖瓦平房，离监房五六十米。干部的小伙房及厕所，与犯人的大伙房及厕所也截然分开。

我被分配到井下劳动，干过运输、掘进、采矿、放炮等重活、危险活。矿井阴暗、潮湿，空气污浊，有的地方低矮，只能猫腰走或匍匐爬行。

那年头实行大礼拜，两个星期休息一天。其实每个假日还要搞半天义务劳动，所以一个月真正休息只有两个半天。

矿井两班作业，大部分人上白班，少数人上夜班。上白班的，名义上劳动10个小时，晚上政治学习两个小时，事实上经常加班加点，并无确定的劳动时间。山坳里天亮得晚，黑得早，故我们一年到头，大半时间两头都见不到阳光——天未亮就下矿井，天黑才出矿井。古代先民的“日出而作，日入而息”的劳苦生活，对我们而言是可望而不可即的。到了20世纪60年代初的大饥荒以后，才改为星期天休息和八小时工作制。

早上出工是一场紧张的战斗。从起床到出工这短短的30分钟时间内，必须完成穿衣、解手、洗漱、领饭、分饭分菜和吃饭等事项。往往饭未吃完，便吹哨子集合出工。时间太紧，我便把以往早上刷牙的习惯，改在晚上，洗脸则免了。那时能够从从容容吃餐饭，也是莫大的享受。有的同改为了有充足的时间吃饭，宁愿去上劳动时间更长、作业更劳累的夜班。

上夜班，天未黑就下矿井，天亮才出矿井，白天还要政治学习和义务劳动，一天只能睡三四个小时。每天早上八九点钟出矿井吃饭、睡觉，到了午饭后干部便叫我们去学习和搞义务劳动，说我们已经睡了一上午，足够了。反正他们一看到我们在睡觉，心里就不舒服。我想他们自己一天睡几个小时，心里大概是清楚的。他们压根儿就没有把犯人当人看待，所以认为我们在干了通宵的重活之后，只要睡这点时间就可以了。

挣扎于矿井下

宽长山井口位于山坡上，是一对顺煤系倾斜方向掘进的斜井，平均倾角28度。在100多米长的斜井上，每隔20米向两侧各开一条顺槽中段巷道采矿。斜井底板铺设台阶供人上下。矿井每天运出井口的矿石、煤炭和废石，装在竹篾编成的箕子里，由人工一担担地往外挑运。每担50千克左右。运输人员从井下各个工作面，一直排到井口，成为长龙。每人挑一段，即一节，故称为挑节子。

起初我在斜井上挑节子，每节十多个台阶，约三四米长。由于斜井的坡度陡，运输量大，全矿井各个工作面运出来的东西，都汇集到该处往上挑，故在那里挑节子最苦最累。一个班要挑千把担，没有喘息时间。下面挑来的担子刚一放下，就得马上接过来往上挑，稍一耽搁，后一担便压上来了。这样下面的人就得向上多挑一个台阶，也影响整条线的运输，而遭到众人的辱骂。因此每个人在划定的地段内，必须像老鼠一样，在这陡倾的斜井上上下快速奔跑，不得迟慢，往往连站一下屙泡尿的工夫都没有。在那里挑节子的人，尽管都打着赤膊，穿着裤头，但一个个还是汗流如注，裤头可以拧出汗水来。我只能挑右肩，左肩吃不住力，肩膀不能换休，更是苦不堪言。

这时我想起了解放前，在家乡看过的卓别林于1936年拍的电影《摩登时代》。这部片子，讽刺在资本主义社会里，工人是如何被快速运转的机器训练成机器人的：在一条飞快运转的生产装配线上，一个工人手握扳手，成天手忙脚乱地在不断运行的一台台机器旁边拧螺丝帽，日子久了，这个机械动作竟养成了习惯，所以他对碰到的每个人，都把别人的纽扣误当螺丝帽来拧。当时看后在捧腹大笑之余，也感到无比辛酸，痛恨资本主义制度的冷酷无情。万万没有想到，那种可笑可悲的辛酸处境，眼下竟然也落到一贯向往革命的自己身上。

我刚进劳改队时，不适应那里紧张的生活和繁重的体力劳动，事事都赶不上趟。有段时间，挑在我前一节的，是个姓钱的“二进宫”（第二次劳改的俗称）惯偷。他的年龄与我相仿，个子瘦小，性情暴躁、刁悍。我挑不赢他，经常挨他骂。我生性怕事，不敢还嘴，怕他打我，只好忍气吞声。“龙陷浅滩受虾戏，虎落平川遭犬欺”，奈何！

当时我毕竟是个20多岁的小伙子，故经过一段时间的锻炼之后，对体力劳动也就渐渐习惯了。后来肩膀被压惯了，没有挑担子走路，反而觉得身子轻飘飘的，不自在。这时右肩膀上被压出来的肉疙瘩，也不痛了，至今这个肉疙瘩还没有完全消失。

在这样的环境中，我这个善于创造性思维的宝贵的脑子被闲置了起来，成天只是干些简单的重复性的笨重体力劳动，用得上的只是四肢。所以当同改们称赞我这个知识分子，已经被改造好了，即从一个脑力劳动者被彻底改造成一个合格的体力劳动者时，我只好苦笑，为自己的大大贬值而感到悲哀。

后来我又先后被调去搞掘进、采矿和放炮。那时采掘用手工打眼。两人一组，一个双手扶着钢钎，另一个抡起八磅大锤。为了使锤子打击有力，加快钎子钻眼速度，须把锤子高高举起，使劲向下甩。扶钎子的主要是老手，新手抡大锤。我打锤没有两天，便满手水泡。水泡破后，嫩肉与锤柄强烈摩擦，痛不堪言。日子久了，双手结满了厚厚的一层老茧，如同熊掌。

由于食不果腹，骨瘦如柴，那大锤宛若千斤重。尤其是上夜班，到了凌晨三四点钟，人困马乏，又怕失手伤人，只好强打着精神抡锤，每抡一锤都很艰难。

最劳累的是放高产“卫星”。1957年10月4日，苏联成功地发射了第一颗人造卫星，揭开了人类航天活动的序幕，大大地长了整个社会主义阵营的威风。随后我国的“大跃进”运动，便把各种各样的所谓创举，统称为“放卫星”。从1958年开始的为期三年的“大跃进”期间，全国各行各业在“超英赶美”、“一天等于20年”等狂热口号鼓动下，不断地放高产“卫星”。在这样一派“大好形势”鼓舞下，我们劳改队当然更不能例外。为了多出矿石，放高产“卫星”，向矿部报喜，我们多次在井下连续苦战36个小时，累得连站着都能睡着。

所谓放高产“卫星”，其实是把“放卫星”之前几天采出来的矿石，码在井口附近坑道两侧，集中在“放卫星”那天一起运出井口，创造矿石日产量比平时多几倍的所谓高产纪录。但是由于“放卫星”之前几天不出矿石，“放卫星”之后一两天又要停产打扫矿井、充填采空区，因而平均算起来，“放卫星”期间矿石日产量，不仅没有提高，反而有所下降，真是劳民伤财。作为一个喜欢独立思考、讲究实效的工程技术人员，我自然看不惯这种自欺欺人的浮夸作风。心想，把大家累得死去活来，结果总产量还没有原来的高，到头来只是为了敲锣打鼓向矿部送张喜报，值得吗？由点到面，我从自己的切身体会中，开始怀疑起当时报纸上每天连篇累牍报道的各种高产纪录，究竟有多少真实性。从1958年底起，“大跃进”造成了粮食大幅度减产，全国开始了持续三年之久的大饥荒，我们每月的粮食标准也大减。严峻的活生生的事实，使我对“大跃进”的态度，从初期的赞赏转为否定。不过这时我吸取了反右派斗争的教训，不敢再有什么不满言论流露，只是默默地观察着、思考着。

每年矿井生产最困难的是春、秋两季。这时井内外温差小，空气对流缓慢，井下通风不良，经常严重缺氧，俗称“闭风”。在这种环境中进行重体力劳动，连气都喘不过来，憋得头晕眼花，小便失禁，每分钟都是难挨的。由于严重缺氧，硫铁矿、无烟煤和坑木等与水、空气进行化学作用后，会产生剧毒的一氧化硫、一氧化碳等气体，威胁到人身安全，由此也发生过中毒死亡事故。

在看守所时，以为到了劳改队，会有新鲜的空气、灿烂的阳光和充足的饮用水，其实不然。记不起是哪一位西方作家说过，对于穷人来说，只有空气、阳光和水是公平的。可是对于我们来说，连享受这些东西的权利，也与自由一起被剥夺了。所以中午出矿井吃饭时，每每见到一眼难得一见的灿烂阳光，吸到一口难得吸到的新鲜空气，便仿佛又回到了人间，就会情不自禁地想起《太阳出来喜洋洋》这首欢乐的歌曲来，并在心底里暗暗地哼几句：

太阳出来罗嘞　喜洋洋罗朗罗，
挑起扁担郎郎采光采上山岗吆后。
…………

饥馑悲剧

在那里最难以忍受的，其实还不是这种长期的超强度劳动，而是那无时不在的刀绞般的饥饿感。我们这些在井下干重活的犯人，每月粮食定量原来是29千克，大饥荒开始后减少为22.5千克。其中还有一半是难以入口的当地干红薯片和被虫蛀蚀了的蚕豆，使本来就没有填饱的肚子，更加饥饿难耐。不少人，包括原来为人师表的一些中学老师，为了尽量多往肚子里填点东西，不顾周围同改的辱骂，在吃完饭后，又公然伸手到装粥的空桶里，刮粘在桶边的一点点粥糊糊吃。更多的同改，则经常利用上夜班白天睡觉时间和节假日，到附近的荒山上摘野菜充饥。后来能入口的野菜都被吃光了，只剩下一些猪草。这种草带着强烈的土腥味，咽不下喉，吃后又胀肚子。吃这种草的难受劲，至今仍然记忆犹新。

按理说，这样的粮食供应量并不太少。可是由于劳动时间长，劳动强度大，而且一年到头只能吃到三四次荤菜，平时只有令人作呕的臭咸菜下饭，肚子里没有油水，空荡荡的，吃再多的饭也像没有吃似的。有一次上夜班，临时通知第二天去矿部开大会，班不上了。于是我便把中午、晚上和深夜的三餐饭，集中在晚餐一起吃了下去。这0.75千克米的饭吃完后，虽然肚子鼓鼓的，可是依然没有饱的感觉。

那时每年只有五一、中秋、国庆、春节这几个大节日才可能吃到一点荤菜。每次在吃荤菜之前好多天，大家便翘首以待，成天喋喋不休地谈论着。如果荤菜在早餐，有的人在前一天晚上便激动得通宵睡不着觉，深更半夜就起床穿好衣服，拿着碗筷坐在那里恭候。

每次的荤菜，通常是0.25千克粉蒸猪肉。湖北那一带的老百姓，喜欢把大米磨成粉，与猪肉一起蒸，做成粉蒸肉。大概是地方穷，吃餐肉不容易，拿米粉与肉一起蒸，可以把米粉也当肉吃。1958年国庆节早上，我平生第一次吃到了粉蒸肉。那时天还未亮，看不清钵子里的东西，我便把这些油乎乎的带着浓浓肉香味的米粉，也当成肉吃了。那次一个人发一钵子，我边吃边在心里感激政府的宽大——一次就给了这么多肉吃。到地研院后的起初几年，出生于湖北的妻子在节假日还曾经多次做过这个菜。开始还觉得挺有味道，后来随着生活水平的提高，对这种油腻的东西也就不再感兴趣了。

那年头时时刻刻怀着强烈的饥饿感，在那阴暗、潮湿、污浊的矿井里，从事长达10小时的繁重体力劳动，累得腰都直不起来。这时我才真真切切地体验到了什么叫做牛马不如的生活。牛马是主人的私有财产，尚能得到主人的关心照料；可是我们的生命，除了自己之外，与谁的利益都无关，甚至被当作需要彻底清除的社会渣滓，所以我们想当牛马而不可得。

人没有希望便活不下去。那时陷于绝境中的我，也依然每时每刻怀着希望：每天清晨出工，就眼巴巴地盼望着到中午可以出矿井吃餐午饭；午饭后下井，又望眼欲穿地期待着晚上收工时间的到来。因为晚上收工后，可以稍稍地松一口气。那是用一天苦役换来的最美好的一段时光：可以不慌不忙地吃餐晚饭，晚上又可以美美地睡上一觉，翌日清晨还可以吃上一餐早饭——总共有十来个小时的非劳动时间。

那时矿井收工，以眨电灯为号。由于人们特别关心这一时刻的到来，天长日久，便养成了在井下没有阳光等参照物的情况下，全凭生物钟也能准确地判断出收工时间，误差一般不超过三五分钟。有时甚至可以达到秒级水准，精度之高令人惊叹不已。

在长期的强烈饥饿感煎熬下，人们往往把吃餐饱饭看得比自己的生命更为重要。我常常听到一些同改说，如果让他们吃餐饱饭，他们愿意死。有个犯人家属千里迢迢来探监，送来了好几千克糍粑、腊肉和鸡蛋等食物。他饿极了，又怕被人偷走，于是干脆作一餐都吃了下去，结果肠胃破裂，活活胀死。

当时对食物的需求，超过了对自己生命需求的心理状态，我也有过实实在在的体验。1958年中秋节晚上，我们打牙祭，每个人分到一碗小鲜鱼白菜汤。这是我被捕三个月来第一次吃到荤菜。那天晚上，我们在这个群山环抱的幽静的山坳里，蹲在露天场地上，对着挂在东边山头上那轮皎洁的明月，品尝着这人世间最美好的佳肴。这是我有生以来从未享受过的美食。那碗汤味道鲜美无比，胜过任何玉馔珍馐。我像饮烈性酒似的，一点一点地抿着这碗漂浮着三条指头粗的小鲜鱼的白菜汤，生怕它什么时候会被抿完。抿着抿着，倏然冒出一个念头：这种汤要是让我喝个够，死了也就不冤了。这是在极端饥饿的状态下，对美好食物强烈需求的瞬间心理状况。不过迄今为止，尽管也吃过不少美味良食，但的确没有哪种食物给我留下的印象比那碗汤更深刻了。这是“幸福递减律”所起的作用，也是那些锦衣华服、钟鸣鼎食的人未必幸福的原因。

在那个成年累月饥肠辘辘的艰难岁月里，经常出现在脑子里的一个强烈愿望是：有朝一日“阔”了起来后，首先就腌它一大水缸猪肉和储存一屋子大米，这样再落难也不愁吃的了。不同程度的饥饿感，几乎伴随了我半辈子，着实是饿怕了。所以1980年改正后被调来地研院，虽然没有兑现当初腌肉的誓愿，但到了20世纪90年代中期，我还年年在家里囤积一两百千克大米，弄得夏天米虫满屋爬，飞蛾到处飞。这是饥饿年代饥饿生活留下的后遗症。

疯狂的“大跃进”，造成了国民经济的大破坏和长达三年之久的全国大饥馑。我们这些劳改队囚犯，自然首当其冲。由于长期的忍饥挨饿和繁重的体力劳动，个个瘦骨嶙峋，死人是常事。在矿井里，有的人挑着担子，挑着挑着就吐血倒下了。有些人白天还出工劳动，晚上却死在床上。翌晨没有起床，干部还骂他消极怠工。当掀开他的被子去拉他出工时，才发现他全身冰冷，早已断气了。

我小时在家得到了养母的悉心照料，身体底子好，所以这时尽管也将近油尽灯枯，体重从过去的60多千克，锐减到45千克，形销骨立，但暂时还能够勉强支撑着，没有倒下，为此我常常在内心深处感激她老人家的养育之恩。这是我有生以来，第一次对养母产生了发自肺腑的感恩之情。

严酷的惩罚

在这种生并不比死容易、人们并不怕死的艰难困境中，管教干部为了制服犯人，便采取异乎寻常的严酷手段，让你求死不得，欲活不能。这些干部大多是从部队转业来的，没有什么文化，过去又扛过枪打过仗，对劳改犯自然不会心慈手软。

对于那些流露不满情绪和完不成生产任务的犯人，白天不给饭吃，晚上开批斗会，重者逮捕加刑。那时吃饭是件天大的事，许多犯人不怕骂，不怕打，就是怕扣饭。扣饭是当时最恶毒的惩罚。本来肚子就是空的，再不给饭吃，如何忍受得了？在批斗会上，轻则罚站，重则被按倒在地，五花大绑。用这种方法捆绑人，我是到那里才开始见到的。他们用绳子套住犯人的脖子，然后绕到背后反剪双臂，再把双臂紧紧地往上提，如捆行李一般绑得严严实实，痛得犯人大汗淋漓，“哎哟哎哟”惨叫不已。在那个荒凉的万籁俱寂的山坳黑夜里，于昏暗的灯光下看着这恐怖的场面，听着这一声声凄厉的呻吟，仿佛置身于地狱之中，寒气砭骨，浑身簌簌颤抖，不知道高悬于头顶之上的达摩克利斯之剑哪天会落到自己的头上。

由猿变成人，得经过千百万年的进化；可是由人变成禽兽，只是顷刻间的工夫。这种不把犯人当人看待的残暴行径，必然使珍视人的尊严的知识分子产生锥心刺骨的痛楚。一些“右派分子”因经受不了这种肉体上和精神上的双重折磨而轻生。

在这种险恶的环境中，再多的苦水也只能往肚子里咽，不敢有丝毫的流露。契诃夫的短篇小说《苦恼》中，孤独的主人公姚纳车夫，虽然没有地方倾诉自己刚刚失去儿子后的痛苦，但他毕竟还可以把满肚子的忧伤，向自己的小母马诉说。我们呢，却连向蚊子诉说的权利也没有。所以每个人的内心都积满了痛苦和愤懑，人人心中都有一座活火山，时时都会一触即发，借机发泄出胸臆中久积的怒火。不消说原来生活在社会底层的那些窃贼、流氓、无赖，就是昔日为人师表的老师和文质彬彬的机关干部，也往往为了少分半汤匙饭、多挑一步节子这些鸡毛蒜皮的小事，吵得天翻地覆。犯人中的小队长、组长和积极分子，为了邀宠和排遣胸中积愤，更是趁机动手动脚，收拾“犯错误”的同改。

这种奴隶般的生活，使大家无比抑郁、沮丧，成天愁眉苦脸，没有见过谁的脸上有过一丝丝笑容。这么一个长期愁云密布的环境使我忘记了“笑”这回事。有一次白天我偶然出矿井领炸药放炮，听到干部家属逗着自己孩子玩，发出了朗朗的笑声，吓了一跳，感到异常惊奇，人世间怎么还有“笑”这种东西呢！这时我对“笑”的陌生感，不亚于当初在看守所第一次外出劳动，看到了美丽的自然景观时的心情。近些年读了新华社原高级记者、当了22年“右派”的戴煌所写的《九死一生：我的“右派”历程》一书，才知道那时他们在北大荒劳改时，也“都已忘记什么叫做‘笑’了”。的确，那是一个遍及全国的、丧失了理性和人性的疯狂时代。

死里逃生

矿井生产本来就是一种非常危险的作业，伤亡事故在所难免；而枫林硫铁矿，尤其是建矿初期，由于技术条件极差，又不把犯人当人看待，工伤事故更加频繁。我在该矿期间，便曾经发生过多次重大未遂事故，一再死里逃生。下面所记述的，仅仅是其中几个实例而已。不过由于当时的生命非常脆弱，致死的因素着实太多了，如劳累、饥饿、疾病、触电、爆破、冒顶、突水、中毒等，所以我在那种险恶环境中，往往对危险熟视无睹，没有拿自己生命当回事。在几次临危脱险后，我也不感到特别庆幸。生无所幸，死不足惜，对生命持轻视的态度。

在宽长山井下劳动期间，曾经发生过一次触电事故。那时矿山违反安全操作规程，井下用220伏电压照明。由于工作面放炮时，常常把附近的照明线炸断，井下又不设值班电工，炸断了的电线都是由掘进人员自己冒险用手去接。因无钳子等绝缘工具，脚下穿的胶鞋又往往漏底，故每次接线时，都有部分电流经过身体流入地下，产生强烈的麻木感。不过由于这时大部分电流都从接头处顺电线流走了，通过身体的这小部分电流通常没有致命危险。可是有一次我发生了意外，差点丧命。

那次，巷道顶板淋水，电线湿透，我也满手是水。水是导体。当我两手捏着断线的两端时，身体陡然成了导线，全部电流都从我的一只手，经过身体传到另一只手。这是一种非常危险的触电方式，电流都流经了心脏。这时我浑身强烈麻木、颤抖，特别难受。我企图把手上的电线马上甩掉，但因电流产生了强烈的吸引力，电线紧紧地粘在我的手指上，怎么用力甩也甩不掉。我明白自己处境危险，想大声呼救，又说不出话来，只是像哑巴那样发出断断续续的“呵呵”声。在这千钧一发之际，旁边一个姓程的“右派”小学教师，见此惨状吓跑了；而远处一个农民出身的胡同改，操起一把耙子冲了过来，一把就将电线打落在地，救了我一命。如果再耽误一会儿，我这条命肯定就完蛋了。日后有人也曾经发生过类似的触电事故，由于抢救不及时，便一命呜呼。

我在脱险之后，对救我一命的胡同改，竟然连句感谢的话也没有说。这固然与我一向不善于表达感激之情，事事都羞于启齿有关，但主要还是由于当时视生命如粪土。再说，在那个“革命化”的时代，人们相互之间也缺乏文明社会起码的礼貌，似乎也没有“谢谢”这些字眼。

至于爆破未遂事故，更是家常便饭。有段时间，我负责整个宽长山矿井的爆破工作，用电雷管起爆。队里只给20米长的电线。这点长度，在一些长距离的直线巷道放炮，人根本到不了巷道拐弯的安全地方。在这样危险的情况下，我也坦然进行冒险爆破作业。放炮时，我身贴巷道壁，背朝工作面，头戴安全帽。炮响时炸出来的大小石块，像雨点般打在周围巷道壁上和我身上，噼里啪啦作响，像战场上的枪林弹雨一般。幸好我的命大，从没有大石块击中过我。

后来我被调出了宽长山矿井，到矿部负责全矿的科技工作，也几次大难不死。

1963年的一天，我到夏家冲矿井测量，在采场却碰上了冒顶，险些儿被砸成肉饼。

那时我正在观察采场情况，蓦然间发现旁边一根支柱闪动了一下，立即意识到大势不好，要冒顶了，应马上逃命。又想到完全逃脱已来不及，保命就行了，让腿被砸断算了。于是我用力向后仰倒，企图使上身摆脱冒顶区。我刚一仰倒，就听到轰然一声巨响，那根木柱和两块几千千克重的巨石同时垮落。这时我想，命是保住了，但腿肯定是被砸断了。起初我静静地躺着，不忍心去瞅一下那双断定是砸断了的腿。过了一会儿，我试着动一动双腿，看看究竟断在什么部位上。结果惊奇地发现，连脚趾尖都活动自如，才知道它们全完好无损。我喜出望外，猛然坐起来一瞧，好家伙，巨石离自己脚尖才一二十厘米。

我这个人平素反应迟钝，在这个危急关头，却异乎寻常地敏捷。从发现支柱闪动，到判定是冒顶，到大脑发出指令赶紧逃命，到决定舍腿保命，到采取应急措施向后仰倒，到支柱倒下、顶板冒落，整个过程前后只不过一两秒钟，稍微迟慢，便会粉身碎骨。

据研究，人在危急的情况下，体内会分泌出一种奇特的激素，激发出人体潜藏的超常能力。的确，人在情急时，往往在生理上或智力上会有超常的发挥。

当时我跌落到了社会的最底层，凡是能丢的东西全丢了，只剩下一条一钱不值的生命。人在丧失了一切之后，没有得失荣辱的顾虑，心理负担反而消失了，而进入一个真正万事皆空的涅槃境界，内心格外坦然飘逸。所以那时我置生死于度外。现在回想起来，反而有些后怕。不知道为什么，我历经了那么多年的磨难，面临了那么多次的险情，居然还能活下来，甚至没有残疾，只是长期在阴冷潮湿的矿井里，左膝盖得了风湿性关节炎和骨质增生，真是不幸中的万幸。

人心善恶

那时劳改队中的囚徒们，除了一条朝不保夕的命之外，什么都没有了：既没有现在的生存条件，也没有未来的希望，宛如在茫茫戈壁中陷于绝境的羊群。绝望的环境是一种还原剂。人在其中，时时刻刻面对着严酷的生死存亡问题，不仅会无所顾忌地抛弃自己昔日在社会舞台上所扮演角色的一切化装，现出赤裸裸的本来面目，而且在生存斗争规律的驱使下，潜藏在灵魂深处的弱肉强食的兽性，也会被激发出来。他们为了发泄自身久积的愤懑，也为了稍稍改善一下自己的生存条件，便竟相争宠，把同改作为牺牲品，而相互倾轧。就像温驯的羊，在酷热戈壁滩上饥渴难耐的情况下，也会现出狼性，吃掉同群中的衰弱者。司马迁说过："仓廪实而知礼节，衣食足而知荣辱。"的确，在那生死一线的地方，过着奴隶般生活的囚徒们，往往是不顾一切廉耻，也无廉耻可顾的。所以那里许多犯人，变得异常卑鄙、残忍。这种变态行为，与文化程度和过去的社会地位等外在的东西无关，而由人的本质即人格决定。那时我常常想，心理学家如果要研究人的真实的心理状态，最方便的地方是幼儿园和劳改队。因为儿童还无能力掩饰自己的内心活动，而囚犯则认为无需掩饰自己的心理欲望。由此我有时也庆幸自己有缘进入劳改队，清清楚楚地窥见了真实的人生百态。

方同改便是一个值得一提的典型人物。他原来是一所县中学的教导主任、地方民盟负责人，也因"右派"被判了5年徒刑。他40来岁，身材魁伟，能说会道，当年是宽长山一个颇受瞩目的人物。他刚到宽长山时，便公然声称自己的"五年改造任务要三年完成"，即要争取提前两年刑满释放。为了实现他的"宏大理想"，这个堂堂的县中学教导主任，居然变成一条专门"吃人"的恶狼，天天到干部那里污蔑人、陷害人。

犯人与干部说话，得在3米外立正、唤报告，获得许可后才能开口。这种奴颜婢膝的行径，稍微有点自尊心的人，都避之唯恐不及。但方同改甘之如饴，令人齿冷。他这种过分"积极"的表现，自然招来了被监督的"落后分子"的痛恨和争宠的"积极分子"的妒忌。他们一致反对他，在干部面前说他坏话。我刚到宽长山时，便听到过这两类同改私下对他的非议，知道他这种损人利己的行为，迟早会搬起石头砸自己的脚，适得其反。我在一旁冷眼静观他那淋漓尽致的表演和后果。不过那时他还红得发紫，干部公开表示支持他。张队长就曾经在晚上全中队犯人的集会上，为他撑腰打气，大声地说：

“方××，你不要怕，干部支持你！”

可是他着实树敌太多了，尤其是得罪了犯人中那些拥有一定权势的小队长、小组长“牢头”。他们经常在干部面前说他心怀鬼胎，假积极，散布不满言论，等等。干部听多了，听久了，也渐渐地起了疑心。方终于失宠了。本来，在干部心目中，犯人就是天生的坏人，表现再好也是假的。结果他的“积极”表现，不但没有立成功、减成刑，反而在1958年年终全矿总结大会上，受到了记过处分，落了个四面楚歌，八方受敌。于是他绝望了，失去了活下去的勇气，自杀了。那些一心损人利己的人，一旦个人利益遭到毁灭性打击，便只好弃生而去了。

1959年初春的一个晚上，方同改及其搭档与我们一起上夜班，打一条对穿坑道。他们从外往里打，我们从里往外打。那时用火雷管导火线放炮。到了清晨放炮时，方同改点着了导火线后，不离开工作面，把自己炸死了。他的尸首被炸得支离破碎，血肉横飞，一坨坨的肉粘满了坑道壁。收尸时人们用装土的箕子，在坑道里一块块地拈，然后在矿井附近的山坡上，挖了个小土坑埋了。

那天我们下班比较晚。我们下班路过他们的坑口时，得知他已经死了。前一晚上班时，我们还一路同行；此刻下班，便阳间阴府各居一方了。不过那时队上死人是很平常的事，在心田上并没有引起什么漪澜，走就走了吧。当年犯人死后不通知家属，故事后也没有人来看望。他的妻子也是个中学教师，同样被划为“右派”，自顾不暇，从来没有来看过他。于是他在劳改年把时间后，就这样孤寂地离开了这个世界，成为荒凉的宽长山上的孤魂野鬼。一个凄苦的“右派”家庭，也随之被彻底毁掉了。

在那个险恶的时代，在那个险恶的环境，我的选择只能是缄默，只能隐忍不言。是时我无权说什么做什么，也不敢说什么做什么，只能独善其身，默默地观察和思考。为了防止受到来自充满敌意的外部世界的伤害，我像蜗牛那样，把自己关注人生、关注社会的真实思想感情，紧紧地收在自己构筑起来的理性的硬壳里，与周遭保持着最大的距离。把入世的炽热的心，隐藏在出世的超然的人生态度背后，不仅只是为了刻下的自保，而且是着眼于未来。我诚诚恳恳做事，堂堂正正做人，不邀功，不树敌，洁身自好。这种与世无争的态度，为自己在那个险象环生的人间地狱里，营造了一片精神净土，也提供了一副自我保护的理性甲胄，使我在那个野蛮的时代、野蛮的地方待了那么多年，居然没有被卷入任何是非的漩涡。

不过在那个“以阶级斗争为纲”的时代，这种超然的态度，也被视为一种危险、一种过错，为此我付出了沉重的代价。由于我从来不肯去取悦那些管教干部，去打别人的“小报告”，一些干部认为我思想上不靠拢政府。在宽长山井下劳动期间，本来矿部早就要调我去技术组，但张队长说我政治表现不积极，应该留在矿井里多改造一段时间，结果拖了一年才让我离开。尔后我到了技术组，经常与矿领导在一起，可是我依然不愿意利用这种别人求之不得的良机，去向这些掌握着自己命运的当权者献媚取宠。这样一副清高自傲的模样，也令一些人心里不悦，他们认为“非我族类，其心必异”。所以尽管我在生产中发挥了重要作用，创造了大量经济效益，屡屡立功受奖，但因“政治上”无突出表现，刑期一天都没有减少，甚至连“四类分子”帽子，也一直戴到“四人帮”被粉碎后的翌年才摘掉。1975年，有人提出说我表现不错、应该考虑摘“帽子”时，还遭到一些人的强烈反对：“他表现虽然可以，但你知道他心里在想什么？”我无法把心掏出来给他们看，故凭这句“莫须有”的话，他们就可以对我永远专政下去。如果不是“四人帮”垮台，我的“帽子”真的是要戴进棺材了。

毕竟群众的眼睛是雪亮的。我这个无意争宠的人，却用自己的知识、贡献和人格，赢得了全矿上下一致的好评和尊重。全矿干部、工人和劳改人员（劳改犯和刑满就业人员的统称），这些不同政治地位、不同文化背景的人群所推崇的两三个人也有所不同，唯独我始终是方方面面被共同推崇的对象。甚至连专门对我们执行专政任务的政工科科长，在调离枫林硫铁矿后，也曾经在私下里对我赞赏有加，使在场的一些人大惑不解：猫对老鼠怎么会这样敬重呢？是的，即使在三教九流的人群中，人们心目中还是有一杆秤的。

小我与大我

起初，我是怀着一个爱国志士被迫害、被放逐的悲壮情怀来到宽长山的。记得到宽长山一两个月后的一个初秋晚上，我去上夜班，爬到了山坡上的井口，看到井下的电灯未亮，便在附近的干草垛上躺了一会儿。那时月光如水，秋风飒飒。我对着皎洁的明月，看着沐浴在银光中的山峦和远处闪闪发光的湖水，陡然间联想起19世纪意大利爱国志士牛虻的海外流亡生活来。我把这片湖水想象成浩瀚的海洋，把这个荒凉山区想象成南美的异国他乡，把自己想象成亡命于海外的牛虻。我静静地躺着，做着爱国志士的梦，叹息自己命运不济、报国无门，深感悲愤和凄凉。

我在高中时期，读过爱尔兰作家伏尼契的长篇小说《牛虻》，对书中主人公牛虻为了民族解放和国家自由富强，与凶残的奥地利入侵者进行顽强斗争的献身精神深为敬佩。革命失败后，牛虻流落到南美。为了生存和未竟的事业，他隐姓埋名到杂耍班里扮演小丑，拿自己生理上的缺陷供人取乐；也曾在矿山、码头等艰苦场所干过苦活，历尽了人间的苦难和屈辱。眼下我为了寻求救国救民之路，也落到了与牛虻一样可悲的下场，不得不在这个矿井里当牛做马，饱受肉体上和心灵上的摧残，感慨万千。

随着反右派斗争的“伟大胜利”，当局又发起了全民大炼钢铁运动和全国公社化运动，全面推动了“大跃进”。中国从此进入了一个“神话般”的时代，到处都奏响了移山倒海、呼风唤雨的“凯歌”，创丰收夺高产的“奇迹”层出不穷。1958年9月18日，《人民日报》还报道了广西容县水稻亩产6.5万千克的“特大喜讯”。人民公社吃饭不要钱，敞开肚皮吃，农民“实现”了几千年来没有实现过的温饱的梦想。

起初，我被这些官方的虚假宣传和一时的虚假现象迷惑，为反右派斗争“胜利”后，全国马上出现这样的“大好形势”而深深感动。相信这样一来，真的可以“跑步进入共产主义”了。由此我开始认真地自我反省，认为自己过去的那些思想观点，虽然是实事求是的，但可能是有害的。诚然，不实行民主，国家干部会腐败；可是在我们这个贫穷落后、人口众多的大国，如果实行了民主，势必会动摇民心，涣散斗志，危及国家根本目标的实现，造成更加严重的社会后果。两害相权取其轻。为了避免民主化自由化可能引起的混乱和内耗，实行高度统一的专制制度看来是必要的。真实不一定是有益的，气可鼓不可泄。所以我们应该自觉地放弃个人的民主自由要求，去换取整体的生存发展机会。因此，反右派斗争消灭了不同声音，全国上下思想行为高度统一了，才出现了“大跃进”这样的“大好形势”。顾全大局，整体利益高于一切，这是每个中国人的神圣职责。所以为了维护毛主席、党中央的威望，为了维护国家的最高利益，对忤逆的“右派分子”进行惩处是必要的，个人由此受了委屈、作出了牺牲算不得什么，“舍小我，成大我”是值得的。

我是个性格倔强的人，不肯轻易服输，这番自我批评是在令人鼓舞的“大好形势”面前，经过了痛苦深入的思考之后才作出的。这是自从反右派斗争以来，我唯一一次真心的短暂的自责。

可是结果是既牺牲了小我，又毁了大我。

反右派斗争之后，在高压政策威胁下，在形形色色的奴才思想支配下，谁都不敢也不愿再去独立思考，再去发表独立见解了，大家都以盲从、信仰来代替自己的思想。于是整个社会被禁锢了，被窒息了。思想死亡了，社会也停滞了，退步了。我们社会本来就缺乏强有力的监督机制，此时更是鸦雀无声了。于是权力者自身的人性弱点，便发展到了极致。全国在一个声音、一种舆论控制下，罪恶被严密地掩盖了起来，导致更大罪恶的不断产生。整个社会在一种疯狂的思想支配下，陷入到全体性的疯狂之中。结果广大群众便成为错误决策的牺牲品，成为破坏自然、毁害社会的“驯服工具”。历史是最会捉弄人的，你要进这个门，结果却偏偏入了另一个门。“大跃进”的结果是“大跃退”，肃清一切“反动思想”的结果是全民的疯狂。一个拥有世界最多人口的泱泱大国，一个具有几千年文明的优秀民族，竟然全系于一个人的一念之间，全毁于一个人不可拂逆的意志，这是多么可怕、多么荒谬的情景。

1958年秋收时节，为了“超英赶美”这个简单的政治目的，最高权力拥有者在自己并不熟悉的领域，撇开成百上千的专家，亲自发动广大群众置田地里一年的劳动果实于不顾，上山用土法大炼钢铁，使眼看要到手的宝贵粮食，因缺乏劳力收割而大量烂在田地里；而拿破坏森林得来的木材炼出来的所谓钢铁，又是百无一用的废品。再大权力的力量，终究也是有限的。权力可以让千千万万人上山大炼钢铁，但无力叫成千上万座土炉中的任何一座，炼出一斤合格的钢铁来。个人盲目的决策，造成了重大失误，使高度集中起来的人力、物力、财力毁于一旦。

当时我虽然蛰居于一隅之地，但是因为对矿井里放高产“卫星”的自欺欺人行为有切身体会，以及看到了附近农村青壮劳力都去炼那些纯属废品的“钢铁”，到处乱砍树木，乱挖小煤窑，白白浪费了大量人力物力，而辛辛苦苦种出来的粮食又无人收割，便知道情况不妙了。不久附近老百姓开始饿肚子，我们的粮食定量也锐减了。国家遭了殃，个人也受了难。在这严峻的现实面前，跑步进入共产主义的幻想彻底破灭了。到了这时我才完全醒悟，彻底否定了自己在“大跃进”初期，那种认为牺牲个人的民主自由权利可以成全大我的想法。

接受了“大跃进”的惨痛教训，从此我对国家前途命运的希望，便完全寄托于民主制度的建设方面，而不再去指望“英明领袖”个人。所以在“文革”期间狂热的造神运动中，我固然无资格去“早请示，晚汇报”、跳忠字舞，但也清醒地认识到这场祸国殃民的闹剧，纯属专制制度及个人崇拜的产物。

生与死的终极思考

说实话，从被捕的那一天起，到投入宽长山劳改的起初半年，我一直没有真正放弃过无罪释放的幻想。虽然在看守所经过一段时间的折磨之后，巴不得快点被判决、快点到劳改队，但那是因为在那里忍受不了，想换个环境罢了。这种幻想，不仅是由于人总存在着侥幸心理，也是出自理性的思考。

因为无论如何，我都无法把自己的思想行为与反党反社会主义相联系。诚然，我在日记和信件中，对专制制度的一些严重弊端表示了不满，但是这种不满是出自对社会主义事业的关心和热爱，是对党、对国家、对人民负责任的表现，而没有什么恶意。我是个什么人，最有说服力的，莫过于自己参加工作以来的实际表现——一个仇视党仇视新社会的反革命分子，能够像我这样自觉地为社会主义建设事业忘我工作吗？自己对某些政治问题的看法可能过于偏激，有些言辞也可能过于尖刻，所以我认为这是组织上给予自己的一点教训，关个一年半载也就放回原单位工作了。我无法想象在日记和信件中，那些针砭时弊的言论，竟然会使自己真的成为反革命分子。近些年读了一些当年“右派分子”的回忆文章，才知道他们那时也有类似的心态。我们这些书生都不懂得政治的肮脏。在政治领域，只问需要，不问真实，谁都不会把你的真诚愿望当回事。

那个时期，我们这些“右派分子”真的是天真得可爱。善良的人们啊，当你们把他们当成神明，向他们顶礼膜拜的时候，他们已经暗地里为你们准备好了手铐脚镣了。当天真的爱国志士牛虻，把蒙泰尼里红衣大主教尊为理想和道德的化身并向他忏悔时，大主教却与反动当局相勾结，把自己这个私生子送上了刑场。诚实的人，永远败在阴谋家手下，因为他们遵循不同的人生游戏规则。这点浅显的道理，我是在被判刑入狱、付出了惨重代价之后，才渐渐弄明白的。

1959年初，一个老同改私下里悄悄地对我说：“劳改队是进得来出不去的。你休想无罪释放，就是刑满后也得留队就业。我们生是劳改队的人，死是劳改队的鬼！”

我看看周围的情况，的确如此。那么多人，谁无罪或提前释放了呢？就是刑满了，也不是一个个留队就业了吗？那时劳改队实行“有入无出”政策，犯人刑满后，不管原来刑期长短、犯什么法、从事何种职业，一律被强制在劳改队就业，不得重返社会。干部也用“以队为家”的口号来“教育”刑满就业人员。到了三年大饥荒末期，才开始让一些来自内地农村和小城镇的、刑期短的犯人在刑满后回家。至于家在大城市、东南沿海地区及刑期较长的刑满人员，则依然被强制留队就业。

老同改这一席话，对我来说无异于晴天霹雳，把自己无罪释放的最后一丝幻想炸了个粉碎。到了这时，我才彻底明白了，他们不是在吓唬我、教育我，而是实实在在把我当成敌人，要置我于死地了。少年时代便追随了革命，到头来却落了个反革命的下场。这时我万念俱灰，绝望到了极点，宛如置身于漆黑一片的矿井里，一丝希望之光也没有。果不其然，结果我服满了五年刑期，而且如果不是“四人帮”覆灭和党的十一届三中全会召开，我真的是要在劳改队终了一生了。

那时肉体上和精神上的重压，已经远远地超出了我所能忍受的极限，长此下去，如何得了？这种无处言说的深入骨髓的心灵痛楚，使我像一叶漂泊于茫茫苦海中的孤舟，不知道何处是岸。在这种情况下，生不如死。这时生与死的选择，便严酷地摆在了我面前：生，要经受无止境的无法忍受的折磨；死，则简单得多，只要放炮时待在工作面就行，顷刻之间就被炸得粉身碎骨，一了百了，立即结束这漫漫无尽头的痛苦人生。此时此地，选择坚韧地活着，比选择赴死困难得多，也需要更大的勇气。那个时候，我对人世间的一切都不再留恋，都无兴趣了，连家书也不想回了。养母连续来了三封信，都得不到回音，她以为我离开人世了呢。

那时我进行着生与死的强烈的思想斗争。起初我想了却残生，免得零碎受罪，因为活下去太艰难了，无异于坠入无底的苦难深渊。可是，后来经过一个多月全面深入的思考，我认为自己还是应该勇敢地活下去，决不轻生，理由如下：

第一，人类是宇宙中千千万万个星球，经过了数十亿年的演化，才培养出来的已知的唯一智能生物，是宇宙的杰作和骄子。自己作为人类中的一分子，应该感到荣幸和自豪，决无自贱自虐的理由。

第二，如果是为了个人而生，为了个人而死，那么当初自己又何必去忧国忧民呢？当个随大溜的顺民不是也可以衣食无忧吗？早知今日，何必当初呢！的确，在这个令人绝望的环境中，如果仅仅是为了个人而活着，那么就绝对没有活下去的必要，也决不会有活下去的勇气。可是，我的生命不只属于自己，而且也属于社会属于时代，我无权随意毁掉这条不完全属于自己的生命。

第三，他们要毁灭我，我自杀了，不就正中他们的下怀吗？他们要置我于死地，我更应该勇敢地活下去，切切不可自戕。正如鲁迅先生所说的，地球不是他们的，我还要住住。自杀了，不就等于自己认输了么？那么我便真的彻底输定了，死后也得永远背着个黑锅，无法昭雪。不，我要站起来与命运抗争到底，不能这样不明不白地冤死。一个经不起严峻考验的人，算是什么英雄好汉！

第四，一个强大的政权对我这个循规蹈矩的文弱书生，惧怕到如此程度，非要置我于死地不可，不正说明了自己手中所掌握的真理，具有无比强大的威力么？我应该为自己这么年轻，便拥有这样力量巨大的真理感到骄傲和自豪，决无自暴自弃而轻生的道理。

第五，人类社会与科学技术一样，正以加速度的方式向前发展着：封建社会存在几千年后发生了资产阶级革命；资本主义社会存在几百年后发生了无产阶级革命；社会主义社会在建立几十年后，也将出现翻天覆地的变化。我坚信自己作为当今社会最富于建设性中坚力量的一员，尚且遭到如此残酷的镇压，那么物极必反，这个社会在不久的将来必然会发生戏剧性的演变；哪怕当时这个政权安如磐石，强大无比，又得到了以苏联为首的庞大社会主义阵营的有力支持。因此，我不但应该勇敢地活下去，而且应该相信一定能够等到那一天的到来。令人惊喜的是，当初这个虚无缥缈的信念，竟然在20年后完全变成了现实。

第六，那时我虽然像茫茫大海中的一叶孤舟，既见不到边际，也看不到灯塔，一点希望都没有，但是我相信人类社会终归是建立在功利主义的基础上的，谁能给社会创造出巨大的物质财富或精神财富，谁迟早便会得到社会的欢迎和承认。我坚信只要我们这个民族不灭亡，这个国家还要建设和发展，那么她就离不开我们这些具有真才实学和献身精神的知识分子。我的命运是与祖国的命运紧密联系在一起的。我期待着祖国的召唤，为社会为人类服务。

第七，我是个具有献身精神和创造能力的优秀知识分子，眼下人生才刚刚开始，潜能远未发挥，还有一番事业等待着自己去开拓去奋斗。我不能辜负自己的才能，就这样白白地了却此生。我应该充分发挥自己的优势，创造出有益于社会和人类的物质和精神财富，在人世间留下自己独有的足迹。一个以天下为己任的人，没有任何艰难险阻是克服不了的。由此我想起了德国著名理论家和历史学家梅林的著作《马克思传》。书中记述了马克思在埋葬因贫病交困而死亡的爱子埃得加尔时，痛不欲生，跳下墓穴，要与爱子一起埋葬。可是当他回到家里投入研究工作之后，又抖擞精神起来，忘记了人世间的一切不幸和痛苦。梅林说，对于一个献身于人类伟大事业的人来说，任何沉重的打击都不会是致命的。的确，一个人追求的目标愈崇高，他战胜困难的勇气也愈大。鲁迅先生说得好："真的猛士，敢于直面惨淡的人生，敢于正视淋漓的鲜血。"

虽然这时选择生比选择死更为艰难，但我的叛逆性格、理性精神和理想主义人生态度，不允许自己作出失败的选择；看守所里刻骨铭心的磨难，也为我活下去增添了勇气。我虽然无力决定自己的政治命运，但还可以掌握自己未来的人生走向。我要挺起胸膛来，迎接任何严峻的挑战，做到孟夫子所说的“贫贱不能移，富贵不能淫，威武不能屈”，成为一个堂堂的大丈夫。

虽然思考使我痛苦，但痛苦又使我作出进一步的思考：完全绝望的痛苦，导致了生与死的终极思考，并拿死亡做坐标，重新确定了生命的位置。经过了这场生死抉择的思考之后，我的灵魂获得了净化，我彻底悟透了人生。从此之后，我的人生道路虽然依然坎坷艰辛，但再也没有绝望过。

活下去的决心已经确定，精神便为之一振。这时我迫切需要寻求一个可以栖息的精神家园。人不能在没有意义、没有目标的情况下活下去，我开始思考自己未来的活法。

当时，我想自己虽然已经被永远地排除在意识形态领域之外，未来再也不可能成为一个什么挽救国际共产主义运动的思想家或干预生活的作家了，但还存在着做一名优秀科技工作者的微弱希望。我要在这个漫漫长夜里，把这线微弱的希望，当作一座遥远的灯塔，指引自己在这惊涛骇浪的人生海洋里孤航。

绝境中奋起

那时我身在矿山，又对地质科学有兴趣，故为了未来可能的出路必须积累知识。经过一番深入的思考之后，1959年春天，我便开始利用每月两个半天的休息时间，阅读自己随身带来的《找矿勘探理论和方法》一书，在绝望的环境中，继续寻找希望。

这是一本苏联专家于20世纪50年代前期，在华举办地质人员培训班时使用的讲稿汇编，由前中央重工业部地质司于1954年编译，内部发行。书中汇集了多位苏联专家的讲稿，内容广泛，涉及矿床、构造、找矿和勘探等诸多领域，厚厚一大本，约有五六十万字。我读采矿专业时，虽然也学习了普通地质学、矿床学、岩石学、矿物学等地质课程，离开学校后又一直待在地质队，但毕竟所学的那点地质知识非常有限，在地质队搞的是坑探工程，也没有从事地质工作。所以当时我的地质知识还十分贫乏，不知道要学习些什么，只是想普遍地充实一下自己，为日后可能的工作打点基础，于是便不加选择地从头开始，逐篇逐页地往下看。由于可以利用的空闲时间极少，阅读速度异常缓慢。

有一次，我读到其中帕夫林诺夫教授的《地壳构造的基本原理》一章。该章应用应变椭球体概念，来解释纵弯褶曲中不同部位产生不同性质断裂的原因。这一方法，至今仍为国内外一些大学的构造地质学教科书所引用。

纵弯褶曲，是岩层在水平挤压力的作用下，所产生的一个弯曲。其中向上弯曲者为背斜，向下弯曲者为向斜。它们的转折端称为轴部，转折端的两侧称为翼部。纵弯褶曲的规模可大可小，大者可成为一条山脉，小者则局限于一块手标本，该现象在自然界分布广泛，与矿床形成形变和工程建设关系密切。纵弯褶曲不同部位的应力性质应力强度不同，因而产生了不同性质不同规模的断裂系统。了解这些断裂系统分布规律的成因，对指导找矿和解决工程地质问题具有重要意义。这是构造地质学研究的主要内容之一。

应变椭球体，是设想在岩层中存在一个圆球体，当它受到三个互相垂直的不同性质或不同强度的应力作用时，所产生的均匀连续的变形体。其中长轴与张性构造面垂直，短轴和压性构造面正交，中等轴所在的两个共轭圆截面，与两个剪性构造面大致平行。帕夫林诺夫用这种几何图解方法，来描述纵弯褶曲中不同部位出现不同性质断裂的原因，认为轴部之所以产生垂直于岩层面的张性断裂，是因为该部位的应变椭球体长轴方向平行于岩层面；翼部之所以有时产生平行和斜交于岩层面的两组破劈理（剪性构造面），有时又产生平行于褶曲轴面的流劈理（压性构造面），则是因为该部位的应变椭球体的短轴方向，随着纵弯褶曲变形程度的不同，分别与岩层面斜交或与褶曲轴面垂直。

应变椭球体概念，是以往国内外构造地质学教科书所普遍引用的流行观点，可是当时我误认为这是帕夫林诺夫自己想出来的主意，所以觉得这位教授的力学基础太差，用这种比拟性的定向描述来解释纵弯褶曲构造应力场是没有多少意义的。因为在最成功的场合下，它也只能孤立地描述纵弯褶曲中某一部位的三向应力轴方向。至于该部位的应力性质、应力强度却无法予以解释，当然更谈不上从定量角度对整个纵弯褶曲构造应力场作出全面的系统的说明：该应力场有几种应力？它们是如何产生的？每种应力在空间上的分布和时间上的演化又如何？这一描述无法对整个纵弯褶曲不同部位、不同发展阶段所产生的不同性质、不同方向断裂系统的成因，作出统一的确切的回答。可是，如果引入材料力学纵弯杆（压杆）概念，来研究纵弯褶曲构造应力场，则这些问题便可以用几个简单的公式加以解决。沿着这条思路走下去，这个与国计民生关系密切的构造问题，可望获得重大突破。想到这里，我兴奋不已，如同茫茫大海中一叶迷航的小舟，陡然发现远方出现了一座引航的灯塔。

我这个思想上放荡不羁的叛逆者，在这里又开始异想天开了。作为一个劳改队囚犯和地质专业门外汉，竟然凭着自己学采矿专业，掌握到比一般地质人员多一点的力学知识，就想不顾政治禁忌，与苏联老大哥知名地质专家的观点相抗衡，真是蚍蜉撼大树，不自量力。可是对科学对真理的痴迷和执著，使我这个心比天高、命比纸薄的狂人，无视自己政治上的险恶处境和专业上的先天不足，仍像扑火的飞蛾，义无反顾地勇往直前。

当时中苏关系，虽然内部已经产生了裂纹，但表面上还保持着“牢不可破”的友谊。苏联是老大哥，苏联专家的意见无异于法律，谁反对谁就是现行反革命。可是我的叛逆性格和独立思考精神，使自己对什么事物都持怀疑、分析和批判的态度，不承认有任何禁区，也决不在任何权威面前俯首帖耳，拱手称臣。真是江山易改，本性难移。我在《空隙眼排列方法的经验与体会》一文中，应用材料力学双支梁概念研究空隙眼新排列方法的成功经验，也大大地增强了对自己力学知识和理论思维能力的信心。所以当我读到帕夫林诺夫这一章的论述时，便毫无顾忌地根据自己所掌握的材料力学知识，对它提出了大胆的挑战；尽管这时我连自然界中的纵弯褶曲是个什么样子，还从未亲眼见过。我扬长避短，充分发挥自己力学知识和理论思维的优势，在研究方法上，大胆抛开传统的归纳法，采用演绎法，把材料力学的纵弯杆概念直接移植到自己并不熟悉的纵弯褶曲构造应力场研究中来。即首先根据纵弯杆的变形形态推导出一系列数学式，然后再以数学式的计算结果去寻找有关文献资料进行验证。我运用“大胆假设，小心求证”的研究方法抓住问题的实质，产生跳跃式的新认识，由此收到奇效。

人生的意义随着追求目标的不同而变化。有了这个崇高的追求目标，生命一下子便变得重要起来。对于一个崇尚精神生活的知识分子来说，即使在这样饥肠辘辘的情况下，得到精神寄托也还是比得到饭食更为重要。虽然一个月只有两个半天时间可以从事研究工作，杯水车薪、无济于事，而且只能在心里想，不敢见诸文字，也不敢向任何人泄露，生怕由此惹来政治上的麻烦；可是这一丝丝学术研究，使我绝望的心灵得到了无比的慰藉。因为学术天地是一块与周围丑恶环境截然不同的圣洁的净土，是个温馨的美好的精神家园。在这里没有令人窒息的压迫和屈辱，有的只是真理面前人人平等的民主权利和创造性劳动的尊严。有了这个家园，整个世界在我面前便完全变了样：这里好像不再是每时每刻令人痛苦和绝望的劳改队，而是一个充满欢乐和幻想的科学殿堂；自己好像也不再是那个正在劳改队服刑的囚徒，而是一位献身于崇高科学事业的学者。这时我经常沉醉于创造性思维的乐趣中，一种使人超脱、淡泊于苦难的精神力量悠然而至。

精神转移是摆脱痛苦非常有效的方法。高中三年级时，由于高考的临近，我把时间和精力全部转移到功课的学习上，从而大大地减轻了自己被开除团籍后的痛苦；此时对纵弯褶曲构造应力场的研究，我又从身陷缧绁的悲痛中解脱出来，在无望的环境中重新燃起了希望之火，干涸的心田由此充满了绿色生机。所以多年来我深切地体会到，一个人的理想愈高远，他战胜困难的勇气也愈大。的确，当一个人的生命与一个崇高的目标相联系的时候，他的生命也被赋予了特殊的意义，从而使他倍加珍惜自己。那些为了个人蝇头小利活着的人，一旦遭到沉重打击，精神便会彻底崩溃，而丧失活下去的勇气。

这时，我又重新扬起了人生理想的风帆，去拼搏，去远征。万万没有料到，在1959年身陷囹圄、生死未卜的困境中，萌生的这个新颖的想法，使我这个当年的地质科学门外汉，竟然在为之奋斗了30年之后，终于如愿以偿——该研究成果以“论纵弯褶曲构造应力场及其断裂系统的分布”为题，先后被以中文版和英文版，发表于《地质力学文集》1988年第7集和国际权威刊物美国《地球物理学研究》1991年第96卷第13期。此时，该项成果依然处于国际领先地位。

该文在《地球物理学研究》上发表后，旋即引起了美国学术界的关注。他们主动邀请和资助我加入美国地球物理学会，使我成为该国际学术组织的会员。20世纪90年代中期，我运用纵弯褶曲应力应变场这一新认识，在前人判定为无矿的辽宁营口虎皮峪复背斜倒转翼，找到了一个隐伏的中型硼矿，打开了辽东—吉南地区硼矿找矿的新局面。

一个囚徒在劳改矿山茅棚里萌生的新思路，竟然成为日后发表于国际权威刊物的重要文章，并在找矿工作中发挥了指导作用，收到了显著效果。这正印证了一位知名作家近年说过的两句话："浴不必江海，要之去垢；马不必骐骥，要之善走。"天下的学问，并不全出自深宅大院里挺胸凸肚之辈，有时荒山僻壤的"下等人"也会有真知灼见。

当初，如果没有把专业书籍这些"鬼东西"带到劳改队来，恐怕我未必会有关于纵弯褶曲应力应变场的研究，那么我的学术生涯将减色不少，甚至我的后半生可能是另一个样子。

1959年6月，在我被捕入狱一周年之际，由于矿区生产需要和我劳动表现良好，矿部把我调出宽长山矿井，到其下属的技术组从事矿山科技工作。当时我形销骨立，身体虚弱到了极点，自感这样再在矿井里折磨半年，必死无疑。所幸苍天有眼，在我油尽灯枯、生死攸关时，命运发生了这种奇迹般的逆转，救了我一命，并给了我一个在生产中施展才干和从事地质构造研究的难得机会。主观努力和客观机遇之间，相互影响，相互制约，相互依存，共同决定着一个人一生的命运。人生是艰辛的，也是绚丽多彩的。正是由于它的艰辛，才值得倍加珍惜；也正是由于它的绚丽多彩，才值得反复回味。所以几十年来，我一直不敢辜负自己这条来之不易的生命。我在任何艰难困苦的情况下，都能排除万难，把自己的光和热发挥到极限，并一直怀着欣赏的心情，频频回首自己这条坎坷多舛却又色彩斑斓的来路。

第十章◎漫漫长夜路

“贱民”与主人翁

我是“极右分子”，被按现行反革命判刑，属于所谓的敌我矛盾。在服刑期间是犯人，自不待说；就是在刑满之后，也还是“四类分子”，继续被剥夺政治权利，处处受到管制。当年的判决书与现在的不同，没有附加剥夺政治权利若干年的明文规定。正是由于没有明文规定，所以这种剥夺政治权利的时间是无期的，一般是终身的，与现今的死刑犯一样。那时“四类分子”能摘“帽子”的极少。不过即使摘了“帽子”，依然是劳改队的就业人员。

我们这些“四类分子”，即使在

劳改队这个人间地狱里，政治地位也是最低等的，属于末等国民，连流氓、小偷、凶手都不如。他们是人民内部矛盾，刑满后可以拥有所谓的公民权利。所以党的十一届三中全会之后，矿里的“右派分子”一个个改正后恢复了工作，这些没有“帽子”的就业人员还愤愤不平，说什么“反革命分子”可以平反，人民内部矛盾为什么反而不能平反。因为他们过去比我们高一等呵。

当年在“四类分子”中，流传着一句话：“判刑是有期徒刑，刑满后是无期徒刑。”其实何止“四类分子”本人是“无期徒刑”，就连他们第二代、第三代的儿孙，也是“无期徒刑”。按当时的政策规定，“四类分子”的儿孙两代的家庭出身，也是“四类分子”，并被严格记录在个人的人事档案上。由此他们在上学、就业、参军、入团、入党、晋升等方面，都受到严重影响，处处遭到歧视和限制，一辈子都抬不起头。他们有的还未来到人世，可悲的命运却早已等在那里。其他的亲友也都受到了牵连，真是纵连三代，横挂九族。中国几千年封建专制博大精深的暴虐统治术，在这里又得到了“发扬光大”。

20世纪60年代初以前，犯人刑满后，不管是敌我矛盾或人民内部矛盾，一律被强制在劳改队就业，统称为就业人员。他们不属于国家职工，不享受国家职工的劳保待遇，工资也比国家职工低得多。我这个原来每月53元的五级技术员，1963年刑满后工资被定为工人三级，每月39.7元。到了“文革”军管期间及随后几年，连这点微薄的工资也被取消了，先后每月只发给20元和28元的生活费。

说实话，当时我刑满后，如果不是被强制留矿就业，而是放回社会，也无以为生。我从入狱那天起，就被开除了公职，刑满后不能再回原单位。在那个计划经济时代，社会的每个角落每个单位每个人，都受到组织的严密控制。一个被开除了公职的人，等于被逐出了社会，失去了生存空间，根本无处栖身。因为谁都不能也不愿意收留一个刑满释放犯。一个受过高等教育、热心报效祖国的优秀科技人员，在这么一个偌大的百废待兴的国度里，竟然落到了离开劳改队就无立锥之地这样的惨境。当时我仿佛形单影只栖身于荒岛上的鲁滨逊，感到彻骨的孤独和凄凉。

我们这些劳改人员，随时随地都受到干部及其家属的严密监视，劳改人员之间也无时无地不在相互检举揭发，处处都有警犬般的耳目。记得有一次，我在自己房里画矿区的地质柱状图时，便曾经闹了一场天大的笑话。由于矿区煤系顶底板都是石灰岩，而石灰岩的地质符号呈砖块状，故一个柱状图看上去像一座砖结构的碉堡。有个干部家属趁我不在房里，便偷偷地溜了进去，看我之前在房里究竟干了些什么。她进去一看，发现我桌上的图纸竟然“偷画”了许多“碉堡”，惊喜不已，立即向领导报告邀功。

当时我常常想，我们这些“四类分子”的处境，宛如古代的奴隶和印度的贱民，是当时世界上最低下的人群。我明白，这种与自己生命永远联系在一起的悲惨命运，无论个人作出什么样的努力，给国家作出多大的贡献，都不会有任何的改变。可是面对着这可悲的现实，眺望着无望的未来，在这看不到尽头的漫漫长夜里，我依然不甘沉沦。我想人生的意义不是以个人的得失荣辱来衡量的，而是以他给社会所创造的物质财富或精神财富的多少为标准。所以我不应该仅仅为了个人活着，还要为社会为人类作贡献。正是这种理想主义的人生态度，才使我陷于绝境时仍能勇敢地挺起胸膛，去生存，去拼搏。我决心以司马迁为榜样。他在受了宫刑，身心都遭到严重摧残的困境中，依然忍辱负重，坚忍不拔地完成他那千古绝唱《史记》。

我要把这片由自然条件和暴力封闭起来的小天地，作为自己的人生舞台，面对大自然，面对矿区生产，充分发挥自己的潜能，以贱奴之躯肩负起国家主人翁的重任。

学术“爬山虎”

技术组设在枫林矿部下属的工程队中，与矿部近邻，受双层领导，业务归矿部生产股掌管，管教由工程队负责。我来到了技术组，虽然也前途茫茫，住的还是茅屋，几个人挤在一间办公室兼卧室的房子里，然而能够摆脱繁重的体力劳动，又获得了这个梦寐以求的从事科技工作的难得机会，还是喜出望外的。由于不再干重体力劳动，心情又格外愉快，故起初40天，我这个在宽长山矿井里被折磨得形如骷髅的身躯，像被吹了气似的一下子便重了10千克。

枫林硫铁矿是个小型矿山，技术组总揽全矿的测量、采矿和地质等全部的科技工作。用我们家乡的一句俗语来说，这叫“抬棺材包哭”。由于当时矿区的开采方法非常落后，井下生产条件极差，劳动强度很大，工伤事故频繁，所以技术组面临着全面改造矿井的繁重任务。我刚到技术组不久，组内便发生了一起井下中毒死亡的重大事故。那时正是矿井“闭风”的秋季，井下通风不良。两名组员在其他四名劳改人员带领下，到一个停产多时的老矿井测量，结果其中一名组员和三名劳改人员一起中毒身亡。

技术组原来有四个人，也是些因历史问题或工程责任事故等被判过刑的劳改人员。其中一个姓孙的，是解放前就从事水利工程的工程师；一个姓王的，是解放后在矿山搞过多年建筑的技术员。他们都具有一定的专业知识，但对矿井生产不熟悉。孙同改思想僵化，爱搬弄教条。他原来就是因为不结合当地的具体情况，随意套用他人的设计图纸修建了一座水坝，结果水坝垮了，他也被判了刑。在我进入技术组之前，他又未曾亲自复测检查，便盲目利用他人所谓高精度的测量成果，使一项坑道对穿工程发生了重大人为误差，被批斗了一顿，险些儿受到法律处分。他吃亏就吃亏在缺乏怀疑精神。他总爱说的一句话是："我没有资格去怀疑别人的成果。"奴才思想真是害死人。

我虽然是采矿专业毕业，在学校学过采矿、地质、测量等方面的知识，但在学校两年时间所学的东西有限；加之离开学校之后，在地质队只搞坑探施工，其他专业没有接触，缺乏实际经验。然而对于一个经过炼狱磨难的人来说，没有什么困难是克服不了的。我决心在这个险恶的环境中，充分发挥自己的优势，干出一番事业来，最大限度地实现自我价值。

不过在这个严峻的环境里，我首先得求生存，然后才谈得上发展。所以我必须尽快掌握技术组的各项业务，在实际工作中发挥重要作用，站稳脚跟，成为生产中一个不可或缺的人物，然后再伺机寻求发展。这样，经过短短半年时间边干边学的刻苦钻研，我不仅迅速地掌握了技术组的全部业务，成为该组的主要技术骨干，还着手对矿区的开采方法进行全面改造，并萌发了选择一个主攻方向，作为自己今后长期奋斗目标的想法。

说实话，我这种外柔内刚的双重性格，恰好在劳改队派上了用场：表面上循规蹈矩，逆来顺受；可是骨子里强烈的进取精神，驱动着自己不顾任何艰难险阻，始终朝着既定的目标坚忍不拔地前进。

劳改队对科技人员的使用，全凭实际需要和个人表现。无论你的学历多高、资格多老、贡献多大，都是犯过法、入了另册的贱民，决无“铁饭碗”可端，也没有论资排辈可言。今天用到你就用，明天用不到你就调离，毫不客气，真正做到了“任人唯贤”。曾经在技术组待过的人，先后有十多个。其中有早年留学日本的老一辈地质学家，也有解放后参加过鞍钢建设、经验丰富的采矿工程师，可是由于种种原因，他们都先后离开了。我在强烈的危机感和事业心驱使下，一直埋头苦干、勇于创新，年年在生产中都作出突出贡献，成为技术组中哪一任矿领导都离不开的唯一一个“三朝元老”，从而在那个困境中，赢得了生存和发展的一块小小的空间。

我们这些劳改人员，做什么事、提什么合理化建议，只许成功，不许失败。失败了说你故意破坏，那你吃不了也得兜着走，后果不堪设想。我这个人做事向来认真负责，在这里更是一丝不苟。没有七成以上把握的事，我决不动手，“不打无把握之仗”；而对决定要干的事，则竭尽全力把它干成、干好。我干每件事，总是从最坏方面着想，往最好方面努力。“人无远虑，必有近忧”，这是我的行为准则。正是我事事都深思熟虑、胸有成竹、稳扎稳打，干一件成一件，没有栽过跟头，因而在业务上颇得矿领导的信任。我在生产问题上说的话，往往比技术干部还管用。

矿部生产股先后来过四名技术员，其中三名没有待多久便被调离了。留下来的一名技术员，是1959年走出校门，便直接来到这个劳改单位当技术干部的采煤专业大专生。在这个特殊环境中，干部都高高在上，发号施令，因而他也养成了好高骛远、夸夸其谈、严重脱离实际的习气。他最反对我凡事先往最坏方面考虑的谨慎态度，指责我仗还没有打起来，便想到失败，想到退却，是失败主义者。他头脑简单，不懂事物的复杂性，行动莽撞，像只无头苍蝇，乱撞乱碰，处处碰壁。建炼磺高炉、建选矿厂，干一件砸一件，徒然浪费了国家大量的人力、物力、财力。当时为了避免他的忌恨，我韬光养晦，装出事事不如他的样子，以满足他的优越感和虚荣心。尤其是从事地质构造方面的研究，更不能引起他的注意，以免他居高临下把我的发展道路堵死。

我从1959年进入技术组，到1980年改正后离开枫林硫铁矿，在该组度过了自己这一生最漫长、最复杂的21年。这是一个挑战与机遇并存的时期：它使我经历了长期的刻骨铭心的磨难，又给我提供了一个增长和施展才干的宝贵机会，使我不仅在当时的矿山生产中发挥了重要作用，而且也为我日后的科学事业奠定了深厚的基础。

枫林矿区虽然矿产资源贫乏，经济价值低，工程技术方面不会有什么大文章可做，可是它在地质构造研究领域，具有得天独厚的优越条件。

该矿区位于鄂赣交界的江南隆起中段。印支运动期间，在自南而北的强烈水平挤压作用下，形成了一个长100多千米、宽10多千米的东西向排市—枫林复背斜。该背斜自南向北倒转，矿区主要分布于复背斜北翼。尔后，燕山运动和喜马拉雅运动不同方向的水平挤压力，所产生的中小型褶皱和断裂也很发育。矿区软弱的煤系，是其顶板坚硬的厚层石灰岩应力释放及其应变的有利空间，故煤系中的地质构造现象异常丰富多彩。同时因煤系薄，采矿工程揭露出来的构造现象，可以从三度空间上进行全面的观察。这种丰富的构造现象和优越的观察条件，是一般野外地质工作者所难以遇到的。我想应该充分利用这些有利因素，对枫林矿区地质构造进行全面深入的研究。这一方面可以解决矿井生产中的地质问题，为生产作出贡献；另一方面也可为今后进一步探索地壳运动的奥秘开拓一条新途径。在科学发展史上，该有多少重大自然现象的发现，也是从细小事物的粗略认识开始的。李四光教授关于自然界岩石在普通温压条件下，受长期的地应力作用具有弹性和塑性的认识，就与他对第四纪冰川沉积物中弯曲砾石的弹塑性表象观察有关。他对北京中山公园社稷坛西门口台阶上一块大理石化石灰岩板上X型节理的观察，也为理解区域性棋盘格式构造提供了有力的佐证。

是的，我不是学地质专业的，地质知识贫乏，这里的环境又格外恶劣，工作起来困难重重；但是外行较少受传统观点束缚，较易于创新，逆境又有利于激励人们的斗志。所以科学史上的许多重大突破，便是由外行人在艰苦条件下钻研出来的。

我经过30多年的艰辛努力，终于实现了当初的梦想。根据枫林矿区地质构造研究得到的新认识，然后与国内外地质科学成果相结合，获得了许多重要突破，先后创立了一系列新概念、新模式、新学说。阿基米德有句名言："给我一个支点，我可以撬动地球。"我则可以自豪地说："给我一根细线，我就能像爬山虎那样，顺着它爬到任何的高度。"

伴君如伴虎

当时枫林硫铁矿主管全矿生产的副矿长姓张。张副矿长早年是东北煤矿工人，解放战争时期参加了革命，转业前任炮兵营营长，没有什么文化。他过去虽然在矿山待过，但只是干些简单的粗活，对采矿技术并无认识，所以他每次到各矿井检查工作时，总要我随行，并根据我的建议去指导生产。

这位行伍出身的副矿长性情暴躁，又是在劳改队当头头，自然处处以老子自居，颐指气使，动不动就训人。只要有一点不顺他的意，不要说是劳改人员，就连他手下的干部，也被他指着鼻子破口大骂："妈的，老子枪毙你！"虽然这只是一句口头禅，并没有哪个人真的这样死在他的枪口下，但谁都怕他，在他面前战战兢兢，毕恭毕敬。由于他态度粗暴，得罪人太多，“文革”初期被下属干部打断了几根肋骨。到了“文革”后期，他虽然解放了，但因身体残疾无法工作，便提前离休带着妻小回了老家。

张副矿长尽管为人鲁莽，可是毕竟是劳动人民出身，饱尝过人世间的疾苦，故心眼并不坏；甚至可以说，还颇有同情心。他曾经安慰过我：“你既然已经来到了劳改队，也只好想开些。”在劳改队，犯人用膳是与干部严格分开的，但他不顾一些干部的反对和个人可能承担的政治风险，特许我们技术组犯人在干部小伙房吃饭。在那个“以阶级斗争为纲”的时代，又是在专施专政职能的劳改队，这种优待可是件非同小可的大事，弄不好就是个立场问题。他通知有关人员，把犯人每月9元伙食费和3元零用钱折现发给我们，让我们到各矿井工作时，可以在小伙房买餐票吃饭。当时对于我们来说，吃饭可是件头等大事。能够享受到小伙房油水较多的饭食，在一般人的心目中，简直就是“二干部”了。后来他又给我们技术组每人每月增加了3元技术津贴。这些优厚的待遇，是当时一般犯人可望而不可即的。

另一件事虽小，但温暖着我当时那颗冰冷的心，使我至今不能忘怀。在三年全国大饥荒时期，就是干部小伙房吃餐肉也很不容易。记得1961年初春时节，附近农村生产队的一头牛吃了过多新长出来的嫩草后胀死了，李家冲矿井的小伙房便买了点死牛肉吃。那天张副矿长到该矿井检查工作，不巧我不在他身边，没有赶上这餐肉。他很惋惜，对技术组其他随行人员说：“李扬鉴今天亏了，没有吃到肉。”虽然这只是句普普通通的话，可是你知道，在那个时代，在那种地方，谁把犯人当人呢？这位堂堂的副矿长，居然关心起一个犯人吃餐肉的事来了。

在“文革”期间，他已经靠边站，并被造反派打断了肋骨，可是矿上在军管时期取消了就业人员的工资，每人每月只发给20元生活费。面对这种野蛮的极“左”政策，他不顾个人严峻的政治处境，还私下说了几句公道话，说人心都是肉做的，他们上有老下有小，今后叫他们怎么活！

可是在权力方面，张副矿长一点都不含糊。他绝对不允许别人挑战他的权威，违忤他的意见，损害他的面子。虽然我在生产方面的合理化建议，一般来说他都能采纳，但是我知道自己的身份，只是个有一技之长的“奴隶”。我只能在他允许的范围内发挥作用，决不能僭越去干预他对重大问题的决策；而且务必处处小心谨慎，不能在公开场合与他意见相左，影响他的威信。

为了解决韩家冲矿井的运输、通风、排水等问题，1965年矿部根据我的建议，决定在山那边地势低凹的下羊打一条平峒，与该矿井贯通。为此我们进行了两三个月的反复测量和计算，获得了精确的结果。由于这项工程规模较大，开工放线那天，张副矿长便率领生产科管理干部和技术人员一班人马亲临指挥。他到了施工现场，为了显示他的权力至高无上，公然摆出一副君临天下的架势，既不问我们的测量结果如何，也不征求任何人的意见，便随意抬起手来，往山上一棵红树一指，命令道：“平峒就朝山上那棵红树打。”犹如当年他当炮兵营长时，指挥手下炮手往敌人碉堡打炮。在场的技术干部，明知他这样随意决定的平峒方向不对头，也不敢作声，我们这些劳改人员更是只好缄默了。在那个险恶的环境中，谁敢在众目睽睽之下，去冒险争夺他的领导权呢？我们只好执行他的错误决定，把经纬仪架了起来，对着山上那棵红树的方向打桩、放线。本来，知识是资源，是财富，可是在强权面前，成了一钱不值的东西。

这样随意决定的平峒方向，当然无法与山那边矿井既定的坑道贯通。事后我找到一个单独与他在一起的机会，小心翼翼地据实向他说明了情况，要求改正平硐的掘进方向，才得到了他的首肯。不过一个好端端的平峒，为了顾全他的面子，却平白无故地在掘进了五六十米之后拐了一个大弯，既增加了工程量，又影响了运输和通风。

在人治的社会里，权力处于至高无上的主导地位。权力拥有者也认为，自己有权力，也就有了知识和真理，因而便有能力解决管辖范围内的一切问题。其实何止是劳改队干部有这种独断专行的瞎指挥行为呢？

张副矿长是河北人，老伴没有生育能力，早年收养的一个儿子，在他们回到老家后不久病故，留下年轻的儿媳。他不允许她改嫁，强迫她与自己姘居，后来弄出个私生子。东窗事发后，他企图逃跑来矿。当他动身南逃时，被当地公安人员擒获。这个昔日专政别人的副矿长，此时却成为阶下囚，晚景非常凄凉。

“大傻瓜”的默默耕耘

为了最大限度地实现自己的人生价值，我在枫林矿区那漫长的艰难岁月里，克服了种种困难，历尽了艰险，充分发挥了个人的潜能，在矿山改造、矿山生产、井田勘探和矿区地质构造研究等诸多领域，都作出了突出贡献。现对前三项简述如下，后一项留在后面说明。

一、矿山改造

我在宽长山井下劳动期间，对矿区开采方法的落后状况就有了切肤的体会，早就想改造它了。无奈当时不在其位，无法谋其政。此时来到了技术组，负责全矿的科技工作，自然不会放过实现这个昔日愿望的机会。经过一段时间的实地调查和分析研究之后，我便根据矿区的地质特点和技术条件，着手从下列三个方面进行矿山改造：

1. 改造开拓方式，改善了井下自然通风条件

建矿初期，在井田中央设置了主井和副井；尔后随着开采范围的扩大，这种中央式开拓由于副井与主井集中在一起，不利于井下空气流通，造成“闭风”。为此，我利用矿井范围已经扩大的新情况，在井田边缘开拓新的副井，变中央式开拓为对角式开拓，使井下通风条件得到了显著改善。

2. 改造坑道，实现了井下运输半机械化

过去由于矿里的科技水平低，相关人员不了解矿区地质构造特点、缺乏采矿专业知识，这些沿煤系掘进的顺槽坑道，该直的不直，该平的不平，无法实行机械化运输：该直的运输斜井打得弯弯曲曲，不能安装绞车；该平的中段巷道又起伏不平，不能铺设轨道推车，地下水也不能自流，无法用水泵集中排水。处处都是人工挑运，劳动强度大，劳动效率低。

这时矿区几对主要矿井已经修建了百把匹马力的小型火力发电厂，用矿井采出来的无烟煤发电，具备了运输、排水机械化的动力条件。于是我们经过全面的测量，对所有的顺槽运输坑道进行了彻底改造：把弯弯曲曲的斜井改直，安上绞车；把中段巷道改平，铺上轨道，并使地下水流到水仓集中。起初，没有钢轨便用木轨，钉上铁皮；没有“洋绞车”，我便设计了木质土绞车。实现了斜井运输用绞车，中段巷道运输用人工推车，排水用水泵，大大地减轻了劳动强度，提高了劳动效率。

3. 改造采矿方法，改善了作业条件，提高了经济效益

过去井下的采矿方法，沿袭了以往民间小煤窑的巷道采矿

法、残柱式采矿法等落后方法，巷道打得多，坑木消耗大，劳动效率低，劳动条件差。为此，我根据矿床地质特点和矿山技术条件，改用短壁式充填采矿法，收到了良好效果。

这样，经过短短一两年的边生产边改造，矿区面貌便焕然一新，由一个过去劳动条件差、劳动强度大、劳动效率低、坑木消耗大、工伤事故频繁、全为人工劳动的原始矿山，一跃成为各方面都大有改善的半机械化企业。

二、矿山生产

在矿山生产中，我一方面每天深入各矿井，解决井下日常生产中的测量、采矿、地质等方面的科技问题；另一方面，根据自己的观察和分析，发现重要问题，随时向矿部提合理化建议；甚至主动请缨，冒着生命危险去抢救国家财产，使国家财产避免了数以十万元百万元计的经济损失。光在我被调离该矿前夕的1978年一年，我便曾经两度不顾个人安危，到井下抽水和堵水。

其一，是1978年夏季，已经快要采完的马家垅矿井被水淹没。为了抢出井下大量的机械设备，在抽水过程中一名工人中毒身亡。当时矿领导害怕再次发生伤亡事故，决定停止排水，放弃井下这些设备。本来这件事与我毫无瓜葛，领导作了决定就这样执行好了，谁都没有责任，谁也无需去冒风险。可是我觉得井下还有一两千米钢轨和几十台绞车、矿车、水泵等设备，价值不下一二十万元，丢弃可惜。我经过周密的研究，认为如果采取适当的安全措施，这些设备还是可以收回的。于是我便自告奋勇，向矿领导提出由自己承担排水任务。

经领导首肯后，我就带领几名工人下井。首先，我们在井口和井下抽水地点各安装一台鼓风机，进行压入式和抽出式并举的强力通风。其次，把水泵的电门移到通风良好的安全地点，进行远距离控制。一般情况下，人在安全地点操作；需要下到水泵所在地方时，则事先进行充分通风。不过这些有效的安全措施，还是不能保障人身绝对安全。因为矿井被水长期浸泡后，剧毒气体浓度很高；而且矿里设备简陋，缺乏监测仪器。这样我便冒着几分风险，每天与工人一起下井抽水。经过半个月的奋战，终于安全地排干了井下积水，抢出了全部设备。

其二，是1977年春夏之交，夏家冲矿井一条巷道在掘进过程中碰到了顶板溶洞，涌出了大量地下水和泥沙，矿井局部被淹。到了1978年初秋，由于井下长期排水，导致井下溶洞与地表直接沟通，溶洞涌水量猛增，井下排水发生困难；而地表的地下水位又急剧下降，引起地面多处垮塌，一些房屋出现裂缝，水井枯竭，农田断水，生产生活陷入了困境。这座苦心经营了20多年、投资数百万元的主要生产井，眼看就要毁于一旦。面对着这一严重局面，大家束手无策。该矿井的干部问技术员怎么办。

“第二次世界大战时，用快干水泥堵。”至于此时如何堵，往哪里堵，怎么堵法，他却不置一词。技术员丢下这句莫名其妙的空话后，便溜之大吉。

说实话，我没有搞过水文地质工作，也缺乏堵水经验。可是我知道，矿里唯有自己才有可能解决这一重大问题。我凭着一个中国知识分子的良心和责任感，认为自己应该责无旁贷地肩负起这个重任。

我对该井田的地质资料、溶洞赋存特点和地面塌陷情况，进行了全面的深入的分析研究之后，认为要从根本上挽救这座矿井，彻底制止地表水和泥沙流入井下，唯一的有效办法，是到井下把溶洞口封死。可是碰到溶洞的那一条巷道，有一段在断裂碎带中，已经垮塌，施工有危险。但为了挽救这座矿井，不冒些风险是不行的了。

可是这不仅仅是个冒风险的问题，更重要的是个复杂的技术问题。水如何堵法，我没有现成的经验可供借鉴，只能全凭自己去摸索，心里没有底。溶洞口还在不断淌水，如何施工？溶洞口离地面垂高100多米，封口后静水压力每平方厘米达十多千克，这么大的压力，如何能保障封口安然无恙？

这次井下堵水的成败，决定着整座矿井的存亡，责任重大。为了确保万无一失，必须深思熟虑、严密设计、精心施工。有了决心和勇气，办法也就逐渐想出来了：为了便于施工，先用外端带有阀门的钢管，把溶洞水导离工作面；为了保障封口绝对安全，用砖块和混凝土筑成一米厚的隔水墙，把工作面和溶洞一并封死，隔水墙凝固后，再把水管阀门关死。

为了避免日后隔水墙被压垮或漏水，做到隔水墙与巷道壁紧密啮合、砖块与砖块之间良好黏合，我们拿钢刷彻底清洗巷道壁，用手指头压实砖缝里的水泥。在施工关键阶段，为了保障工程质量，工人一天两班倒，我则一个人顶两个班，时刻不离施工现场。我十个指头都磨破了，水泥渗入伤口痛得锥心，却依然一声不吭地坚持着。经过十来天的日夜苦战，终于把溶洞口封闭了。一个月后混凝土完全干涸，便关闭了导水管外端的阀门。从此溶洞里的地下水和泥沙就被彻底封住，不再流入矿井，地表的地下水位也在快速回升。一个多月后，地表便完全恢复到原来的样子，水井和水沟有水了，地面和房屋也停止了塌陷、破裂，这对一度奄奄一息的主要生产井也得到挽救。

三、井田勘探

经过多年的研究，我对矿区的地质构造变动规律和矿床赋存特点，有了全面的深刻的认识，因而不独在矿山改造和矿山生产中发挥了重要作用，而且在地质勘探上也作出了突出贡献。

1975年，我作为枫林硫铁矿的代表，在湖北省储委主持的评审会上，对该省两个地质队共同提交的宽长山井田硫铁矿床勘探报告，提出了不同意见，指出该报告勘探方法不当，储量大大偏低。这个意见被省储委接受。他们与有关单位协商后，要求我矿和该省地质局第一地质队合作，进行补充地质勘探。随后根据我的建议，由双方共同努力，仅仅用了6个月时间，补充施工了9个钻孔和在矿井中系统刻槽取样，重新圈定了矿体、计算了储量，便使原来花了一年半时间、施工了39个钻孔才得到的44万吨硫铁矿原矿储量，猛增了10倍，达到了474万吨。该补充地质勘探报告，由于花钱少、时间短、效益好、质量高，赢得了省储委的好评。

可是我在矿山建设和矿山生产中付出了如此艰辛的努力，作出了这么多突出的贡献，自己又得到了些什么呢？刑期一天没有少，“帽子”也一直戴着。“文革”前只是在年终总结大会上，每次立个三等功，被奖励一条毛巾和两块肥皂；“文革”后恢复了物质奖励制度，1978年冒险立了两次大功，才获得个“大奖”，被赏赐一个脸盆。一些人嗤笑我是个大傻瓜，问我这样“舍命陪君子”究竟图个啥，谁把你当人。

的确，没有人把我当人，他们只是拿我当工具使唤而已。这点我早就明白了，也比谁都看得清楚。如果是为了个人图个什么，绝对没有必要这样较真。不过我认为人家怎样对待我是一回事，我怎样对待工作又是另一回事。我之所以这样忍辱负重，边哭泣边追求地苦恋，不是为了个人得个什么，而纯粹是受到强烈的社会责任感和事业心驱使。我不是在为谁卖命，谁也不值得我卖命。我是在为我们这个多灾多难的民族鞠躬尽瘁，永不改悔！所以尽管我在该矿长期含冤受屈，饱受肉体上和精神上的折磨，到了“文革”时期更是雪上加霜，但始终没有改变以天下为己任的初衷。

古今中国许多知识分子这种强烈的爱国心和使命感，真的是不可思议的！他们不管蒙受了多少不白之冤，遭受了多少磨难，以天下为己任的情怀至死不悔。中华民族能够穿越种种灾难，绵延数千年永不衰亡，并不断发扬光大，靠的就是这种“天下兴亡，匹夫有责”的献身精神。

第三次人生选择

本来，凭我当时的专业水平，完全可以应付矿区这些日常的科技工作，无需再自讨苦吃，花大力气去搞什么研究了。可是我不满足于只搞好眼前这个小型矿山的生产，认定自己具有更大的潜能，而且我也不愿意在屈辱的劳改队终了一生。一个身处黑暗的人，对光明的渴望是异乎寻常的。我力求改变自己的命运，以期有朝一日跳出枫林矿区这个狭小的不堪环境，到社会广阔的自由天地里施展才干，充分发挥自己创造性理论思维的优势，成就一番事业，为社会为人类作出更大的贡献，最大限度地实现自我价值。虽然在那个“以阶级斗争为纲”的时代，这个希望是多么的渺茫，可是，在这种严峻的环境里，我依然不放弃自己。我要力争去驾驭生活，成为自己命运的主人，而不愿做环境、做他人的奴隶。

人们是在获得了生存、温饱之后，才去谋求发展的。我则反其道而行之，在饥寒交迫、生存困难的艰苦情况下，却试图通过发展来改善自己的生存状况。诚然，选择是需要超前的，不能完全受眼下环境束缚；然而我也明白，在那个时代企图通过自己的科技成果来寻求个人的出路，几乎是走不通的，是可望而不可即的。不说别的，摘“帽子”就遥遥无期。没有公民权便没有出版权，你有再大的科技成果也发表不了，谁知道你呢？即使是摘了“帽子”，发表了文章，谁又敢冒政治风险，来起用你这个劳改释放犯呢？何况在那样艰难的条件下，又如何能够搞出引人注目的科技成果来呢？可是如果此时不努力，不积累知识，不增长本事，空等时机的到来，那么有朝一日机遇真的来了，却没有能力去抓住它，那将铸成无法挽回的终身大错，而饮恨一辈子。“千里之行，始于足下。”我不能错失任何时机，应该从此时做起，审时度势，利用此时一切可以利用的条件，为百分之一的希望，进行百分之百的努力。谋事在人，成事在天。为了闯出一条生路，我必须面对严峻的现实，采取果敢的行动。

长期生活在那看不到尽头的困境里，如果没有一个真正可以栖息的精神家园来安抚自己这颗极度痛苦的破碎的心，那么作为一个离开心灵寄托便无以为生的知识分子来说，或早或迟精神肯定会彻底崩溃的，到头来不是发疯就是自杀。因为一个有思想的知识分子，毕竟不能像畜牲那样，在完全绝望的环境中长期生存下去。所以当年我那种心存高远的追求，既是为了未来的发展，也是为了当时的生存。

我知道人类社会是建立在功利主义原则的基础上的。一个人的价值，完全是根据他对社会对人类的精神文明或物质文明作出了多大的贡献来衡量的，是冷酷无情的。它只看结果，而不问过程。历史决不会为弱者的痛苦流泪，而只向强者的功绩喝彩。司马迁之所以永载史册，是因为他的《史记》，而不是他肉体上和心灵上遭受的巨大痛苦。屈原之所以流芳千古，是因为他的《离骚》、《九歌》、《天问》，而不是他的自沉汨罗江。这如同运动比赛，人们只承认他创造出来的成绩，至于他的成绩是在什么样的条件下训练出来的，则不影响裁判的结果。因此作为一个生活的强者，环境越险恶，越要抓住点点滴滴的有利条件，作出加倍的努力，才能取得过人的业绩，才会得到社会和历史的承认。呻吟叹息是无济于事的。在这个连生存都困难的险恶环境中，我这个文弱书生，心里想着的依然是生活、生命的意义。

过去我总梦想轰轰烈烈地干一番大事业，造福国家，造福人民。可是此时面对着这样严酷的现实，无法按照原来预定的设想大展宏图。我改变不了环境，改变不了事实，只好改变自己，改变态度。上帝就在自己心中。我决心面对现实，把握现在，对脚底下这块贫瘠的土地默默耕耘。你给我钢筋水泥，我就拿它建造高楼大厦；你给我木材，我就拿它制作家具；你给我泥土，我就拿它捏成个雕塑。我无法改变客观环境，却可以利用客观环境提供的有利条件，来实现自己的人生目标。所以我从不怨天尤人，不哭着要月亮，不期求那些得不到的东西，也没有怀才不遇的感喟。

人生苦短，学海无涯。为了使自己有限的力量收到最大的效益，我必须把毕生的时光和精力，高度集中于某个主攻方向上。激光之所以具有那么强的穿透能力，正是因为它的能量高度集中于一个极小的截面上。把自身的能量聚于一点，将会产生不可思议的力量。

在那个环境中，我应该选择哪种专业作为自己今后一生的主攻方向呢？这是我的第三次人生选择，也是最重要最艰难的一次选择。它决定着我日后能否冲出重围、能否有所成就。当时我势孤力薄，又陷于极度困难的境地，不容许我的选择有半点闪失。这宛如孑身一人，被垮塌坑道堵死在漆黑的矿井深处，孤立无援，濒临绝境。为了死里逃生，我必须冷静全面地弄清楚自己的处境，审慎地选择一条穿越塌陷区的正确途径。然后集中自己的每一分力量，持之以恒地朝着既定的方向掘进，为着一点微弱的生还希望，进行坚忍不拔的努力。这时有行动不一定能成功，没有行动却一定会失败。我不能坐以待毙，我要奋起与环境和命运抗争到底。

我所要选择的这个作为今后一生主攻方向的专业，应该在当时的生产中能够发挥重要作用，才可能赢得有关领导的默许，自己也可以在研究过程中不断收到实际效益而得到鼓舞；而且还必须具备开展科研工作的主客观基本条件、广阔的发展前景和较高的学术价值，以满足自己从事理论研究的愿望。

人要真正做到认识客观条件和主观优势，决非易事。为了选择最佳的奋斗方向，不能只是闭门静态思考，还应该走出去进行一段时间的摸索，作动态的“火力侦察”，以便了解客观环境能够给自己提供什么样的发展条件和机遇，以及自己具有哪方面的才能和优势。在当时那样的主客观条件下，我可以选择测量、采矿或地质专业作为自己今后长期的主攻方向。为了弄清楚哪个专业的发展前景更为广阔、哪个专业的研究能够得到客观环境更多的支持，以及自己在哪个专业拥有更大的优势，我从1959年底起，在掌握了技术组全部业务之后，便开始在实际工作中对它们进行考察和比较。

一、测量专业

它是我们技术组日常工作的主要内容。我进入技术组之后，也吸取了该组过去测量精度低和发生过测量事故的教训，对所使用的简陋仪器的性能和矿井测量的特点进行过详尽的研究，改进了测量方法，从而杜绝了人为误差，大大地提高了测量精度，使坑道贯通工程都达到了预期结果，赢得了赞誉。可是测量是一门很成熟的学科，理论上已经达到了很高水平；而矿区只有森林罗盘仪、水准仪和低精度经纬仪这些简陋仪器，矿井测量也比较简单。所以在这样的条件下主攻测量专业，不可能有什么大的突破，因而放弃之。

二、采矿专业

我是学采矿的，那时又天天与采矿问题打交道，对该矿区的开采方法也进行过系统的研究和全面的改造，收到了显著的效果。可是这种小型矿山的开采方法，毕竟还是很落后的，不可能产生出先进的生产工艺。再说，采矿是一门综合性经验性的应用学科，内容庞杂，缺乏系统的严谨的理论性，不能充分发挥自己理论思维的优势，故这一专业也被淘汰了。

三、地质专业

地质是一门科学，具有浓厚的理论色彩，不像坑探、采矿这些技术性行当。我喜欢理论思维，认为那是我的优势之所在。早在104队从事坑探工程技术工作期间，我便曾经向队领导提出过口头申请，要求转行搞地质，未获批准。今日歪打正着，与地质工作碰上了，自然不会轻易放过这个可遇而不可求的难得机会。

在枫林硫铁矿钻研地质学，主要是研究该矿床的形成或形变，即研究矿区的矿床地质或构造地质。前者是原生的，后者则是在地应力作用下产生的次生现象。该矿是煤系硫铁矿，成矿条件比较简单、稳定，矿床也比较薄，故研究矿床地质，与生产关系不密切，理论意义和经济价值都不大；加之矿上又缺乏开展这方面研究工作必不可少的化验设备和显微镜等观测工具，因而研究其矿床地质的想法也被否定了。然而在该矿区从事宏观的地质构造研究，与生产息息相关，而且只要具备有利的观察条件和一定的力学知识就行，具有实用、主客观因素齐备和发展前景广阔等有利条件，因而构造地质成为选择的最佳对象。具体分析如下：

第一，构造地质学是当今地质科学的核心，具有广阔的发展前景。地质构造是地壳运动的产物，与人类生存环境和矿产资源关系密切。由于大地构造规模大，形成时间长，远远超出了人类感官所及的范围，故这一领域悬而未决的重大问题繁多，学派林立，而成为地学界长期以来争论的焦点。小型构造的规模虽然与大型构造不同，但其构造形态及成因机制存在某些共同的规律性。因此研究该矿区的小型构造，可以为认识大型构造和探索地壳运动奥秘提供一些借鉴。第二，该矿区的地质构造现象丰富多彩，观察条件得天独厚，是研究小型构造的理想场所。第三，自己拥有一定的力学知识和理论思维能力，纵弯褶曲构造应力应变场的研究也已经有个良好的开端。第四，构造作用引起煤系断失或厚度变化，与采矿工程的设计和施工关系密切。所以研究矿区的地质构造，不独发展前景广阔，也大体上具备了从事这项研究工作的主客观条件，又为生产所急需。这是个“进可以攻，退可以守”，万无一失的选择。即使日后未能在理论上作出贡献，也至少可以在当前矿山生产中发挥重要作用。

诚然，我的工作范围不能超出枫林矿区，又缺乏参考资料和学术交流机会，研究工作存在着很大的局限性，可是我拥有别人难以企及的观察对象、观察条件、验证手段、理论思维能力和力学知识。所以在研究过程中，虽然难以向广度发展，却可以向深度进军，独辟蹊径，闯出一条新路来。当然我知道深度与广度密不可分，缺乏广度，深度也会受到很大的限制；但是在当时的客观条件下，这是唯一的最佳选择了。我想，对矿区地质构造现象进行长期的深入的观察、研究，积累了大量的宝贵资料，获得了一些新的认识，就可能引起学术界的关注，从而使自己跳出劳改队；而这些资料和认识，也将为日后到科研单位从事进一步的研究打下坚实的基础。

当年我曾经在报刊上看到一则故事，说在非洲山区里，有一个贫穷的女孩子，每天得忙完繁重的家务后，才能去上学；

放学后，又得赶快回家干活。她家离学校很远，又买不起鞋子，为了家务和学习两头不耽误，她每天便打着赤脚匆忙地奔跑于家庭和学校之间。天长日久，她竟然练就了一双飞毛腿，光着脚丫子在世界赛跑比赛中获得了冠军，虽然她的跑法很不正规。这个故事给我很深的启迪，使我明白了一个道理：特殊的环境，可以造就特殊的人才和特殊的事业。为此我经常勉励自己，应该处乱不惊。人家不是把我压入深深的地下吗？不是长年累月置我于阴暗、潮湿的矿井里吗？那好吧，我就在这暗无天日的地下深处，利用那里的温度和湿度生根发芽。一旦时机成熟，我就破土而出。届时由于我扎根于地下深处，根深柢固，那么任凭你刮12级台风也奈何我不了。我决心在劳改队这个艰难的困境中，创造出不平凡的业绩来。我想，只要自己把矿区中各种构造现象的赋存特征、分布规律及其成因机制彻底搞清楚，那么不但对矿区生产具有重要的指导意义，而且我也可以成为半个构造地质学家了。我深信，实践是产生知识和智慧的源泉，只要具备实践的条件和观察、分析问题的能力，任何地方任何人都是可以有所作为的。

经过一年的观察、分析、比较、研究，我最终确定地质构造作为自己后半生的主攻方向。为了实现自己成为半个构造地质学家这个虚无缥缈的梦想，我进行了长达20年的苦苦求索。

生活中的强者，决不埋怨环境、埋怨他人。那些怨天尤人的人，其实是为了掩盖自己的无能。我景仰技术高超的帆船舵手，他们在风向不利的情况下，依然能够利用这种风力，驾驭帆船迂回曲折地朝着既定目标前进。这种人永远是环境的驾驭者，而不是环境的顺应者；是生活的主人，而不是生活的奴隶。任何恶劣的环境，都无法完全掩盖他们生命的光辉。

长期的实践表明，当年的这一选择是唯一正确的选择。正是由于我对枫林矿区地质构造进行了全面深入的研究，才解决了该矿区采矿工程中许多重要的地质问题，收到了显著的经济效益；并发现了一系列前人没有发现过的构造现象，产生了不少与传统观点不同的新认识。为此，在粉碎“四人帮”之后，我撰写了长篇论文《湖北枫林矿区褶曲构造中断裂系统力学成因的探讨》，赢得了地研院的高度重视，因此我在1980年“右派”改正后，被调到该院从事地质构造研究，彻底改变了自己的命运。随后，我把自己对该矿区小型构造的研究成果，与国内外地质科学成就“杂交”后，升华为具有普遍意义的理性认识，然后运用演绎法，把它们作为解决种种区域性和全球性重要构造问题的钥匙。说也奇怪，其中涉及全球地壳运动的惊世骇俗的大陆层控构造学说，思路竟然也萌生于这个荒山僻壤矿井深处的小型构造研究。

几十年来，我就凭着这种坚定的信念、正确的选择和苦苦的求索，用伤痕累累的双脚在荆棘丛生的原野上不断地挑战自我、超越自我，艰辛地踩出了这么一条血路来，最大限度地实现了自己当初朦胧而大胆的梦想。的确，真正的理想主义者，比那些现实主义者更善于把握现实。

“啼血杜鹃”的艰难求索

当年我虽然正确地选择了矿区地质构造作为自己未来研究的主攻方向，可是在那个连生存都困难的劳改队搞科研，真是谈何容易！没有时间，没有经费，没有资料，什么都没有，仅有的只是采矿工程揭露出来的丰富多彩的构造现象和自己献身于祖国地质科学事业的坚强决心。

那时矿区有许多对矿井，成年累月光解决这些矿井生产中的科技问题，就忙得不可开交，哪里还有时间去搞科研呢？

地面上没有我的生长空间，我只好像蚯蚓似的钻入地下，在泥土里默默地艰难地钻出一条自己的人生之路。我利用奔走于各个矿井之间的走路时间来思考，利用节假日和晚上一些业余时间来阅读和书写。在那个视人命如草芥蝼蚁的人间地狱里，我却珍惜自己的每一寸光阴。白天下矿井，晚上挑灯夜战。在茅屋里，冬天忍受着来自四面八方彻骨寒风的袭击，夏日又与成群结队的蚊子为伴。在那令人绝望的环境里，为了寻求精神寄托，我对知识的渴求，不下于饥民对食物的强烈欲望。

枫林山区的夏夜，茅屋里格外闷热、潮湿，蚊子又多又大又凶狂，其声如雷，下袭如雨。劳累了一天的人们，都在屋外纳凉，我却孑身一人在屋里微弱的灯光下伏案工作。我穿着裤头，光着膀子，依然汗流浃背。起初两年，我们没有蚊帐，又买不起蚊香，只好任凭雨点般的蚊子疯狂叮咬。我对知识的迷恋，有时竟然达到了忘我的境地，连这么多蚊子的肆虐都没有感觉到。有一次，我觉得大腿有点痒，便下意识地伸手去摸了一下，手缩回来后一看，发现满手是血，很是诧异，没有蚊子哪来的血？扭头一看，吓了一跳，好家伙，浑身竟然爬满了一只只胀鼓鼓的蚊子。由于长期受蚊子叮咬，我断断续续患了一两年疟疾。可是即使在发烧发冷时，我也依然攻读不辍：发高烧时，用蘸了凉水的毛巾捆在头上；发冷时，则身披被子。

当时正是全国三年大饥荒时期，小伙房的饭菜也见不到油水。我营养严重不良，身体虚弱到了极点，连疟疾特效药奎宁也无长效，经常时冷时热，浑身无力，眼看身体就要彻底垮掉了。那时农村的食品也奇缺，昂贵无比。鸡蛋卖到一个5毛钱，比大饥荒前涨了20倍。在这万般无奈的情况下，我狠心花了两块钱到附近农村买了4个鸡蛋滋补身体。这几个鸡蛋真的救了我一命，吃后身体抵抗力大增，药物没有治好的疟疾，不仅旋即痊愈，而且从此断了根，再没有犯过。在身体营养严重不良的情况下，少量的营养品居然能够发挥比药物强得多的作用，这是我怎么也想不到的。

人在落泊时，由于亲身经历，对民间疾苦、民族灾难常常有切肤之痛。1960年深秋的一天，我孑身一人拖着疟疾缠身的病体去矿井。行走在逶迤的山间羊肠小道上，忽然下起了淅淅沥沥的小雨，弄得浑身湿漉漉、冷飕飕的。那时我们连顶遮盖的草帽也没有，宛如出没于山野里的飞禽走兽，任凭日晒雨淋。沿途听着如泣如诉的雨声，看着漫山遍野枯黄、凋零的树木，路旁荒芜的田园，稀稀拉拉、衰败的农舍，以及这些农舍门口三三两两衣衫褴褛、面黄肌瘦的农民及其孩子，用那痴呆的目光，木然地望着偶尔过往的行人，满目凄凉，不禁打起了寒战。祖国这片大好河山，竟然弄到这般民不聊生、凄楚欲绝的地步，令人扼腕。身世之悲、家国之痛萃于一身。此时触景生情，油然产生了恻隐之心，悲叹起自己的不幸遭遇和我们这个民族的多灾多难来。为了排遣挥之不去的苦楚，为了激励自己对未来的憧憬，向来缺乏音乐细胞、五音不全的我，面对着这般情景，竟然禁不住哼起了《夜半歌声》电影中，那首悲愤卓绝的主题歌《夜半歌声》来：

风凄凄雨淋淋，
花乱落叶飘零，
在这漫漫的黑夜里，
谁同我等待着天明，
谁同我等待着天明。
我形儿是鬼似的狰狞，
心儿是铁似的坚贞，
我只要一息尚存，
誓和那封建的魔王抗争。

…………

天昏昏地冥冥，
用什么来表我的愤怒，
唯有那江涛的奔腾；
用什么来慰你的寂寞，
唯有这夜半歌声。

是时，我把地质构造研究当成“夜半歌声”，希望它能够陪伴自己到“天明”。

我这从心底发出来的怆然歌声，与凄风苦雨浑然一体。这不是悲春叹秋的无病呻吟，而是一颗凄楚的心的呐喊。这时我仿佛感觉到自己的心在为自己，也为我们这个民族的深重灾难流淌着鲜血。我虽然不懂音乐，但当时我深信在人世间，唯独自己对这首悲歌有着最深切的理解。在这空旷的山野里，我走一路，忘情地唱一路。小时候在家听大人说，杜鹃鸟每年春末夏初总是昼夜不停地啼叫，一直叫到嘴巴出血而死亡为止。我不知道此言是否属实，但当时我倒希望自己成为这样的一只杜鹃鸟，不停地哼着《夜半歌声》，直到吐血而终。在这零落凄绝的困境中，我似乎琢磨到了屈原在落难、写下《离骚》中这些脍炙人口的诗句时的悲壮情怀：“长太息以掩涕兮，哀民生之多艰”，“路漫漫其修远兮，吾将上下而求索”。天下沦落人的心灵是息息相通的。人在逆境中的精神状态，往往能够升华到顺境时无法比拟的高度，并具有异乎寻常的爆发力。这时我深深地体会到，那些千古绝唱，为什么大抵是圣贤在困顿潦倒时的发愤之作。

搞科研没有经费、没有参考资料，我便撙衣节食，每月硬是从牙缝里挤出几块钱来订购有关的专业书刊。那时书刊很便宜，一本杂志只要几毛钱，一本书一般也不过两三块钱。我长期订阅了《地质学报》、《地质论评》、《地质科学》和《国外地质》等几份重要刊物，也先后邮购了李四光的《地质力学概论》等专著，以及《地质力学丛刊》、《国外小构造研究》等文集。这些书刊是我与外部世界沟通的唯一管道，也是我精神上仅有的粮食。它们不独给我提供了一些有用的专业知识，也使我在天涯独行般的孤绝中，享受到了在科学海洋里漫游的乐趣，从而安抚了我那颗愁楚不堪的心，增强了自信。尤其是富于思辨性的论证严谨的李四光教授的著作，更加激发了我的独立思考精神，增强了我的创造性思维能力。当时他在垂向运动论占统治地位的严峻形势下，勇于反潮流，提出水平运动论，创立了地质力学学说。他从整体的系统的观点出发，所创立的构造型式、构造体系与地球自转速度变化相联系，对我认识矿区地质构造，乃至后来创立大陆层控构造学说，都产生了深刻的影响。

由于当时买得起的书刊极其有限，所以我把这些弄到手的文献资料，几乎当成教科书来读。我以虔诚的态度，从头到尾逐句逐页地品味，有的还反复研读了许多遍。李四光教授的一些著作，如《地质力学概论》等，我几乎每年都要拿出来复读一遍。我对他的论著非常熟悉，不看署名，只看它那高屋建瓴、严谨论证的独特文风，便能够一眼辨认出他的文章来。

枫林矿区地质构造现象千姿百态，变化莫测。然而中学时代学到的辩证唯物论观点，以及李四光教授的地质力学的整体观和系统观，使我坚信这些表面上看来杂乱无章的构造现象，肯定是有规律可循的。为了认识隐藏在这些错综复杂表面现象背后的有序的客观世界，任何文献资料都只能提供一些借鉴，而不可能提供现成的答案；而要解决矿区的地质构造问题，我则只能面向实际，进行观察、分析、归纳、提炼。

我在这个孤寂的困境中，独自与大自然对话。为了全面地系统地研究矿区的种种构造现象，我踏遍了该矿区纵横一二十千米的每个山头和每条沟壑，日复一日、年复一年地深入各矿井，对每个构造现象进行观察、分析。有时为了观察一些典型的构造现象，我还冒着生命危险进入可能会发生垮塌或有毒的废弃坑道。为了全面系统地收集矿井中各种构造现象，我还与人合作编录了数千米独具特色的坑道素描图。我经常随身带着一个用废晒图纸装订而成的小笔记本，在矿井里，在山路上，随时随地绘记任何一个有意义的构造现象和一闪而过的思想火花。回到室内后，再把它们整理成完整的资料，绘制、誊写于正规的笔记本上。经过这样多年的艰苦努力，我不仅积累了数十万字的宝贵资料，也养成了勤于观察、勤于思考的良好习惯，大大地提高了自己洞察问题的能力。

矿区的小型正断层最为发育。经过长期的广泛的观测、研究，我发现矿区存在着三种类型的正断层：位于褶曲轴部的张性正断层、张剪性正断层和位于褶曲翼部的压剪性正断层。正断层，是倾斜断裂面上盘下降的一种断层，在自然界分布十分广泛。张性正断层与褶曲轴平行。张剪性正断层有两组，其方向与褶曲轴呈小于45度夹角。压剪性正断层也有两组，其方向则与褶曲轴呈高角度相交。它们的平移方向，一组左行，一组右行，彼此成共轭关系，在平面上呈X型。前两种正断层，是水平拉张力和重力共同作用的产物，过去为大家所熟知；而后一种正断层，则是水平挤压力和重力共同作用的结果，是前人从未发现过的崭新的断裂类型。

在矿区煤系顶板中，小型压剪性正断层非常密集，平均每隔10米可见一条。它们不仅在平面上有两组，组成X形；在垂向上也有两组，也为X型。前者的锐夹角平分线，与褶曲轴垂直；后者的锐夹角平分线，则与煤系层面正交。由于它们既有水平错动，又有垂向错动，呈走滑正断层产出，故过去被人误认为张剪性正断层。这种正断层由于受到水平挤压力和重力的共同作用，两盘接触紧密，呈封闭状，断层面也很平整、光滑，并有大量的水平和斜落擦痕等强烈的压剪性特征。

起初，为了认识这种与采矿工程关系密切的新型正断层，我不仅进行了长期的艰辛的探索，而且还付出了惨重的血的代价。

教科书说，正断层都是张性断裂，具有张裂隙和角砾岩等拉张作用产物。可是矿区中这种正断层上下盘紧密接触，连断层面也难以见到。20世纪50年代末，来矿区搞普查的地质队，因见不到断层面，便把这些正断层误认为小型褶曲。当时我缺乏实际经验，也就接受了他们的观点。1961年，韩家冲矿井一个工作面放炮时，竟把附近一条巷道的顶板震落了下来，一下子砸死了放炮时没有离开的4个人。事后我到现场观察，才发现掉下的这块巨石，位于一条顶板正断层的下盘，沿断层面冒落，冒顶后断层面上各种压剪性现象清晰可见。这时我才恍然大悟，过去大家所认为的这些所谓的小型褶曲，其实是小型的压剪性正断层。一种新的断裂现象被发现了。不过我却是在花了整整两年时间观察、研究，并在牺牲了多条人命之后才发现。

如果只是为了解决生产中的科技问题，认识似乎到此就可以结束了，无需自找麻烦，去作进一步的探索。可是强烈的好奇心和使命感，驱使我对这种与传统观点矛盾的构造现象穷追不舍，使这个看来已经完结的认识，成为另一个更深更大问题研究的新起点。我预感到这种异常的构造现象，可能隐藏着不平常的力学成因，深究下去将会有重大突破。这时我身在劳改队，心系的是祖国的地质科学事业；面对的是矿区局部构造现象，思考的是地壳运动奥秘的理论问题；目睹的是可悲的现实，梦想的是光辉的未来。

那时我推想，这种新的断裂现象既然在枫林矿区如此发育，那么在其他地区也不应该罕见。这可能是一种全新的断裂类型，它的创立将是对传统理论的有力挑战，在学术上和实践上具有重要意义。

当年尽管我为自己的新发现欣喜若狂，可是手头还缺乏参考资料，未能对自己的推测加以证实；而且对其成因机制，在理论上也还无力作出说明。所以我虽然对枫林矿区这种新的断裂现象的存在，拥有大量的确凿证据，但是要把它作为一种普遍的新的断裂类型提出，条件还不成熟，还要走一段漫长的艰辛的路。

那时，我从对矿区大量的压剪性正断层的观测、统计得知，它们的垂向错距与水平错距大体相等，表明这些产生于只有几百米深的地壳表层中的正断层在形成过程中，重力与水平挤压力起着同等重要的作用，虽然它们的垂向错动与水平错动的边界条件有所不同。这种认识尽管为尔后国内外大量的地应力绝对值测量资料所证实，并成为我30多年后创立大陆层控构造学说的多元动力成因观的萌芽，但与当时德高望重的地质力学创始人李四光教授的基本观点相悖。李四光根据材料力学圆球体薄膜理论的推算，认为在地壳表层1—3千米范围内，垂向应力只有水平应力的“1/6000到1/2000左右”，是微不足道的。但是地球是实心的，应力状态不能用空心的薄膜理论来计算；而且这种观点，也与我在矿区观察到的构造现象不符。那么是我的认识错了呢，还是李四光的地壳运动动力观存在着片面性？我对他所创立的地质力学的独创性深为敬佩。可是一个缺乏地质学普通常识的毛头小伙子，仅仅凭枫林矿区这些局部的构造现象，怎么有资格去向中国地学界元老的主要论点挑战呢？然而我尊重事实，决不盲目崇拜权威。我坚持面向实际，走自己的路。

在旧的理论与新的事实发生了矛盾，而新的理论一时又建立不起来的情况下，只好抛开旧理论，面向实际进行大胆探索，“摸着石头过河”，一切从实际出发。然后，再从实践中逐渐归纳出一些规律性的认识，为创立新的理论打下坚实的基础。因此，我在枫林矿区开始许多年，主要是深入实际，进行就事论事的观察和思考，而不大理睬流行的理论，不拿现成的理论来套眼前活生生的构造现象。到了后来，尤其是到了地研院之后，才在对这些新事实的思考的基础上，吸收科学的新成就，逐渐形成了自己的新观点。

在那个是非颠倒的时代，我这种含辛茹苦的奋斗、点点滴滴的追求，不但没有得到鼓励和赞赏，反而被指责为“只专不红”。1975年国庆节，宽长山原来的张队长，这时已经晋升为主管全矿生产的副矿长。他喝了几盅酒后，醉醺醺地来到了我那间狭小阴暗的陋室，见我正在聚精会神地阅读李四光的《地质力学概论》，便无限惋惜地“开导”说：“李扬鉴呀，你不能总是这样只专不红。工作做不好犯不了错误，政治搞不好就要栽大跟头！”他当年参加革命，为的是找个饭碗。此时只要能保住乌纱帽，谁在台上，推行什么路线，他都会坚决拥护、认真执行。至于什么人民利益、国家前途，他压根儿从来就没有想过，尽管革命口号成天喊得震天响。他酒后吐真言，说出了自己心里的大实话。

那时正是“文革”期间，大家都在突出政治，表示忠心。有的人晚上睡在被窝里，还打着手电筒背《毛主席语录》。有人又成天盯着别人的一言一行，发现什么“反动言行”立即向上报告。我呢，却像闲云野鹤，置身事外，成天钻研业务，埋头工作，成为一个与众不同的不可理喻的怪人。

一个人对自己的信心，来源于自己和别人对自己的肯定。当一个人的思想行为长期与周围环境格格不入时，那么意志再坚强的人，有时也不免怀疑起自己所走的与众不同的道路，是否对头。可不是吗，我奋斗了这么多年，虽然在生产中发挥了重要作用，但"帽子"到此时还摘不了。

当年整个社会充斥着愚昧、疯狂、暴虐，是一片惨不忍睹的精神废墟。对于一个把思想看得比生命更为重要的知识分子来说，那时物质生活贫困尚且可以忍受，但对精神上的严密禁锢不堪忍耐。我长期生活在这种绝对孤独的可怕状态中：在孤独中生活，在孤独中思考，在孤独中摸索。偌大的一个世界，竟然如此死寂，没有一个知音，没有一点思想共鸣。在这样一个像大铁桶般彻底封闭的环境里待久了，由于没有客观的参考系，丧失了衡量事物是非、好坏的标准，我有时产生了长夜独醒于虚无太空中那样亘古的孤绝，从而怀疑起自己这条全凭个人信念所确定的独特的人生航向是否正确，自己又身在何方，是在前进呢还是在后退，是在冲向蓝天呢还是在坠入万丈深渊。这时我感到一种无助的孤独和无法辨认自己的恐惧。这是一个超前思想者不能不承受的苦难，也是对一个超前思想者的智慧和毅力最严峻的考验。

为了重新认识自己，检验自己的人生航向，我没有空间坐标，无法作横向对比，只能拿时间参考系做标准，进行纵向比较，从历史的回顾和未来的瞻望中，找到此时的自己。回顾和瞻望使我坚信，在历史上留下芳名的，是那些为国为民立下功业的人，而不是这些一时得宠、得势的小人。

从我茅屋的窗口，可以望见不远处的荒山。有时我坐在靠窗口的办公桌边，久久地凝视着荒山上一棵孤零零的苍松出神。这棵苍松虽然被同类遗弃，孤独无助，却依然傲然自立，坚强挺拔。苍松自强不息的精神令我感动不已。在那漫漫的长夜里，我依靠着这些幽光如豆的精神力量，挣扎着向前爬行。

“仙境”般的劳改队

在枫林这个穷乡僻壤的劳改队中，受到自然环境和人为限制的双重封闭，除了春、夏、秋、冬的季节变化外，其他一切几乎是静止的凝固的。生活如同一潭死水，我们年复一年地过着单调的一成不变的日子。静态的环境产生了静谧的心态，我像被深埋于地下的化石，失去了光阴流逝的感觉。

我们这些囚徒，除了一条苟延残喘的命之外，一无所有，生活简单到了极点。衣、食、住、行，事事都受到严格限制，按统一规定的方式度日。个人丧失了一切选择的自由，因而也就没有选择的想望和惶惑，大家全凭本能活着。

在那里既无物质和精神消费的诱惑，也没有来自外界的刺激，甚至连家书一年也难得见到一封。

自从被捕入狱之后，我便与外界断绝了几乎一切联系。我不愿意给亲友写信，避免连累他人，别人也怕与我通信引火烧身。在那个严酷的时代，人人自危，如履薄冰，不知道哪天会飞来横祸。大家都自顾不暇，谁都抱着多一事不如少一事的自保态度。由于来往信件都得经过干部审查，故这些稀少的信件也不敢谈情言事，只是寥寥数语，报个平安而已。在劳改队中，人与人之间也不来往，以免惹是生非。这时我像个传染病患者，与社会彻底隔绝了，被社会彻底抛弃了。

人在丧失了一切之后，心情反而变得格外的宁静、坦然、超脱。没有得失荣辱，没有是非恩怨。既无所求，也无所惧，进入了万事皆空的豁达境界。那时常人的七情六欲，在我身上似乎只剩下食欲一项，其他的都成为奢侈品，悄然离去。摆脱了尘世间种种物质和精神享受的欲望，也就摆脱了烦恼，心灵感到绝对的轻松。这时生命宛如冰上芭蕾，轻如云，行如燕，潇洒飘逸。心境也如老僧入定，古井无波，平静如镜。“淡泊以明志，宁静以致远”的超脱心境和高雅情趣，使我成为一个捧着一颗晶莹剔透、追求科学的赤子之心的形而上学者，忘记了自己，也忘记了周围严酷的现实。

此时此地，我对人生大彻大悟。我深深地体会到，一个人的肉体和灵魂是截然不同的两码事。肉体是世俗的、兽性的，而灵魂则可以是世俗的、兽性的，也可以是天堂的。当肉体控制了灵魂时，这个人便是世俗的，甚至是兽性的。他只追求物质享受和感官刺激，乃至兽性的满足。他外强中干，不堪一击；他的生活是空虚的痛苦的，即使他腰缠万贯，锦衣玉食。当灵魂升入了天堂，并驾驭了肉体时，他便是超凡脱俗的人，便是天使。这时他心怀坦荡，无私无畏，勇往直前。他能够承受任何沉重的打击和痛苦，并具有无限的爱心和感恩之情。他肉体的潜能得到了最大限度的发挥，生活也异常充实，即使他跌入了人生的谷底，陷于绝境。

劳改队可以剥夺我的人身自由，却禁不住我思想的凌空翱翔。老子说得好：“五色令人目盲，五音令人耳聋。”所以这个与世隔绝的环境，是抵御声色的理想场所，可以居幽思远。难怪当年胡适先生所向往的居所，竟然是个监狱式的、几乎全封闭的阅读和写作的住处。

如果说，过去在宽长山一个月两个半天的学术研究，已经使我的心灵得到了无比慰藉的话，那么此时有着更多自由支配时间的情况，更令我如醉如痴了。这些见缝插针、零零碎碎的科研工作，是我当时安顿自己那颗遍体鳞伤的孤寂的心唯一的栖息之巢。每当我蜗居斗室伏案工作，便油然产生了庄严感神圣感，人世间的一切不幸和屈辱统统被抛到了九霄云外，进入了一个让人心旷神怡的极乐世界。所以每每悲伤烦恼，我便全身心地投入到科研工作中。科研工作是我精神上的止痛药、镇静剂。这是一个暴力所不能企及的地方，是思想感情可以自由驰骋的世外桃源。思想的自由是最高尚的自由。在这个没有荷枪实弹武警站岗、没有管教干部颐指气使、没有政治重压的精神自由王国里，我可以充分发挥自己创造性理论思维的优势，心无旁骛地研究自己所想研究的问题，提出自己所想提出的见解，拥有无限的思想自由和创造的乐趣。这是一个真正属于我自己的，谁也剥夺不了的圣洁的精神乐园。有了这个乐园，生活变得多么温馨、美好，即使是身陷囹圄之中。这是照耀我那绝望的心仅有的一点微弱的烛光，它使我找到做人的尊严和人生的意义。在那个独立于周围污秽不堪环境的小天地里，生活是透明的、纯洁的、崇高的，灵魂由此得到了净化，得到了升华。

人世间，有人把地狱当天堂，有人则把天堂当地狱，这全由个人对生活对人生的态度决定。

那些年我常常暗下决心：我要在这个双层封闭的劳改矿山里，变不利为有利，化祸为福，充分利用这个难得的孤寂的环境，蜗居书斋，对地质构造进行掘微探幽的钻研，把劳改队变成地质研究所。是时，我把这种可悲的科研条件，当作无比宝贵的机遇来珍惜，时时提防发生不测的变故失掉了它。所以我总是争分夺秒，争取在这危机四伏的有限时光里，尽可能多研究些问题，多积累点资料，以便自己在可能的更加险恶的命运降临之前，能够多向前迈进几步。我凭着这种清醒的坚如磐石的意识，支撑着自己在这漫漫长夜里，去追求，去探索，去挑战自己绝望的人生。

那个没有什么东西对感官产生刺激和诱惑的宁静环境，正是思维活动的理想场所。当年我那颗向往献身于祖国地质科学事业的圣洁的心，常常充满了激情，充满了幻想，充满了灵感。我往往仅凭一鳞半爪的构造现象，便能想到隐藏在它们背后不寻常的意义。尤其是在偶尔听到了一首优美的歌曲，或看到一出动人的戏剧时，更是豪情满怀，思潮澎湃，从而产生了超然独悟的诗意境界。是时，我真的可以像哈姆雷特那样自豪地说："上帝啊，就是把我关在一个胡桃壳里，我也会把自己当作是拥有无限空间的君主。"由于那个时候我在严密禁锢的环境中，充分运用了自己唯一不受管制的脑子，对矿区地质构造现象反复进行深入的观察和思考，故即使是一些细枝末节的东西，至今也依然历历在目。这与如今在这个多彩的日新月异的世界里，许多重要的事物反而成为过眼烟云的情形形成了强烈反差。

当年在那个平静得连空气似乎也凝固了的封闭环境里从事学术研究，我有时产生了仿佛置身于仙境之感，而出现过可笑的奇想：如果有充足的参考资料和科研时间，并让我一日三餐吃个饱，我情愿当一辈子囚徒，在这个与世隔绝的劳改队了此一生。不过果真如此，那还算是个劳改队吗？

刑满后的兄弟聚会

1963年6月8日，在我刚刚服满五年刑期的这一天，恰巧在四川轻工业学校任教的扬训兄，回广东老家探亲路经武汉，发来电报约我去会面。是时扬镜兄和他的胞弟扬举也在武汉。扬镜兄于1954年从华中师范学院中文系毕业后，被分配在武汉市第29中学当教师，时任学校党支部书记。扬举弟这时是华中工学院四年级学生，攻读化工机械专业。

扬训兄自从1951年离开揭阳一中，赴广州念大学起，与我已经有12年没有见过面了。扬镜兄虽然在我1953年从广州乘火车去沈阳上学时，趁在武汉转车的机会见过一面，但也已阔别达10年之久。那时武汉长江大桥还未修建，南来北往的火车都得在武汉中转。

当时枫林还未通公共汽车。我接到电报后，请了假，便急急忙忙动身。从枫林徒步走了30千米，到了长江边的江西省瑞昌县码头镇，乘轮渡过江去湖北省武穴镇（现改为市），赶上当天晚上从上海开往武汉的江轮，于翌晨抵达汉口。

几年来，我被囚禁于枫林这个荒僻的劳改矿山，与外界隔绝。骤然来到繁华的华中重镇武汉市，看到街上人流如潮、车辆如梭的热闹动人景象，像刘姥姥进入大观园似的，眼花缭乱，目不暇接，感到无比稀奇新鲜。啊，这个世界原来还如此多姿多彩，处处充满生机和活力。如同当年在看守所第一次外出劳动时，惊喜地重新发现了大自然一样，这时我也重新发现了城市，从而唤醒了我沉睡多年的城市生活的记忆。从静态的山区，一下子来到动态的城市，我恢复了时间的感觉，意识到了光阴的流逝，产生了“山中方七日，世上已千年”的隔世之感。难怪隐居于深山老林的高僧老道，个个延年益寿了。

那年头，广大知识分子在解放后一次次政治运动的冲击、惊吓下，心头上都高悬着一把达摩克利斯之剑。尤其是我们这些家庭出身不好的人，更是过着惶恐不安的日子。扬镜兄这时虽然已经入了党，是学校的领导，但也闷闷不乐。兄弟们看到我这个当初大家庭中的第一个革命者，此刻竟然落到了这个“反革命”的下场，心情都很抑郁、沉重。所以大家虽然已经多年未见过面了，但聚会时每个人都忧心忡忡，无言以对，没有多少喜悦的气氛。我虽说是死里逃生，能够活着来与诸兄弟见上一面，应该感到无比欣慰才是，可是想到自己依然身系缧绁，前途茫茫，内心还是无限惆怅、悲凉。于是在会面几天后各奔东西时，大家不禁欷歔。擅长诗文的扬镜兄当时赋诗两首，隐晦地表达了彼此间这种凄楚的心境：

逝去韶光叹蹉跎，
青丝渐少微霜多。
老来相逢应是梦，
梦里又是别时歌。

十三年来盼相会，
今日聚首又倥偬。
明日重逢知何处，
深情寄在梦魂中。

其实，当时我们都才30岁上下，正年富力强，风华正茂，但心情竟如此苍凉。不过，我那颗孤苦的心，并没有完全丧失自信，还对地质构造研究寄予一线希望。我与扬举弟在一家小餐馆吃面条时，便曾经向他吐露过这种心愿：“我的大胆探索精神，虽然在政治上招来了横祸，但它在科学研究中十分可贵，我将充分发挥自己这种精神，在地质构造领域作出贡献。”怎么也没有想到，当初这点遥远的微弱的希望，在二三十年后竟然结出了丰硕之果。

失　恋

1963年我刑满时，已经29岁了。虽然那时我还是个黄花后生，但压根儿就没有生理要求和结婚想望，把人类社会中永远是最激动人心的爱情彻底淡忘了，只是在科技工作中寻找心灵的慰藉和生活的乐趣。人在贫穷和屈辱的困境中待久了，往往不但在精神上麻木了，忘记了自己是个拥有个人尊严的人，甚至一些正常的生理要求也萎缩了，连一般动物还不如，与植物人相去不远。

刑满后不久，有一天我与组内老陈一起去矿井。在路上闲聊时，他郑重其事地对我说：“你年纪不小了，应该结婚成家了。”

服刑期间不能结婚，刑满后虽然可以成家了，但我的心还未从麻木状态中苏醒过来。这个突如其来的提醒，使我大吃一惊：噢，人世间还有结婚这回事！这时我宛如当初在宽长山矿井服苦役时，第一次听到干部家属的爽朗笑声时那样，感到无比新奇。

当年我除了意识到自己是个会思维的动物之外，早已忘记自己还是个有七情六欲的人了。

“这些年来，我没有想过这个问题，现在也没有这种欲望。”我淡淡地回答道。我想，自己是这个社会最低等的贱民，有权利去爱人吗？有资格被人爱吗？

“不行，你现在年轻还可以无所谓，但老了如果没有个家，会很孤独凄凉的，到那时后悔就来不及了，而成为终身的遗憾。”老陈比我大十多岁，有家属，他以过来人的体验忠告我。

当时我还年轻，对老境的孤独感是个什么滋味，并无体会，但对他这番诚恳的劝说不能不认真思考了。我想，自己年轻时在政治上栽了这么大的跟头，受了这么多的罪，如果到了老时又为孤寡后悔不已，那么我这一生就输得太惨了。我开始为自己孤独的晚年害怕起来。

“我能找个什么样的人呢？”我试探地问道。谁愿意嫁给个劳改过的“四类分子”？我心里琢磨着。我过去并无春心，对周围异性的情况一无所知。

“剧团的梅就不错。”他指点了我。

呵！我又吓了一跳：我可以娶这么一位含苞待放、如花似玉的姑娘为妻？我不敢相信自己的耳朵。

梅那时在矿里的业余京剧团唱青衣，是远近颇负盛名的优秀演员。她虽然年方16岁，但已经出落得清莹透澈、亭亭玉立了。她身材修长，长着一个花容月貌的脸蛋和一双娇羞妩媚的眼睛，皮肤白皙细嫩，留着一对乌黑的长辫子，走路轻盈飘逸，光彩照人，是一名情窦初开、娉婷素雅的妙龄少女。她的继父是就业人员、泥瓦匠，家庭贫困。她小学毕业后，便到矿里工程队缝纫组当学徒。虽然没有什么文化，但言谈举止娴雅，落落大方。20世纪60年代初，矿里组建业余京剧团时，她由于有一副好身段和好嗓子，便被吸收了进去。

当时矿里第一把手尤矿长，喜欢京戏。在他的指示下，矿里劳改人员中唱过戏的和一些就业人员子女，便组成了一个业余京剧团，并聘请了两三位外面的专业演员来当老师。因该剧团有老师教，又有一些原来从事戏剧工作的人员带，团员们的演技达到了相当水平。他们经常在矿部和下属各中队巡回演出，颇受大家欢迎，连我这个向来对娱乐无兴趣的书呆子，有时也去观看，并从中获得了科学研究的激情和灵感。

梅的唱功做功都很出色。她高腔遏云，低哦婉转，身段飘逸，表情细腻，更是得到了众人的青睐，于是这位出身贫贱的姑娘，也养成了几分一般走红女演员常有的娇气。1964年初，随着尤矿长离休回黄冈，该剧团也被调往黄冈地区黄湖劳改农场。

剧团设在工程队，与我们同一个食堂吃饭，大家经常见面。经老陈提醒，我也怦然心动，开始注意起她来了。1963年初秋的一个晚上，全队开大会动员大家除“四害”，要求每个人交两条老鼠尾巴。碰巧梅就坐在我的身旁。这时我便起了“歹心”，在散会时指着她的一对辫子，撩逗她：

“你这两条尾巴剪下来便完成任务了。”

“你才有尾巴呢！”她恶狠狠地顶了我一句。

我碰了一鼻子灰，也就讪讪地走开了。心想，我是蛤蟆想吃天鹅肉，自讨没趣。

梅很机灵，事后她很快就意识到，我这个刚刚刑满的年轻单身汉，平素沉默寡言，不苟言笑，今日突然主动与她搭讪，必有用意。她经过了一番了解和考虑之后，觉得我这个仪表端庄、受过高等教育的就业人员，虽然头上还戴着“帽子”，年龄也比她大13岁，但仍值得她爱慕。

过了几天，我们在宿舍附近的山坡台阶上不期而遇，她上我下。她向我嫣然一笑，说：

“一边上，一边下。”

这话虽然没有什么深意，但这种友好的态度，与那天晚上对我的顶撞截然相反。我知道，这是她对我那次的挑逗作出的正式善意的回应。这一甜蜜的笑容，竟然像一股强烈的暖流，一下子便融解了我多年来在这个冰冷的世界里，早已冻僵了的心。心有灵犀一点通。尔后每次相遇，虽然还不敢互相打招呼，但彼此之间总是含情脉脉地凝视着，绵情依依。

我本来就腼腆怕事，在这个严峻的环境里，更是谨小慎微，畏首畏尾；加之双方又都是初恋，故连对正当的爱情追求都缺乏勇气。我在青少年时代，虽然有过几次朦胧的爱情萌芽，但带着婚姻目的的异性交往，这还是破天荒头一遭，因而对这场爱情怀着莫名其妙的神秘感和恐惧感，既向往又羞怯、害怕。所以起初很长一段时间，双方关系一直处于秘密状态，不敢贸然在一起谈情说爱，只是停留在眉来眼去阶段。

不过情人的目光，如同压缩的无线电波，能够快速地传递大量信息。从那瞬息即逝的柔情蜜意的眼色中，不仅可以捕捉到对方的心情，而且也能够破译出对方的意思。眼睛是心灵的窗户，会说话的眼睛比嘴巴更有效果，更有魅力。当时我常想，迷人的眼神类似于器乐，能够表现出比声乐更丰富、更深沉的情感。所以半个世纪过去了，当年她对我说了些什么，随着岁月的流逝，许多都已磨灭了，唯独那勾魂摄魄、一往情深的凝视，至今依然深深地镌刻在我的心上。

那时我的办公室兼卧室，与队部医务室都在一个土山包上的同一排茅屋，之间只隔一间房子。医务室在顶头一间，要去该室务必经过我的门口。有一段时间，只要我在家，她为了与我见上一面，几乎天天都要找点借口，到医务室来擦点碘酒、紫药水之类，弄得人们议论纷纷，说梅在与医务室卫生员小张谈恋爱。

当时双方都在暗暗地相互爱恋着，如胶似漆，心心相印，甚至到了可以感受到对方飞乐蒙的程度。有一次我正在办公室聚精会神地伏案工作，突然间感觉到她来了。抬头一看，果然她正从门口经过，我们四目碰了个满怀。是时她穿着布鞋，走在土路上，绝不会弄出我在屋里听得到的声音。后来我的妻子也多次对我说过，我几乎每次到几十千米外的乡下看望她时，虽然事先没有通知她，但她在我动身之后都能感觉到。

飞乐蒙是动物体内分泌出来的一种外激素，有很强的挥发性。人体飞乐蒙无臭无味，具有吸引亲密的敏感的异性和传递信息的神奇效果，被科学家称为第六感觉。

梅性情温柔，善解人意。她那流金铄石的炽热目光，净化了我的心灵，美化了我的人生，使我深深地体会到生活的温馨、高尚、圣洁。我在经受了人间凌辱和苦难之后，陡然发现在这个冷酷的世界里，居然还存在着这种令人陶醉的纯真感情，内心感到幸福无比，周遭环境也由此变了样：劳改队这些衰败的茅屋和周围荒芜的山冈，仿佛披上了一层素装，处处充满诗情画意。

这时她搅得我成天魂不守舍，坐卧不安。她那撩人的眼神，经常缠绕着我那颗孤寂的心，犹如青藤攀附着阴郁的大墙，使我无法再安下心来做学问了。我的书斋失去了昔日的宁静。

我原来是抱着防老的俗念去择偶的，此时这种动人心弦的交往，却使我心灵深处早已熄灭了的爱情之火重新燃烧了起来，我蓦然发现自己这个长期深埋于地下的“化石”，居然还是个有血有肉之躯。

不过到了这时，我也还没有狂热到完全丧失理智的地步。我是个对自己、对他人、对社会具有强烈责任感的人。我常常冷静地提醒自己：自己“犯了法”，受了罪，也就罢了，可不能再去连累别人啊；结了婚，生了孩子，他们便是“四类分子”家属，遭罪一辈子；她那如花似玉般娇嫩的身躯，承受不起这么沉重的压力。我虽然预测这种极“左”的路线只会有几十年光景，自己这一生终会有出头之日，可是这仅仅是预测啊！我在陷于绝境时，可以拿这个预测来激励自己，去生存，去奋斗；但我不能把亲人的命运，押在这个虚无缥缈的预测上。我不应该为了满足自己的欲望去坑害妻小，我负不起这个过于沉重的责任。我是这个社会最低下的贱民，没有资格去过人世间的正常生活，无缘享受幸福这些美好的东西，不能把自己的痛苦和不幸，扩散到这位无辜漂亮的年轻姑娘及其后代身上。我爱她，就得对她负责。所以愈爱她，就愈不能伤害她，也愈应该趁早离开她。再说，长期的肉体上和精神上的磨难，也使我的心已经脆弱到再也经受不起任何打击的地步了。我像个久病的患者，已经弱不禁风了。以往龟缩在与世隔绝的书斋里，全仗理性的硬壳保护着。为了避免失望再给自己破碎的心带来不堪忍受的苦痛，我主动放弃了世俗的一切占有欲，沉醉于科学的殿堂里，修炼到“不以物喜，不以己悲”的刀枪不入的超然境界。此时谈情说爱了，有所求了，也就会有所失之担忧；而且还必须敞开自己的心扉，让感情的软体动物爬出理性的保护壳，赤裸裸地暴露在这险象环生的恶境中，随时随地都会遭到猝不及防的伤害。故与其冒着极大的风险，试图去得到什么，毋宁及早断此奢望。我没有勇气断然离开作为精神寄托的书斋，贸然进入世俗的婚姻生活。所以我在与她交往的过程中，紧紧地扼制着自己汹涌澎湃的情感，始终持被动态度，不敢主动出击，并与她保持着足够的距离。甚至到了后来，双方关系已经公开化之后，有一天傍晚我们散步到旷野，在苍茫暮色中，相向伫立良久，无话不谈。可是到了这时，我还害怕得连她那双纤嫩的手也不敢触摸一下。在那个险恶的环境中，我几乎摒弃了一切容易受伤的正常情感，养成了处处保持高度警觉的习惯。于是在那种环境待久了，人的感情便凝固了、麻木了，我尔后也总是有意无意地阻止自己情感的流露，即使是在爱慕已久的姑娘面前。

爱情不仅仅是一种享受，更是一种责任。虽然是时这位窈窕淑女那双魅力无穷的眼睛，已经把我弄得神魂颠倒，魂不守舍，但我知道“贫贱夫妻百事哀”，在那个“以阶级斗争为纲”的时代，自己未来的命运肯定是多舛的；再说，事业与爱情也难以兼得。我喜欢从事实实在在的具有永恒价值的科学研究，无意踯躅于虚无缥缈的变化莫测的情感世界，尽管这种生活是不完满的。我的理智和情感在强烈地撞击着斗争着，站在爱情的门槛前，不知道是向前跨一步，进入世俗的婚姻之堂呢，抑或断然撤退，重新回到自己幽静脱俗的书斋。我拿不定主意，便向阅历丰富的老陈请教。他一听便竭力赞成这门亲事，并主动托人去征求她母亲的意见。得到首肯后，这桩暗地里酝酿了几个月的婚恋，便从秘密状态转向公开化，从而在我们那个封闭宁静的小天地里，掀起了一场轩然大波，闹得沸沸扬扬，反对、诽谤之声不绝于耳。

“你的姑娘年纪轻轻，嫁个劳改过的‘四类分子’，她这辈子就算完了！”有人去劝说她的母亲。

连穿针引线的老陈，也成为一些人的攻击对象，说他为了向我学本事，竟然拿别人的姑娘送人情。

她们母女俩有些动摇了。是呀，一辈子长长的，今后的日子可怎么过呢？

正在这风雨飘摇之时，1964年元旦过后不久，剧团被调往黄冈地区黄湖劳改农场，于是我们在相恋了四五个月之后，终于分手。

经过这次的波折，我也更加清醒了。临别时双方感情已经降温，但未破裂，她希望日后我给她写信，继续保持联系。虽然我知道在那个时代、那种环境中，她的家庭背景和个人情况，使她离开了我也不会有什么好的出路，可是我不想看到她跟着我受罪，也不愿意承担影响她那虚幻的美好前程的责任。我作了决裂的打算，便淡淡地回答说：

“不，你先来信。”

她惊讶地瞅了我一眼，不解其意。

她的继父和母亲仍留在矿上，没有随她去农场。

她到了农场后，反对这门婚事的人就更多了，连主管剧团的王队长，也劝她珍惜自己。于是她反悔了。是年春节过后，她回矿探亲时，我们的关系便正式告吹。

的确，一位十六七岁娇弱的姑娘，突然间面对着这么强大的舆论压力和严峻的人生选择，怎么不教她胆战心惊呢！当年该有多少青梅竹马的恩爱夫妻，仅仅由于一方“犯了错误”，便各奔东西，何况我们连婚约都还没有订呢！

虽然我对这场婚恋的失败，早有了精神准备，但毕竟她是我有生以来最爱慕、感情投入最多的一位女性，故这次失恋，仍然使我的心遭到了沉重的打击。这是我入狱以来，又一次尝到被社会抛弃的痛苦滋味。这时，我才更深切地体会到了自己的悲惨处境：我虽然是个受过高等教育、才貌兼优的青年，但又是个每月只有39.7元工资的“四类分子”，这便决定了我必然逃脱不了处处遭人唾弃的命运。

她把我拉出了书斋，现在又弃我于荒野，使我倍感孤寂和凄楚。此时为了过去那短短几个月甜蜜的爱情生活，付出了惨重的痛苦代价。在起初的一些日子，我六神无主，生活空荡荡的，连梳理一下凌乱的头发都觉得是多余的。心像断了线的风筝，无依无靠，在空中无助地随风飘零，无处栖身。我想退回书斋，重新把自己封闭起来，但那里已经失去了昔日的温馨，处处都是冷冰冰的，寒气彻骨，支离破碎的情感变得荒凉无寄。

服刑期间，没有什么想望，心里平静，没有失眠过。而今刑满了，有所求了，有得有失了，反而失眠起来了。

毕竟我是个经历过大风大浪的人，具有很强的自制能力，不会被情感长期牵着鼻子走。经过一段时间的苦苦挣扎，我的思想情绪终于走出了低谷，重新进入了工作状态。这时我内心虽然还未能完全恢复昔日的宁静，但也理智到能够断然拒绝梅在不久之后修复旧好的意愿。

梅与我决裂之后，感情也无所依托。半年后，她又以探亲的名义回矿一次。她这次回来，与上次回来时的冷淡态度迥然不同，时时寻找机会与我见上一面。我则固执地处处躲着她，不肯与她相遇。一个自尊心遭受过严重伤害的人，便变得越发自尊。不过我这种不近人情的怪僻行为，除了存在着卑下的报复心理，想让她也尝尝被拒绝的痛苦滋味外，更主要的是出于理智的考虑。

经过这次感情的变故，我看清了她是个经不起颠簸的弱女子，今后无法在一起共患难；我也不忍心让这么一位娇嫩女子陪我受苦受难。她见我无意重修旧好，我当时的处境也没有什么值得人眷恋的地方，于是她住了十多天后，也就怏然离去。这根可能修复的感情纽带，便这样被我一手掐断了。不久她的父母也被调去那个农场，从此我们就各奔东西，杳无音讯。后来的事实证明，当时的决裂是最佳的选择。不然到了“文化大革命”我雪上加霜期间，建立起来的家庭，不管是破裂还是勉强维持下去，看到她因我受罪，都是我所无法忍受的。在那个暴虐的时代，人唯有泯灭了一切人性，才能勉强生存下去。

这是我这一生最深刻的一段既甜蜜又痛苦的感情经历。她带去了我的思念，也带走了我的情爱，从此我对变化莫测的感情世界，便更加惧怕、更加冷漠了。

等待了9年的公章

为了转移自己的注意力，减轻失恋后的痛苦，我强迫自己把精力重新集中到科技工作中来。1964年春天，在我们分手后不久，我便对自己几年来关于矿区地质构造的研究成果及其在生产中应用的成功经验，进行了一次系统的总结，撰写了一篇题为“对一个煤矿区若干地质构造现象的分析及其在采矿工程上的应用”的长篇论文。该文认为，矿区煤系厚度的次生变化，主要受纵弯褶曲层间剪切运动和顶板正断层控制。在纵弯褶曲层间剪切运动作用下，煤系于褶曲翼部变薄，于背斜轴部变厚。在顶板正断层两盘的错动过程中，煤系于下降盘变薄，于上升盘变厚。同方向的正断层之间的断层面，在煤系层面的法线上组成X形，法线所在一盘下降，受重力作用控制。这些认识，为该矿区采矿工程的设计和施工提供了可靠的依据，收到了显著的经济效益。

文章写成后，我像窃贼似的偷偷投寄给《煤炭学报》编辑部。反右派斗争之后，个人发表文章，必须征得单位同意，并加盖公章。那时我虽然满了刑，但头上还戴着“四类分子”帽子，没有出版权。故我投稿时不敢让单位知道，自然不会有公章。因为怕被单位发现，我署名时不敢用真实姓名，并改用广东老家的通信地址。我知道自己这样做是违反纪律的，但考虑到这是科技文章，不至于犯多大错误；而且它关系到自己未来出路的重大问题，值得冒险试一试——投石问路，看看外界对我的研究成果会有什么反应。

编辑部收到稿件后，被它充实的内容和新颖的观点吸引，来函询问我个人和单位的有关情况。我怕一旦暴露了所在单位的名称、地址，他们与我矿一联系，稿子不但发表不了，弄不好还会受到处分，故我在回信中只是闪烁其词，说自己何时毕业于何学校，现在从事什么工作，单位的事一点都没有提及，更不敢言明自己的政治身份。他们不肯就此罢休，又来信催问。到此我知道已经无法蒙混过关了，只好如实相告。结果如我所料，他们与单位联系后，稿子被退到矿部。不过还好，我并没有受到什么处分，只是张副矿长淡淡地说了一句：“浪费这么多时间，去写那么老厚的一本东西。”他当然不会明白，正是由于我对矿区构造变动规律进行了长期的观察、归纳、研究，才对矿区生产起到了卓有成效的指导作用。

文章发表不了，精神上唯一的一线希望也被掐断了。那时发表文章非得加盖公章不可，可是“帽子”何时摘得了？即使摘了“帽子”，哪位负责干部愿意为一个就业人员的稿子，去冒政治风险盖个公章呢？情场失意，投稿受挫，我再次陷入到欲干不能、欲罢不忍进退维谷的困境。

虽然我在生产中作出了许多重要贡献，产生了一些成就感和满足感，但是我的出路在哪里呢？在这望不到尽头的漫漫长夜里，我有时也不禁疑惑起来，追问自己这种摆脱不了枷锁的挣扎，究竟有什么意义。那时摆在我面前的人为的和客观的困难，着实太多太多了，每前进一步都要作殊死的拼搏。宛如登山运动员在攀登高峰时那样，每向前跨一步，都是在向自己的生命极限挑战。可是登山运动员尚且可以望见自己奋斗所在的顶峰，我却连困难的黑洞前头究竟有无出口都不知道。倘若付出了毕生的艰辛努力，最终证明这是一个没有出口的独头黑洞，那便前功尽弃，输得太惨了。所以碰到了困难和挫折，有时我也想停步，想后退。不过我那桀骜不驯、水滴石穿的坚忍性格，使自己像头牛那样，面对着一次次沉重的打击，总能在摔倒之后，又踉跄地爬起来，带着遍体鳞伤，锲而不舍地朝着既定目标踽踽独行。

生命是一个过程。即使事实最终证明我的追求是一条没有出路的死胡同，个人命运并没有由此改变；然而，毕竟我追求过，奋斗过，并在追求和奋斗过程中，品尝到了生活的乐趣，我这一生也就算没有白过了。的确，这种理性的悬梁锥股的刚毅，已经远远地超出人类本身固有的适应性了。

我把一切作用力，包括打击、压迫、凌辱这些负性作用力，统统收集起来，作为推动自己前进的动力。如同高明的舵手，利用种种不利的风向作为动力，驾驭着帆船朝着既定目标前进。我每次受到了打击之后，便更加发奋工作，以此作为对逆境的又一次抗争。

在这种困境中，大自然的宏伟气魄和顽强生命力，也常常给予我精神上莫大的鼓舞。每每站在山巅之上极目远眺，看到由近及远一排排起伏的山峦，像茫茫大海中滚滚波涛水天相连，我便被冥冥大地的广袤无垠、凝重浑厚的浩然之气深深震撼，从而感到个人的渺小和困难的微不足道。于是，油然产生了面对严峻现实和多舛命运的勇气。

我有时见到悬崖绝壁的岩石裂缝里，长出了生机盎然的树木。它们屹立在高处，似乎在向世人傲然昭示：人们剥夺了我在泥土里生长的权利，可是我在这石头缝里也照样茁壮成长！我也看见一些压在大石头底下的小草，弯弯曲曲地顺着石头凹凸不平的侧面，顽强地长了上来，迎接阳光雨露。我想，陷于困厄境遇中的草木，尚且有如此坚忍不拔的生命力和积极向上的精神，何况作为万物之灵的人类呢？我决没有任何理由在困难面前退缩，生命原本就是残酷的拼搏啊！

其实，人最难以对付的还是自己。只要说服了自己，只要心存希望，自强不息，那么任何恶劣的环境，也无法完全阻止你前进。因为再恶劣的环境，也会有可以利用的条件，让奋斗者生存、发展。

经过一番冷静的分析和思考，我发现，文章虽然未能发表，但从编辑部接连来了两封信追问我个人和所在单位的有关情况来看，他们对该文是有兴趣的。这就表明，我在这个封闭环境、面对矿区种种构造现象独自摸索出来的若干新认识，已经得到了专家的青睐，从而大大地增强了自己继续朝着这个方向努力的信心。再说这次偷投了稿子，也没有受到什么批评处分，胆子自然也就大了起来，所以决心继续积蓄力量，寻找机会再试一试。

尔后，我就像希腊神话里那个被诸神惩罚，永无休止地把一次次滚下山来的巨石，又一次次地推到山顶的西西弗斯那样，只顾耕耘，不顾收获，执著地继续根据新资料新认识，一遍遍地修改着这篇在当时政治条件下，永远没有发表可能的论文，在绝望的环境中，寄托着对事业对人生的永恒希望。科研工作，既是我未来理想之所在，也是我当时孤绝心灵的依托。

我是个反应迟钝、缺乏应变能力的人，但具有深刻的思想和过人的毅力。只要认定了的事，不管遇到多大阻力，遭到多少次挫折，我都会义无反顾地坚持到底。当时我常常为自己这种坚忍不拔的奋斗精神暗暗吃惊：一个文弱书生怎么能够像牛那样，不管摔倒了多少次，都能够百折不挠地爬起来，继续奔向不可企及的目标呢？我想，这可能与我的孤僻性格有关。正如易卜生在《国民公敌》里的最后一句台词中所说的："最孤独的是最坚强的。"

的确，我把奋斗过程当成自己生命的一部分。无论结果如何，奋斗本身也是生命的需要。所以我能够在漫漫的长夜路上，上下求索不停踵。为了一个问题、一篇文章，我可以研究、撰写二三十年，修改数十次。

当时，我必须审时度势，等待时机。我想，你们不让我发表文章，那好吧，我是被阻挡在水库中的流水，你们的闸门关得越久，我的水位涨得也越高，能量储存得也越多。一旦闸门打开，我将一泻千里，势不可当。我寄希望于未来，寄希望于眼下的积累。

为了盖这枚公章，我一等便是9年。一直到了1973年，掌管公章的矿部办公室主任，换了一位年轻干部。他思想比较开放，为人也很随和。我想，等待了多年的机遇已经来临了。虽然这时我的"帽子"也还未摘，但仍壮起了胆，趁那个处处为难我的技术员出差的难得机会，把修改了许多遍、易名为"对枫林矿区若干地质构造现象的分析及其在采矿工程上的应用"的文章，交给新上任的主任，请他盖个公章。他翻看了一下，见是一篇科技文章，没有问什么，便把公章盖上了。我欣喜若狂，立即把稿子寄给国内化工矿山唯一的一家期刊《化工矿山技术》编辑部。该文得到了他们的重视，很快便于同年的第3期以首篇的显要位置刊出。文章发表后，技术员才发现，但生米已经煮成熟饭，而且是按规定盖了公章，并不是私自投稿。所以他也无可奈何，只是愤愤然把情绪藏了起来。

虽然这份刊物当时只是内部发行刊物，但文章能够在这样的刊物上发表，还是大大地鼓舞了我对地质构造研究的信心，并为日后进一步撰写一篇改变我后半生命运的文章打下了基础。的确，一个人只要充满希望，充满激情，那么他的生命、他的创造力便不会枯竭。

在"文革"期间，为了肃清"资产阶级名利思想"，个人发表文章，作者不能署自己姓名，只能写集体名称，故该文署名是"枫林硫铁矿技术组"；那时也取消了稿费制度，因此这篇断断续续写了十来年的文章发表时，我竟然名利无收。不过它终于能够与广大读者见面，多年的心血没有白花，已经算是莫大的欣慰了。在那个野蛮、愚昧的时代，野蛮、愚昧的地方，从事这种无名无利可图的崇高的科学研究，反而像当小偷似的，躲躲闪闪，提心吊胆。我长期在这样困难和屈辱的情况下，背着沉重的物质上和精神上的双重十字架，为了个人的生存发展和祖国科技事业的繁荣昌盛，一路艰辛一路血泪，缓缓地向前爬行着。所以到了20世纪80年代，在我们这个科研单位，一些患"红眼病"的无知之徒，公然指责我发表文章是为名为利，我只好哑然失笑。

贫贱夫妻百事哀

对一个具有强烈自尊心的知识分子来说，在劳改队成家，必将在物质上和精神上受到双重的煎熬。故在这种环境中的婚姻，只是意味着痛苦和不幸，决无欢乐和幸福可言。可是不结婚，又害怕到了老境出现那种无法避免的孤独凄凉；再说，初恋虽然失败了，却又唤醒了我沉睡多年的自我意识，在生理上和心理上产生了择偶的强烈愿望，无法再完全平静地回到那个超然的书斋。我烦躁不安，经常失眠。看来不管未来是什么厄运在等待着自己，婚姻的羁绊是无法摆脱的了。我像飞蛾扑火似的，明知会惹来燃身之祸，也还是不顾一切地以身试火。

这是我应该深深忏悔的人生一次重大失误：当时我这个被“打翻在地，踩上一只脚”的“四类分子”，居然奢望过上人的生活，由此磨难和不幸便接踵而至。劳改队虽然法力无边，但还未能把我的人性彻底改造掉，真是罪过，罪过！

根据不同的目的，婚姻大体可以分成三个层次：生物婚姻，为了生理需要和传宗接代；社会婚姻，为了过日子；情感婚姻，为了爱情。接受了失恋的教训，我认为自己今后只能随便找个家境贫寒、自立能力强的劳动妇女，草草成个家，不敢再有什么感情要求的奢望。1965年，经人介绍，我与武穴镇贫民出身的吕姑娘相识。

她家境贫寒，初中还未毕业便辍学回家谋生，在街道当临时工，挑起养家糊口的重担，从小便养成了克勤克俭的良好品质和倔强的个性，与多情娇柔的梅截然不同。她当时也才18岁，虽然没有梅那样婀娜多姿，但也五官端正，身体健康。经过一年的相互了解，我们终于在1966年6月结婚。

在办理结婚登记手续时，她所在的街道居民委员会知道我是个劳改释放犯，头上还有“帽子”，便断然拒绝出证明。在那个时代，“四类分子”传宗接代的权利也被剥夺了，连植物都拥有的繁殖后代的资格也没有。我原来以为放弃了爱情婚姻，只求个生物婚姻也好，没有料到连这个最低要求也碰了壁。后经多方恳求，居委会才勉强给写了个材料。

1966年6月8日，我们领了结婚证，并在矿里举行了婚礼，一间茅屋权充洞房。说也巧，这一天正是我8年前被捕的日子。这时中共中央已经通过了《五一六通知》，“文革”的锣鼓声开始响彻整个神州大地。新闻媒体成天在严词批判《三家村札记》、《燕山夜话》等“大毒草”。同年6月1日，《人民日报》也发表了令人胆战心惊的社论《横扫一切牛鬼蛇神》，一场席卷全国的政治运动狂潮又汹涌而至。这时我已经成为惊弓之鸟，不知道自己这个“牛鬼蛇神”将被如何“横扫”。

在结婚那天晚上，我忧心忡忡：自己未来的命运尚且如此险恶，今后又得肩负起无力肩负的呵护妻子和随之而来的子女的重任，这如何是好？这宛如一个落入水中无力自救的人，又得去背负他人一样，结果可想而知。那天夜晚，与其说是喜，毋宁说是忧。我彻夜未眠，失去了初夜那种激动人心的新鲜感。

婚后妻子仍住娘家。我每月39.7元的工资，除了留下一半维持自己近似于过去服刑期间那种最低的生活水平外，另一半便作为补贴妻子生活和来矿探亲的费用，日子过得紧巴巴的。从此我对养母再次无力供养了。她老人家只好依靠两个经济拮据的弟妹，艰难度日。我在1979年回家探亲时，了解到这种情况后，痛心不已。

结婚一年多后，妻子怀了第一胎。临近分娩时，她来矿生产。那时我们这些从事非重体力劳动的人，每月粮食定量只有18千克，连自己都吃不饱。过去为了省出点粮食给她来矿短期探亲时吃用，我在自己填不饱肚子的情况下，还得勒紧裤腰带，每天挤出一点粮票来。此时她来矿度产期，时间长，又得吃面条发奶，可把我难住了——教我到哪里去弄粮食弄面条呢？当年国家实行粮食统购统销政策，严禁粮食自由买卖，再说我也无钱去买。那时虽然三年全国大饥荒已经过去好几年了，但对于全国人民，尤其是我们这些生活在社会最底层的人来说，吃饭问题依然是头等大事。

其时是春夏之交时节，枫林地区正在麦收。迫于无奈，我只好让临产的妻子腆着个大肚子，冒着烈日到附近的田间，去捡些老百姓收割后丢弃的零星麦穗来磨点面粉。

本来临产前，腆着个大肚子走路就很困难，此时为了每天捡那一点麦子，她硬是强撑着身子，在田地里一次次地弯腰俯拾，累得直不起腰来。有时累得弯不下腰去，便索性跪到地上拾捡。见此惨状，一些农村顽童竟然拿此取乐，跟在她后面驱赶、辱骂：

“劳改婆、劳改婆……”

声声入耳，句句穿心。一位20来岁的年轻女子，为了生存，竟然这样无端受辱。当时她的汗水往外淌，泪水却朝肚子里咽，令人肝肠寸断。真是贫贱夫妻百事哀啊！

当年，在阶级斗争观念教育下，人们往往从小便缺乏起码的同情心，缺乏起码的道德，他们长大后会干出什么伤天害理的事，是可想而知的。“文革”中那些骇人听闻的暴行，许多不就是一二十岁的青少年干的吗？

过去我光棍一个，可以躲在与外界隔绝的书斋里。此时情况不同了，结了婚，成了家，与社会发生了千丝万缕的联系，因而常常遭到外界冷不防的伤害。其实真正致命的伤害，还在后头呢。

“文革”来了

史无前例的“文化大革命”，自然不会忘记给我们这些“阶级敌人”和家属以毁灭性的打击，以显示这场运动的“革命性”。

枫林硫铁矿的干部们在“文革”起初两年，成天忙于搞派性斗争，相互贴大字报，揪“走资派”，开批斗会，抢班夺权，无暇顾及我们这些劳改人员。这时我们反而处于政治旋风中心的平静区，过着暴风骤雨到来之前片刻的宁静日子。到了20世纪60年代末，“文革”的恶浪也把我们卷入其中，当初我所担心的厄运便接踵而至。

从1969年元旦开始，全矿实行了军管，矿的领导权被解放军派来的几名低级军官接管。执行军管任务的主要负责人姓陈，是个连长，约摸30来岁。当时我矿已经晋升为县团级单位，原来矿领导的级别和资历都比他高得多，但这时一个个被打倒靠边站了。陈连长手握“尚方宝剑”，呼风唤雨，一言九鼎，一时间这个小小的连长，竟成为矿里执掌着党政大权的不可一世的独裁者。

1969年元旦，他召开了全矿劳改人员大会，宣布实行军管。他身上斜别着一支手枪，威风凛凛地站在主席台上，摆开八字脚，双手叉着腰，杀气腾腾地吼着：

“过去枫林硫铁矿，执行了刘少奇资产阶级反动路线，把你们这些人民的敌人，养得一个个白白胖胖的。现在我们要对你们实行无产阶级专政，取消就业人员的工资，改发生活费，每人每月20元。从今以后，只许你们规规矩矩，不许你们乱说乱动，谁敢为非作歹，严惩不贷！”

我们这些人，成年累月在井下劳动，见不到阳光，所以皮肤苍白是事实；至于说“胖胖的”，却太离谱了。一个月才这30多元钱，上有老，下有小，饭都吃不饱，胖得起来吗？

整个会场恐怖万状，大家都吓得目瞪口呆，连大气也不敢喘一口。我听到这里，如五雷轰顶，脑子“嗡”的一声，一阵眩晕，什么也听不进去了。过去靠那点微薄的工资，生活已经十分窘迫。此时只发一个人的生活费，日后怎么养家糊口？妻小怎么活？我不敢往下想，觉得自己像掉入了大冰窟窿里，从外到里都冻僵了。

过去矿里就处处充满着沮丧、忧愁情绪，此时更是陷入了一片惶恐不安的氛围之中，人人如临深渊，天天在战战兢兢地过日子，不知道什么时候又会有更大的灾难降临。

冬天早上起床，天还未亮。一天清晨，一个不识字的农村老年就业人员，起床后急着上厕所，便随手撕下块旧报纸当手纸。那时为了加强政治学习，每个房间订了一份《湖北日报》。“文革”期间，该报每天头版的右上角都印有毛主席头像和语录。他撕下的恰恰是这一角。天亮后，有人在粪池中发现了这一角报纸，便追查到他头上。于是，他立即被定罪为现行反革命，逮捕法办。几个人把他按倒在地，五花大绑，痛得他直哀求饶命。“大跃进”初期的五花大绑残暴行径，这时又死灰复燃了。

有个上了年纪的就业人员，在井下发生了安全事故，被顶板突然冒落的巨石砸死。陈连长对这个因公殉职事件不但不抚慰，反而在劳改人员大会上，咬牙切齿地破口大骂：

“这个老反革命分子，不遵守安全操作规程，故意与人民为敌，死有余辜！”

矿井本来就是个危险的场所，伤亡事故几乎是不可能完全避免的，谁故意去找死呢？当时我想，一些禽兽死了，它的同伴尚会发出几声哀鸣。在这里，人却连禽兽都不如，一点起码的怜悯心都没有。在那个兽性大发作的疯狂时代，我们这些劳改人员活着是罪过，死了又是反动。真不知道在陈连长的“无产阶级观点”看来，我们究竟是应该继续活下去呢，还是立即去死？

真是祸不单行。在矿里实行军管的同时，城镇的知识青年和“有问题”家庭，根据毛泽东在1968年12月22日发表的最新指示“知识青年到农村去，接受贫下中农的再教育，很有必要”，开展上山下乡运动。妻子一家老少，受到了我的牵连，从武穴镇被赶到乡下务农，过着面朝黄土背朝天的更加艰辛的生活。

他们初到农村，没有房子住，临时住在亲戚家；没有饭吃，天天以干红薯片度日。这时才一岁多的女儿不懂事，在门外看到人家在吃大米饭，便哭着要饭吃，没有人理睬她。她像一只被人抛弃的小鸭子，跌跌撞撞边走边哭回到家里来，缠着妈妈要吃大米饭。妈妈到哪里去弄大米饭呢？母女俩抱在一起大哭了一场。

妻子在农村起早贪黑地苦干了一天，才赚到两三毛钱，刚够买回自己的口粮，子女自然无力抚养。这时我们双方都陷入了绝境，自顾不暇，家庭失去了起码的经济基础，难以为继。漫漫长夜何时了？这场不幸的婚姻给妻小带来的罪孽太深重了，不能再这样连累她们。与其捆在一起同归于尽，不如趁早分开各谋生路。虽然，我知道这是黎明前的黑暗，是极“左”路线的回光返照，对于人类历史来说，十年八年只算是一刹那，但是我等不下去了，给她们一条生路吧。我提出了离婚的要求。

妻子无路可走，也只好同意了。离婚后孩子如何处理，双方却发生了争执。我主张谁要孩子归谁养，对方不再承担任何责任。妻子则坚持孩子归她养，由我负责生活费。那时我每月才发20元，哪里还有钱资助她们呢？为此双方争执不下，离婚的事也就拖了下来。

正在这个风雨飘摇的时候，形势有了转机。矿里经历了9个月的军管之后，终于结束了军人统治，撤走了军代表。由于陈连长掌权时，不仅伤害了无权无势的劳改人员，而且还打击了几乎所有干部，树敌太多，故他失去了权柄之后，便成为众矢之的。这个来矿执行“无产阶级革命路线”的军代表，思想并不“无产”。他凭借手中的权力，以权谋私，明目张胆地盗用公家大量的木材和钢材，给自己做了床铺、柜子、箱子和儿童车等家具。这时它们统统被扣留了下来，一件也不准他带走。结果他空着双手，灰溜溜地怏然离去。这个昔日说一不二、何等威风的连长，成了丧家之犬。建立在暴力基础上的权势，宛如建造在沙滩上的高楼大厦，虽然可以辉煌一时，但只要一阵大风吹过，顷刻之间便会变成一堆瓦砾。

军管结束后，就业人员的生活费也有所提高，每月由20元增加到28元。这样我每月便有十来块钱接济妻小，家庭生活便可以勉强维持下去，双方关系也就缓和了下来。

每月增加8元生活费，便这样挽救了一个濒临崩溃的家庭，改变了几个人的命运。在我妻小被下放的那个生产队，每人每年的口粮钱是60元，即每人每年有这点钱，就不至于饿饭。

28元的生活费，又实行了19个月，一直到了1971年5月份，才恢复了原来的工资制度，从此我每月又可重新拿到39.7元了。

1970年9月，我们的第二个孩子出生了。那时国家还未实行计划生育，但我们为了自身的生存，主动采取了有效的避孕措施，坚决不要第三胎。这两个孩子虽然都是在矿上生的，然而为了减少对他们不良的政治影响，户口都上在他们妈妈那里，也随妈妈姓。大的是女孩，小的是男孩，姓氏至今没有更改。现在他们都受过高等教育，并已长大成人、成家立业了。

当年尽管他们住在外婆家，又改了姓氏，但依然受到了歧视。儿子在农村念小学时，品学兼优，班主任要他当班长，可是遭到了校长的反对，说他是“四类分子”子女。后来在班主任的一再坚持下，校长才勉强同意。由于妻子也是“四类分子”家属，生产队不让她参加基干民兵。她虽然处处遵守法纪，埋头苦干，受群众拥戴，但也不能评为“五好社员”。

20世纪60年代，我们这些就业人员，几年难得请到一次探亲假。到了20世纪70年代，虽然给假的机会多了一些，但节日还是不准“四类分子”外出。1976年1月，我去看望妻小。到了春节前夕，便急着要回矿接受管制。他们不解其意，说别人千里迢迢赶回家吃餐过年团圆饭，你到了春节，反而抛妻弃儿往外跑，于情于理不容。我不便直说，只好违心地撒了个谎，说春节期间矿里安排我加班。那时我心如刀割，看着妻儿深深失望的神情，依依不舍地怆然踏上了归途。

所以每年我们夫妻见的两三次面，一般都是妻子来矿探亲。以往我从嘴里抠下来的那点粮食，供妻子来矿住十天半个月就已经很困难了。到了20世纪70年代，又多了两个孩子，根本就解决不了探亲期间的吃饭问题。没有办法，我就狠了心嘱咐妻子，此后来矿探亲不要带小孩。但孩子想见爸爸。有一次，他们知道翌晨妈妈要来矿，便通宵搂着妈妈不放，生怕妈妈又丢下他们一个人走了。当妈妈的心软，哪里撇得下孩子不管，哪里忍心去伤害儿女这颗纯真的心呢？可是，妻子拖儿带女走了那么长的路来看我，却遭到我的厉声怒斥：“不是说好了不许带孩子来吗！”这顿怒斥像把利剑，一下子刺伤了妻子那颗慈母之心。妻子受了委屈，抱着孩子失声痛哭。

人在获得了生存、温饱之后，才可能去追求情感上的东西。衣食足而后知廉耻。我长期饥肠辘辘，情感自然就成为奢侈品了。这时，我的心已经被长期的苦难生活扭曲了，变得麻木了。

矿井里的“鬼”

军管期间，技术组被勒令停止工作，我被发落到夏家冲矿井抽水。有一次上夜班，到了深夜，大家都下班了，偌大的一个矿井，只剩下我孤身一人。这时矿井已经停止了照明，所以除了自己手里这盏矿石灯外，到处漆黑一片。矿井里是一个绝对黑暗的世界，伸手不见五指，与我当年彻底绝望的心境浑然一体。矿井里也是个万籁俱寂的地方，这时除了水泵转动发出轻微的滋滋声外，几乎听不到任何的声响。我本来胆子就小，小时候大白天都不敢单独进自己的房里，这时更不禁紧张起来。

咚、咚、咚……

忽然间，我听到附近似乎有人正在一步步地朝着我走来。“脚步声”不紧不慢，与穿着工作胶鞋走路发出的声音一样。起初我以为还有人在加班，便朝发声的巷道凝望，但一直不见人影。猛然间，我的汗毛都竖了起来，恐怖到了极点：这条巷道去年曾经发生过放炮事故，炸死了一名爆破手，是不是冤鬼出来了？我平素不信神鬼，今日可真的狭路相逢，碰上了。想逃跑，已经来不及了，这么深的矿井，要跑多长时间才能冲出井口？何况水泵正开着，也不允许我擅自离开工作岗位。在这无处可逃的绝境中，我反而变得镇静了：既然没有退路，只好豁出去了，拼个死活。我作好了战斗准备，拿起了可以作为自卫武器的扳手，调亮了手上的矿石灯，面对发声的巷道，摆好了姿势，严阵以待。

咚、咚、咚……

依然是那个不紧不慢的“脚步声”，但始终不见“鬼影”。

我想与其坐以待毙，担惊受怕，倒不如主动迎上前去，看个究竟；再说我平素与谁都无冤无仇，他也未必会无缘无故出来伤害我。

想到这里，我便硬着头皮，迈开了脚步，朝着发声地点一步步走去。不过这时我丝毫也不敢放松警惕，时时都在提防他的突然袭击。我一手紧握扳手，一手提着调得通亮的矿石灯，睁大双眼，搜索前进。走一步，观察一下，随时随地准备应付突发事件。走着走着，终于来到了产生响声的地方。

啊！我大大地松了一口气。真是庸人自扰，虚惊一场。原来这是巷道顶板的水珠，一滴一滴地滴到下面的帆布风筒上发出的声音。由于矿井寂静，这些声音在巷道里产生的回声便格外响亮，与人穿着工作胶鞋走路的动静相似。

人世间许多所谓的可怕事物，只要你勇敢地迎上去，坚信自己能够战胜它，也就没有什么可怕的了。

还有眼泪

在井下抽水期间，有一天，我在爆破手买来包装炸药的旧报纸旧杂志堆里，见到一本破损的旧剧本《年青的一代》。为了打发那百无聊赖的日子，便借来随便翻翻。读着读着，禁不住泪流满面，接着竟然号啕大哭起来。

这是20世纪60年代初陈耘等创作的一个话剧，1965年被拍成电影。该剧本描写了肖继业、林岚等一群年轻的地质队员，在祖国大西北历尽千辛万苦，终于找到了一个当时国家急需的大型铁矿，为社会主义建设事业作出了重大贡献。我从这些年轻的科技人员绚丽的人生中，看到了自己理想的化身，看到了自己向往的事业，而心灵颤抖不已。它勾起了我对昔日大庙铁矿紧张的地质勘探生活的美好回忆，唤醒了我沉睡多年的献身于祖国轰轰烈烈建设事业的强烈愿望。可是眼下我在这个小型矿山，还被剥夺了从事科技工作的权利，像一头被囚禁于铁笼里的困兽，浑身是劲无处使。心怀满腔热血，却报国无门。青年时代的勃勃雄心付诸东流，日后的路又茫茫不知。我们这个伟大的民族，近100多年来内忧外患，遭受了太多的苦难。到了这时还内乱不已，民不聊生。理想与现实的强烈反差，国痛身悲一齐涌上了心头，泪水便汹涌而至。这是一个具有强烈的社会责任感和献身精神的知识分子，在身陷绝境时所产生的、如同屈原跳江时那种刻骨的痛楚。

在此之前的十多年逆境中，我始终没有为个人的不幸遭遇流过一滴泪水：在严厉的反右派批斗会上没有流过泪；在惨遭逮捕时没有流过泪；在饱受折磨的看守所里没有流过泪；在五雷轰顶的法庭上没有流过泪；在被摧残得死去活来的宽长山井下服苦役时没有流过泪；在痛苦不堪的失恋时没有流过泪；在妻子临产前跪在田地里捡麦穗，又遭顽童欺凌时没有流过泪；在宣布军管、家庭断了生路时没有流过泪；在妻小从城镇被赶到农村时没有流过泪……在这些该哭的地方，我都没有哭！我原以为，自己在长期的磐石般的苦难重压下，心早已被压榨干枯了，不再有泪水了，已经成为一个既不会笑也不会哭的精神木乃伊了，没有救了。没有料到，此时在这种与个人利益没有关系的不该哭的事情面前，反而像孩童似的失声痛哭起来。

人生最大的痛苦在于心不死。心死了，人就麻木了，再大的痛苦也不会有什么感觉，宛如在冰天雪地里冻僵了的手脚。我这颗炽热的拳拳报国心，对于昔日个人遭受的一切屈辱和磨难，尚且能够忍受，唯独对刻下自己这条充满着创造力的生命，被这样无端地一口口地吞噬掉，感到锥心刺骨的痛楚。肖继业们的光辉业迹，像一针切中穴位的针灸，使我窒息了的心突然苏醒了。真是男儿有泪不轻弹，只是未到伤心处。

经过了一阵痛哭之后，我的心田得到了彻底的洗涤，而感到无比轻松：啊，我还是个正常人，我既拥有正常人的思维能力，也存在着正常人的情感。我发现自己的心，依然像反右派斗争之前一样鲜活，我仍然对祖国对事业怀着一颗充满激情的赤子之心。

矿山改性

枫林硫铁矿军管结束之后，于1970年初由过去的劳改单位，改变为社会企业，从农村和城镇招来了六七百名青年人和转业军人当工人。原来的犯人全部被调往劳改农场，就业人员绝大部分被遣返回家或迁移到其他劳改单位，只留下二三十名技术骨干带领新来的工人生产。这时技术组只剩下两个人，也都留了下来。

我们这些就业人员的身份依然不变，不算国家职工，与新来的工人不同。有“帽子”的继续接受监督改造。所以矿改变成社会企业之后，我的处境与劳改队时期相同，仍然是专政对象。起初一年多，就业人员的劳动报酬，也还只是发给生活费，虽然标准比军管时期有所提高，每月多了几块钱。故这时当师傅的就业人员的报酬，只有当徒弟的新工人的一半左右。这是在那个特殊时代、特殊环境中的一种特殊现象。

过去在劳改队时期，大家都是入了另册的贱民，没有差别，没有刺激。现在矿改变了性质，绝大部分是“根红苗正”的新工人，我们这些就业人员只是“一小撮”，处处低人一等，备受歧视，心里更不是滋味。每逢节日，“四类分子”照样不得外出，并接受干部训话。过去在劳改队，这种训话是针对大家的，无所谓。现在情况不同了，挨训的只是我们这几个戴“帽子”的。在众目睽睽之下，被挑出来受训，格外刺眼，格外难堪。所以那时大家盼望过年过节，到了这些日子，可以休息，可以与家人团聚，可以有特殊供应的食品改善一下生活；可是我非常害怕这些节日的到来，即使这时可以吃到一点平时吃不到的荤菜。

到了节日，行动上受到限制也就罢了，还要无端地挨一顿声色俱厉的申斥，着实难受。我这个自尊心还未完全泯灭的书生，每每遭到这种训斥，说什么“你们这些有罪于人民的人，必须老老实实脱胎换骨改造自己，重新做人，才是唯一的出路；如果抗拒改造，无产阶级专政的铁拳决不饶恕你们！”等等，心便挨了一顿重重的鞭挞，人格也遭受到一次深深的侮辱，使我像霜打的茄子，一下子便蔫了，好几天打不起精神来。

不过，即使是在这样艰难的困境中，我们这些能够留下来的就业人员，还是比其他就业人员幸运得多。因为离开了矿，到了农场，生活更艰苦；而回到社会，则意味着没有工作做，没有饭吃，没有房子住。的确，那是个“想做奴隶而不得”的时代。

本来当时我们这个社会，就是个没有思想，也不允许有思想的精神废墟。这个废墟里的劳改队，更是成为“动物世界”了。劳改队的干部长期在这种全封闭的没有竞争的环境里养尊处优，智力严重退化，宛如自然界丧失了天敌的动物，缺乏生命力一样。他们脑子里装的只是标语、口号，对社会生活几乎一无所知，而成为一些没有脑子，只会念文件、读报纸、训人的机器。

矿在改变成社会企业前夕，许多干部很高兴，认为矿改性之后，新招来的工人，一个个都是出身于思想红、觉悟高的“红五类”家庭，劳动干劲肯定特别大。今后无需干部说话，他们便会自觉地积极干活，不像现在的劳改人员这样，需要干部操心。当时我听到这种高论，忍俊不禁，心想他们这种不切实际的天真想法，不久就会被事实击得粉碎。

果不其然。新工人进矿后，由于实行了“铁饭碗”和“大锅饭”制度，没有一套有效的管理办法，井内井外、干多干少、干好干坏都拿同样的工资，没有把工人的经济利益与他们的劳动条件、劳动成果直接挂起钩来，让工人从关心个人经济利益角度来关心生产，结果大家都不愿意进矿井、不愿意干活，成天三五成群，手里捏着一根木棍，到山上四处游荡。干部对这一完全出人意料的情况束手无策，只好又搬出那套过去对待劳改人员惯用的高压手段，强迫新工人劳动。这样一来，自然遭到了强烈反抗，工人与干部之间经常争吵、打架。工人理直气壮地说："我们是革命青年，不是劳改犯，你们把我们当犯人，不行！"

劳改队干部除了会行使暴力之外，别无能耐。暴力行不通了，只好放任自流，生产陷于半瘫痪状态。面对这种难堪的局面，主管全矿生产的张副矿长自慰地说："这些小伙子才20来岁，年纪轻，不懂事，再过几年等他们长大了，自然会干活的。"

连我们那名科班出身的技术员，对工人不肯进矿井干活，也有一番令人扼腕的解释。有一天我陪他下矿井，他看到井下长期停产造成的脏乱现象，便发表了一番感慨："人家的矿井拿花岗岩铺台阶，用无缝钢管做扶手，而我们的矿井这样脏乱，这叫工人怎么肯进来？"

我心想：你所指的这些脏乱现象，究竟应该由谁来改变？工人是请来做客的吗？再说，哪一座矿井是用花岗岩和无缝钢管来装饰的？矿井是生产的地方，可不是供人旅游的地下宫殿。这时，这名来矿已经十一二年的劳改队技术干部，满脑子装的还尽是这些虚无缥缈的东西。

过了几年，这些工人一个个结了婚，生了孩子，脸上也胡子拉碴的。可是年龄增加了，劳动干劲却一点也没有见长，生产依然搞不上去。这时张副矿长又找到了新的理由："一个月才拿到五六十块钱，工资太低，这叫工人怎么愿意干活呢？"

20世纪50年代毕业的大学生，到了这时工资也还只有这么多。这些没有什么文化的青年人，一进矿就拿了这么多钱，怎么能说他们工资太低了呢？这名矿长看不到管理上的毛病，抓不到问题的实质，尽找这些似是而非的理由来搪塞。所以后来在给工人大幅度增加了工资，每月可拿到七八十元时，生产状况依然如故，毫无起色，他才哑口无言了。

矿领导没有能力调动工人的劳动积极性，便只好让他们闲着，又另外从外面雇来浙江包工队打坑道，并自慰地说："这样效益高多了。"于是该矿从改变性质起，经过了十多年的瞎折腾，白白糟蹋了国家上千万元投资之后，终于在20世纪80年代初被关闭。这个原来每年还可以为社会创造一些物质财富的劳改矿山，在改成社会企业之后，反而没有为国家作出什么贡献。

在计划经济时代，由于个人利益与社会效益没有直接挂钩，不仅造成劳动者不关心自己的劳动效果，就连各级领导干部，对国家利益也往往采取漠不关心的态度。

矿在改变性质之后，劳动条件太恶劣的土炼磺炉停产了，转而修建选矿厂，矿石几年内不会有出路。可是矿井在照常地开采，采出来的矿石被堆放在露天储矿场。硫铁矿石极容易风化，受日晒、雨淋、风吹，大矿石迅速分解成小矿石、矿粉，经雨水一冲，矿粉就流失了。这样既浪费了资源，又污染了环境。我曾经问过矿的领导，既然矿石无法处理，为什么还要开采呢？他却理直气壮地回答说："上级叫怎么搞就怎么搞，其他的我不管。"

我从本单位这个社会细胞，看到了整个金字塔式权力结构社会运行的盲目性和无效性。人人都在向上级负责，至于花了那么多人力、物力、财力所干的事，究竟有什么意义，对社会有什么好处，却无人顾及。运动就是一切，目的是没有的。

管理是领导，是政治，是不容我介入的禁区。这时我不为自己可悲的命运叹息，却为在这种大规模破坏性生产面前无能为力而痛心疾首。在我被调走两三年后该矿倒闭时，有的干部说，是李扬鉴走了矿才垮的。这完全是一种误解。其实，我在枫林硫铁矿这个小小的舞台上，只能在科技领域发挥作用，充其量只能算是一个成功的配角而已。

美的享受

1976年“四人帮”覆灭，这给国家和个人命运的转折和发展提供了契机。在这个风云骤变的时刻，我于无声的枫林山区听春雷。

我知道在那时的人治社会里，国家的大政方针将随着中央领导人员的更迭而改弦更张；何况，原来极“左”路线已经给中华民族带来了深重的灾难，酿成天怒人怨，谁也无法继续沿着老路再走下去了。这时，我预感到“以阶级斗争为纲”的腥风血雨的时代即将结束，自己盼望了20年之久的一场以富民强国为宗旨的社会变革行将来临。在未来这个伟大的新时代里，科学的春天必将降临神州大地，自己也将可以大显身手，建功立业了。这时我在给二房扬璧弟的信中喜形于色地写道：“我为已经露出的曙光和即将来临的灿烂光辉而欢欣鼓舞。”扬璧在20世纪60年代后期毕业于中南矿冶学院，随后被分配于陕西地质队当技术员。

为了抓住刻下这个千载难逢的机遇，为了实现自己多年来冲出劳改队囚笼、到社会广阔的自由天地施展才干的梦想，我决心竭尽全力对自己多年来的研究成果，从更高层次上进行一次全面系统的总结，以期用翔实的资料和独特的观点，去吸引学术界的关注，从而改变自己的命运。机不可失，时不我待。

这时国家的形势变了，我搞科研、撰写文章也抛开了过去那些顾虑，敢于公开利用一切空闲时间了。不管是白天黑夜，是假日节日，是严冬酷暑，我都以“只争朝夕”的精神忘我地工作。对于未来美好事业的向往，使我激情满怀，灵感如同蓄满了水的水库陡然被打开了闸门，汹涌而出，成天沉醉于创造性思维的欢乐之中。

在此之前我应用两种不同的方法，分别研究两个课题：应用演绎法研究纵弯褶曲构造应力应变场，应用归纳法研究枫林矿区地质构造。我根据材料力学纵弯杆概念，研究纵弯褶曲构造应力场，认为产生纵弯褶曲的水平挤压力，在纵弯褶曲中的任意横断面上，可分解成三个力：弯矩、剪切力和轴向压力。弯矩使该横断面外侧受到纵向张应力，内侧受到纵向压应力；剪切力使该横断面受到纵向和横向剪应力；轴向压力使该横断面受到均匀的轴向压应力。并用若干个数学式，定量地表述了纵弯褶曲在变形过程中，各个横断面中各点的各种应力的强度及其变化，创立了纵弯褶曲中各种应力在空间上的分布和时间上的演化的力学新模型，得出了纵弯褶曲中存在着纵向压应力、纵向张应力、纵向剪应力、横向剪应力和轴向压应力五种应力，而不是传统所认为的只有前三种应力。其中纵向压、张应力，主要集中于纵弯褶曲轴部内、外侧，而且纵弯褶曲幅度愈大，这些应力也愈强，故在纵弯褶曲，尤其是规模较大的纵弯褶曲，轴部内、外侧往往分别产生压性逆冲断层和张性、张剪性正断层；纵向、横向剪应力，主要集中于纵弯褶曲翼部，尤其是陡翼、倒转翼，故该部位的层间剪切运动特别强烈，并多有扇型逆冲断层产生；轴向压应力主要集中于纵弯褶曲的轴部和缓翼，故这些部位多有压性逆冲断层和压剪性平面X型断裂发育。由于发现了纵弯褶曲中存在着横向剪应力，从而创立了扇型逆冲断层新断裂类型，使褶皱造山带中广泛发育于大型褶曲翼部，尤其是陡翼倒转翼逆冲断层的成因，得到了确切的解释。前人把扇型逆冲断层与压性逆冲断层混为一谈，是不对的。

这一研究成果，虽然得到了李四光教授在《扭裂缝之泥浆试验》一文中纵弯褶曲模拟实验的全面印证，也获得了其他一些文献所提供的野外观察资料的有力支持，而比前人的应变椭球体理论等定向定性描述，无论在广度上或深度上都前进了一大步，但由于原来未能与枫林矿区丰富的地质构造现象相结合，缺乏生动的第一手资料的佐证，内容显得空泛、苍白。

另一方面，我虽然观测、归纳了枫林矿区大量的地质构造现象，得出了一些规律性的认识，但由于缺乏一个更高层次的理论来加以提炼和综合，这些认识还只是停留于孤立描述的低层次阶段，未能形成统一的系统的理论，显得凌乱和肤浅。由于这两个具有很大互补性的课题，在长期的研究过程中，一直被当成两个独立的课题分别研究，没有进行有机的结合，因此它们都存在着很大的局限性，对此我颇为烦恼。

有一天，正当我为了寻找一个研究枫林矿区地质构造的新思路而绞尽脑汁的时侯，蓦然间闪出了一个念头：既然枫林矿区不同性质的断裂系统都产生于纵弯褶曲中，并受其构造应力场控制，那么，何不把自己多年来关于纵弯褶曲构造应力应变场的研究成果，作为综合枫林矿区这些构造现象的理论基础呢？这样既可以使前者的理论认识得到后者丰富生动的第一手资料的充实，又能把后者的研究在理论上提升到一个崭新的高度。捅穿了长期以来隔开它们的这层薄纸，一直苦恼着自己的这两个研究难题，一下子便迎刃而解了。

这次认识上的飞跃，虽然是在瞬间产生的，但是只有在过去长期辛勤劳动的基础上才能出现。如果不是由于我对这些课题进行了多年的研究，并一直在苦苦寻找它们的突破点的话，那么再聪明的头脑也不能顷刻间便萌发这个把它们结合在一起进行统一研究的灵感。灵感产生于积累。

根据这个新思路，我对矿区数千米坑道素描图进行了全面系统的提炼和综合。我对横穿纵弯褶曲坑道素描图中的顶板张性、张剪性正断层和煤系厚度作了数理统计，并用滑动平均法把这些统计结果绘制成曲线图，放到所在纵变褶曲剖面图上进行定量对比。

为了使断层发育程度的概念更加定量化，我创立了断层强度新概念。以往人们描述断层的发育程度，往往使用断层密度或断层间距这些不太精确的概念。断层密度，是指在一定距离内有多少条断层。断层间距，是指两条断层之间的距离。可是断层的断距有大有小，不能一视同仁。故这些仅以断层条数为统计对象的概念，不能确切地反映断层的发育程度。断层强度，则包括了断层的密度和断距两个内容，即在一定的距离内，同类性质断层的断距总和，这一概念更确切地反映了该地段的断层发育程度。

1978年春节，矿上放了5天假，妻子带着两个孩子不辞辛劳从老远的农村来矿团聚。可是我为了绘制断层强度曲线图，对一年见不到两三次面的难得机会置之不顾，把他们撂在一边，独自一人溜到冷冷清清的办公室。办公室离宿舍不远，两个孩子年幼不懂事，耐不住寂寞，便来办公室想与难得见一面的爸爸多待一会儿，却被我无情地赶了出去。由于数理统计的各种参数，一时难以确定，需要经过多次的试算才行，统计工作量很大，结果牺牲了一个春节享受天伦之乐的宝贵机会，才绘出了一条5厘米长的断层强度曲线图。

由于长期的沉重精神压力、营养不良和紧张的脑力劳动，我的身体不支了，经常累得头晕眼花，失眠也死灰复燃了。为了增强体质，我每天清晨坚持到矿区公路上跑步。那年头我穷得连块马蹄表也买不起。夏天天亮得早，起床时间还能够掌握；冬天天亮得晚，起床时间就只好凭感觉了。经常深更半夜醒来，以为天快亮了，便出去跑步，惹得那一带的老百姓盛传矿上有个疯子，深夜还到公路上乱跑。有一次，附近农村小煤窑请我去作技术指导。在闲谈中，他们问我："听说你们矿上有个疯子，半夜还在公路上乱跑，有这回事吗？"我回答说："有这回事，那个疯子便是我。"弄得大家哄堂大笑。

经过一两个月的艰苦努力，我终于绘制完10条横穿纵弯褶曲的顶板张性、张剪性正断层强度曲线图和煤系厚度曲线图，使这些构造变动现象，醒目地呈于纸上。我从这些曲线图上惊奇地发现：与纵向张应力作用有关的顶板张性、张剪性正断层，主要集中于背斜轴部，强度与所在背斜的隆起幅度呈正相关关系；受纵向剪应力控制的煤系厚度次生变化，则在纵向剪应力最弱的背斜轴部增厚最多，在纵向剪应力最强的褶曲翼部减薄最甚，减薄程度与该部位的倾角呈正相关关系。它们这种构造变动规律，与我关于纵弯褶曲构造应力场中的纵向张应力和纵向剪应力的理论模型，耦合到令人震惊的程度，这些曲线仿佛是人为地捏造出来迎合自己的公式似的。天人合一，美不胜收。

过去我虽然从辩证唯物论观点出发，知道客观世界存在着必然的规律性，但是刻下摆在面前的这一幅幅活生生的曲线图，竟然这样井然有序，均匀对称，并与定量的理论模型如此高度吻合、和谐，还是令我无比惊讶。由此，我进一步确信，只要我们抓住了问题的实质，任何复杂的自然现象就都是有序可循的。

当年我像秋天的一片落叶，经常被东赶西赶，四处飘零，居无定所。在该矿22年间，搬了二三十次家，平均不到一年便搬一次。1978年初春，我被撵到湖边居住，与荒野为邻。该湖与长江相通，是季节性湖泊。夏季涨水时，湖里水满盈；冬季落水时，湖里便干涸了，成为一片荒滩。

我的住房窗口，面对着空旷的湖滩和湖滩那边起伏的山峦。一个月夜，我坐在窗边洒满银光的书桌前，正为自己发现了自然界的有序、和谐美激动不已的时侯，蓦然抬头远眺，见到干涸的湖里白雪皑皑和远处的山峦披挂着素装，仿佛置身于洁白无瑕的银色世界，令人心旷神怡。“仰观宇宙之奇，俯察自然之理”，天地万物与我相融。此情此景，我深深地沉醉于大自然和精神世界美的享受之中，忘记了自己多年来身陷囹圄的屈辱和痛苦。这时我好像不是在进行理性的科学探索，而是在聆听自然界弹唱妙不可言的乐曲。自然与精神，思想与情感，科学与美学，在这里水乳交融，浑然一体。这是一种无法言传的高级的精神享受，是心灵的天堂。当时我暗暗地立下誓愿：有了这一片刻令生命震撼的乐趣，我心甘情愿终身受苦受难。当初研究矿区地质构造，是怀着强烈的功利目的的，万万没有料到，这一研究竟然意外地给自己带来了无与伦比的美的享受。难怪当年爱因斯坦为了寻找美的世界，愿意在理论物理学领域苦苦求索了。

长夜尽头梦成真

经过两年多断断续续的拼搏，我终于在1979年7月完成了长达3万多字的论文《湖北枫林矿区褶曲构造中断裂系统力学成因的探讨》。该文是我20年来血和泪的结晶，凝聚着自己对未来事业的厚望。文章完成后，我结束了长期的劳累，如释重负，长长地吁了一口气。是时我宛如登山运动员在经过了长途跋涉，终于胜利地登上了顶峰。回顾一下一路走来的艰辛所产生的复杂心境后，我在给扬璧弟的信中写道："多年来我是在荆棘丛生的原野上，踩出这条小路来的。不，不是用脚踩出，而是匍匐在地上，驮着沉重的肉体上的、精神上的双重十字架，用牙齿咬出这条血泪斑斑的曲径来的。"

其实到了这时，"这条血泪斑斑的曲径"并未完全"咬出"，还有一段扑朔迷离的艰辛的路要走。

当时本系统的地研院，恰好创办了一份季刊《化工地质》。我想，文章在本系统的刊物上发表，如果受到重视，还可能解决工作调动问题，于是便把稿子寄给该刊编辑部。

我长期与外界隔绝，对学术界的现状不了解，不知道自己这篇充满新意的文章，能否为人们所接受，内心忐忑不安。不过这时科学的春天已经降临神州大地，故这篇稿子的命运虽然还凶吉未卜，但我决心抓住这个盼望已久的大好时机，闯出一条生路来。是时，我在给于武汉教育学院任副院长的扬镜兄的一封信中，便道出了这番心声："这篇稿子耗尽了我全部的心血，是成是败，尚难逆料；不过失败了我也不会就此罢手的，'路漫漫其修远兮，吾将上下而求索'。"

这篇文章，虽然把枫林矿区地质构造和纵弯褶曲构造应力应变场的研究提升到一个崭新的高度，并最终奇迹般地实现了自己20年前的梦想，然而在前进的道路上，依然危机四伏，一波三折。

稿子寄到编辑部，恰好落到了时任该院总工程师的宋鸿年先生手里。他读了该稿后兴奋不已，在办公室里踱来踱去，连连啧啧称赞："我已经20年没有读过这样的好文章了！"

这位德高望重的地质界老前辈独具慧眼。的确，这不是一篇用墨水写就的普通论文，而是一幅拿整个生命镌刻出来的美不胜收的构造画卷。

编辑部负责人、高级工程师邹汉章，立即根据宋总的评价，给我写了封信，说该文将于当年第4期，以头篇的显要地位刊出，标题用二号黑体字，一次刊完。我接到这封褒奖之情溢于言表的信，受宠若惊，激动得热泪盈眶，知道自己多年来的心血没有白花。

可是好事多磨，一等三四个月过去了，却不见文章发表。我焦急万分，不知道哪里又飞来了横祸，便给编辑部去信询问。

真是无巧不成书。宋总在审阅了我的文章后不久，便晋升为上级代管单位地质矿山局的总工程师，离开了地研院。这时院里几个各占一方的室主任，便一个个粉墨登场。他们虽然读不懂这篇文章，但为了表示自己比宋总高明，便借贬低这篇被宋总推崇的文章，来达到打击宋总、抬高自己的目的。于是，他们纷纷出来大放厥词，说它根本不像文章，《化工地质》发表这样的东西是丢大脸，云云，弄得正直憨厚的邹工进退维谷。

编辑部收到我的信后，也觉得这样拖下去不是办法，应该请院外专家鉴定后，再作定夺。院里科技部主任工程师、早年毕业于北京大学地质系的教授级高级工程师梁天佑，为人热情、正派，便主动把稿子送到北京，请李四光教授创建的地质力学研究所鉴定。该所地质构造专家经审阅后，作出了很高的评价，并在评审意见书中指出：

1. 文章引用的材料，大多是在生产第一线取得的第一手材料，内容丰富实际。这种科学态度和正确的文风，是目前特别值得提倡的。

2. 文章中引用杆件受力后的应力分布规律，来分析枫林矿区纵弯褶曲中断裂系统形成的力学机制，并在生产实践中解决了一些实际问题，解释了一些难以解释的地质现象。这些看法和经验，对矿区工作及小构造研究，都是有价值的参考资料。

3. 用数学力学工具来解决地质问题，可使问题得到更深入的理解，这一点是值得提倡的，这也是构造地质学研究中的一个方向性问题。

……我认为这篇文章有公开发表价值。

编辑部根据地质力学研究所专家的评审意见，决定于1980年第3期发表该文。但由于文章较长，需要压缩一下，遂来函约我于1980年元旦过后，到编辑部修改稿件。于是，这篇命运多舛的文章，到了这时才算尘埃落定。

由于我的文章先前在院里引起了那么大的争议，闹得沸沸扬扬，此后又得到院外专家的高度评价，所以我到编辑部修改稿件期间，自然受到了院领导和有关方面的关注。经过一段时间的了解和邹工等几位热心人的推荐，他们便决定调我来院从事研究工作。当时任院党委书记兼院长的吕鹏飞同志爱才如命。他指示人事科说："李扬鉴调得来要调，调不来也要调！"于是，我多年来的夙愿，终于实现了。

正如古人所云：祸兮福所倚；塞翁失马，焉知非福。本来一篇地质学方面的文章，即使是再有分量的文章，发表也就发表了，谁都不会太在意。可是经过院里这几个室主任的起哄，反而把该文及其作者突显出来了，给我工作调动创造了良机。说实话，我之所以有今日，得感谢形形色色的逆境和对头：没有看守所非人的囚禁生活，我也许就缺乏日后对自己、对生活、对人生这样的珍惜和热爱；没有劳改队长期刻骨铭心的磨难，我也许就难以铸造出今日这种为生存、为发展坚忍不拔的性格；没有到枫林硫铁矿劳改，我肯定不会在地质构造领域作出这样的贡献；没有地研院这几个"强人"的攻击、诽谤，我也许一辈子也进不了心仪已久的科研单位，无法在学术上建功立业。

1980年1月下旬，我修改完文章后，便带着地研院的商调函回枫林硫铁矿办理工作调动手续，处理右派改正遗留问题。我怕夜长梦多，到了矿后便立即向党委书记请求调动工作。书记姓耿，北方人，南下干部，性格耿直。他听我说后，便满口答应，说："培养人才、输送人才，是我们义不容辞的责任，虽然你不是我们培养的。"并让政工科给我开具同意调出的证明。

起初技术员听说我要调走，很是高兴。那些年一些干部总是拿我的成功事迹，去指责他无能，给他难堪。尤其是1978年我在夏家冲矿井堵水的成功，更使他声誉扫地。这使他感到无比的屈辱和愤怒：一名堂堂的技术干部，在人们的心目中，竟然不如一个劳改释放犯。他想，我这一走，整个矿便只剩下他这个技术人员，再没有心腹之患了。可是，由于我是被中央部属科研单位调走的，不久后便在该矿及其周围地区引起了强烈震动，声望倍增，使他更加丢脸，连他的妻子也骂他光会吹牛，没有本事。到了这时他才醒悟过来，想到不能放我走，应该永远把我压在他的手底下。于是，他逼迫耿书记来向我索回证明。这是我奋斗了20年才争取到的、决定我后半生命运的命根子，哪里能够随便交出？我这个向来诚实的人，这时也不得不撒了个谎，说证明早已寄走了。到此他无计可施，只好作罢。

当初，跳出枫林硫铁矿进入科研单位的想望，简直是痴心妄想。那时我像个堂·吉诃德式的现代骑士，一直在自己的理想王国里，可笑地苦苦追求着，为百分之一的希望，进行了长达20年之久的百分之百的努力。真的不敢想象，这一艰苦卓绝的努力，在党的十一届三中全会之后，使美梦成真。自助者，天助也。人生的命运，是由许多必然的和偶然的因素决定的，每个人都可以成为自己命运的预言家。心念的力量，往往可以跨越现实的种种阻碍。它与客观的有利条件相结合，便能构成一个神奇莫测的磁场，吸引你朝着实现理想的方向前进。所以只要你意志坚定，并付诸行动，理想迟早会实现。

第十一章◎艰难的改正历程

不被承认的“右派”

1978年底，妻子左眼视网膜破裂，几近失明。我陪她去武汉东湖边的一家医院做手术，住院一个多月，到了翌年春节之后才出院。在住院期间，我听说右派问题要解决，但具体如何解决，一无所知；虽然1978年9月17日，中共中央在内部已经颁发了中发〔1978〕55号文件《贯彻中央关于全部摘掉右派分子帽子决定的实施方案》，对右派改正问题早已作出了明确的规定。妻子出院后，我送她回广济农村家里，随即返矿。刚到矿，就接到广东老家弟弟发来的电报，说母亲病危，要我速归。于是，我又马不停蹄地奔往阔别了26年之久的家乡。

赶到了家，看到养母卧床不起，形容枯槁，行将就木，很是凄凉。多年来我的落难，把她老人家害苦了。幸好弟弟在“文革”期间被下放到海南岛几年后，又回到了她身边，才算有了照应。不过弟弟在工厂当工人，收入菲薄，又有妻小，日子过得很艰难。

我到家的第二天，养母了却了想见我最后一面的心愿后，病情急剧恶化，从此不省人事。在这种情况下，本来我应该留在家里，为她老人家送终，但怕错过右派改正的机会，不敢多待，只住了十来天便急急返矿。

回矿后，我却按兵不动，静候佳音，等待政府的改正通知，不敢主动去向有关部门询问。多年的劳改生活，早已使我养成了忍的习惯，事事都忍着，这么大的事也忍着。可是一等几个月过去了，到了1979年6月还毫无动静。听说右派改正工作快要结束了，这时我才心急如焚，硬着头皮到阳新县法院询问。他们说，我原来的工作单位813地质队，现改称为603地质队，仍驻大冶县城关，前些时候来查阅过我的档案，要我自己与他们直接联系。

我从1958年被捕后，便与该队没有往来，也不知道他们的去向，没有想到他们还在大冶。我赶到该队，“落办”老李接待了我。他是后来才来的，与我素未谋面。从其谈吐来看，这是个憨厚人，说话实事求是。他向我介绍了他们这次复查我的右派问题的整个过程：

你原来被划为右派分子，仅仅是普查队党支部的意见，未经上级机关的审批，是无效的。根据1957年10月15日《中共中央关于〈划分右派分子的标准〉的通知》规定：“凡是各单位确定为右派分子的名单，必须报告县一级或县一级以上的党的领导机关审查批准”，故这次复查时，起初我们并不承认你是右派分子，不承认存在改正问题。因为要给你改正，得先给你戴上右派“帽子”，可是这样做很荒谬。我们对阳新法院说，你的问题由他们平反算了，无需我们介入。他们不同意，说判刑是在我队党支部结论的基础上搞的，坚持要我队先做改正工作。我们请示了黄石市（大冶原属黄石市管辖，现独立成市），市里说，已经造成了既成事实，只好对原来的支部意见进行复审。这样我们才承担起复查你的右派问题工作。复查后，我们把你的极右改为普右，上报黄石市，但一个月过去了，他们还未批下来。

听了这席话，我不禁大吃一惊：我这个坐了这么多年牢的“极右分子”，竟然是个不合法的假右派！我这个“右派”，不仅是个扩大化问题，而且连起码的审批手续也没有，根本就是违法的。时至今日，603队在复查我的右派问题时，既不找我本人了解当年的真实情况，又不向我现在所在单位征求意见，只是草草地到阳新法院看了一下20多年前的档案材料，便轻率地把极右改为普右上报黄石市，这种不负责任的行为，是我不能接受的。

我对老李说，把极右改为普右是不公正的，应该彻底改正，并就当年作为划我为右派分子依据的那两封信和一些日记内容，以及自己多年来在枫林硫铁矿的实际表现，陈述了理由。老李听后，发现上报材料与事实不符，表示可以修改；但又说他自己无权这样做，“落办”王主任在武汉开会，要我过几天再去。

我原来以为，既然当初划我为右派是无效的非法的，那么现在予以彻底改正自然是顺理成章的事。其次，经过了1958年的“大跃进”、随后的三年全国大饥馑和十年“文革”大浩劫，过去指控我的那些“罪状”，早已被大量活生生的事实推翻，表明当年我对权力过分集中所可能产生的种种严重社会弊端的忧虑，不但不反动，而且具有惊人的预见性，现在用不着我再来饶舌了吧。第三，这么多年来，我在劳改队那样艰难的环境中，依然忍辱负重地忘我工作，为社会主义建设事业作出了突出贡献，我究竟是个什么样的人，也应该是不言而喻的吧。

可是，我这种书生之见实在是太天真了。

节外生枝

根据老李的意见，几天后我去603队找组干科科长兼主管“落办”的王主任。王主任40来岁。他给我看一份该队于1979年5月份上报黄石市革命委员会右派分子摘帽办公室（以下简称“摘办”）的书面报告《关于李扬鉴极右分子的复查意见》。在这份《复查意见》中，他们沿袭当年反右派斗争时期的惯用手法，对我那两封信和一些日记的内容，断章取义，无限上纲，继续指控我“反对无产阶级专政”，并把我原来的极右改为普右，没有彻底改正。

我不同意他们的指控和结论，与王主任发生了争执。他指责我1957年的那些言论“思想反动，语言恶毒”。对此我据理作了申辩。后来他自感理亏，改口说：“好人也会说错话。”为了缓和气氛，我也作了一些让步，说：“你说我是好人说错话，我同意；但现在你们给我所作的结论，是坏人（右派分子）说坏话，这点我不同意。”

谈到这里，王主任无言以对，便转换了话题：“你可以对个别干部、个别工作提批评意见，但不能对一般问题有不同看法，谈论一般问题是越轨行为。”

1978年5月11日，《光明日报》发表的那篇极其重要的理论文章《实践是检验真理的唯一标准》，到这时已经有一年之久了。它所掀起的一场关于真理标准问题的讨论热潮，使强加在中国人民头上的精神枷锁“两个凡是”遭到了彻底的批判。为真理而献身的张志新烈士的光辉事迹，也已经成为大家学习的榜样。理论战线和思想战线正以摧枯拉朽之势，冲破一个又一个的禁区。谈论“一般问题”已经成为每个公民神圣的权利，这怎么能说是“越轨行为”呢？于是，我理直气壮地回答说：“我不同意这个意见。谈个别干部、个别工作的缺点错误，当然是允许的；探讨一般问题，包括理论问题和体制问题，也是合法的。”当时我心想，正是由于这些关键性问题，过去长期不允许研究不允许讨论，才酿成“大跃进”和“文化大革命”这样的大灾难。这个问题历史早已作出了结论，今天还需要争论吗？中华民族多年来在付出了这么多惨重的代价之后，至今还有一些人这样执迷不悟，真是令人匪夷所思！

在争论过程中，王主任为了压服我，口口声声说他们队是个县团级单位。他认为一个县团级单位可以管半边天，我这个“右派分子”不赶紧向他叩头作揖，还敢向他讨个什么公道？

我这一生无意混迹官场，也从不向任何权势卑躬屈膝，何况县团级不就是个芝麻官吗？他以势压人并没有唬住我。

由于王主任一直在中间作梗，我后来去黄石市“摘办”、603队和阳新法院上访了二三十次，问题始终得不到解决。

603队这样执意整我，并不是由于我得罪了他们。该队这些干部，我一个也不认识；在与王主任争论的过程中，虽然双方观点针锋相对，但我也只是心平气和地申辩，并无什么刺激性言辞。他们之所以揪住我不放，完全是因为他们对党中央的右派改正政策存在着严重的抵触情绪。

当时该队"落办"中，与我素昧平生的唯一一位受过正规高等教育的余工程师，刚站出来为我说几句公道话，便被他们斥责为替我吹喇叭、抬轿子。

到了1979年9月间，我矿党委看到我的右派问题久拖未决，很不正常，便出面干预，给黄石市"摘办"致函。该函就我多年来的一贯表现，向他们作了如实的反映，并要求他们从速落实。公函中说："李扬鉴同志是我矿的技术骨干，多年来一直表现良好，在生产中发挥了重要作用。请你们根据他本人的具体情况和党的有关政策，对他的右派问题及早予以落实，以便调动一切积极因素为社会主义建设事业服务。"

黄石市"摘办"接到我矿党委的函件、看到我过去在专业刊物上所发表的一些科技文章后，发现603队的《复查意见》对我所作的结论有问题。但为了慎重起见，他们决定把我的右派问题作为典型案例，进行集体讨论，统一认识。他们复印了我的有关材料，包括反映不同意见的603队《复查意见》和我矿党委的信函，发给市里有关单位，并召开了专门会议进行集体讨论。讨论结果一致认为，应予彻底改正，并责成603队修改《复查意见》。但到了这时，603队在修改后的《复查意见》上，仍然含糊其词，不肯写明"不应划为右派分子"等字样，为留下右派尾巴埋下伏笔。为了显示他们《复查意见》的权威性，他们也一再向市"摘办"强调，他们队是县团级单位。市"摘办"对他们这种阳奉阴违的行为很不满意，并向他们指出，枫林硫铁矿也是县团级单位，最后要求他们在《复查意见》中，必须明确写上"该员参加工作一直到现在工作表现较好，努力钻研技术，曾在有关杂志上发表过一些技术论文，为社会主义事业作出了一定的贡献。为此，我们本着实事求是的原则进行复查，现根据中共中央中发〔1978〕55号文件关于划分右派分子的标准的第三条若干规定，我们认为该员不应该划为右派分子，更不能划为极右分子”。

到此，603队迫于上级的压力，虽然不得不对我的右派问题作出了改正，但是在修改后的《复查意见》中，在原来只有一项“反对无产阶级专政”指控的基础上，又凭空增加了“攻击共产党、攻击毛主席、反对社会主义制度”三大罪状，好让我永世不得翻身。所以该队在1979年11月最后定稿的《复查意见》中，连篇累牍地指控我“攻击和妄图推翻党和毛主席的领导……攻击党的肃反运动，反对社会主义制度……搞反革命的煽风点火活动”，满纸恶毒谎言；而后面的简短结论，是前述那段对我作出肯定性评价的文字。前后相互矛盾，反差强烈。为了奇文共赏，让广大读者亲眼目睹这篇写于粉碎“四人帮”3年之后的《复查意见》的风采，现将全文抄录如下：

关于李扬鉴极右分子的复查意见

黄石市摘掉右派分子帽子办公室：

原我队职工李扬鉴，又名李汉声，男，现年45岁，广东省揭西县棉湖新寨村人，出身于地主兼工商业家庭，东北工学院采矿系专修科毕业。1955年9月参加工作，曾任华东分局普查队坑探一级助理技术员，在1957年的反右斗争中，因书写反动日记和信件，被原华东分局普查队党支部结论为极右分子，经阳新县委五人领导小组批准定为反动分子，并由该县人民法院判处李扬鉴5年徒刑。刑满后在该县枫林硫铁矿就业至今。

关于原定李扬鉴的极右分子问题的经过是：该员于1957年前后书写的大量反动日记被职工发现后，为销毁罪证，将其反动日记扔入厕所内，后经组织查获。但由于其内容没有散布，基本没有扩散影响。

本次我们对此进行了认真的复查，其反动日记和书信的内容主要有三个方面。

一、攻击和妄图推翻党和毛主席的领导

借古讽今，把毛主席比作封建皇帝。该员在1956年6月4日的信件中说："封建时代，人民在帝皇的暴力下苟且偷生，今天人们又不得不屈膝于权威的淫威之下，什么时候人民才能畅所欲言、畅所欲为呢！"

二、攻击党的肃反运动，反对社会主义制度

宣扬资产阶级的"民主自由"，反对无产阶级专政。该员在日记中写道："我不满现状的真正目的，是想改良现状。""实行资本主义国家的民主选举制度，实行议会制度，实行两党制，一党在朝，一党在野，废除全国人民代表大会。"

在肃反运动上，该员在日记中用寓言将党比成傻子，肃反政策是棒，反革命分子是苍蝇，右派分子是傻子的祖父。他写道："一个傻子看到祖父光秃秃的头上停着一只苍蝇，这只苍蝇正伸出前腿在自由自在地抹脸，气极了：'你这人类的大敌，胆敢如此放肆！'于是操起一根大棒，朝着苍蝇，也即祖父光秃秃的头劈去。苍蝇被打得粉碎自不待言；祖父呢，也应声而倒，脑浆四溅。傻子看到苍蝇被打死在地，哈哈大笑，拍手欢呼。邻居见状，惊异地问道：'你打死了祖父为什么还如此高兴呢？'傻子满不在乎地回答说：'我已经消灭了一只人类的大敌——苍蝇，成绩是主要的；至于祖父吗，缺点是次要的。'"

三、搞反革命的煽风点火活动

分别给两位同学共写了两封信，其中李在1957年6月4日给西安建筑学院的同学林××的信中说："新的局面已经出现，但遗憾的是还有禁区，带根本性的问题与党的权威人士还不许碰，大错误就产生在那里。"等等。

鉴于上述，李扬鉴的日记属于攻击共产党、攻击毛主席、反对无产阶级专政、反对社会主义制度的言论。但是由于该员的言论没有在群众中或社会上扩散影响，同时该员参加工作一直到现在工作表现较好，努力钻研技术，曾在有关杂志上发表过一些技术论文，为社会主义事业作出一定的贡献。为此，我们本着实事求是的原则进行复查，现根据中共中央中发〔1978〕55号文件关于划分右派分子的标准的第三条若干规定，我们认为该员不应该划为右派分子，更不能划为极右分子。我们同意改正后收回队上由组干科安排工作。另外，关于李扬鉴因其右派言论被判刑五年的问题，建议阳新县人民法院对该员的原判进行复查。以上报告当否，请批示。

中共中南冶勘603队委员会

1979年11月

这时我虽然对这份《复查意见》中，前面这几项强加于自己头上的政治大帽子，持强烈的反对态度，但考虑到在黄石市“摘办”的一再干预下，基本问题已经解决；加之如果再作进一步申辩，一时也不会有什么新的结果；而且，其时我正在准备应《化工地质》编辑部之邀，赴河北涿州修改稿子，没有时间与他们纠缠下去。我想，剩下的政治尾巴问题，留在日后慢慢解决，遂勉强接受了他们这份前后自相矛盾的《复查意见》。

可是到此王主任还不肯罢休。在黄石市“摘办”对这份《复查意见》批复之后，他仍然对该队办理改正事宜的工作人员说“李扬鉴还是个属于右派范畴的分子”；而且一直扣压着《复查意见》，不通知阳新法院，阻挠他们给我平反。1980年1月中旬，我从涿州修改完稿子后返矿，正等待阳新法院的平反通知，以便办理调往地研院的迁移手续。可是到了这时，《复查意见》已经批下来两个月了，阳新法院还未接到603队的通知，无法进行重新判决。我心急如焚，先后3次请枫林硫铁矿党委给603队打电话催问。可是，王主任公然一再撒谎，说《复查意见》早已寄给他们了。同年1月底我去该队询问，王主任才在事实面前，不得不承认《复查意见》还在他手里，并表示春节前一定发出。然而，春节过后，该法院仍然什么也没有见到。一直拖到了1980年3月10日，还等不到603队的任何通知，法院知道该队是要把《复查意见》扣压到底了。于是法院才根据该队于1979年11月给枫林硫铁矿的《复查意见》和1979年12月20日阳新县革命委员会《关于李扬鉴问题的复议决定》的书面意见，进行重新判决，撤销了该院（58）阳法刑字第233号刑事判决书，作出了“李扬鉴不应以反革命论处”的平反结论。这样经过了近一年的折腾，我的改正平反问题到此才算基本解决，虽然还留下一条大得吓人的“政治尾巴”。

阳新县革委会在给我矿的书面通知中，根据原来普查队的起诉材料，写明恢复我过去每月60多元的工资级别。我当面予以更正，说我是五级技术员，每月基本工资只有53元，60多元是包括当时地质队的野外津贴的，使这份已经盖好了公章的通知书重新改写。当年这十多块钱，是一级工资，可以养活一个人。过来人都知道，当年许多人等了20多年，也等不到晋升一级工资的机会。可是我这个坐了22年冤狱的“右派”，不肯收下这送上门来的难得馈赠；尽管我当时由于长期收入微薄，家庭经济负担重，又相继发生了妻子住院、养母病逝等变故，欠了一屁股债，非常需要钱。我想人穷事小，做人事大，我不能接受这不义之财。由于“右派”是改正，不是平反，蒙冤期间的工资不补发，所以我在改正之后的经济生活依然捉襟见肘。1986年，地研院领导看到我蒙受了长期不白之冤后，生活还是困顿不堪，补助我1000元。我为了报答组织的关怀，便主动拿出其中300元缴党费。组织见我经济拮据，不肯全部收下，只留下50元。所以我们这些诚实的严格自律的书生，哪里是以整人为营生的王主任们的对手，因为我们遵循着完全不同的人生游戏规则啊！

难砍的“政治尾巴”

1980年3月我被调到地研院之后，就《复查意见》中强加在我身上的政治大尾巴，曾经多次向院党委、化工部党组和其他有关单位提出过书面申诉，要求改正这些不实之词。尤其是自从1982年我申请入党起，这个问题已成为我入党的唯一障碍，因此受到院党委的重视。于是，院党委派代表持着部党组的介绍信，到603队调查有关情况，并商讨如何妥善地解决我的改正遗留问题。派去的代表前后不下五六次，可是一直遭到王主任的无理刁难。

有一次王主任当着我院代表的面，摆出一副俨然操纵着他人生杀予夺大权的傲慢神气，伸出右手的拇指和食指，慢条斯理地摆弄着他面前桌上一小一大的墨水瓶盖子和茶缸盖子，说：“李扬鉴的‘帽子’可小可大，我有权给他戴这顶‘帽子’（指墨水瓶盖子），也有权给他戴这顶‘帽子’（指茶缸盖子）。”

他把别人的命运，视为自己桌上的容器盖子，随心所欲地摆弄，以显示他在现实生活中的重要性。的确，以整人为营生的王主任们，此刻虽说难以再像昔日那样随意置人于死地了，但依然还能凭着手中剩下的这点戴“帽子”权力挺威风。他们把他人做人的基本权利，看作是自己囊中之物。所以他们在毁了千千万万富于创造性的社会精英之后，还不肯放过历尽磨难侥幸活下来的生灵。

当年，在我们这个人治的社会里，大大小小的当权者，便是那个地区、那个部门、那个领域的绝对权威，他们的话便是圣旨，谁都奈何他们不得，既无理可讲，也无法可依。长期生活在这种环境中，教你不是奴才也得变成奴才。于是，中国人在几千年封建统治下滋生的奴性，到了这时便更加“发扬光大”。

王主任说到做到。在他的顽固阻挠下，我的政治尾巴问题一直得不到解决。在过去“以阶级斗争为纲”的时代，在中国做一个正直的知识分子很难，做一个正直而有作为的知识分子更难。我这个位卑不敢忘爱国的不甘平庸的知识分子，在蒙受了22年冤狱之苦、粉碎“四人帮”许多年之后，还继续遭受到恶毒的诽谤和精神的蹂躏，心上的伤口依然在流血。

好在时代已经不同了，改革开放的春风已经降临神州大地，随意给人戴任何规格政治帽子的王主任们，想要永久阻挡历史车轮的滚滚前进，已经是蚍蜉撼大树，自不量力了。在603队换了新的领导班子、王主任被逐出组干科和“落办”之后，1985年4月3日，该队新班子作出了《关于解决李扬鉴案遗留问题的决定》，才使这一拖延了6年之久的政治尾巴问题，得到彻底解决。

该《决定》实事求是地指出，我原来在日记和信件中的那些言论，属于一般性的思想认识问题，从而撤销了该队过去对我的全部指控，不留任何尾巴。于是，地研院党委根据我的具体情况和实际表现，于同年11月批准我加入中国共产党。尔后，我多次被评为优秀党员。鲁迅先生说得好：“墨写的谎言，掩盖不了血写的事实。”

其实个人的得失荣辱并不重要，重要的是我们这个多灾多难的民族，从此结束了20多年的极“左”统治，开始摆脱过去的愚昧、暴虐、内斗，走向一个以人为本的理性、文明、和谐新时代。

20多年来，成功的经济体制改革已经使中国跃上了世界经济大国行列，未来一场成功的政治体制改革，无疑将使中国成为一个高度文明的令世人景仰的世界强国。

第十二章◎迟来的春天

天堂般的工作单位

1980年3月，我拿到了阳新县革委会的《复议决定》、阳新县法院的改判书和枫林硫铁矿同意调出的公函后，便迫不及待地先行到地研院报到、上班。到同年6月份分配了住房，又回湖北迁移家眷，从此才结束了夫妻一直两地分居的状态，过起了真正的小家庭生活。

地研院创建于20世纪70年代中期，原称化学矿山地质研究所，县团级单位，改变名称后晋升为副地师级。对一般人来说，这只是个普普通通的部属科研单位，科研条件、生活设施都没有什么特殊之处，他们到这里来也是再正常不过的工作调动。可是，对于我这个长期身陷牢狱的“劳改人员”，无论从哪方面看，都无异于从地狱一步登上了天堂。这种巨大的反差所产生的强烈幸福感，是没有身历其境的人所无法理解的。所以当年每每我向人们盛赞这里简直是个幸福无比的天堂时，人们不解其意，冷冷一笑。

起初几年，我成天笑呵呵的，惹得一些人好奇地问我：你总在笑，笑什么？

笑什么？右派改正了，已经算是个国家干部，可以与大家平起平坐，互称同志了，而不再是过去那种入另册的贱民，虽然这时在政治上还留着条“大尾巴”；工资待遇恢复了，生活已经有了明显的改善，虽然这时的工资级别，只有24年前的1956年工资调整时每月53元的水平，债务也依然缠身；一家团聚了，妻子来到这里后，单位又给安排了工作；住上了两室一厅、生活设施齐全的公寓，与过去长期栖身的茅屋和简陋砖瓦房有天渊之别，虽然对我们这个有异性子女的四口之家来说，房子还小了一点；可以专门从事多年来梦寐以求的科研工作了，而且这里有着大量的图书资料，又离科研单位林立的北京不远，学术研究、学术交流条件非常优越；更加令人激动不已的是，我们国家在遭受20年极“左”路线统治的严重摧残之后，终于醒悟了过来。以邓小平为核心的第二代中央领导人，总结了过去的历史教训，尤其是“文革”的惨痛经验教训，痛定思痛，实事求是地批判了我们社会过去由于权力过分集中所产生的种种弊端，决心纠正“以阶级斗争为纲”的极“左”路线错误，提出了以经济建设为中心的治国方针，开始实施经济体制和政治体制改革。他说出了我20多年来的心里话，逐步实现了我多年来的梦想，使我看到了这个灾难深重民族的希望。这一切对我来说，都是翻天覆地的变化，教人怎能不激情满怀呢！

生命之所以让人回味无穷，之所以令灵魂震撼，正在于光明与黑暗、欢乐与痛苦峰回路转的交替。幸福感是从纵向或横向的比较中产生的。一个人遭受过的苦痛愈深，他的幸福感也就愈强烈。所以到了地研院之后，我的心一直沐浴在金色的阳光之中，备感心旷神怡。我常常想，正是过去长期刻骨铭心的磨难，才使我后半生有着与众不同的人生感受，才使我这样特别珍惜生活、珍惜自己，并走出了一条独特的人生道路。

这时我在挣脱了枫林大山物质上和精神上的长期重压之后，所迸发出来的对祖国前途和个人事业的强烈激情，不亚于解放前后对革命的狂热。这是我这一生的第二个黄金时代。不过与30多年前不同的是，现在的激情是建立在理性的基础上的，而与当年盲目的感情冲动迥然有别。1982年2月7日，我在经过一段时间的深思熟虑之后，不顾一些人的嘲笑，毅然决然地向党组织提出了入党申请。有人不理解地问我，共产党过去把你整得那么惨，你还要入那个党干什么？我回答道，从今天党的改革开放政策，我看到了我们这个多灾多难民族光辉的未来，个人过去的委屈算不得什么！的确，我始终怀着一颗赤子之心，率真地面对自己，面对国家，面对历史，面对未来。

德国哲学家尼采指出：只有下过地狱的人，才更懂得如何去建造天堂。司马迁也说："文王拘而演《周易》；仲尼厄而作《春秋》；屈原放逐，乃赋《离骚》；左丘失明，厥有《国语》；孙子膑脚，兵法修列；不韦迁蜀，世传《吕览》；韩非囚秦，《说难》、《孤愤》；《诗》三百篇，大抵圣贤发愤之所为作也。"西方哲学家与东方史学家不约而同地道出了一个共同的真理：苦难使人更加奋发，更富于创造性。

地质科学事业，是我的理想，是我的生命，是我心灵的渴望。过去，在漫漫长夜里，支持着我忍辱负重活下来的，不正是今日的科学梦吗？为了祖国的地质科学事业，为了最大限度地夺回自己以往被耽误了的大好时光，让这条来之不易的生命发出更大的光和热，我在无端地落难了半辈子之后，依然打算继续牺牲好不容易才盼到手的后半生的家庭幸福。我曾多次向人表示过，我可以没有家庭，但不能没有事业。

的确，为了避免繁杂的家务劳动耗费自己宝贵的时间和精力，我在回湖北迁来家眷之前，曾经犹豫了好一阵子。我们婚后一直两地分居，得到了这个可以团聚的难得机会，我却企图放弃之，这惹得我所在的研究室谙达世情的党支部孙书记生气："真没有见过你这样的人！别人调来之前，先谈家属的安排问题；你可好，家属能来却不要他们来。为了妻子这么多年跟你吃了那么多的苦头，为了孩子的未来，你也应该把他们带在身边。"听了她这一席肺腑之言，我才下了决心回湖北搬家。

我的心在那长期的艰难的劳改生活中，似乎被冷冻了起来，现在一旦解了冻，依然像当初年轻时那样鲜活，对生活、对事业、对祖国充满了激情。我冲出了劳改队的囚笼，来到了科研单位，像一匹脱了缰绳的野马，忘记自己已经到了万事休的中年，而在学术的园地里纵情驰骋。

我无暇去叹息自己多年来的不幸遭遇，也顾不得经营刚刚凑在一起的小家庭，甚至不管家里窘迫的经济情况，一头扎进自己长期梦寐以求的科研工作中，恨不得把每分钟掰成两半来过。我几乎没有任何节假日，连春节也往往是在办公室度过的，把家庭生活、人际交往、文娱活动一概抛诸脑后。

不消说，当年院里定期举行的周末舞会，我瞧都没有瞧过一眼，就连那时已经进入千家万户的电视，也极少看。从1980年到1984年这5年间，我只看过3次电视：两次审判"四人帮"和林彪反革命集团，一次新中国成立35周年大典。当时我对时间的珍惜，甚至到了失礼的程度。1984年，时任全国知名的大型制糖厂广西贵港糖厂总工程师的妹夫陈声育首次来涿州看我，我竟然连星期天也溜去办公室，把他一个人撂在一边，没有陪他。

为了多挤出点科研时间，我连走路也比别人快半拍，成为院里独一无二的快行者。当时有人说，在路上用不着看人，只要看脚步，就能认出李扬鉴来。我在枫林矿区成年累月疾走于荒山僻壤之中，便养成了快走的习惯，现在走起路来，更像是在追赶什么似的。20世纪80年代初一个冬天的清晨，我急急忙忙去上班。走出公寓单元的门口时，前面正好走着一名年轻的姑娘。有位老太太看到我那副往前冲的样子，以为我要对那名姑娘不轨，吓得目瞪口呆。

我每天提前上班，推后下班，成天伏案工作，极少在公共场所露面，成为群体中的隐士。所以在我们这个只有三四百人的单位，在我到院10年后还有一些人从未见过我，问我是哪个单位的。

20世纪80年代初，院里许多人家里已经有了彩电、冰箱、洗衣机，我却一贫如洗，连台黑白电视机、收音机都没有。我不羡慕别人的物质享受，却对他们拥有那么多挥霍不完的时间艳羡不已。那时大家还在吃“铁饭碗”，吃“大锅饭”，人们的工作积极性未能充分调动起来，与现今市场经济时代，把个人利益与劳动成果直接挂钩、大家主动抢工作做的动人情景截然不同。于是，一些人便把宝贵的时间当成破袜子随便扔，混天度日。看到这种懒散现象，我心里真不是滋味。是时我常常想，如果时间可以乞讨的话，那么我这个向来不肯折腰的硬汉子，情愿跪在院里的大门口，乞求过往行人施舍一点时间。

有些好心人看到我这样玩命地工作，觉得不可思议，便悄悄地劝我：“老李，你过去受了那么多年的委屈，吃了那么多年的苦，现在是你颐养天年的时候了。以后你就是什么都不干，也没有人会说什么的。”

他们不明白，工作是我生命的核心，是我心灵的需要，而不是迫于外在的什么压力。离开了劳动，离开了创造，我的生命便枯竭了。过去在那漫长艰难的劳改岁月里，就是劳动和创造才使我的生命永葆青春的；今日我千里迢迢从湖北来到这里，主要也是看重地研院优越的科研条件，而不是为了过上舒服的日子。

我的脑子成天都在思考一些学术问题，坐在办公桌前在思考，走路、吃饭、上床睡觉时也在思考，并随时随地拿出揣在身上的小笔记本，记录下一闪而过的种种想法。所以我在路上碰到熟人时，常常视而不见，忘记打招呼；有时虽然打了招呼，但还未从沉思中完全清醒过来，面部表情一时来不及调整到位，结果笑脸比哭脸还难看。为了避免在路上出现这些尴尬场面，我上下班索性走一条见不到熟人的僻静小道。

长期以来，我都在进行抽象的理论思维，对具体的日常生活一窍不通，成为一只只能凌空翱翔，却不会在地上奔跑的鸟。20世纪80年代中期，有一次妻子不在家，我自己上街买菜。到了卖蘑菇的摊子，不知道什么是好，什么是坏。看见别人挑挑拣拣，我也学着拿上拿下。结果被菜贩子奚落了一顿，问我究竟要挑什么样的。

我向来专注于精神生活方面的追求，漠视世俗社会的物质享受；而且多年艰苦的劳改队生活，更使我养成了俭朴的习惯。故到了地研院之后，我往往把正常的物质享受也视为奢侈，毫无消费观念。这虽然与当时家庭经济拮据有关，但主要还是心理因素在起作用。一日三餐，只图个饱，至于吃好吃坏都不在乎。小孩要买个收音机听小说，买辆自行车上学，妻子要买台14英寸黑白电视机看文艺节目，买架缝纫机补衣服，都遭到我强烈的反对和指责。当时我购置的唯一一件奢侈品，是

1980年托人在丹东花了90元买的春兰牌试制手表。那时手表是紧俏商品，凭票供应。因为经常要出差，赶车开会，没有手表不行。至于衣着，则还是穿着枫林时期那些旧衣服和工作服。一直到20世纪80年代末期，衣着才开始更新换代。至于洗衣机、冰箱、彩电这些电器设备，则是进入20世纪90年代之后才逐渐添置起来的，比左邻右舍整整落后了一个年代。

在劳改队，我虽然炼就了刀枪不入的钢铁般的意志，但长期生活在那个充满敌意和屈辱的环境中，所产生的强烈的防卫意识和自卑心理，却使我自幼形成的孤独、木讷、羞涩、怯于与人交往的封闭性格，变得更加突出了。我在枫林养成的不主动与人打招呼的习惯延续至今。所以我从严峻的劳改队骤然来到这个自由的宽松的环境，反而不习惯。这和在黑暗处待久了，一下子来到明亮的地方睁不开眼睛一样。

来到地研院，我感到最困难的不是工作，而是与人打交道。知识上的缺陷尚且可以弥补，性格上的障碍却难以克服。我的封闭性格在劳改队时倒是个优点，在那个险恶的环境中，不与任何人来往，孤独恬静，避免了惹是生非，保个平安。现在来到了科研单位，虽然它也使我耐得住寂寞，不受世俗社会的一切时尚诱惑，埋头走自己的路，但也严重地影响了我与人们必要的交往，伤害了一些想亲近我的人，也冷落了一些有恩于我的朋友。

到地研院后起初几年，我到院领导办公室，或到院外一些教授家里，只用半个屁股坐在沙发边上，不敢全屁股坐正，以表示尊卑贵贱之分。在20世纪90年代初的一个学术会议上，当北京大学一位教授主动走过来向我热情问好时，我竟然窘得手足无措，不敢站起来与他握手。我也婉言谢绝过一些对我的学术思想感兴趣的来访者。站惯了的奴才不敢坐，特殊的环境养成了特殊的心态和行为。据老一辈著名电影演员赵丹的弟弟回忆，赵丹在“文革”期间被关了5年，放出来后，兄弟俩在家里说话时，他依然像在牢房里对待看守人员一样，毕恭毕敬地弯着腰站在一旁，不敢与人平起平坐。

1981年春季，在广东阳春召开的岩溶矿床疏干引起地面坍塌原因及防治专题学术讨论会上，我就自己1978年在枫林矿区夏家冲矿井封闭溶洞水的成功经验，宣读了一篇只有一两千字的文章。虽然与会者只有60来人，但由于这是我有生以来首次在会议上宣读论文，而且其时刚离开劳改队，自卑心理严重，所以在台上宣读文章时，心里发慌，声音颤抖，连头都不敢抬一下，双眼紧紧盯着讲稿。结果稿子虽然照本宣科勉强念完了，样子却很狼狈。

同年10月，第一届全国矿山地质学术会议在湖南郴州举行。这次会议规模很大，光我们这个包括化工、煤炭、建材几个行业的分会便有两三百人。会议确定我在分会上宣读那篇发表于《化工地质》的论文《湖北枫林矿区褶曲构造中断裂系统力学成因的探讨》。由于有了几个月前在阳春会议上失败的先例，而且这次会议规模又大得多，我心里就更加害怕了。在宣讲论文前三天，我便对五六千字的讲稿进行了反复背诵，以期达到离开稿子流利宣讲的目的。由于精神太紧张，连续三天失眠，弄得头昏脑涨。于是我惶恐不安，对同房的一位工程师说，这次我肯定讲不好。

到了我宣讲的那天，由于几天没有睡好觉，昏昏沉沉，精神处于麻木状态，因而上台时竟然忘记了自卑，忘记了害怕。我面对着台下众多的听众，只是想到讲稿内容，没有顾及其他，讲得非常投入，对着挂图侃侃而谈。我那滔滔不绝、声情并茂的演讲，以及富于创新性的观点，吸引着台下每一位听众。整个会场鸦雀无声，一个个凝神翘首聆听，连会议室门口也站满了旁听者。我讲完后离开会场时，同房的那位工程师追了上来，称赞说："老李，你讲得精彩极了，祝贺你！你真谦虚，还说自己不会讲呢。"我听后暗暗发笑，心想，我今天之所以讲得好，是因为害怕过了头，不知道害怕了，麻木了。的确，一个忘我的人，才能无私无畏，才能充分发挥自己的潜能。有了这次的成功经验，尔后我在学术会议上，便有了更多的自信。

由于我这一生经历了太多的磨难、屈辱和痛苦，所以来到地研院这个人间天堂后，深深地体会到久违了的做人的尊严和乐趣，因而对这里的一切都异常珍惜。多年来我每每伏案工作、端着碗吃饭、举着杯喝茶，总是油然产生无可名状的敬畏和感恩之情，总想竭尽所能回报社会。我在孤独、冷漠的外表下，隐藏着一颗对社会、对事业、对生活炽热的心。

1986年夏天的一个中午，我们那栋公寓二单元的一户人家失火，炽热的气流烤炸了窗户的玻璃。那时我正在家里做饭，突然听到一声刺耳的玻璃爆裂声，推开纱窗往外探望，只见大量浓烟从那户人家的窗口涌出。在这危急关头，我毫不犹豫地把手中的锅铲交给妻子，自己便奋不顾身地直奔现场救火。

到了浓烟滚滚的失火房间，看到一个随时都会爆炸的液化气罐躺倒在地上，猛烈地喷射着熊熊烈火，像枚一触即发的重磅炸弹。我平素胆小怕事，连到医院打个针都害怕。不知道为什么，这时面对着火与血的考验，反而毫无惊恐之心。我与现场的三四个人一起，进行紧张的救火。我们往烧得滚烫的气罐上覆盖棉被，浇泼凉水，控制火势，防止气罐过热爆炸，并从液化气站借来灭火器灭火。经过二三十分钟的抢救，终于把凶猛的烈火扑灭，避免了一场重大灾害的发生，因而得到了院里的通报表扬。

本来，我们住在六单元，离失火现场还远，对我们的安全并无直接威胁；再说，这栋有六个单元的六层楼公寓，住着上百户人家，当时正是下班时间，大家都在家里，也用不着我这个年过半百的人，从离失火现场最远的一个单元，冒着生命危险去救火。可是当时我没有想这些，只是觉得出了事，自己就应该责无旁贷地冲上前去；虽然那个年头，人们在经历了“文革”浩劫之后，社会道德普遍沦丧，许多人对公共事务抱着事不关己高高挂起的冷漠态度。当时在现场救火的，只有寥寥几个人，连失火房间的左邻右舍，有的还袖手旁观，漠然置之。

第四次人生选择

我这个过去长期被关禁在与世隔绝的劳改矿山的采矿专业大专生，陡然来到了面向全国、面向世界的地质科研单位，工作上的困难是可想而知的。可是在这个难以适应的新环境里，我那桀骜不驯的性格，又驱使自己不愿意去顺应环境，走大家所走的路，而是想驾驭环境，独辟蹊径干出一番事业来。这样逆水行舟，自然就更加艰难了。

当时，我来到这个只设硫、磷、钾等研究室，却没有设立控制这些矿产形成及形变的构造研究室，并以找化工矿产的应用研究为主攻方向，对理论研究缺乏认识缺乏兴趣的科研单位，再次面临人生的十字路口，需要进行新的重大选择。我在这里的优势是什么？应该走哪条路？是随大溜去搞那些化工矿产方面的应用研究呢，抑或充分发挥自己理论思维的优势，在枫林矿区长期观察、研究的坚实基础上，继续钻研地质构造理论？走前一条路，是顺水行舟，比较便捷，只要跟着大家走就行，但那不是我的优势之所在；而且矿床的形成形变，都受地质构造控制，在构造问题未获得突破之前，矿床研究也难以有大的进展。何况当时地质市场还未形成，这些应用研究课题完成后，写一份研究报告交资料室，锁进档案柜，也往往从此便无人问津，与现今科研成果随之转变为生产力不同。

我院顾问、地质界老前辈、知名矿床学家袁见齐院士，在20世纪80年代初来我院作学术报告时，曾语重心长地说，自己这一生在矿床学上之所以没有大的建树，就是因为对地质构造方面的认识不甚了了。

走后一条路，虽然可能会出独创性的成果，并对矿床地质研究产生重要影响，但在我们这个因循守旧的环境中，走这条与众不同的科研道路，不容易被单位头头和一般人理解，不给立项，没有科研经费和科研时间。再说，理论研究是要求在世界水平上的创新和突破，与应用研究只需把前人的认识用来解决某些具体的科技问题不同。何去何从，这将最终决定自己这一生，在地质科学事业的道路上究竟能够走多远。

我国是个缺乏科学传统的国度，古代科技文明的突出特点是极强的应用性，主张“学以致用”，缺乏起源于古希腊的西方人那种为理论而理论的探索精神。所以，中国古代只有技术没有科学。即便是我们一直引以为豪的中国古代四大发明，其实也只是技术层面的东西。长期对理论对科学的漠视，导致我国科学技术的发展缺乏强大的动力和巨大的空间。这是近代中国科学技术落后的内在原因。恩格斯在《自然辩证法》一书中说得好：“一个民族想要站在科学的最高峰，就一刻也不能没有理论思维。”

20世纪80年代前期，我在北京政协礼堂听了中国原子能事业奠基人钱三强院士的一场报告，印象极深。他说我国早年有几位搞理论物理的研究生，当时只给他们一个任务：在理论上尽量往深处钻研。至于为了什么，并无明确的目的。可是到了后来国家要制造原子弹了，这些研究生便派上了大用场，原子弹的总体设计便全靠他们了。可是时至今日，理论研究的重要性还得不到一般科技人员的理解，他们把理论探索当成脱离实际的空谈。甚至有人公然宣称，现在不是产生居里夫人的科学时代。他们重技术轻科学，重事实轻理论，重手段轻思维，从而严重地妨碍了我国科学技术的迅速发展。

“以阶级斗争为纲”时代，在驯服工具论和专才教育背景下打造出来的一批批大学生，不少是缺乏广阔视野和丰富想象力的工匠式专业人员。这些人不缺乏专业知识，但缺乏理想、缺乏激情、缺乏思想、缺乏创造性，也缺乏宽容精神。我们的许多科技工作因此长期停留于就事论事的低层次阶段，并成为西方流行观点的俘虏，人云亦云，难以有大的创新和突破。

20世纪80年代中期，我在北京碰到一名阔别30多年的老同学，曾经问他，这些年来你在学术上早已独树一帜了吧？他却回答说：“党培养了我这么多年，怎么好意思去著书立说呢？”当时，他的回答令我惊讶不已。

这名20世纪50年代后期留学苏联的专家，回国后一直在国家重点科研单位从事研究工作。可是到了改革开放的20世纪80年代中期，竟然还把理论研究和著书立说当成自私自利的不良行为。在他看来，只有老老实实做些实际工作，才算不辜负党多年的培养。

地质科学兼有基础性和应用性两种属性。一个缺乏理论素养和学术思想的人，是难以拿出骄人的业绩来的。

在我们这个缺乏科学传统的社会，在我们这个以应用研究为主要对象的科研单位，顶着传统观念、群众舆论和行政干预的巨大压力，去搞地质构造理论研究，着实困难重重。所以虽说这里是天堂，但天堂也有天堂的难处和烦恼，不然仙女就不会下凡了。

在计划经济时代，人被当作驯服工具，被当作螺丝钉，一切服从分配，按长官意志办事，把中国传统文化的大一统思想发挥到了极致。于是人们普遍养成了事事听从指挥的思维定势，不思进取，不思创新。在这种专制僵化的社会里，如果有谁胆敢公然违忤长官的意志，那就要付出沉重的代价：在“千万不要忘记阶级斗争”时期，动辄被扣上“反党”帽子，弄得身败名裂；到了改革开放之后，虽然不会再有多大的政治风险，但仍处处受阻，举步维艰。所以在我们这个表面上井然有序的社会里，人的潜能却遭到了严重的压制和摧残。

我是个不安分的人，总想走自己的路，不愿意媚俗和从众。虽然我深知在我们这个因循守旧、组织严密的社会里，与众不同、独辟蹊径意味着什么——必然碰到比别人多得多的困难，必须付出比别人多得多的努力，而且由于自己不合群、违抗传统及常规，难免与世俗文化、社会机制、人性局限等层层叠叠的重围发生严重冲突，而成为众矢之的，处处遭到歧视和打击。可是我也知道，人生不能没有梦。有了梦才会有激情和拼搏，才会有创造。虽然有了梦不一定能实现，但没有梦一定不会实现。没有方向的小鸟是飞不远的。

我是个用心生活的人，总想活出点特色来。我宁愿为一个可能达到的远大目标艰难跋涉，即使最终一无所获，也不屑于过这种安逸的随波逐流的生活。在生活的激流中，对于奋进者来说，阻力愈大，潜能发挥也愈充分，生命便愈绚丽。过去在劳改矿山那样的险恶环境中，我便为了一线微弱的希望，进行了长期不懈的努力；此时在改革开放时代的科研单位，还会有什么克服不了的困难呢？我那倔强的叛逆性格再次激励了自己，勇敢地选择了地质构造理论研究这条艰辛的险途作为人生的归宿。

不过，我也充分认识到走地质构造理论研究这条路本身的艰难：首先，理论研究是站在这一领域的最高水平上进行创新，难度大，周期长，不是在短期内能够出成果的；其次，理论研究的目的，是“明其道，不计其功”，不像应用研究那样可以立竿见影，短期内便能看到实际效益；第三，自己过去在枫林矿区所做的那些研究，虽然为未来的研究奠定了坚实基础，但也存在着很大的局限性，亟待拓宽和深化。

我是个既无名誉也无地位可以顾虑的“无产者”，是白手起家的，即使这个选择的最终结果是一事无成，两手空空而归，自己也没有损失什么。所以我无需急功近利地去学那些为爱因斯坦所不屑的投机取巧之辈，在木板上专找最薄的地方打窟窿。其实人摆脱了世俗的一切欲望，不计较个人的利弊得失，一心一意做自己最喜欢做的事，人生才拥有最大的乐趣。

多年来虽然我一直投身于科技工作，但我不仅仅是个专业人员。我常常站在思想者的高度，来看待人生、看待专业，具有人文知识分子的气质，从而摆脱了一般技术知识分子思想上和行为上的工具性。着实，科学从源头的精神来说，是人文的。

人生选择即是人生设计。人的一生当中关键性设计只有那么几次，其余的大多数时光，都是在根据自己或别人的设计进行“施工”。有些人放弃了自己独特的人生设计的权利，一辈子都在模仿，都在按照别人的“图纸”过日子，甘愿当一名“普通劳动者”，漫漫一生竟然在这个世界上没有留下自己的足迹，可悲可叹！

主攻地质构造理论，具体研究哪些内容？如何进行研究？我想不能像国内学术界许多人所做的那样，盲目追随当时国外的流行观点，到野外去为这些观点寻找新的例证，“替圣贤立言”；而应该以自己过去在枫林矿区的独特研究成果作为学术思想的根据地，然后在与其他地区构造现象进行比较的过程中，进一步把那些成果升华为具有普遍意义的理性认识，再运用演绎法，使它们成为解决当时国内外种种重要地质构造问题的钥匙，作出原创性的贡献。于是这么一来，我的研究目的和研究方法，又与我国广泛流行的仿造法和传统的归纳法迥然不同。

地质构造的宏观研究，主要依靠实际观察和力学分析。国内从事这方面研究的专家学者，多是地质专业出身，少数来自力学界。我是学采矿的，多年来也只是局限于枫林矿区工作，故我的地质知识不及前者丰富，而力学基础又没有后者深厚；但是，我发现自己在构造地质学和力学之间的结合点上，拥有他们一般所难以企及的优势。前者的地质专业知识固然较多，但力学基础薄弱，而且一般缺乏矿井那种可以从三度空间进行详尽观察的条件，对地质构造问题的研究，多停留于现象描述和猜测阶段，难以上升到理论的高度来认识；后者虽然掌握着精深的力学知识，可是又缺乏地质实践，找不到应该解决的重要构造问题之所在，做到有的放矢。我认为自己过去在枫林矿区利用矿井优越的观察条件，进行了长期深入的观察，发现了许多前人没有发现过的构造现象，产生了不少与传统观点不同的新思路，而且又具备解决构造问题的力学基础知识，拥有强烈的创新精神。所以如果充分发挥自己在这个交叉学科上的优势，在构造地质学领域是可以有所作为的。我无需由于自己某些方面不如人，便自暴自弃，悲观失望；何况某些劣势在一定条件下，如果利用得当，反而会成为不可代替的优势呢。正是由于自己是非地质专业出身的，在这一领域受到传统观念影响较少，较易于面对事实进行大胆创新。我决心沿着自己过去的思路踽踽独行。

来到了这个新环境，从事这项新工作，需要学习的东西很多。由于我原来所学的专业不同，工作范围又狭窄，故地质专业知识无论在广度上或深度上，都存在着很大的局限性。过去在劳改队也不能学外语，原来那点可怜的英语知识也都忘光了。这时我已近知命之年，记忆力也不好。因此为珍惜每寸光阴，让自己这劫后余生有限的宝贵时光发出最大的光和热，我想必须集中精力，围绕所研究的课题，来补充那些急需的知识，切不可为了评职称或赶时髦，去学那些不是非学不可的东西。我再经不起任何时间和精力的浪费了。

我明白外语对于一个科研人员的重要性，可是根据我当时的年龄和英语水平，补习外语显然已经来不及了。如果把大量工夫花在外语学习上，分散了时间和精力，那么结果将是两头落空：这一方面将严重影响科研工作，可能出不了什么成果；另一方面外语也只能学个半瓶醋，什么问题也解决不了，既不能讲，也不能写，充其量只是像院里一些科研人员那样，借着英汉词典勉强阅读一些外文资料而已。我是搞理论研究的，知识具有相对的稳定性，更新周期较长，不像技术领域那样日新月异。国内关于国际上地质构造理论成果的译文很多，借助这些翻译资料，可以基本掌握国外的研究动态，不会失去时效性。所以为了多出成果、快出成果，必须有所取舍，没有失便没有得。权衡了利弊得失，我毅然决然地退出了院里刚刚开始的外语学习班，中止了原来的外语学习，把全部的时间和精力投入到科研工作中，即使由此评不上高级职称，也在所不惜。不过后来由于政策的制定者和执行者考虑到历史因素，强调以成果为主，我的职称问题与其他人一样，才没有受到外语障碍的影响。

后来的事实表明，当初选择地质构造理论研究作为自己后半生的主攻方面是对头的，放弃外语学习的决定也是正确的。到了20世纪80年代中期之后，我在国内已经陆续发表了一系列科研成果，可是由于存在着语言障碍，缺乏对外交流的能力，只有通过他人翻译才能在国外学术刊物和国际学术会议上发表一些文章，在事业发展上受到了一定的限制；国内学术界一些人，对我不懂外语也颇有微词。但毕竟我已经有了引人注目的成果问世，达到了自己人生的极限。所以每个人应该面对自己，面对实际，实事求是地以充分发挥自己的潜能作为追求的最终目标，切不可去赶时髦，去照搬别人的成功经验，这样才能获得最佳效果。

我能够被调来地研院，与《化工地质》编辑部关系密切。编辑部负责人邹汉章高级工程师，是位热心快肠、助人为乐的大好人。他建议我留在编辑部，并主动表示愿意为我创造条件，让我把主要精力放在自己所感兴趣的地质构造理论研究上。编辑部所在的情报研究室室主任谢振忠译审，是位解放前参加革命的老干部，秉性正直，重视人才，也大力支持邹工的建议。在他们的热情邀请下，我当然也乐于利用编辑部这把保护伞，开展自己这项不被官方正式承认的地质构造理论研究工作。于是我便婉言谢绝了吕鹏飞院长要我去矿山地质研究室当主任的委派，拱手让出了令人垂涎三尺的权位，甘愿留在编辑部坐冷板凳。在我们这个官本位的社会里，有权就有了一切。虽然室主任只是个科级干部，但这点权力也足以为个人牟取种种有形和无形的好处，因此成为许多人处心积虑猎取的对象。我把这送上门来的权位拒之门外，不愿意在行政事务上浪费宝贵的时间。不过这种不占地盘、不爬高竿、一派闲云野鹤的人生态度，也给自己日后的处境带来了许多麻烦。在我们这个社会里，即使从事与世无争的自费理论研究，离开了权力的呵护，也是寸步难行的。

妻子的孤寂

我是个理想主义者，勤于科研而疏于家务，认为自己可以没有家庭，却不能没有事业，把事业置于一切之上。这种寡情脱俗的人生态度，确实把妻子害苦了。

当初我在劳改矿山遭受到那种难以忍受的磨难时，还坚持着活了下来，为的是盼望日后在科技事业上有所作为。此时这个千载难逢的施展才干的大好时机已经降临，这教我怎么能不倍加珍惜这用血和泪换来的每一分钟时间呢？为了把全部的时间和精力高度集中到科研工作中，我无暇顾及家里的日常生活，也不愿意在卿卿我我之中浪费宝贵的时光，所以我们这个四口之家的家务劳动，几乎全压在妻子一个人的肩上。

妻子在地质矿山局塑料厂当工人，三班作业，经常要上夜班。上零点班时，早上八九点钟才能回来。可是干了一夜活的妻子，到了家里还不能休息，还得上街买菜，给全家做中午饭，好让两个孩子放学回来就有饭吃，忙得喘不过气来，常常一天只睡四五个小时觉。

妻子是个吃惯了苦的劳动妇女，对我这样成年累月埋头于她所不理解的事业，没有分担多少繁杂的家庭事务，尚且能够忍受；可是长期遭到我这样无端的冷落，感到无比的孤独和痛苦。过去我在劳改队时期，夫妻两地分居，使她吃尽了苦头，那是没有办法的；盼星星盼月亮，盼到此刻团聚了，却依然得不到我的关爱，这教她怎么不伤透了心呢？她虽然没有多少文化，但也有常人的七情六欲。她曾多次在我面前几乎是乞求地说：“看到人家夫妻星期天双双上街买菜，真是羡慕，你就抽点时间陪我去买回菜吧。我是个大活人，从来没有得到你一丁点儿的关心。”

妻子是个平常的人，要求过平常的生活，她需要家庭的温暖、体贴和抚爱。她不敢奢望像其他一些家庭那样，下班后夫妻一起出去散散步，只求我星期天陪她上街买买菜，说说话。可是时间是我的生命啊，过去我被耽误了那么多宝贵的时光，现在只好把每分钟都咬成两半来过了。故对她这点起码的要求，我也铁起了心肠置若罔闻。那时在公开场合，由于她从未享受过夫妻并肩行走的乐趣，所以与我们住在同一个大院里的许多同事，好多年后还不知道她的丈夫是谁。就连每年的春节，家家户户都热热闹闹在家里团圆，我则往往照样夹起资料袋，独自溜去办公室，弄得一家人凄凄切切。我这种不近人情的生活态度，有时把妻子逼急了，她也会指着我的鼻子骂两句：

“好像整个地研院只有你是个知识分子似的，那么多人谁不比你活得痛快，你又比谁多拿了一分钱！”

不错，当时在我们这个“吃大锅饭”的社会里，在我们这个因循守旧的环境中，我这样忘我地工作，不但没有给个人带来任何好处，反而由于自己的思想行为与众不同，招来了方方面面的非议、诽谤、干预。所以我这种异乎寻常的行为，不要说没有文化的妻子不理解，就是对周围许多科班出身的专业人员来说，也是不可思议的。

我过去没有时间顾及家小，深知自己是个不合格的丈夫和父亲，而心存负疚。所以2001年在我67岁生日时，去德国培训的儿子寄来生日卡，向我致谢：“非常感谢您给了我生命，同时也教会了我做人的道理。谢谢！”他没有责怪我，反而感谢我，我真的好感动，不禁老泪纵横。他们说，我虽然对子女没有刻意地培养，但平素的一言一行，也起到了潜移默化的示范作用。我真的是要谢谢他们对苦苦求索的不合格长辈的宽容。

替圣贤立言？

我从小便养成了强烈的危机意识。那时从长期与世隔绝的劳改矿山，骤然来到这个人才荟萃的科研单位，一切都是陌生的，心里自然紧张得很，心想这么多年来社会肯定发生了巨大的变化，自己方方面面都大大落后了；何况自己原来学的是采矿专业，地质构造是在枫林矿区边干边学的，科研单位又从未待过，离开工程技术界也这么多年了，思想上专业上都无法与人比拟。所以我到了地研院，起初存在着严重的自卑心理，对同事们抱着敬畏的态度。

有一天，我把自己刚刚完成的、创立压剪性正断层新概念的论文《压剪性正断层的成因机制与能量破裂理论》，恭恭敬敬地送请院里一名主管科研工作的资深的教授级高级工程师指教。这名高工既是院里的领导成员，又是全国性专业学会的理事和两家重要学术刊物的编委，头上戴着种种耀眼的桂冠。他那大腹便便的体态，更是令人肃然起敬。当时在我的心目中，他是名满腹经纶的学者，认为自己这一辈子是无法望其项背了。他把我这篇端端正正放在他案前的文章，漫不经心地随意翻了翻，便鄙夷地责问我：

“李四光教授只谈张性断裂、扭性断裂、压性断裂，没有谈正断层，你为什么要谈正断层？”

噢！听了这句飞扬跋扈的诘问，这尊高大无比的偶像，在我的心头便轰然一声倒下，化作一堆泥土。我暗暗地思忖着：李四光谈什么我们才能谈什么，李四光没有谈的我们便不能谈，那么李四光作古了，我们为什么还要活着呢？难道我们搞科学研究的目的，是为了替圣贤立言吗？这样人云亦云，只能抄袭和模仿，哪来的创造性？

凭着这句话，我不仅仅认识了一个人，也认识了一代人。二三十年来，我们国家在驯服工具论和造神运动统治下，思想窒息了，社会停滞了，因循守旧的惰性成为大家思想行为的准则。所以我在与世隔绝了这么多年之后，碰到的依然是原来那个僵化的世界，人们的精神面貌并无什么变化。社会上不仅还有一批以整人为营生的王主任们，知识分子精神上也普遍严重侏儒化。这就难怪为了我的右派问题彻底改正，20世纪80年代初我院派往阳新法院查阅我20世纪50年代档案的年轻专业人员，回来后对我说："老李，你当年在日记和信件中所发表的那些观点，拿到今天来也是先进的，你的认识比我们超前了20多年。"

当时我听到这名"权威"的诘问后，自己心中原来的疑虑一下子便释然了。连这么一名头面人物，尚且是这么一个认识水平，那么我过去认为自己与世长期隔绝之后，各方面都将远远落后于人的担心，便是多余的了。于是，我的自信心陡然倍增。

这时他看到我愣在那里没有作声，以为我无言以对，便进一步摆出审判长的权威架势，撇开了文章，居高临下直接给我这一生作结论。他蔑视地说：

"你不是学地质的，长期以来也只是待在枫林矿区，又不懂外语，你这一生将一事无成！"

当时我没有申辩，只是默默地听着，默默地思考着，心想，他所说的虽然全是事实，但结论肯定是错了：不消说，我的前半生在那么艰难的环境中，尚且取得了骄人的业绩，今天在这样一个优越的科研单位，更不会"一事无成"；一个经得起炼狱磨难的人，一定能够登上天堂，谁"一事无成"，咱们走着瞧！我悄然地退出了他的办公室。

我是一条勇于迎接挑战的硬汉。他这种侮辱性的结论，使我更加奋发图强，而成为积极进取的又一动力。我这一生随时随地都在捡拾自己前进的动力，成功、赞赏、荣誉是动力，挫折、打击、侮辱也是一种动力，甚至是更加强大的动力。压力效应在我身上一直很有效。你塞进来一粒使我难受的沙子，我却把它变成一颗妍丽的珍珠。

10年后，当我在国内外学术刊物、学术会议上发表了一篇篇学术论文，创立了一个个新概念新模式，获得了相当声誉时，他却早已靠边站了，躲在一旁混日子。果不其然，有一天他蔫蔫地溜进我的办公室，谄媚地说："老李，你真行！"并送给我一本书以示好。这时他昔日那副飞扬跋扈的神气荡然无存，像泄了气的皮球似的，判若两人。

10年前的预感，又一次完全应验了。

这名"权威"原来是一个研究室的主任，1979年他便是竭力反对《化工地质》发表我那篇枫林矿区文章的几员干将之一。我被调来地研院之前，便遭到了他的攻击、诽谤。20世纪80年代前期，他凭着资历登上了院领导的宝座。尔后他依仗权势，在科研工作和职称评定等方面，处处给我设置障碍。不过到了这时，谁也无法再一手遮天了，所以他始终没有堵住我。尤其是在他下台之后，更是心有余而力不足。在无可奈何之余，只好主动与我握手言欢。

一篇难产的论文

理论研究要求在这一领域的最高水平上进行创新，没有前人的成果可以模仿或借鉴，因而不仅研究工作本身的难度大，而且在研究工作完成后，成果由于学术观点与传统的流行的观点不同，还会遇到种种阻力，难以得到人们的理解和接受，不像应用研究那样可以仿造和立竿见影。这是一条异常艰辛的漫漫险途。我凭着自己这有限的专业知识，又缺乏外语能力，就这样单枪匹马地选择地质构造理论研究作为未来的主攻方向，无疑是对自己人生又一次严峻的挑战。

由于我原来所学专业不同、长期与世隔绝和不善于交际，所以我在地学界毫无根底，没有老师、同学、同事和朋友相助，一切全靠个人孤军奋战。在注重学历、师承和追随西方观点之风盛行的学术界，我这个低学历、无资历的孤军奋战者所独创的种种新观点，自然难以得到一般人的认可。到地研院起初5年，我在院外的刊物上竟然连一篇文章也发表不了。过去在枫林矿区时期所设想的水库闸门一旦打开，长期积聚的水便会汹涌而出的动人情景，一时并未出现。

1959年开始于宽长山的纵弯褶曲应力应变场的研究，虽然伴随我几乎度过了整个劳改生涯，可是它的发表，经历了比我的政治厄运更加漫长的磨难。

20世纪80年代初，我把补充了枫林矿区许多实际资料、修改了数十次的《论纵弯褶曲构造应力场及其断裂系统的分布》一文，寄给国内一家重要刊物。不久便被退了回来，没有说明任何原因。接着我又寄给北京一所大学主办的一份不定期刊物。文章发出后，便如石沉大海，杳无音信。我去信询问，也没有回音。无可奈何，我只好去该编辑部登门拜访了。负责人回答说，文章正请专家审阅。尔后，我每隔一两个月便去询问一次，得到的都是同样的答复。我想不可能吧，一篇一万多字的文章，审了一年多还未审完，这是不是不想发表的托词？我说如果文章发表有困难，请把稿子退还给我。到了这时，他才讲了实话，说文章丢了。

这时我失望极了。这篇用血和泪撰写了这么多年的文章，竟然不被他们当回事，随意丢失；而且丢失了这么久还不如实相告，令人心寒！

好在我每篇文章都作过多次修改，留有底稿。1983年，我把该文寄给中国科学院下属一家研究所的机关刊物。该刊编辑部负责人张编辑按规定，先后请了两位专家对文章进行评审。获得肯定后，拟予发表。这时，我想这篇历尽千辛万苦的文章，终于快见天日了，内心无比兴奋。可是世间不测的事多多。该文到了终审这一关，却又被一名编委卡了下来。他对文章提出了16条否定性意见，简直把它说得一无是处。

仿佛这一切的挫折，是上帝故意安排来考验我的意志和毅力似的。这篇与我共度漫长劳改生涯、历尽种种坎坷和磨难的论文，在我右派改正多年之后，依然得不到翻身。

这名资深的张编辑，觉得自己认真组织的稿件，竟然这样被劈头盖脸地彻底否定了，脸上无光。为了争回面子，他在退稿信中转述了这名编委的全部意见，并希望我如有不同看法，便回信告知。

由于我过去长期生活在封闭的劳改队，产生了严重的自卑心理，对学术界的现状也毫无所知，故到地研院起初几年，每每被退稿时，总认为自己的文章不行，不敢去怀疑这些专家的评审水平；何况这是一家在国内地学界颇有地位的重要刊物。我从枫林矿区服刑期间起，便一直是它的忠实读者。当时我在食不果腹的艰难情况下，每月从嘴里抠下来几块钱所订阅的几份专业杂志中，就有这份刊物。所以我向来对它颇为景仰，也深信其编委肯定是这一领域的权威，他的评审意见将是毋庸置疑的。

这是一篇我撰写时间最长、自认为最成熟的文章，也是我到地研院之后，向院外刊物投寄的第一篇稿子。它是我此后学术生涯的问路石。那天接到退稿时，对我的打击几乎是毁灭性的，我这个一向很坚强的人，一时间也绝望了。连这么一篇费尽心血写成的文章，也这样一波三折，最终还是被拒之门外，那么我究竟有无科研能力？我的其他正在撰写的文章还会有意义吗？日后我应该走条什么样的路呢？我的脑子嗡嗡作响，茫然不知所措，浑身瘫软，没有勇气细读摊在桌前的编辑部退稿信。

毕竟，我那刚柔兼济的性格，使自己不会轻易认输。任何沉重的打击，虽然可以影响我一时的情绪，却无法让我永久俯首称臣。

那天是星期六，是夜躺在床上辗转反侧，久久不能入寐。到了深夜，我想反正是睡不着，干脆起来读信吧，看看人家究竟说了些什么；何况这篇我苦战了20多年、付出了艰辛劳动的文章，也不能就这样打了水漂儿。

我翻身起床，打开了桌上的台灯，细细地阅读起编辑部的退稿信来。我越读越兴奋，越读对自己的文章越有信心。读完了来信，我激动得热泪盈眶。噢，原来不是我的文章水平太低，没有发表价值；而是我文章的力学观点，超出了这名编委的理解能力。他所提的16条否定性意见中，只有一条是对的。即纵弯褶曲翼部扇型逆冲断层与岩层面的交角，在相似褶曲中小于45度，而我在文章中误写成大于45度。其他否定性意见的错误，则是由于这名编委不懂文中的材料力学所致。

解放后，我国大学里的地质专业，只开理论力学课，不讲材料力学，力学知识学得比我们工科专业少。理论力学的研究对象是绝对刚体，不考虑物体的变形，而纵弯褶曲是岩层弯曲变形的产物，属于材料力学的研究范畴。所以我用材料力学的纵弯杆概念来研究纵弯褶曲应力应变场，这名编委便看不懂了。他从理论力学角度来评审我的文章，是拿错了尺度。

在这期间，我曾经把该文送请一名构造专业的教授指教，他也提出了与这名编委类似的看法。经我解释后，他坦诚地承认，自己只学过理论力学，不懂材料力学。

我连夜提笔给编辑部写信，对所提意见一一作了说明。这封长达6000多字的回信，我从深夜一直写到天明，通宵没有合眼。信发出后没过几天，便得到编辑部通知，要我把稿子寄回复审。

编辑部把我的文章、信件和那名编委的评审意见，一并送请力学专家裁断。结果我的文章自然得到了再一次的肯定。不过到了这时，张编辑的面子已经挽回，无需为了我这篇文章，再去得罪自己的顶头上司了。故该文一直被压在编辑部那里，不敢发表。我看出张编辑的困境，不想难为他，便主动把稿子索回。

天无绝人之路。该文于1982年在海南第一届全国小型构造与矿田构造学术讨论会上，赢得了广泛好评，并在会议总结报告中，被作为重要成果予以肯定。这时会议主办单位地质力学研究所，刚好正在筹办出版该次会议的优秀论文选集。评审专家也认为，该文对纵弯褶曲应力应变场的认识，超越了固体力学权威王仁院士，遂来函索稿。于是这篇文章在历经种种磨难之后，终于在1988年《地质力学文集》第7集上公开发表了。随后，我请院里精通英语的教授级高级工程师陈延成，译成外文寄给美国《地球物理学研究》，也得到了他们的青睐。

后来在学术界待久了，才逐渐发现缺乏理论素养、缺乏力学知识甚至缺乏普通专业常识的“专家”大有人在。有名构造专业教授不知道弹性基础悬臂梁为何物，把我一篇文章中的“弹性基础悬臂梁”一词，一律改成“弹性体”，将这两个含义截然不同的概念混为一谈，使修改后的文章不知所云。幸好编辑部发现后，把稿子寄给我自己定稿，才避免了一场笑话。有的则把“盆-山系”这个普通的构造形态名称，理解为地理概念，质问我“山”在哪里。根据这名“专家”的思路，其实他还应该质问我“盆”在哪里，因为这些“盆”现今都是平原或高原。这些掌握着评审权、出版权的“专家”，着实教人扼腕。

被枪打的“出头鸟”

摆脱了枫林劳改矿山，冲出了囚笼，来到了地研院，自然是获得了一个宽广得多、自由得多的活动空间。在党的十一届三中全会之后，国家也结束了过去“以阶级斗争为纲”的极“左”统治，转入一个以经济建设为中心的历史新时期，社会上再也没有以往那种处处埋设着让你粉身碎骨的政治陷阱了。但是极“左”思想的流毒远未被肃清，因循守旧的陋习依然根深柢固，使我这个特立独行者还是寸步难行。

来到地研院，我碰到的第一个大钉子，竟然是为了“挑战”二字。这些年来，被大家说烂了的这两个字，于粉碎“四人帮”好几年后的20世纪80年代初，在我们这个部属科研单位还险些儿酿成一个政治事件。

1981年，我在参加湖南郴州举行的第一届全国矿山地质学术会议的那篇论文中，首次提出了压剪性正断层这一新概念，并说这是向传统观点的挑战。因为传统观点认为，一切正断层都是水平拉张力的产物，均属于张性、张剪性。我根据自己过去在枫林矿区长期的观察、研究指出，在水平挤压力和重力共同作用下，也可以产生在平面上和垂向上同时呈X形的走滑正断层。这种正断层的力学性质为压剪性，而不是张性或张剪性。

地研院参加会议的文章，汇集到院里学术委员会秘书长那里，由他集中发往郴州会议筹备处。秘书长看到我文章中有“挑战”二字，便怒不可遏。在这名20世纪50年代科班出身的秘书长心目中，我们只能老老实实夹着尾巴做人，怎么能“挑战”呢！向谁挑战都不行，挑战就是犯上，就是大逆不道。他不仅把该文扣压了下来，不让它参加会议，而且一再向院领导控告“李扬鉴要挑战”，并说我这种言行得到了院里某某人的怂恿和支持，弄得满城风雨。为了此事，院领导曾经追问过我两次，质问我向谁挑战，并开会进行了对质。毕竟时代不同了，这一令人捧腹的指控，最后不了了之。由于这篇文章长时间被扣压，未能及时寄出，结果到了开会时，该文的几百份印刷品才由我自己千里迢迢背到会上散发。

在我们这个有着几千年小农经济历史的自给自足的国度里，长期以来形成了保守的平均主义社会意识。“均贫富，等贵贱”，“不患寡而患不均”，“枪打出头鸟”，成为人们普遍的思维定势和行为准则。解放后在计划经济体制条件下，实行了“铁饭碗”、“大锅饭”政策，提倡当“驯服工具”，当“螺丝钉”，社会上没有自由竞争的机会，没有优胜劣汰的风险，从众意识得到了进一步加强，社会因而成为懒汉和庸人的极乐世界。一些人饱食终日，无所用心，无需为稻粱谋。人们以约定俗成的思维定势作为判断事物是非的标准，向任何敢于独自走新路的人扔石头。于是那些成年累月在办公室靠一支烟、一杯茶、一张报纸混日子的人，没有人过问；而有些不甘平庸度日者，麻烦可就多了。谁敢站起来超越常规思维，干点不平常的事情，指责之声便会接踵而至。连那些平素浑浑噩噩，不知道如何打发日子的人，也一个个出来指手画脚，说长论短，恶语滔滔。在这种文化背景下，尽管我工作勤奋，为人正派，但自己与众不同的思想行为，还是很难见容于这个因循守旧的环境。

科学是科学家个人自由创造的产物，所以一个真正的科学家，必然是非常自我的，是我行我素的。在科学史上，许多重大突破都是个体研究者的贡献。即使科学大协作成为主流的今天，不少有识之士也主张大科学少搞，小科学多搞，大力鼓励最具有活力的个体研究者的科学活动，以达到投资小、收效大的效果。然而，一个科学工作者的强烈自主意识、自由探索精神和独立行为，哪能是现行的刻板的管理制度、缺乏科学素养的头头们和随大溜的芸芸众生所能容忍的呢？所以矛盾和冲突便是不可避免的了。

我到编辑部没有几年，谢主任便因上了年纪退居二线，邹工另有高就离开了编辑部，吕院长也离休、病故。于是我便失去了保护伞，彻底暴露在一种难以名状的氛围之中，成为众矢之的。

我这个到了知命之年的人，还这样成年累月孜孜不倦，很让一些混天度日的人不舒服。他们或者当面挖苦我“大器晚成”、“迟开的花朵”，或者干脆指着我的鼻子辱骂：“黄土都埋了大半截，还想要有出息！”随后为了顺应他们的讥讽，我给自己起了个“迟放”的笔名以自嘲。

20世纪80年代末，地质矿山局塑料厂要加工一批塑料袋，每个袋加工费几分钱。我们室一些人闲着，便揽了这批活，为个人和集体搞点创收。室主任兼党支部书记号召党员带头，投身到塑料袋加工的劳动中来。我珍惜时间如生命，连上厕所也一路小跑，哪里肯为了这点鸡毛蒜皮的小事，去牺牲一两个星期的宝贵时间呢？我没有响应号召。于是，有人便大肆攻击我这个党员不带头劳动，支部书记也在支部会议上批评我缺乏劳动观念、集体观念。那时有些人还在强调集体主义精神，不管这种集体行动有无意义，照样要把大家捆绑在一起。

我身在编辑部搞地质构造理论研究，自然也成为人们攻击的口实，他们纷纷指责我“不务正业”、“四不像”、“要搞理论研究到科学院去”。在动物界，“四不像”是珍奇动物，是保护对象，比正统的驴可值钱多了，可是僵化的社会容不得任何异类。我没有时间也没有兴趣去与他们争辩，只是继续埋头走自己的路。

我的科研方法也颇为独特。构造地质学的研究，可分为三个层次：几何学、运动学和动力学。动力学是构造地质学研究的顶峰，难度也最大。大型构造，尤其是深部构造，由于规模大和为植被、地层所覆盖，无法进行全面的直接观察，故对它的成因机制的研究就更加困难。我把自己过去在枫林矿区利用采矿工程广泛揭露出来的小型构造的研究成果作为基础，与其他地区具有相似性的大型构造进行对比，使这些不能用肉眼直接观察的大型构造成因机制问题，迅速获得了合理的解释，从而创立了一个个新概念、新模式。

由于演绎法研究多依靠文献资料，不像我院许多搞应用研究的人那样，每年到野外跑几个月，再回室内写报告。于是一些人又攻击我"闭门造车"、"纸上谈兵"、"脱离实际"。尤其是初到地研院那几年，我的文章往院外刊物投稿，一再受挫，更成为一些人断定我所走的科研道路是一条此路不通的"歪门邪道"的佐证。

我还发现一些人攻击我，不是为了别的，只是为了满足自己心理平衡的需要。虽然我的研究不妨碍任何人，但有些人看到我整天扑在工作上，并不断有成果问世，生活方式生活质量与自己反差太大，心理承受不了。当时攻击我最起劲的，是个长年无所事事的专业人员。他当着我和大家的面说："地研院谁都不干活，干了活的也没有用"；"我虽然不干活，但并不比你干活的差，因为你是不务正业"。他贬损一切，否定一切，为的是证明自己虚无的一生并不比别人逊色。

不过这些人混到后来，却往往连自己也欺骗不了。有的活得百无聊赖，连连悲叹："活着真没有意思，可是现在死了又太早；不过多活一年，可以多赚几千块钱工资（那时每月工资三四百元）。"落到了为工资而活着的可悲地步。有的则因平素没有长远的奋斗目标，只是为了眼前的蝇头小利廉价地零售自己的生命，所以到头来也只好自怨自艾："我这一生一事无成，现在精神都快要崩溃了。"一脸无奈相。

一些人拿技术的尺度来衡量科学，质问我搞地质构造理论研究有什么用、可以找哪种矿产，竟使我一时语塞。理论研究如果能够这样对号入座、立竿见影，那么它就不是科学，而是技术。科学和技术是两个不同的概念，它们研究的对象和目的是不相同的。他们从技术角度来衡量科学，无疑是拿错了尺度。如果当年有人质问牛顿，说你的运动三定律可以解决人们的衣、食、住、行的哪一项，我相信他也只能瞠目结舌。过去有的当权者，常常拿"一不会种田，二不会做工，三不会打仗"这种操作性标准，来贬损那些学富五车的学者，实在有失偏颇。前些年，也还有些颇有权势的人，说什么养活不了自己的知识分子，算是什么知识分子。

构造地质学是门独立的学科，应用范围非常广泛。它能够指导找油找矿，也可以用来解决工程地质、水文地质、地震地质等一系列实际问题。譬如，我关于纵弯褶曲应力应变场的研究成果，后来在指导营口地区寻找隐伏硼矿时便起了关键性作用。但这不是该课题研究的初衷，也不能拿它作为衡量该课题价值的主要标准。

不错，一个社会需要绝大多数人去搞经济，去搞应用科技，但是同时也应该让极少数具有科学素养和创新精神的人，坐在象牙塔里潜心研究理论。缺乏深厚的理论基础，应用研究便是无源之水，无本之木。单一化的社会是个没有生命力的病态社会。何况，构造地质学只是一门应用基础学科，还不是纯科学，它与生产实践紧密相连。

为了制止我这种与众不同的"不轨"行为，1986年下半年，新来的主任干脆通过行政手段，强迫我"改邪归正"。新主任新官上任三把火，头一把便是来制止我的地质构造理论研究工作。

他上任伊始，便来到了我的办公室。一进门看到我正在埋头写文章，就火冒三丈地质问道："你搞的研究是有益的还是有害的？"

对这个完全出乎意料的诘问，我一时反应不过来，呆呆地望着这名两鬓斑白的主任，张口结舌，连一个字也回答不出来。我惊讶不已，这名过去在野外搞过多年区域地质测量的老工程师，竟然不知地质构造理论研究为何物，拿它与"有害"相联系，仿佛我是在干什么不可告人的勾当。

在计划经济时代，每个人都隶属于单位。单位头头成为掌握单位一切资源的父母官，单位的人成为下属的臣民。谁在那个位置上，你都得俯首帖耳，唯命是从。你所从事的工作，必须"照顾"大小头头们的理解水平，而且还须获得他们的首肯。他们理解不了的或不同意的，再重要的事情也干不成。在这种环境中，你即使身怀绝技，具有十八般武艺，也只能成为囚笼中的困兽。我孤立无援，欲诉无门。在这名新来的室主任的压力下，我无路可走，只好挥泪退却。我操起自己并无兴趣的编辑工作，把心爱的地质构造理论研究重新转入地下，利用业余时间进行，像当年在枫林劳改队那样。他们非要把我压到跟他们一样庸庸碌碌，否则决不肯罢休。那时，我常常感到被遍地枯藤缠得动弹不得的无奈。

的确，我当时的困境，完全是自己一手造成的。倘若我收篷转舵，改变航向，顺水行舟，或到矿山地质室当主任，或去搞那些不管结果如何的应用研究，做大家所做的正常工作，过大家所过的正常生活，那么我不但不会遭到任何人的攻击，而且无需这样付出比别人多得多的劳动，日子也会过得跟大家一样轻松，妻子又不会责怪我。可是，我不能那样活法。当年在劳改队忍辱负重进行了千辛万苦的拼搏，主要不是为了过上今日的舒服日子。我不惜一切代价坚决要走这个逆风逆水的艰难航程，只是为了充分发挥个人理论思维的优势，达到自己人生的极限。

我这种心高气傲的理想主义气质，便决定了自己在争名于朝、争利于市的世俗社会里，一直处于不利地位。

的确，对于一个勇于探索的人来说，孤独和磨难是永恒的。不过，重要的不是人家在说什么，而是你在干什么。所以多年来，面对着种种非难和诽谤，我却始终坚守着自己的人生信条：不管人家说什么，我只管唱自己的歌，坚持做个桀骜不驯的铮铮汉子。

感谢“对头”们

早年我在革命文学熏陶下，便形成了理想主义的人生态度，尔后又经过了劳改队长期的磨难，更是视个人名利如粪土。到了地研院，我不争名不争利不争权，事事谦让，主动退到了墙角，只求个人人都拥有的栖身之地，放张书桌，利用别人随意丢弃的时间，从事心爱的地质构造理论研究。为了摆脱身边庸人俗事的纠葛，避免在无谓的摩擦中浪费宝贵的时间，我与周围的人尽量保持距离。对于那些伤害过我的人，也只是加以回避，舍不得花时间和精力去还击，处处采取息事宁人的态度。甚至为了营造一个从事研究工作的和睦小环境，我还曾经主动放弃过职称晋升的难得机会。

1986年上半年，院里评定高级工程师，分配给情报室一个内定给我的名额。虽然从学术水平和科研成果来说，我是受之无愧的，可是为了减少矛盾，我把这个到了手的名额，主动让给了大家。

那年头职称晋升，是广大知识分子最关心的头等大事。它关系到名和利两个重大问题，竞争异常激烈。当时院里的高级工程师名额很少，不要说是评上了，就是为了争取个申报资格，有些人都已经闹得不可开交。然而为了减少摩擦，我觉得自己缓一缓无妨；何况自己又是室里三人评审小组成员，免得人家说我“近水楼台先得月”，便断然主动放弃了。当时我在给武汉扬镜兄的一封信中，表述了自己在这腹背受敌的困境中，为了重点保护科研工作，不得不作出些牺牲的心情：

小时在家听说，小偷被抓获时，便把自己的头部、胸部这些要害部位紧紧抱住，其他地方则任凭人们去拳打脚踢。我虽然无意去当小偷，但他们在危急时这种重点保护战略值得学习。

不料，我这种处处委曲求全的忍让态度，并没有奏效。相反，他们认为我好欺负，更是得寸进尺，围上来逞凶。虽然我对自己私自搞地质构造理论研究会遇到的阻力，早有了思想准备，但实际出现的困难，还是远远超出了事先的预料。本来，我这种研究工作不影响任何人的利益，理当是最宁静的地方；可是在我们这个僵化的环境里，与众不同的书斋也被搅得鸡犬不宁。

1987年，院里又要晋升一批高级工程师。这次名额较多，我也提出了申请。结果什么人都评上了，独独把我这个群众呼声最高的卡了下来。

这次院里的职称评委会，被原来那几个反对《化工地质》发表我那篇枫林矿区文章的人把持着。这些人过去只是一些研究室的头头，现在却一个个登上了院领导成员的宝座，权倾一时，飞扬跋扈。他们像武大郎一样，忌恨一切比自己高的人。

我这样勤奋工作，又不断有成果问世，自然就成为他们的眼中钉，他们早就想给我迎头痛击了。再说他们看到我事事忍让，更以为我软弱可欺，认为当初没有挡住我的文章，现在是给我重重一击的大好时机。于是串通一气，依仗手中的权势，蛮横地阻止我入选，让我在大家面前丢脸。

这一打击对我来说，像是在大庭广众面前挨人一记响亮的耳光似的。因为上次晋升职称时，院里有些正直的人，便到来院验收职称评定结果的部工作组那里，为我打抱不平，说院里不应该让我这样高风格的人吃亏。工作组也明确表示，下次晋升职称时一定补上。所以这次职称评审，大家都认为我评上是板上钉钉了。可是，结果完全出乎人们的意料。

起初，我得知这个意外消息时，虽然也感到愕然和愤慨，知道这是那几个评委故意侮辱我，但多年身处逆境养成的逆来顺受的忍让态度，使我的心情很快就平静了下来，认为职称是身外之物，评上评不上并不妨碍我的科研工作，无需计较，因而漠然置之。

但是，随后我又仔细地思量了一下，觉得职称事小，个人尊严事大。我不能总是这样被人踩在脚底下，卑躬屈膝地过日子。我应该站起来进行自卫，勇敢地去迎接这一严峻的挑战，为自己、为大家争取一个公平竞争的权利，不能让这几个人为所欲为。我虽然无需锱铢必较，但不能丧失人格、丧失自尊、丧失争取个人正当权益的权利。一个过分委曲求全的人，是得不到别人尊重的。自尊者人必尊之，自贱者人必贱之。我决心在这样有理有利的情况下，彻底扭转自己这些年来在地研院被动挨打的局面。

然而对头都是些有权有势的人物，他们中的任何一个人，都可以把我压得喘不过气来，何况现在他们还联合在一起呢！我拿什么力量与他们抗争？不过我认为正义在自己一边，改革开放的今天，总该有讲理的地方吧。于是，我毅然决然摒弃了自己以往事事忍让的克制态度，到部有关部门反映情况，并得到了有关部门负责同志的亲切接见。

我把这几个评委这些年来在院里的所作所为和我个人的实际表现，一一作了如实汇报。这位负责同志听完我的汇报后，气愤地说：“你的情况上次评审时，我们已经有所了解。你放心吧，谅他们没有一手遮天的能力，现在也不是能够一手遮天的时候。我们将作进一步的调查，并予以严肃处理。”

随后，他们进行了深入调查，证明我所反映的情况完全属实，从而认为这几个权势人物垄断一切的局面应该改变，遂下令撤销这个被他们操纵的评委会，责成我院的上级代管局重新评审。结果我顺利地评上了高级工程师，得到了公正的对待。这是我到地研院20多年来，唯一的一次与人发生正面的冲突，并以大获全胜而告终。

不过这次的职称评定，虽然以他们的彻底失败收场，可是他们事后还是到处散布流言蜚语，说我评上高级工程师，是政治因素起作用。言下之意，我并无什么能耐，只是对我过去长期蒙冤的补偿而已。

翌年，一次真刀真枪的较量机会终于到来了。

每四年一届的国际地质大会，素有国际地学界奥林匹克的盛誉，是广大地质学家所向往的进行高水平学术交流的理想场所。为了遴选出代表中国地学界最新重要成就的优秀论文，参加1989年在美国华盛顿举行的第28届国际地质大会，中国地质学会要求各个系统组织广大地质工作者撰写文章，进行公开公平的自由竞争，并邀请外系统的专家认真评审、筛选。于是，我提交了两篇论文参加化工部系统的评选。后经国内知名教授组成的专家组严格评审，我的两篇论文双双入选。但根据一人只能选一篇参加大会的规定，我以其中一篇题为“中国东部中、新生代断陷盆地成因机制新模式”的论文，作为我部4篇论文之一参加了大会。可是院里这几名权势人物，有的没有成果写不出文章来，有的虽然勉强拿出了文章，但一一被淘汰了。到了这时他们才哑口无言，不敢对我再说三道四了。

他们由于心术不正、争权夺利，先后被撤销了院领导职务。这些在院里曾经翻手为云、覆手为雨、不可一世的风云人物，最终却一个个落了个灰溜溜的下场。这使我不禁想起了鲁迅先生的一句名言：“捣鬼有术，也有效，然而有限，所以以此成大事者，古来无有。”

1989年，我把自己几年来在国内外学术刊物、学术会议上公开发表的科研成果合并在一起，以“压剪性正断层、扇型逆冲断层、逆牵引构造、断陷盆地成因和纵弯褶曲研究”为题，申请化工部科技进步奖。那时部科技奖励办公室的同志问我，你有这么多成果，为什么不分几次申请呢？我说不必了，搞科研不是为了获奖，科研成果能够得到专家和上级的认可，利于推广就行了。后经外系统多位专家的评审，获得了充分的肯定。可是，由于阴差阳错，评审过程耽误了时间，错过了大奖（二等奖以上）的终审机会。部有关同志向我建议，该项目留待第二年再申报，以争取高级别的奖。我说无需麻烦了，今年给个三等奖足矣。

毕竟，这是我55年风雨人生中，首次获得这么高的褒奖。它的意义，远远地超出了当年地质队的先进工作者称号和劳改队的立功受奖。这也是我院建院十多年来，首次获得这个奖项的两个项目之一，由此我被人刮目相看了。于是，我经过近10年的艰辛努力，到了这时才算突破了重围。

过去，我在“君子不言利”的儒家思想影响下，为人处事总是持谦让态度。这次职称评审和论文遴选，使我明白了维护个人正当权益和尊严的重要性。尔后，我在遇到类似的机遇时，都积极参与公平竞争，不再谦让，均收到了良好效果：1992年和1996年，我的论文又连续两次参加了第29届和第30届国际地质大会，我作为中国地质学会代表团成员赴会；1993年获国务院颁发的政府特殊津贴；1995年破格晋升为教授级高级工程师；1996年参加主持研究的“辽东—吉南地区硼矿床控矿构造研究”课题，获化工部地质科技成果一等奖；1998年主持研究的“大陆层控构造论”课题，获国家石油和化学工业局（由前石油部和前化工部合并而成）科技进步奖二等奖，而成为院里的佼佼者。

人生旅途如冲浪，浪头来得愈大，它就把你抬得愈高。所以碰到困难和挫折，应该勇敢地迎上去。困难和挫折越大，你的潜能发挥也越充分，成就也越辉煌。我得再次感谢自己的对头，是他们教会我维护自己必要的正当权益和尊严的。如果不是他们一再给予我的“教育”，那么在日后应该参与竞争的种种重要场合，也许我又会一次次地礼让了。不过，我每次在争取个人正当的权益时，依然很本分，做到事事有理有利有节。这点与我小时在家听到的一个故事有关。

那个故事说，大山上有座庙，庙里有口古井，井里涌出的泉水甘甜无比。每次只要你不把井水舀干，泉水便源源流出，总舀总有，永不枯竭。有一天，来了个贪婪的家伙，要把全部甘甜的井水都挑回家去，便一下子把井水舀得一干二净。从此，这口古井的泉水就彻底干涸了。在这个富于哲理性的故事的启迪下，我这一生为人处事都留有余地，决不竭泽而渔。由于我事事留有回旋余地，因而从未把自己逼上绝路，活得潇洒、超脱，不为尘世间的得失耿耿于怀。

这几十年来坎坎坷坷的人生经历，都是我宝贵的精神财富。所以我感谢顺境也感谢逆境，感谢成功也感谢挫折，感谢朋友也感谢对头，感谢欢乐也感谢痛苦。我对宇宙万物，都心存诚恳的感恩之情。

独辟蹊径

来到了地研院，阅读了一些国内外有关文献资料，参加了一些全国性学术会议，接触了一些专家学者，了解了当今地质构造领域的研究现状及存在问题。这时，我发现不少大型的区域性的构造现象，与自己过去所熟悉的枫林矿区的小型构造存在着一定的相似性。于是，我站在一个新的高度上，回过头来对枫林矿区有关的构造现象，重新进行深入的研究，把自己过去对它们的观察结果及新思路，升华为具有普遍意义的理性认识。然后运用演绎法，把它们作为解决这些大型的区域性的构造问题的钥匙。

大家知道，要认识某一事物，光孤立地就事论事是解决不了问题的，而必须把它放在一个更大的背景中来考察、比较才行。“不识庐山真面目，只缘身在此山中”，说的就是这个道理。正是为了摆脱就地球论地质的局限性，近半个世纪以来，才大力发展了从天文学角度来研究地质的天文地质学，并获得了种种重要的新认识。其中包括在月球上发现了大量的陨星撞击坑，从而在地球上找到了许多被自然和人为因素覆盖、破坏，过去没有发现的陨击坑，认识到陨星撞击事件在地球演化过程中的重要性。

所以如果当年我继续留在枫林矿区，没有来到地研院，不了解国内外地质构造及其相关领域的研究现状，那么我对该矿区构造现象的认识，即使达到了了如指掌的熟悉程度，也会由于缺乏比较、缺乏一个更大的参考系，只能浅尝辄止，无法理解它深刻的意义，难以产生具有重要意义的新认识。正如哲学家黑格尔所说："熟知的东西并非真正知道了的东西。"参天大树不可能长在瓦缸里。环境对于一个人的成长，往往具有决定性的影响。所以为了充分施展个人的才干，人必须有一个与自己潜能相匹配的人生舞台才行。

不过反过来说，对于局部和个别事物鞭辟入里的理解，也有助于对整体和普遍事物本质的深刻认识。倘若当初不是在枫林矿区对那些典型的构造现象进行了长期深入的观察和研究，没有自己独特的新思路，仅仅凭借这些国内外文献资料，那么，我可能也会同当今国内学术界一些人那样，成为"随风派"，跟着西方流行观点走，而拿不出自己的新东西来。

广度与深度是互为因果的，是相辅相成的。正如古人所云："天须地乃有所生，地须天乃有所成。"正是由于对枫林矿区众多典型构造现象的深刻理解，我在地质构造理论领域才能迅速获得一系列重大突破。所以，当初如果没有去枫林硫铁矿劳改，我肯定不会在构造地质学领域干出这些业绩来。真的是"塞翁失马，焉知非福"。

演绎法与传统的归纳法不同，它主要不是从观测和归纳中获得认识，而是受到其他学科或某些现象的启示，在事实还不充分的情况下，便凭直觉思维，运用移植法、类比法等方法提出大胆的假设，再去寻找更多的事实来进行检验、补充、修正，使之逐渐成为切合实际的理论。这种研究方法，往往能够一下子便抓住问题的实质，迅速获得突破性的成果。当年魏格纳便是在大西洋两岸海岸线的相似性启示下，萌发了大陆漂移思想，再把前人有关学科的研究成果作为佐证，创立了里程碑式的大陆漂移学说。

国内地学界一些人，贬低演绎法，主张归纳法。认为前者的观点是在事实不充分的情况下提出来的，缺乏坚实的基础，不科学。有一名一直反对演绎法、坚持归纳法研究的构造地质学教授，花了10年时间研究全国各地的地质图，又花了10年时间对这些研究成果进行归纳。由于人世间不存在中性的纯客观的观察和归纳，而他又缺乏思想，没有自己的理论，于是，他只好皈依风靡一时的板块构造学说，并把岩石圈中的板块，当成浮在水面、可以随意漂移和旋转的木块，以古地磁等片面多解的资料为依据，得出华北地块当初位于西伯利亚地块北面这一不切实际的结论。当他的专著出版时，却连西方人自己也承认板块构造学说不适用于大陆地质了，结果白忙了20年。

缺乏思想，缺乏理论思维能力，这样即使有再多的资料，也只能人云亦云，成为他人理论可悲的俘虏，或错误理论的牺牲品。所以爱因斯坦说得好："想象力比知识更重要。"

枫林矿区沉积岩系，与呈层圈结构的大陆地壳规模虽然相去甚远，但具有相似的受力状态和形变特征，存在着许多可比性。首先，它们都受到水平力和重力的共同作用。其次，枫林矿区软弱的煤系和顶板刚硬石灰岩的组合，与大陆地壳中软硬相间的层圈结构一致。第三，煤系的顶板正断层上盘，在重力作用下的受力状态及形变情况，与大陆位于中地壳塑性层之上的刚硬上地壳正断层上盘的受力状态及形变情况相似，前者产生逆牵引构造，后者形成箕状断陷盆地。第四，软弱的煤系物质，在顶板正断层上盘下降过程的挤压下产生的侧迁运动，并促使下盘隆升的现象，与中地壳塑性层物质在上地壳正断层上盘沉降过程的挤压力作用下产生的侧迁运动，并促使下盘隆升成断隆山的现象无异。第五，煤系顶板正断层的发育程度，受其下伏煤系强度严格控制，煤系愈软弱，其顶板正断层便愈发育。在煤系含黏土页岩等软岩层的地段，其顶板正断层的密度，竟然达到煤系含泥岩等较硬岩层地段的10.7倍。这种现象，与受上地壳正断层控制的盆-山系，均产生于软弱的低速低阻中地壳塑性层分布区相仿佛。第六，顶板正断层上盘在下降过程中，引起下伏煤系物质侧向流动，消耗了大量的重力能，使该矿区97.7%的顶板正断层，被1.5—3米厚的煤系阻止，成为小型层控构造。这种构造现象，与大陆上地壳正断层都终止于下伏中地壳塑性层的厚皮构造类同。第七，下降入煤系中的顶板正断层上盘的底层石灰岩，一旦受到来自外侧较强的水平挤压作用，则该层石灰岩便向下盘的煤系进行顺层俯冲，与上地壳正断层上盘底部刚硬的结晶基底，一旦受到来自外侧较强的水平挤压作用，则该结晶基底便向断隆山的中地壳塑性层进行顺层俯冲，使盆-山系演变成俯冲型冲叠造山带类似。第八，枫林矿区沉积岩系在水平挤压力作用下所形成的小规模纵弯褶曲，其应力应变场与大规模的复背斜、复向斜乃至厚皮纵弯隆起带基本相同。基于这些相似性，我把在矿井中直接观察、研究得来的新认识移植到大陆构造研究中来，从而在短短10多年时间内，便解开了大陆地壳运动许多不解之谜，创立了压剪性正断层和扇型逆冲断层两个新概念，正断层上盘逆牵引构造、盆-山系、冲叠造山带、弧后盆地、纵弯褶曲应力应变场成因机制五个新模式和大陆层控构造新学说。现摘要简述如下：

一、压剪性正断层新概念的创立及其意义

长期以来，国内外构造地质学教科书，有的只知道水平力的重要性，认为一切正断层都是水平拉张力的产物，均属于张性、张剪性；有的又只看到重力的作用，称它们为重力断层。当今以水平拉张说最为流行。这两种认识都是片面的。其实正断层是水平力和重力共同作用而成，其中有的是水平拉张力和重力共同产生的张性、张剪性正断层，有的则是水平挤压力或水平剪切力与重力共同形成的压剪性正断层或剪性正断层。由于大陆地壳中遍布着水平挤压力和东西向剪切力，故其压剪性正断层和剪性正断层比张性、张剪性正断层更为发育。

压剪性正断层是我在枫林矿区时发现的，来到地研院之后，结合中国东部广泛分布的、在平面上呈X形产出的中、新生代走滑正断层所创立的新断裂类型。剪性正断层，则是后来我在建立大陆层控构造学说时提出的。压剪性正断层具有强烈的挤压现象和水平错动特征，它们控制着中国东部富含油气资源的中新生代盆-山系的形成及演化，以及强烈的地震活动。

人们往往对最需要怀疑的起点，不敢去怀疑它，便急急忙忙在可能有问题的基础上进行建筑，结果基础出了问题，上面苦心营造起来的建筑便前功尽弃。譬如，人们不去怀疑正断层即张性断层这一传统概念是否切合实际，便以此为依据，去研究区域构造应力场，去研究受正断层控制的盆-山系成因，结果由于起点错了，而走多远便错多远。不抬头看路，只低头拉车是危险的。在“我思故我在”的彻底怀疑精神哺育下，除了客观事实，我不承认任何先验的东西：没有不可怀疑的权威，没有不可怀疑的传统，没有不可怀疑的理论，有的只是永恒的追求和探索。

在枫林矿区期间，我虽然经过长期的观察、研究，发现该矿区广泛存在着一种不同于传统观点的压剪性正断层，也猜测到这种新的断裂现象不会只是局限于枫林矿区，对它们进行广泛深入的研究，可能导致一种崭新的重要的断裂类型的创立。可是，这种新的断裂现象在自然界的分布情况如何，它们的成因机制是什么，当时还不清楚。

到了地研院之后，我才逐渐从一些地质文献和学术交流中了解到，控制中国东部中、新生代盆-山系的走滑正断层，也与枫林矿区那些压剪性正断层相似，虽然它们的规模相差悬殊，但赋存特征和成因机制大体相同，都是水平挤压力和重力共同作用的产物。进一步研究得知，传统观点之所以认为一切正断层都是水平拉张作用所产生的张性、张剪性断裂，是因为他们认为岩石都属于脆性物质，其破裂现象均符合基于脆性破坏的库仑-摩尔强度理论。可是事实上，刚硬的岩石在长期的地应力作用下也具有显著的弹塑性。李四光教授在第四纪冰川沉积物中，所发现的弯曲砾石的弹塑性表象，便是一个生动的实例。我自己在枫林矿区井下的煤系中，也曾观察到一些非常脆硬的硅质岩，居然像湿面条那样，急剧弯曲130度也没有产生破裂。所以基于均质脆性材料短时间强度实验建立起来的库仑-摩尔强度理论，显然与地壳中岩石在长期的地应力作用下的力学性质大相径庭。地壳中岩石的断裂现象，大多与基于韧性破坏的能量强度理论一致。于是，我根据枫林矿区和中国东部其他地区的中、新生代断裂现象，引入能量强度理论，撰写了《压剪性正断层的成因机制与能量破裂理论》一文，创立了压剪性正断层新概念。

本来，面对这种与传统观点不同的构造现象，我也完全可以像一些人那样，肢解、歪曲新的事实，来迎合旧的理论，说什么这些正断层的挤压现象，是先后受到张力和压力作用的结果。这样既能够保住旧理论的权威，又可避免创造新理论的艰辛和风险。这是一条最方便最安全的科研道路。可是，从小养成的实事求是的科学态度和桀骜不驯的顽强性格，决定了我对挑战传统、挑战权威具有无法遏制的激情。越是被大家奉为金科玉律、神圣不可侵犯的东西，我越想把它端到理性的祭坛上来审视、批判。

其实，分布广泛的压剪性正断层这种新的断裂现象，许多人都曾见过，只不过他们没有更新观念而已。

有位野外地质工作者曾经对我说，压剪性正断层在中国东部第四纪松软的沉积层中，也经常可以见到。它们的断层面非常平整，有时在断层面还可以看到一些砾石，被齐刷刷地切成两半，表明这些正断层受到压剪而不是受到张剪。因为如果有水平拉张活动，则断层面不可能这样平整，断层面上与周围黏土等物质固结不紧的砾石，也应该被拉落而不应该被整齐地切开。

1982年，中南矿冶学院有位构造地质学老教授，在长沙的地洼学说学术交流会上作报告时，无意间提及他们学校教学实习基地的一桩趣闻。他说，在学校广东阳春实习基地的一个山边天然陡壁上，有一条断层。经过对断层两盘地层及有关构造现象的详细研究，确定为上盘下降的典型正断层。于是，每年老师都带领学生到那里实习，认识正断层的基本特征。为了保护好这个典型的观察点，学校明文规定，学生不得敲打该断层面两侧的岩石。年复一年，这条断层一直被当作正断层的典型实例教育学生。可是，有一年一个不听话的学生违反学校规定，用锤子敲落了该断层面侧旁的一块岩石，使断层面露出。这下子可惹出麻烦来了，发现该断层面非常平整、光滑，并布满了大量的水平擦痕，表明断层两盘发生过重要的水平错动，而与正断层即张性、张剪性断层的传统观念不符。因为水平拉张力所产生的张性、张剪性断层，主要是使其上盘下滑，不会有重要的水平错动，因而断层面不可能平整、光滑，也不会有水平擦痕。此事引起了师生们的关注。他们登上了陡壁上面的山，沿断层线追踪，观察该断层在平面上的特征，结果发现了更多的断层两盘水平错动的证据。于是，他们“纠正”了自己过去长期把它视为张性断层（正断层）的“错误”认识，改称为剪性断层。当时我听到这里，不禁哑然失笑。

其实，他们先后在剖面上和平面上所观察到的构造现象，都是真实的，用不着拿平面上的构造现象，来否定剖面上的地质事实。即它既是上盘下降的正断层，又是具有强烈水平错动的走滑断裂。这种走滑正断层正是压剪性正断层的基本特征。他们由于受到传统观念的禁锢，固守一切正断层都是拉张作用产物的陈旧观念，不敢去面对三度空间的全部事实，作出全面崭新的解释，而是曲意舍弃一些事实，来迎合传统的认识。

听了报告之后，我拿了自己刚刚写就的论文《压剪性正断层的成因机制与能量破裂理论》，请教这位老教授。过些天后，他在家里亲切地接见了我。这位长者不愧为治学严谨的学者，他开诚布公地对我说："我在学生时代学的是库仑-摩尔强度理论，接受的是正断层即张性断裂的传统概念。尔后我教了几十年书，教的也是这个理论这个概念，从来没有听到过有人对此表示怀疑。今天，你突然提出岩石在长期的地应力作用下呈韧性性状，并引入能量强度理论，建立了压剪性正断层新概念，我一时难以接受。不过这是个极其重要的基础理论问题，你应该坚持研究下去。你的观点如果成立的话，将动摇构造地质学的理论基础。"

后来，我又把文章送请中国地质学会构造专业委员会主任委员、已故著名构造地质学家马杏垣院士审阅。有一天，我在北京大学的一个学术报告会上碰到了他。他郑重其事地对我说："你的压剪性正断层新概念，将要解决重大地质问题！"随后，他把文章推荐给《构造地质论丛》1985年第4集发表。这是我来到地研院之后，在院外刊物发表的第一篇文章。

的确，压剪性正断层新概念的创立，不仅结束了长期以来库仑-摩尔强度理论在构造地质学领域一统天下的局面，而且在实践上具有广阔的应用前景。它彻底改变了人们对中国东部中新生代区域构造应力场性质，以及该地区控制盆-山系的走滑正断层成因机制的认识。即中、新生代产生大量走滑正断层的中国东部地区，不是过去大家所认为的，受到水平拉张，而是受到水平挤压；这些走滑正断层，也不是过去传统观点所认为的水平拉张力的产物，而是水平挤压力和重力共同作用的结果。压剪性正断层新概念，对地震地质和石油地质的研究，也具有重要意义。

1990年，石油系统一所研究中心邀请我去作学术报告。当我讲述了控制中国东部中、新生代含油气断陷盆地的走滑正断层是压剪性正断层，而不是传统所认为的张性、张剪性正断层时，他们惊喜地说，过去他们受传统观点束缚，把一切正断层都视为张性、张剪性断裂，不敢在其附近找油。后来发现了许多走滑正断层的断层面平整，呈封闭状，是重要的储油构造，但不知道是什么原因。现在有了压剪性正断层新概念，这些现象便可以得到合理的解释了。

二、弹性基础悬臂梁概念的引用及其意义

1. 正断层上盘逆牵引构造成因机制

枫林矿区顶板正断层上盘，在重力作用下的下降过程中，不但没有受到断层面摩擦力的影响向上翘起，反而愈趋近断层面下降幅度愈大，成为向断层面倾斜的逆牵引构造。当时我对这种司空见惯的构造现象并不在意，认为断层面是自由面，上盘岩层在自身重力作用下，趋向断层面稳定性愈差，下降幅度也愈大。这是再正常不过的现象，没有什么值得关注的。到了地研院之后，接触了中国东部一些含油气盆地资料，才知道这种构造的翘升端是主要的储油气构造之一，对油气勘探开发具有重要意义。接着又看到美国著名地质学家汉布林一篇研究科罗拉多高原西部地区沉积岩系中，正断层上盘逆牵引构造成因的权威性文章《正断层下降盘“逆牵引”的成因》。该文认为，正断层上盘产生逆牵引构造，是这些正断层的断层面呈上陡下缓的弧形，使这些断层上盘在下降过程中，为了弥合潜在的空间向下弯曲而成。可是，枫林矿区那些断层面平整的顶板小型正断层，为什么也产生逆牵引构造呢？到了这时我才意识到这种“平淡无奇”的构造现象，在实际上和理论上都有进行

深入研究的必要。

20世纪80年代中期，我与大港油田一位工程师合作，根据枫林矿区和大港油田的实际资料开展研究。结果发现这种构造现象的产生，受上硬下软的岩性组合、该盘重力强度和断层面有效下滑力三个因素的共同控制，与弧形断层面无关。

位于下伏软弱层之上的刚硬层正断层上盘，在自身重力作用下的受力状态，类似于材料力学以下伏软弱层为弹性基础、以断层面为自由端的弹性基础悬臂梁。在悬臂梁的弯矩和剪切力作用下，该盘岩层趋向断层面下降幅度愈大，呈逆牵引现象产出。由于该盘下降过程绕着翘升端水平轴旋扭，从而把断层面歪曲成上陡下缓的弧形。故弧形断层面是逆牵引作用的结果，而不是逆牵引构造产生的原因。于是我引入弹性基础悬臂梁概念，撰写了《论正断层上盘逆牵引构造的成因机制》一文，对这种构造现象的成因作出了全面的确切的解释，创立了正断层上盘逆牵引构造成因机制新模式，为寻找这种重要的储油构造指明了方向。该文于1987年发表于《构造地质论丛》第7集，随后被学术界列为当前成矿构造研究的主要进展之一。

2. 箕状断陷盆地及其断隆山成因机制

随后我发现中国东部及其他地区，位于中地壳塑性层之上的上地壳正断层上盘断陷盆地基底，也普遍产生逆牵引现象，而成为趋向断层面沉降幅度愈大的箕状。虽然，箕状断陷盆地规模比沉积岩系中正断层上盘逆牵引构造大得多，但它们的受力状态和变形情况何其相似。于是，我在《中国东部中、新生代断陷盆地成因机制新模式》一文中，又引入弹性基础悬臂梁概念，对箕状断陷盆地成因机制作出了独特的说明。随后国内外一些地质学家也运用悬臂梁变形理论，模拟盆-山系的铲状正断层形成过程和研究东非裂谷、渭河盆地等箕状断陷盆地的成因。

枫林矿区各种性质的顶板正断层上盘，在重力作用下的下降过程中，把下伏煤系软弱的物质压向下盘，造成上盘的煤系减薄、尖灭，下盘的煤系加厚和顶板隆升。上盘下降是因，下盘隆升是果，两者组成一个统一体，受同一个重力作用控制。当时，我认为这种随处可见的构造变动是理所当然的现象，并无深究的必要。因为正断层上盘下降，必然要挤走下伏软弱层物质，不然它就降不下来；被挤走的这部分物质流到了下盘，它也要占据一定的空间，因而肯定会促使该盘抬升。对于这种前人没有发现过的构造变动规律，那时我除了用来指导采矿工程的设计和施工之外，并未意识到它还会有什么理论意义。可是意想不到，这些眼睛看得见、手摸得着的不起眼的小型构造现象，竟然隐藏着解决盆-山系成因机制重大构造难题的秘密。在这里我再次惊叹自然界错综复杂的万物背后，这种统一的有序的和谐美。

位于中地壳塑性层之上的上地壳正断层，其上盘在重力作用下沉降，形成断陷盆地（地堑、裂谷、地槽）。该盘在沉降过程中，把下伏中地壳塑性层物质压向下盘，造成上盘的中地壳塑性层变薄，下盘的中地壳塑性层变厚和上地壳上拱，形成断隆山（地垒、裂谷肩、地背斜），两者组成盆-山系。断陷盆地与断隆山两者下伏中地壳塑性层厚度之差，一般为几千米至十几千米。盆-山系是个构造形态名称，而断隆山可以是被沉积物覆盖的古潜山，也可以是山脉。所以，当今中国东部秦岭、阴山、太行山和燕山等雄伟的断隆山脉，无不与渭河、河套、渤海湾等新生代断陷盆地毗邻。

断陷盆地的中地壳塑性层大幅度变薄，使该部位的岩石圈重力失衡，导致下伏的软流层隆升。所以地幔隆起是断陷盆地形成的结果，而不是形成的原因。当前国内外广泛流行的地幔隆起拉张说，是本末倒置了。

自从水平运动论占主导地位以来，人们只看到水平力的作用，而漠视重力和下伏软弱层物质侧向流动的重要性。于是，认为上地壳正断层上盘断陷盆地是水平拉张力的产物，而其下盘断隆山则是水平挤压作用的结果。然而，断隆山上的地层很平缓，只是在中地壳塑性层物质上拱过程中，促使上地壳向上掀斜，产生向外几度至十几度的倾斜而已，并无褶皱和逆冲现象，与褶皱造山带截然不同；而且只是一个断层面（带）之隔，两盘的力学性质截然相反，也难以理解。

根据研究结果，我们先后撰写了《中国东部中、新生代断陷盆地成因机制新模式》和《中国东部中新生代盆-山系及有关地质现象的成因机制》两文，创立了盆-山系成因机制新模式。该模式在找矿、找油、找地热、地震预报和地质灾害防治等领域，都具有广阔的应用前景。它们发表后，受到国内外学术界的关注。前者于1989年被遴选为中国地学界最新重要成果之一，编入中国地质学会献给第28届国际地质大会的论文集《中国地球科学进展（1985—1988）》；1989年苏联地质学主要情报刊物《地质文摘杂志》，也对它作了简要介绍。

3. 沟-弧-盆系成因机制

打开太平洋地图，首先映入眼帘的，是西太平洋一条条海沟、岛弧和弧后盆地并列分布（统称沟-弧-盆系），景象十分独特和壮观。如千岛海沟、日本海沟、马里亚纳海沟、琉球海沟的西侧，是千岛群岛、日本群岛、马里亚纳群岛、琉球群岛，再往西是千岛海盆、日本海、马里亚纳海槽、冲绳海槽等。可是太平洋东缘海沟外侧无岛弧和弧后盆地出现，为什么？这一奇特的地貌景观早已引起地理学家的关注，但其成因机制一直是个谜。到了20世纪后半叶板块构造学说诞生之后，才知道这些海沟是大洋岩石圈的俯冲带，岛弧和弧后盆地则是该俯冲作用的产物。至于同样的俯冲作用为什么产生不同的构造景观，却众说纷纭。比较贴近实际的认识是：太平洋东缘俯冲带倾角较平缓，海沟两侧板块相向运动；西太平洋俯冲带倾角较陡，海沟两侧板块相背运动。这种描述性的解释虽然符合一些事实，但未能从理论高度作出全面的确切的说明。1992年我引入弹性基础悬臂梁概念，撰写了《弧后盆地成因机制新模式》一文。指出位于软流层之上的上驮板块，在自身重力作用下的受力状态，也类似于以下伏软流层为弹性基础，以海沟为自由端的弹性基础悬臂梁，从而在弯矩最强的悬臂梁固定端派生的纵向张应力作用下，产生了裂谷，发展成为弧后盆地。所以当海沟处的俯冲带倾角较陡、两侧板块相背运动时，则上驮板块前缘便较自由，使该板块的受力状态接近于弹性基础悬臂梁，于是该梁的固定端便产生了弧后盆地。当海沟处的俯冲带倾角较缓、两侧板块相向运动时，则上驮板块前缘便不自由，而丧失了弹性基础悬臂梁受力状态，弧后盆地也就无法产生。这个简洁的模式使这个“长期之谜”顿时迎刃而解。该文被编入《“七五”地质科技重要成果学术交流会议论文选集》，同时又被选入中国地质学会献给第29届国际地质大会的论文集《中国地质科学进展（1989—1992）》。一个出自沉积岩系小型构造研究的弹性基础悬臂梁受力状态及其形变模式，竟然逐步发展、解决了断陷盆地厚皮构造和沟-弧-盆系板块构造的成因机制问题。从这里可以看出，理论研究可以发挥统帅作用。

三、冲叠造山带成因机制新模式的创立及其意义

枫林矿区顶板底部有一层数十厘米厚的石灰岩，与上覆石灰岩之间夹着一层3—4厘米厚的碳质页岩，成为底层进行顺层滑动的拆离面。当顶板正断层上盘这个底层完全断落入煤系时，该层的断层面一侧便全部与软弱的煤系直接接触。这时该盘如果受到来自外侧较强的挤压，那么该层便向煤系一侧进行

顺层俯冲。俯冲距离从几十厘米至两三米不等。这种构造现象与俯冲型冲叠造山带中，断陷盆地上地壳刚硬的结晶基底向断隆山的中地壳塑性层进行顺层俯冲无异。

在枫林矿区期间，我把这种俯冲现象，只是看作这些正断层受到水平挤压作用形成压剪性正断层的佐证之一，没有想到它还隐藏着其他重要的构造意义。到了20世纪90年代中期，我在研究秦岭印支造山带成因，弄不明白该造山带是如何形成的，是哪一层对哪一层的俯冲而苦恼不已时，忽然在扬子地台下扬子盆地HQ-13线地球物理-地质综合解释剖面图上，发现其中的孟河正断层上盘断陷盆地的上地壳底部结晶基底，向其下盘中地壳塑性层顺层俯冲了几千米，并使盆地中生代沉积物和盆地基底古生界发生中等程度的褶皱和逆冲，才产生了他乡遇故知之感。这两种距离遥远、规模相差悬殊的构造现象，共同昭示一个规律：上覆刚硬层的正断层上盘底层，一旦断落入下伏软弱层，由于该底层的断层面一侧与软弱层直接接触，而变得很不稳定。当该底层受到来自外侧的推挤，便会向软弱层进行顺层俯冲。这应该是一种相当普遍的造山模式。于是我作出了大胆的推断，秦岭印支造山带也应该是由这种壳内俯冲作用形成的。

我重新打开横切东秦岭的QB-1二维速度结构剖面图进行仔细研究。发现前人由于缺乏顺层俯冲概念，把南秦岭断陷盆地的结晶基底俯冲岩板顶面的地震波速层分界线，当成中地壳塑性层的顶面，从而把结晶基底俯冲岩板，划入中地壳塑性层，抹煞了它的俯冲作用。如果把该分界线改正了，则该剖面便与孟河正断层上盘结晶基底和枫林矿区一些顶板正断层上盘底层的俯冲现象完全一致了，并能合理地全面地解释秦岭造山带已知的地质、地球物理和地球化学等资料。从改正后的剖面图和有关的地质资料得知：南秦岭断陷盆地刚硬的结晶基底，在印支运动期间，受到自南而北的推挤，向北秦岭断隆山中地壳塑性层俯冲。从商丹断裂俯冲到栾川断裂一带，俯冲距离50多千米。在俯冲过程中，南秦岭结晶基底俯冲岩板上覆盖层被刮了下来，形成向南褶皱倒转和仰冲的冲褶带，而北秦岭则成为具有双层结晶基底的冲叠带，两者组成了俯冲型冲叠造山带。

秦岭印支造山带以其重要的地理位置和丰富的矿产资源，历来是中国地学界研究的重心。20世纪80年代末期，在其东段大别山发现了轰动一时的榴辉岩、柯石英、金刚石等超高压变质岩石矿物，更引起国内外学术界的强烈兴趣。不少专家学者根据这些矿物形成的温压条件，按埋深进行推算，认为这是所在陆壳俯冲到100千米以深的产物，并作为秦岭造山带是陆-陆碰撞的确凿证据；而且陆壳俯冲到该深度之后，又得快速返回地面，使其中很不稳定的柯石英不至于产生退变质作用。于是，密度小的陆壳为什么能够俯冲入密度大得多的地幔这么深，俯冲后又是什么动力通过什么机制折返地面，便成为大家竞相研究的热点课题。

其实这是个动力学问题，而不是个静力学问题。南秦岭断陷盆地上地壳底部，由表壳岩系、花岗质片麻岩和变质基性岩类三套岩石组合构成的3—4千米厚的刚硬结晶基底，在印支运动期间，向北秦岭断隆山软弱的中地壳塑性层俯冲。在俯冲过程中，北秦岭中地壳塑性物质，在俯冲岩板强烈挤压和摩擦下选择性重熔，产生大量花岗岩及其丰富金属矿产（部分花岗岩及金属矿产被后来的燕山运动改造）。俯冲岩板也在强烈挤压下，产生榴辉岩、柯石英、金刚石等超高压变质岩石矿物。俯冲岩板在俯冲后，也没有随即折返地面，而是由于挤压力作用时间短暂，从而使俯冲入北秦岭断隆山中地壳塑性层、埋深只有十多千米的俯冲岩板中很不稳定的柯石英，不至于发生退变质作用。尔后到了晚侏罗世至新生代，大别山地区先后作为北部北西西向晓天-磨子潭正断层和东部北北东向郯庐正断层南段共同的断隆盘，其上地壳才被高高地抬起。经过长期的剥蚀，该上地壳底部大别群俯冲岩板及其超高压变质岩石矿物，以及下伏中地壳塑性层物质及其花岗岩，才露出地面，成为变质核杂岩。其折返机制，是后来这些盆-山系的产物，受重力作用控制。

然而，南秦岭上地壳结晶基底，突然向北强烈推挤的动力来源是什么？这时我想起了任振球研究员发表于1994年10月25日《科技日报》上的一篇文章《小行星会撞击地球吗？》。根据该文的统计资料，目前世界各地24个直径在25千米以上的陨击坑的撞击时间，依其大小分别与代、纪、世或期的交界呈良好的对应关系。至于陨击事件与全球性造山运动的关系，他的文章没有涉及。于是，我又想起了自己早已熟悉的李四光教授的地质力学来。

根据地质力学观点，作为旋转物体的地球，它的角动量是守恒的。当地球的质量向地球中心集中时，地球的转动惯量便减小，而自转角速度加快；当地球的质量向外扩散时，地球的转动惯量则增大，从而导致自转角速度减慢。地球自转角速度变化，将派生经向和纬向惯性力，引起全球性的地壳运动。不过，地质力学强调的是地球内部质量分布的变化，并称之为自动车阀作用，没有涉及其他天体对地球的影响。

我认为，地球质量分布变化对其自转角速度的影响，是缓慢的，不可能产生全球性的急剧的造山运动，必须有外来的突发事件才行；何况，任研究员的统计资料已经表明，地质时代分界线与陨击事件具有良好的耦合关系，那么强烈的造山运动也应该与陨击事件引起的地球自传速度急剧变化有关。根据古生物钟资料，地球自转速度在总体变慢过程中，也确实发生过时快时慢的急剧变化。那么，可以肯定地说，是陨星的顺向或逆向撞击，以及陨击坑岩石被抛上高空及引起气温大幅度下降，导致地球转动惯量和自转角速度急剧变化，才是促使地壳强烈运动的主因。

根据奈帕尔的估算，一个直径4—31千米的陨星，撞击地球时将在地表撞出一个直径80—500千米的陨击坑，其动力能为8.5级大地震的几万倍至几千万倍。这么巨大能量的一个小的分量，都将对地球自转速度产生强烈的影响。于是，我作出了大胆的预测，印支期必然有大的陨击事件发生。但到1996年我们出版《大陆层控构造导论》专著时，我还未找到充分的事实。后来，任研究员给我提供了丰富的资料，才使上述的预测得到了进一步的证实。

印支期地球先后发生过4次大的陨击事件。它们分别为：小于225百万年前，发生于塔吉克斯坦戈尔诺一巴达赫尚自治州陨击坑直径45千米的陨击事件；220.5±18百万年前，发生于加拿大马尼托巴省陨击坑直径40千米的陨击事件；220±10百万年前，发生于俄罗斯伊万诺沃州陨击坑直径80千米的陨击事件；212±2百万年前，发生于加拿大魁北克省陨击坑直径100千米的陨击事件。它们发生的时间与秦岭及其他地区早、晚印支造山运动的时间大体一致。其中至少有两次是逆向撞击。由于逆向撞击速度比顺向的大，故前者对地球自转速度变化影响更为强烈。该时期陨星的两次逆向撞击所产生的两期印支运动，造成地球自转速度两次急剧减慢，从而派生自赤道指向两极的经向惯性力，使古赤道地区拉开一条近东西向的南新特提斯地槽，并使其北侧的基梅里大陆北移，封闭了北侧的北古特提斯地槽，形成基梅里造山带，以及位于北半球的南秦岭断陷盆地的刚硬结晶基底，向北秦岭断隆山软弱的中地壳塑性层进行强烈的顺层俯冲。由于陨击事件引起的俯冲岩板强烈挤压力来去匆匆，故其中易于退变质的柯石英超高压变质矿物，也能保存下来。

其实由动力作用产生的这种超高压变质矿物，在世界各地的陨击坑中也时有发现。近些年来，大别山超高压变质岩的同位素研究，也证明这些含柯石英和金刚石的榴辉岩，从未俯冲入地幔。对大别山超高压变质岩石矿物成因两种不同的认识，反映了东方人整体思维与西方人分析思维的差异。

以枫林矿区小型构造长期的实际观察经验为依据，吸收了不同领域的研究成果，终于解开了秦岭印支造山带等大陆造山带成因之谜，创立了俯冲型冲叠造山带成因机制新模式。造山运动与陨击事件的耦合关系，现在已经得到了越来越多事实的有力支持。其中发生于65百万年前墨西哥尤卡坦半岛陨击坑直径220千米的陨击事件，最为典型。该次事件导致全球性造山运动、火山爆发、古地磁倒转、古气候剧变、恐龙等大量古生物灭绝和中生代与新生代交替。从这里可以看出，在科学研究中，运用演绎法进行创造性理论思维的重要性。

上述研究成果，在《大陆层控构造导论》、《论秦岭造山带及其立交桥式构造的流变学与动力学》和《大陆层控构造与油气资源》中作了充分的论述。

从事区域构造和地球物理研究的学者，由于缺乏这种鞭辟入里的实际观察，无法产生俯冲型冲叠造山模式的思路，加之对国人的科研成果不屑一顾，于是，为了“揭示板块汇聚边缘碰撞造山带的深部物质组成与结构构造，重塑超高压变质带形成与折返机制”，不惜投入数以亿元计的巨资，从2001年6月25日到2005年3月8日，在秦岭印支造山带的东段江苏东海县打了一个5158米深的科学钻。该钻完成后，除了在俯冲岩板中见到更多的柯石英外，并没有发现板块俯冲和折返的真正证据。正如我在开钻不久后的2001年9月14日，给中央领导人员的信中所预料的：“除了将获得中地壳物质和揭示壳内俯冲作用之外，不会有什么与板块俯冲有关的成果。”

其实许多科学问题仅凭先进技术、先进手段是解决不了的，而必须首先拥有正确的思维才行。

四、纵弯褶曲应力应变场新模式的两个应用实例

应用材料力学纵弯杆概念研究纵弯褶曲应力应变场，前已述及。这里只举出我来到地研院后的两个应用实例，说明该项成果的一些实际意义。

1. 鹅毛口推覆体逆冲方向

20世纪70年代以来，由于在大陆上发现了许多大型逆冲断层及其推覆构造，发端于刚硬单一大洋岩石圈的板块构造学说“登陆”发生了困难；加之在北美落基山地区的逆冲断层带上，又相继发现了一批重要的油气田。于是，关于这种构造的研究便成为当时国际地学界的热点问题。

在这种背景下，1983年，中国地质学会构造专业委员会于山西大同召开了第一届全国断裂构造学术会议，交流这方面的研究成果。会议之所以选择在大同举行，是因为大同附近有个典型的鹅毛口推覆构造。

会议期间，与会代表曾经就大同地堑盆地西缘鹅毛口推覆体的运动方向，发生了针锋相对的激烈争论。北京一些大学、科研单位的教授学者，主张该推覆体自东往西逆掩，而会议的东道单位、长期在该地区从事区域地质调查工作的地质队，则认为由西向东推覆，双方相持不下。虽然大家也都到野外进行了实地考察，但由于受植被和覆土层掩盖，有关地质现象暴露还不充分，而且双方又都停留于运动学层次，没有提高到动力学的高度来认识，结果争论了好几天，谁也说服不了谁。

我以前未曾到过这一地区，对该地区的地质情况也毫无所知。只是在会议期间接触了一些有关资料，才知道大同地堑

盆地的前身是中生代的复背斜，鹅毛口推覆体位于该复背斜的西翼，与复背斜同期。到了新生代，由于区域应力场发生了变化，该复背斜演变成地堑盆地。当时，我在会上宣讲自己的论文《论纵弯褶曲扇型逆冲断层的力学成因》时，根据文中关于纵弯褶曲横向剪应力及其扇型逆冲断层的分布特点，从动力学角度指出鹅毛口推覆体，是大同地堑盆地前身复背斜西翼横向剪应力作用的产物，受扇型逆冲断层控制，逆冲方向应由东而西。

这一新观点在会上发表后，立即引起了北京代表的关注。他们把我的论点作为支持自己自东向西逆掩说的理论依据，纷纷加以引用。至于持相反推覆方向的那个地质队代表，在我的论文宣讲后，便沉默了。当时我以为他们可能不会接受我的新观点。可是事隔两三个月后，在北京的另一次学术会议上，我与该队的技术负责人不期而遇。他紧紧地握住了我的手，激动地说："老李，你的文章观点简洁、深刻，在我们队上引起了轰动，每人复印了一份。"于是，我这个对大同地区从未做过一天野外地质工作的门外汉，仅仅凭着自己对纵弯褶曲横向剪应力及其扇型逆冲断层分布规律的认识，所提出的关于鹅毛口推覆体成因和运动方向的见解，竟然赢得了与会代表中，对该地区地质作过长期研究、持相反观点两派专家学者的一致支持，理论的神力由此可见一斑。

顺便说一下。在大同会议后期，当一些代表获悉我曾经被错划为右派分子，吃尽了苦头时，敬佩之情更是溢于言表。那时我很惊讶，多年前在枫林矿产生的这个预感，怎么就这样完满地应验了呢？

在那身陷囹圄的艰难岁月里，我曾经预感到，未来终有一天，自己在全国性的学术会议上宣讲论文时，与会代表将被它的独特观点震撼；而当他们得知这些成果是在什么样的艰苦条件下做出的，又会再一次感到吃惊。我想，这些预感之所以灵验，可能也与自己善于理论思维有关吧。因为在理论思维中，既包括了逻辑思维，也包括了超前思维。

2. 辽东硼矿分布规律

纵弯褶曲应力应变场研究成果，在20世纪90年代中期对指导辽东地区找硼方面，也取得了重大突破。

硼矿是我国急缺矿种之一，当时主要产地分布于辽宁东部地区。该地区的沉积变质硼矿床，经过了近半个世纪以来的开采，已知矿源几近枯竭，亟须寻找新的生产基地。但是，根据以往的地质观点，认为该地区花岗岩分布广泛，并无多少新矿源可找，前景暗淡。为了摆脱这种困难局面，1987年上级下达我院一个科研课题“辽东—吉南地区硼矿床控矿构造研究”，以便为该地区硼矿勘探指出一个新方向，提供一批新的勘探靶区。

曾经在该地区从事硼矿找矿工作10多年、时任地研院副院长兼总工程师的教授级高级工程师王培君，邀请我与他一起共同主持该课题的科研工作，希望用我的构造观对该地区的硼矿控矿构造作出新的认识。

说实话，我能否肩负起这项重任，起初是毫无把握的。因为那里是早前寒武纪古老变质岩系分布区，地质构造极其复杂，国内不少知名专家学者又曾经在该地区进行过长期深入的科学研究，发表过许多论著，研究程度较高；而我对该地区的地质一无所知，变质岩也从来没有搞过，硼矿石更不认识。在这样困难的情况下，仅仅凭着自己过去对枫林沉积岩地区比较简单的地质构造研究的经验，便试图来解决如此复杂的新问题，心里一点底也没有。我很担心，这个课题为期三年的科研时间，怕连用来熟悉该地区大量地质资料和学习有关新知识都不够，遑论出什么成果了。但领导已经找上门来了，又是个以构造为核心的课题，院里也确实没有更加合适的人选。真是赶鸭子上架，上也得上，不上也得上。好在有熟悉该地区硼矿地质的专家王培君垫底，即使我起不了任何作用，这个课题也不至于一败涂地。于是，我只好硬着头皮，抱着试试看的心态接受了这项艰巨的任务。

1988年初夏，我们课题组一行六人，到了营口后仙峪硼矿进行实地考察。该矿是个已经开采多年的中型矿山，其矿床赋存特征具有典型意义，是辽东—吉南硼矿区研究的重要对象。长春地质学院张秋生教授等知名专家学者，在1984年和1988年先后出版的《中国早前寒武纪地质及成矿作用》和《辽东半岛早期地壳与矿床》两部专著中，所提出的花岗岩底辟控矿观点，便是立足于这个矿区的研究成果。该观点认为，辽东地区硼矿床受花岗岩底辟控制，矿体只是零星地分布于花岗岩底辟侧旁，底辟构造内部无矿。在该观点的影响下，长期以来大家都把这些“花岗岩底辟”内部当作找矿的禁区；而且普遍认为，由于辽东地区“花岗岩底辟”分布广泛，硼矿资源贫乏，后仙峪一带的硼矿也没有多大找矿前景。

起初几天，我们住在该矿的招待所研究矿区的地质资料，尚未上山观测。我按照沈阳地矿所对该地区地层深有研究的姜春潮研究员的地层划分新方案，进行分析后发现，后仙峪硼矿不是如张秋生教授等所说的受花岗岩底辟控制，而是位于形成于18亿年前吕梁运动的东西向虎皮峪复背斜的倒转翼。其正常翼虽然也有该含硼岩系，但没有形成工业矿体。矿区的所谓花岗岩底辟，其实是具有一定层位的无根的层状混合花岗岩，它的底下还覆盖着大面积的含硼岩系，具有广阔的找矿前景。

接着，我又根据自己纵弯褶曲应力应变场的定量研究成果，由点到面作出了进一步的推断：在不对称纵弯褶曲中，由于陡翼倒转翼存在着特别强烈的纵向剪应力，使该翼的矿源层在强烈地纵向（层间）剪切运动作用下破碎，含硼物质解体，从而在该造山运动的区域变质过程产生的热液带动下，硼矿物顺层迁移、富集。含矿热液与顶底板镁质大理岩发生交代，便形成了沉积变质硼矿床。所以可以断言，辽东—吉南地区的硼矿，不仅后仙峪矿床分布于东西向复背斜的倒转翼，其他地点的矿床也应该主要受该时期的东西向大型背斜的陡翼倒转翼控制。

我把自己这个经过三四天理论分析得出的结论，告诉了王副院长。他听后睁着双大眼瞪着我，全面地回想起自己过去在这个地区工作期间，所了解到的各个矿床所在的构造部位，看看这个结论是否切合实际。他足足思考了10分钟，突然眼睛一亮，惊叫了起来："老李，你的科研能力真强！"他对着我跷起一个大拇指，继续说："这里你没有来过，硼矿你没有搞过，现在你连山都还未上，只是在室内看了这几天资料，便得出了这个了不起的结论。对，辽东硼矿就是受东西向大型背斜的陡翼倒转翼控制的。"

尔后，经过三年野外的全面调查，证明这个结论是完全正确的。

为了进一步验证我们的结论，打开找矿新局面，辽宁化工地质队根据我们提交的科研报告，于1994年在后仙峪外围张秋生教授等的无矿论和我们的有矿论争议的焦点区施钻。经过短短一年的勘探，便证明了他们所说的所谓花岗岩底辟，其实是无根的混合花岗岩层，在该层下面，还打到一个中型富矿床。与此同时，在其他几个我们的预测区，也于所谓的花岗岩底辟无矿区相继发现了富矿露头。于是，辽东地区找硼工作，终于在我们的新观点指导下，获得了突破性进展。我们这一科研成果，得到了有关专家教授的高度评价。辽东找硼工作的困境，竟然被我这个硼矿地质的门外汉突破。仅仅一个纵弯褶曲应力应变场的研究成果，居然就能够在不同领域产生如此奇特的效果。理论的功效，真是令人叹为观止。

上述这些在小型构造现象和弹性基础悬臂梁、纵弯杆概念的启迪下，运用移植法、类比法建立起来的新概念新模式，与过去任何认识都不相同，具有原创性意义。从这里可以看出，演绎法研究在新理论的孕育过程中往往发挥着奇特的作用。善于运筹帷幄的诸葛亮，在出山之前却是从未带过兵的一介书生。惊世骇俗的大陆漂移学说创立者魏格纳，也是个没有做过一天野外地质工作的气象学家。这些活生生的雄辩的事实，是囿于经验思维的人所无法理解的。惯于经验思维的人，只重视实际资料积累，漠视理论创新，缺乏想象力。甚至认为进行理论思维，运用演绎法研究，是脱离实际的玄学。

的确，理论思维使我对变化莫测的社会和漫漫的人生，都产生过超前的认识，从而为我的人生选择指明了方向；也是我观察自然的锐利武器，使我在错综复杂的地质现象面前，能够迅速地抓住问题的实质，收到了触类旁通、事半功倍的效果。它是望远镜和显微镜，让我们登高望远，千里平川一览无余；也赋予我们“一叶知秋”，从一滴水珠中窥见一个世界的奇特功力。它超出了经验层次和知识层次的范畴，属于智慧领域里的高级精神劳动。理论研究虽然难度大，周期长，但一旦有了突破，它的影响是异常深远的。这点连我这个向来重视理论研究的人，也是始料不及的。

理论与知识之间并没有必然的关系。理论虽然需要有一定的知识作基础，但绝不是说，知识愈多理论就愈高。许多知识丰富的人，往往只是起到了储存的作用，未能进一步把它们提炼成理论。理论是驾驭知识、统率知识的，是创造性的知识，是智慧的东西。现代人的知识比古代人丰富得多，但理论并不见得处处得到相应的发展。产生于2000多年前冷兵器时代的

《孙子兵法》，至今仍然是兵家必读的教科书。培根的“知识就是力量”的名言，存在着很大的局限性和片面性。其实，智慧才是真正强大的力量。

由于我们的祖宗向来务实，主张“学以致用”，缺乏理论探索精神，地质学又是一门主要依靠观察和经验建立起来的学科，于是国内地学界许多人，长期以来习惯于经验思维，局限于观察和归纳，漠视理论思维的重要性。一些刊物往往也以第一手资料的多寡来衡量文章的价值。一些理论有重要创新的文章，由于缺乏第一手资料，常常遭到编辑部的拒绝。一名知名的构造地质学教授便曾经对我说过，地质专业文章，重要的是第一手资料要丰富，至于对这些资料作何解释，则无关紧要。在他们看来，从事地质科学研究的目的，不是为了认识自然，寻找隐藏在自然现象背后的规律，而是仅仅为了搜罗事实、积累资料，仿佛有了丰富的资料便有了一切。

在这种充满务实精神的氛围中，如果有人试图运用理论思维，对已知的事实进行综合，并作出新的解释，人们就会群起而攻之，“缺乏第一手资料”、“闭门造车”、“脱离实际”、“纸上谈兵”、“胡思乱想”等责难，便会接踵而至。于是，我们不但产生不了超前思维的爱因斯坦，就是对气象学家魏格纳根据第二手第三手资料建立起来的大陆漂移学说，大概也决不会率先予以承认的。

有一名科研人员利用自己经常可以接触到第一手资料之便，每年都要在国内各家重要刊物发表一轮文章。他在总结自己百发百中发表率的成功经验时说：“文章好写，只要有第一手资料就行；至于观点嘛，流行什么就用什么。”他文章的观点，不是从事实的分析中得出的，而是作为一条假尾巴随意安上去的。他的文章由于第一手资料丰富，观点又时髦，很受编辑和评审专家的欢迎。可是，他搞了大半辈子科研，除了积累了大量第一手资料之外，对客观世界内在规律的认识，似乎并无多大长进。

科学的发展有赖于新事实的发现和对已知事实的新认识。鉴于地质学研究对象的空间和时间跨度是如此宏大、漫长，有关因素又这样浩繁多变，而远远地超出了人类感官所及范围，而且这门学科发展到今天，也已经进入到一个大综合的新时代，仅仅依靠观测和归纳再也难以解决重大地质问题了，于是当前理论研究具有特别重要的意义。由于我国地学界长期以来缺乏理论探索精神，所以尽管我们拥有一支长年累月苦战于荒山僻壤、掌握着丰富实际资料的百万地质大军，但往往拿不出相应的理论，致使大量的人力物力财力浪费于低层次的重复性劳动中。时至今日，我们在世界学术之林也还未能获得应有的地位。这种落后状况与我们这个幅员辽阔、具有得天独厚大地构造背景的泱泱大国很不相称。看来提倡理论研究，充分发挥我们东方人整体思维的优势，自主创新，建立自己的地质理论，已经到了刻不容缓的时候了。

学术界的“贾桂”习性

我们这个多灾多难的民族，几千年的封建专制统治，养成了我们根深柢固的奴性；近100多年备受列强的欺侮，也产生了强烈的民族自卑感；新中国建立之后，又发动了一次次针对知识分子的政治运动，使广大知识分子的独立人格、独立思考备受摧残。于是在知识分子中出现了严重的家畜化倾向，奴才思想泛滥。这不仅表现在过去的政治思想领域里，认为“老爷说的准没错”，谁的官大，谁手中握有的真理就多，权力崇拜、个人崇拜之风盛行，而且在今天思想最为活跃的学术界，也依然严重地存在着“洋人说的准没错”的思维定势。“崇洋”是“崇上”在当今新的历史时期的变种。他们“唯上”、“唯洋”，唯独没有“唯我”。在这种奴才思想束缚下，生机勃勃的自主创新精神被窒息了，从而导致思想和理论的贫困。

国内地学界的一些科研人员，缺乏独立思考的勇气和能力，盲目追随西方潮流的现象相当严重。他们总是亦步亦趋地跟随在西方学术界后面，缺乏自己独立的研究对象和认识。西方研究什么，我们就研究什么；西方不研究的，我们也不敢研究。他们提出什么观点，我们也从不加怀疑地照搬照抄。以拿中国的地质现象，去附和西方观点作为自己的天职，颇有我国古代帮闲文人舞文弄墨，只是为了“替圣贤立言”的遗风。

20世纪60年代，西方根据大洋地质的新发现提出了板块构造学说之后，国内地学界许多人从20世纪70年代后期开始，也套用板块构造模式，把中国大陆划分成若干个板块。大陆岩石圈受到多个不同层次、具有强烈流变性的软弱层分割，地质构造复杂多样，显然不是发端于刚硬单一大洋岩石圈的板块构造学说所能解释得了的。为此，20世纪80年代，国外一些学者为了促使该学说“登陆”，又把板块构造微型化，提出了微板块和地体等概念。于是，国内一些学者又竞相效仿，在中国大陆“找到”了许多微板块和地体。其实，板块构造是岩石圈构造，受软流层控制，出现于产生了软流层和大洋岩石圈的中新生代，分布于大洋及其周边地区；而大陆构造主要是受中地壳塑性层控制的厚皮构造，以及受分异不充分、规模较小的异常地幔控制的过渡壳构造（优地槽）。大陆构造与板块构造，根本不是同一个构造层次、同一个地球演化阶段、同一种构造体制的产物。

2003年4月，美国网上发表了白皮书《构造地质学和大地构造学的新航程》总结性文件，承认板块构造学说不适用于大陆地质，强调未来应该以流变学为核心来解开大陆构造之谜。国内一名构造权威，又闻风而动，号召大家赶紧跟上。其实，我们应该好好地总结一下，盲目追随西方板块构造学说30年来，耽误了两三代人的宝贵年华，浪费国家大量财力物力的经验教训是什么，今后应该走一条什么样的科研道路，是自主创新呢，还是继续“仿造”下去。再说，流变学在大陆构造研究中的重要性，也不是西方人新近的发现。我国早就有一些学者，从流变学观点研究中国地质构造问题了。在板块构造学说盛行的1996年第30届国际地质大会期间，我们在献给大会的专著《大陆层控构造导论》中，也从流变学角度把大陆岩石圈构造分成薄皮构造、厚皮构造、过渡壳构造和板块构造四个层次。同时根据中地壳塑性层物质强烈的流变性，建立了中国东部中新生代盆-山系和秦岭印支造山带等冲叠造山带新模式。并提出了多元动力成因观，创立了大陆层控构造新学说。当时还指出：“板块构造学说是‘登不了陆’的。看来，立足于地质历史悠久、呈复杂层状结构的大陆岩石圈基础上的大陆层控构造学说，可以取代板块构造学说，成为大陆地质研究新的理论基础。”只是因为我们是中国人，不值得人家瞟一眼而已。

20世纪90年代一名中国科学院院士、国内首屈一指的秦岭造山带权威，作为国家一项重大科研项目的首席科学家，领导一个庞大的科学群体，对在中国区域地质占有独特地位的秦岭造山带进行了为期5年的攻关。项目完成后，几年前出版了一部100多万字的巨著。该专著中，汇集了许多科学家多年辛勤劳动获得的大量宝贵资料，但由于思路不对头，盲目套用了板块构造模式，把位于陆壳基础上的南秦岭断陷盆地，当作位于洋壳上的中洋、小洋和海沟；把北秦岭断隆山，当作岛弧；把地球自转速度缓慢变化派生的纬向剪切力和重力，共同作用产生的长达1000多千米的商丹东西向走滑正断层及其上盘断陷盆地南秦岭地槽，当作地幔柱隆起的产物；把陨星逆向撞击引起地球自转速度急剧变慢派生的强大的自南向北经向惯性力，所产生的壳内冲叠造山带厚皮构造，当作碰撞造山带板块构造。结果由于出发点不对头，这些宝贵的资料没有发挥应有的作用，从而关于秦岭造山带动力学这一关键性问题，仍然说不清道不明，只好悲叹："大陆动力学还处于探索研究过程中，尚无完整成熟公认的系统理论。"

顺便说一下。其中一些宝贵资料，却成为我建立秦岭俯冲型冲叠造山带新模式的有力证据，让我捡了个便宜。我感谢这个科学群体的辛勤劳动。

2003年深秋时节，我在一个学术会议上遇到这名权威，便直言不讳地对他说："你们套用板块构造模式，来研究秦岭印支造山带，是不对的。"当时，他也坦率地承认："大家都在搞板块，我也不能不搞，我又没有自己的理论。"这么一名国内顶尖级人物的科研方法，都不是面对自然界的客观事实，去寻求隐藏在这些事实背后的内在联系及演化规律，而是拿西方的流行观点往这些事实的头上套。这种"替圣贤立言"的思维方式和研究方法，最终只有随声附和的份儿，不可能有什么真知灼见。这就难怪20世纪90年代初，北京一所著名大学的一名教授，曾经在一个学术会议上悲凉地自嘲说："我们都是些学术上的二道贩子。"科学贵在创新，只有第一，没有第二。唯有个性化的观点，才会在竞争中留存下来。

地质科学是在区域地质基础上发展起来的一门学科。每个区域的地质都各有特点，中国的区域地质并不完全等同于欧洲或美洲的区域地质。所以即使那些在其他地区行之有效的地质理论，也不能完全照搬照抄。中国地质学家应该立足于这片生于斯长于斯的沃土，在吸取世界上最新科学成就的同时，自主创新研究中国的地质问题，建立自己的地质理论，为国计民生服务，并对地质科学作出贡献。中国地质科学的现代化，并不意味着一定是西方化。

1991年，在北京举行的一个学术会议上，一些有识之士曾经悲叹中国地学界的理论严重贫乏，我在会上也大声疾呼：

我国幅员辽阔，地质现象丰富多彩，是研究大陆地质、解决种种全球性地质问题得天独厚的有利场所。我国地质工作者长期在这片广袤沃土上辛勤劳动，积累了大量的宝贵资料，中国人又具有东方人整体思维的优势。所以我国地质学家有条件，也应该有勇气立足于这片沃土，从全球角度建立起具有中国特点的地质理论，使中国地质科学走向世界。

可是，上述呼吁遭到两名年轻研究生的强烈反对。在我发言之后，他们相继站起来振振有词地质问我："如果不按照西方的观点进行研究，那么我们的成果能够得到他们的承认吗？"

本来应该最富于创新精神的年轻一代科学工作者，却以西方的承认与否，作为自己科研工作的出发点和归宿，仿佛我们搞地质研究的目的，不是为了寻找中国地壳的运动规律，解决中国的地质问题，服务于国家服务于社会，而只是为了附和西方的流行观点，取悦于西方学术界，"替洋人立言"。胡适先生在《胡适自传》中说得好："一切的理论都不过是一些假设而已，只有实践证明才是检验真理的唯一标准。"只要你的创新经得起实践的检验，那么任何国内或国外权威的承认与否，都是无关宏旨的。难道西方学者在提出什么新观点之前，也得先考虑一下中国人的态度吗？这种"唯洋是从"的思维定势，在当今国内学术界具有相当的代表性。不破除这种思想，任何自主创新只能是句空话；即使有再多的科研经费和再先进的科研设备，也都无济于事。富于创新精神的知名地球化学家杜乐天研究员，在《烃碱流体地球化学原理》一书中也曾指出："我们的科学要想有大的发展，症结并不是经费、人力、设备上的不足，而是头脑中的贾桂习性甚深……在我国科学界长期存在着一种老是直不起腰来的婢觉和拘谨。"

不过，这两名年轻研究生也有自己难言的苦衷：你的论文观点不符合西方的流行观点，可能就得不到导师的认可，学术刊物也不予发表。在一片"崇洋"的氛围中，走一条自主创新的路是异常艰难的。

在这种氛围中，国内学术界不少人宁愿年复一年地引述国外的流行观点，这些引述者从未认真思考过这些观点是否切合实际，也不屑去理睬国人比西方优越的新观点。甚至有人的文章的参考文献全是西方的，中文的一篇也不肯列入——即使所讨论的问题国人也有一些真知灼见。国人自己创立的新概念新模式新学说，即使是切合实际的，即使比西方的远胜一筹，也遭到国内学术界难堪的冷落。国人的科研成果如果要想得到国内学术界的承认，必须"出口转内销"才行。

在一次全国性学术会议上，我发表了两篇观点独特的文章，没有受到应有的关注。当时有一位素不相识的代表为我打抱不平，对我说：

"老李，遗憾的是你的鼻子矮了一点。"

起初我不解其意，只是下意识地摸了一下自己的鼻子，觉得这个鼻子并不算矮。我愣愣地望着他。

"你的鼻子高一点，在这次会议上会引起轰动！"他慢悠悠地说。

噢，我明白了。如果我是个高鼻子的洋人，这样具有原创性意义的文章，将赢得殊荣。我对他苦笑了一下。

一个缺乏自信心和独立思考能力的人，一个缺乏民族精神和自主创新能力的国家，永远只能被人牵着鼻子走，只有摇旗呐喊的份儿，悲哉！

近些年来，文化界总不断有人在发问，解放半个多世纪以来，在我们这个人口居世界首位的泱泱大国，为什么就培养不出一位大师级的人才，培养不出一位诺贝尔奖获得者？其实道理很简单，因为我们缺乏培养独立人格、独立思考和自主创新精神的宽松环境。过去我们教育的目的，是打造出千千万万个“驯服工具”。这样打造出来的人，不是崇上，就是崇洋。再说，即使极少数具有创造能力的特立独行者，也往往缺乏生存、自由思想和大胆探索的空间。

在当今世界经济一体化的大潮中，创新能力的高低，已经成为决定一个民族一个国家兴衰存亡的头等大事。有人对今日知识经济时代的世界新格局作出如下判断：“头脑国家管思想，肌肉国家干粗活。”这不是危言耸听，而是活生生的现实。

故乡行

1994年已经到了耳顺之年的我，怀旧情绪慢慢抬了头，回故里寻梦的想望逐渐强烈起来。所以是年二三月间，当在成都的扬训兄和丽卿嫂来电邀请我清明节一道回广东老家扫墓，并看望刚做过胃癌切除手术，可能不久于人世的扬修兄时，我便欣然接受了。

扬修兄是二房的长子，在我们原来那个大家庭的男孩中排行老大。解放前他初中毕业后，被迫放弃了学业，协助没有什么文化的父辈经商，掌管家里财务。他为人厚道，温文尔雅，有长者风度。解放后在家庭经济情况急剧恶化的情况下，他仍然全力支持我们兄弟几人念高中。1951年，我们的大家庭虽然已经解体，可是在我回家养病的半年期间，他每月还给我10元营养费，使我的健康状况迅速好转。1953年我离家去沈阳念大学，也是靠他送我的100元钱作为盘缠的。他此时生命垂危，我当然应该回去见他最后一面。

我自从1953年远离家乡之后，到这时已经有41年之久了。在这期间，只是1979年养母临终前夕匆匆地回去过一趟。这么长时期离家不归，虽然主要原因是自己入狱后身不由己，以及右派改正后长期经济拮据，但多少也与心理因素有关。

我们老家那个村寨，原来四周有小溪环绕，寨边还有一座遐迩闻名的花园，不远处又有青山寺庙，依山傍水，环境优美。可是在过去漫长的岁月里，故乡在我的心目中，不像一般人那样是个温馨的令人眷恋的地方，而是一个冰冷的悲戚的世界，所以以往我视回老家为畏途。

童年时代，遭受日本鬼子的飞机轰炸和铁蹄蹂躏，我经常东躲西藏，如惊弓之鸟。少年时代，我憎恨那个黑暗的旧社会，也不满意自己的封建大家庭，故尽管过着不愁衣食的所谓优裕生活，但内心充满着愤懑和抑郁，拿富家子弟的原罪感折磨自己。青年时代，欢天喜地庆解放没有两三年，家庭便彻底破落，我的生活来源完全断绝，在政治上又遭到毁灭性打击，被开除了团籍，心情沮丧到了极点。

那时我在揭阳一中读高中，学校对我来说已经是个冷酷的世界，所以经常想回家去感受一点亲人的温馨。可是到了家里一看，竟是一片颓败景象，个个愁眉苦脸，沉默寡言，又感到无比陌生和悲凉。当时我暗暗地追问自己：“这就是我经常魂牵梦萦的家吗？这就是我为之赤脚徒步往返60千米的家吗？”不禁后悔起来，觉得不该回来。然而过了一两个月，又想家了，又要回去。回去后又照样后悔。是时我的心像只被逐出了窝巢的小鸟，无处栖身。

1979年初那次回家，党的十一届三中全会刚刚开过，国家才开始着手制定改革开放政策，家乡面貌与我在26年前离家时的情境还无多大差别，人们依然过着缺衣少食的贫困生活。躺在床上奄奄一息的养母，衣裳破烂不堪，满目凄凉。家乡在我的印象里，虽然也有一些美好的记忆，但更多的是与战乱、恐怖、苦难、屈辱、贫困、沮丧、凄凉联系在一起，每每忆及，总有太多的苦涩和畏惧。到了1994年扬训兄嫂约我同行时，依然心有余悸。因此到了动身前夕，听说回去一趟要花两三千块钱，我又打退堂鼓了。

这时我的右派问题虽然已经改正了14年之久，也评上了高级工程师，但每月工资加政府特殊津贴，总共才有400多元。妻子在塑料厂当工人，每月收入也只有一两百元。加之我们到地研院是白手起家的，连碗筷都得从头置起，还要偿还过去在枫林硫铁矿期间欠下的沉重债务，两个孩子又在上学，所以长期过着捉襟见肘的窘迫生活。眼下孩子虽然都已参加了工作，但我们还来不及积蓄，还拿不出多少钱来开销。经济上的困顿和心理上的障碍，使我反悔了。最后扬训兄嫂在电话中下了“死命令”，说不来也得来，从广州到老家的路费由他们包了。于是我才不得不按期赶到了广州扬训兄的三女李文丽家，与先期到达的他们相会，然后结伴回棉湖老家。

到了广州，刚好碰上李文丽与韦少龙结婚。我参加他们的婚礼，受到了盛情款待。这时也正是我60岁生日，他们还为我祝寿。参加隆重婚宴、吃上生日蛋糕，到了这时我还是有生以来头一遭，所以感到无比新鲜。

到了家乡，碰到了有十多年没有见过面的扬华妹。她和妹夫陈声育也回家扫墓。他们于20世纪60年代初期毕业于华南工学院，当时也都在广西贵港糖厂工作。这时还见到了在汕头市任海洋燃气公司副总工程师的堂弟扬举和他的爱人王进瑛大夫，以及在深圳工作的堂弟扬璧和在老家的诸亲人。大家济济一堂，盛况空前。本来这次大聚会，起初是武汉的扬镜兄发起的，可是到了行期，他因要赴美国探亲办签证，而“临阵逃脱”了。

时隔15年后第二次重返故里，与上次1979年离家26年后首次回去探亲相比，无论是社会面貌还是亲身感受方面，都发生了翻天覆地的变化。在这里，我看到了改革开放以来中国社会的巨大进步。

棉湖虽然只是个12万人口的小城镇，城市布局也残留着过去那种杂乱的痕迹，卫生状况欠佳，生态环境遭到了一定程度的破坏，但城区范围扩大了许多倍，新楼房成片涌现，交通四通八达，公路上车辆日夜川流不息。当我们从广州乘长途公共汽车抵达时，下车后竟然什么也认不得了。从前那里是郊外的一片荒野，此时则马路交错，楼房林立。更令人惊讶的是，过去没有的小工厂，此时却星罗棋布。当时棉湖镇工农业总产值4.7亿元，比1978年增长了13倍，国有、集体、个体企业达1200家。解放前，棉湖只有几家榨油和制糖的小作坊，谈不上有什么像样的工业。现在生产家用电气设备和塑料制品的私人小工厂满街满巷。许多人发了财，盖起了漂亮的小洋楼。

以往棉湖与潮汕其他地方一样，人多土地少，大量劳动力找不到出路。旧社会许多走投无路的人，便卖掉家里仅有的一两间破屋、几分薄田，买了张船票到东南亚等地漂泊。有的则连张船票也买不起，便花点钱贿赂船上的水手，让他们把自己藏在货仓里偷运出去。所以我们那里到海外谋生的人很多。解放后，闭关锁国，出不去了，便通过上大学和参军等途径离开家乡。于是那时能够出来参加工作的人，很受人羡慕。可是，现在的情况发生了根本性的变化。家乡人口虽然成倍地增长，劳动力反而匮缺，成千上万来自湖南、湖北、四川等省的青年男女，千里迢迢来到棉湖打工。当时他们的收入，比我们这些外出工作的工薪阶层还多。我们因多年在外，很少回去，家里孙子辈小孩把我们也当成低人一等的打工族，开口闭口说我们是外省人，鄙薄之情溢于言表。童言无忌，它反映了部分市民对待外出工作的人态度的转变。

这次我们回家，一是为了给先辈扫墓，二是为了探望病危的大兄，并无其他目的；而且我们这些原来家庭出身不好的穷书生，从前“夹着尾巴”做人做惯了，今日回到富裕起来了的故里探亲，自然也不敢声张。可是再一次教我大感意外的是，我们一行数人一到家乡，便惊动了地方政府。时任镇委书记兼镇长的李开成高级工程师和镇政府其他领导，盛情邀请我们开座谈会，并设宴招待。镇上电视台还连续三天播放了座谈会的实况录像，对我这个昔日入了另册的“贱民”更是作了长篇报道。受到他们这样隆重的接待，我着实感动不已。到地研院之后，我虽然在国内外也经历过一些大场面，但过去见到村上农会干部都害怕的我，今日成为镇政府的座上客，这种反差真的是太强烈了。

随后，扬训兄嫂和我去汕头看望四房、五房诸位亲人，路经榕城时，到了阔别多年的一中母校拜访，也得到了学校领导的热情款待。接着，潮汕地区多家报刊，如《揭阳日报》、《汕头日报》、《揭岭》、《揭西文史》、《揭阳侨声》和《广州潮讯》，以及香港奔马出版社的书刊，还先后发表专文介绍了我的事迹。《汕头特区晚报》对被乡亲们誉为“李氏三秀”的扬训兄、扬镜兄和我各自的成就也作了报道。历史悠久、人才辈出的一中母校，在《揭阳第一中学250周年校庆特刊》（1743—1993）上，还把我们兄弟三人列入该校有突出成就的校友之中，登载了照片和简介。过去我的一些事迹，虽然

《中国地质报》、《中国化工报》和《中国矿业报》等全国性报纸也曾经作过多次报道，但是我更珍惜来自生我养我的故土的荣誉，如同莘莘学子更重视老师和家长的褒奖一样。故乡没有忘记我，母校没有忘记我，这种空前的礼遇，使我这个长期饱受磨难之苦的游子，油然产生了深深的感恩之情，昔日的屈辱、悲凉、沮丧情结，也由此一扫而光。

由于我过去长期系狱，过着艰辛的“贱民”生活；改正之后又一心扑在科研工作上，与世俗社会也几乎绝了缘，所以一直清心寡欲，并无任何追名逐誉的想望。今日骤然誉满故里，成为家喻户晓的新闻人物，真的是受宠若惊！此情此景，我不禁想起了“恐怖博士”马克思被逐出欧洲大陆，在伦敦度过漫长孤寂的流亡生涯之后，重返故土受到热烈欢迎时的喜悦心情。家乡毕竟是家乡，这种温馨是其他任何地方都寻找不到的。家乡的厚爱给了我巨大的精神力量，使我在随后的大陆层控构造学说创立的艰难过程中，平添了许多克服困难的勇气。

向来以政治温度计自视的我，从这次切身体验中，感受到了改革开放以来家乡物质生活和精神面貌的巨大变化。地方政府和新闻媒体这样隆重地接待我、宣传我，并不是由于我的头衔，甚至也不完全是由于自己在地质科学事业上取得了骄人的业绩。在我们那个文化发达的潮汕地区，仅仅棉湖一地，具有我这样高级职称的知识分子，便数以百计，取得类似成就的人也大有人在。他们对我的赞赏，主要是因为我在身陷囹圄的漫长岁月里，还继续保持着那种强烈的进取心和顽强的奋斗精神。他们认为这是“潮人精神”的生动体现。有了这种精神，任何艰难险阻都是可以战胜的。真的没有想到，我这种理想主义人生态度，竟然在市场经济社会里也会受到青睐。我原来以为，在我们那个私有经济发达的家乡，大家只会“向钱看”。殊不知他们认钱也认人，而且把精神上的东西看得比物质上的东西更为宝贵。

其实潮汕人的祖先，原来就是富于开拓精神和刻苦耐劳的移民，潮汕地区从前又是个竞争意识强烈的商业社会，具有尊重知识尊重人才的优良传统，并在围寨建筑文化的熏陶下，形成了以团结奋进著称的“潮人精神”。凭着这种精神，潮汕人到了哪里都能生根、发芽、成长。所以潮汕人遍布世界各地，许多人还成为当地的佼佼者。这次重返故里的切身体会，唤醒了我对久违了的“潮人精神”的仰慕之情。

第十三章◎大陆层控构造学说

一次催问燃起的火花

1992年初秋，我从日本参加第29届国际地质大会回来后不久的一天下午，与我院张星亮高级工程师一起下班回家。张工是1961年北京地质学院的毕业生，过去在核工业部长期从事野外地质普查工作，1998年因患肝癌去世。他见多识广，喜欢思考一些地质方面的理论问题，对我的一些文章也作过研究，产生了共鸣。他经常到我办公室交流学术问题，往往一谈就是好几个小时。这时我们又就一些地质构造问题边走边聊。他住的公寓离办公室较近。到了他的公寓单元门口快要分手时，他陡然站住问我："我想向人家介绍你的构造观，你看用个什么概括性的名称合适？"

过去我只埋头于一个个具体构造问题的深入研究，还不善于从更高层次进行宏观归纳。1989年我初次获得化工部科技进步奖的项目的名称，本来只需要用"若干构造地质理论问题的新认识"14个字即可，可是当时我却写了33个字，把项目内容一一列出，写成"压剪性正断层、扇型逆冲断层、逆牵引构造、断陷盆地成因和纵弯褶曲研究"，害得在院里年终表彰大会上，一名不懂专业的领导念该题目时，结结巴巴念不下去，弄得全场轰然大笑。

起初，我被他这个突如其来的问题噎住了，愣在那里。可是经过几分钟的考虑，回想起自己这些年来所研究的对象，都是些受不同层次的下伏软弱层控制的构造：沉积岩中硬岩层的正断层及其上盘逆牵引构造，受下伏软岩层控制；上地壳正断层及其两盘的盆-山系，受下伏中地壳塑性层控制；岩石圈板块构造及其弧后盆地，受下伏软流层控制。于是我灵机一动，脱口而出：

"就叫层控构造观吧。"

他没有进一步追问，便转身走进门去。我则独自一人沿着一条长长的僻静小道缓缓而行。真是听者无心，言者有意。我边走边思考着刚才与张工的谈话，越想越兴奋。这石破天惊的奇想，不就是近些年来，我一直在苦苦寻觅、用来综合自己过去科研成果再恰当不过的概念么？真是"踏破铁鞋无觅处，得来全不费工夫"。

早年辩证唯物论的学习和后来地质构造的研究，使我形成了一个坚定的信念：客观世界是井然有序的。所以自从20世纪80年代初我开始接触板块构造学说以来，看到该学说的一些追随者根据多解的古地磁资料，便断言岩石圈中各个陆块在过去的地质历史时期，曾经像浮在水面的木块那样，随意地进行过独立的漂移和旋转，对此我颇不以为然，于是总想用一种新的系统的构造观，来描述作为人类家园的地球的地壳运动。层控构造观这个概念太好了，它不仅可以把我这些年来的研究成果，组成一个有机统一的系统，又能包容自己一些尚未见诸文字的新思路。这是一个在多元、有序、和谐的科学世界观基础上，提出来的多动力多层次多阶段多体制的新的大地构造观，是认识上的一次质的飞跃。这时我宛如登上了群山之巅俯瞰大地，一览无余，既看清了自己过去走过的步步深入的学术道路，也明白了自己未来应走的具有广阔前景的理论途径。此时此地我完全进入了一个大彻大悟的精神境界，大有“独上高楼，望尽天涯路”之感，好像一下子便拥有了整个世界似的。

在现代科学技术各分支学科愈分愈细的情况下，我则不满足于对个别事物的孤立认识，力图进行最大限度的综合研究，从整体上去把握事物。

起初的一个时期，我的思维方式发生了逆向变化：过去是在大量事实的基础上，萌生了层控构造观的灵感；现在则反转过来，暂时把事实搁在一边，专门按照层控构造观的需要，进行逻辑思维和理论设计。我进行严格的抽象的逻辑思维，设想促使大陆地壳运动的各种动力及其演化，以及各个层次构造的形成及其相互关系，建立起一个完整的理论框架。然后再回过头来，汲取自己过去的研究成果、现在的新思路和有关学科的新成就，形成一个有血有肉的理论体系。这点有些像蜘蛛那样，先凌空结网，然后才来捕捉素材。

这是个创新意识猛烈迸发的时期。我成天像着了魔似的，激情满怀，不断有灵感涌现，整个身心都沉醉于创造性思维的愉悦之中。我经常激动得在屋里踱来踱去，舍不得坐到桌子旁把这些闪光的思想记录下来，觉得立即就把它们记录下来过于奢侈，而宁愿让它们在脑子里久久萦绕，反复品味。这如同孩童时代对于一些好吃的糖果，久久地含在嘴里，不肯一下子便咽到肚子里去。这时我仿佛置身于一个崭新的有序的世界里，彼此之间融为一体，和谐无比。在这间斗室里得到的这种高级的美的精神享受，令世俗社会一切得失荣辱黯然失色。的确，幸福是分等级的。你关注的对象越宏大越崇高，你的幸福感也越高级越强烈。这种幸福感远远超出了感官的范畴。它已出神入化，宛若琼浆玉液，令人如醉似痴，大有天马之乐，摘星之喜，造福之慰。

人们往往认为，只有艺术创作才需要激情，才会有美感，而科学研究只要有一定的专业知识和逻辑思维能力就行了，科研成果是枯燥无味的。这是天大的误解。其实科学与艺术在最高的层次上是相通的，它们都是精神处于亢奋状态下的产物，并体现客观世界或主观世界和谐的美。

层控构造观的提出，虽然是一时的灵感所致，但其酝酿的时间已经久矣。早在枫林矿区时期，我通过对井下大量地质构造现象的观测、研究，便初步产生了构成层控构造观雏形的若干基本观点。

不过当时我的视野狭窄，不知道这种多元动力成因的层控构造现象有无普遍性，一直到了进地研院，研究了受中地壳塑性层控制的上地壳正断层及其两盘的盆-山系，以及受软流层控制的板块构造之后，才认识到多元动力作用和下伏软弱层对上覆刚硬层构造运动控制的真正意义，从而为层控构造观的提出奠定了坚实的基础。

所以如果没有长期的观察、研究，没有必要的资料积累，灵感的火花便难以迸发；即使偶然迸发了，往往也会由于缺乏必要的资料积累，没有可燃物，光有火花也燃烧不起来。所以正如爱迪生所说：“天才百分之九十九是汗，百分之一是神

（灵感）。”奇葩往往长于无人知晓的深山老林里。

1984年我与张树国工程师在完成了《论正断层上盘逆牵引构造的成因机制》一文后，原来商定继续根据渤海湾盆地和枫林矿区资料，研究下一个课题“论层状构造”。可是搞了一两个月后发现，当时我们所掌握的只是一些盖层资料，对于深层次的构造并不了解，认识上存在着很大的局限性，课题因此搞不下去而作罢。于是我便先转向构造层次较深的另一课题“中国东部中、新生代断陷盆地成因机制新模式”。由于这些盆地成因当时是个悬而未决的重大难题，这些盆地又蕴藏着丰富的油气资源，并经常发生强烈地震，与国计民生关系密切，而成为一个富于挑战性的课题。

不过倘若没有灵感火花的迸发，即使具备了充足的可燃物也不会燃烧。所以如果没有张工的催问，没有触发因素，层控构造观思想火花在新的基础上的重新迸发，无疑将要推迟一段时间，或许将永远不会出现。因为那时我已临近退休，离在北京举行的第30届国际地质大会也不足4年时间了。推迟了、错过了这个机不可失、时不再来的宝贵机会，往后便难以有类似的思想火花冒出；即使冒出了，也无力争取到有关方面的支持来立项，层控构造观也就胎死腹中。写到这里，我得感谢仙逝的故友张星亮高级工程师。

层控构造观的概念虽然已经萌生了，但整个理论框架的建立和完善，还要走一段很长的路。

战胜自我

原来我认为，创立新的大地构造学说，只有像李四光教授这样的大师才行，自己不敢有非分之想。所以1980年当我刚刚挣脱了长期的劳改队樊笼，踌躇满志走向社会，被调来地研院路经武汉时，也还只敢对扬镜兄说这样的豪言壮语：“未来我在构造地质学的某些领域，无疑可以占一席之地，但无能力创立什么新学说。”

一直到了20世纪90年代前期，我在已经发现板块构造学说的一些缺点和纰缪，并研究了大陆岩石圈各个层次的构造，提出了层控构造观之后，依然受到了严重自卑心理的束缚，认为板块构造学说代表当代地质科学的最高水平，自己又缺乏搜集地质事实的科技手段，没有能力与它分庭抗礼。我这个思想上向来狂飙不羁的勇夫，到了创立新学说的门槛上，也还是却步不前。所以1993年底我在“层控构造基础研究”课题的立项报告中，不但不敢公开声明，本课题将向板块构造学说“登陆”提出全面挑战，反而说什么其中的一些研究成果，将“为板块学说‘登陆’作出重要贡献”，把自己拟议中的科研成果，置于板块构造学说的麾下。后来，在研究过程中发现了越来越多的事实，认识才逐渐发生了变化。最后我才鼓起勇气，摒弃了板块构造学说，另起炉灶，创立了独立的大陆层控构造学说。

经过深入的研究之后，我发现：第一，年轻的大洋岩石圈呈刚硬单一的结构特点，与古老的大陆岩石圈的软硬相间层圈结构完全不同，因而它们分属于不同的构造体制，发端于大洋地质的板块构造学说，无力解决大陆地质问题；第二，前中生代，只有规模较小、分异不充分的异常地幔，断陷盆地发展到异常地幔物质上升的过渡壳构造阶段便终止了，不能进一步产生海底大规模扩张，大陆造山带中被视为古洋壳残块的蛇绿岩，其实只是优地槽异常地幔的镁铁质-超镁铁质岩石组合而已，只有到了中-新生代，异常地幔发展成为规模巨大、分异充分的软流层，才产生了海底大规模扩张，形成大洋岩石圈和板块构造；第三，自己虽然缺乏搜集地质事实的科技手段，但对科学最新成就的综合思维能力，并不比他们逊色。于是在雄辩的事实面前，我增强了自信心，把切合大陆岩石圈层圈结构特点的层控构造观，进一步发展成一个全面的系统的大陆层控构造学说，为大陆地质研究提供一个新的理论基础。

过去，我每每在研究某一项课题之前，总觉得眼前是座难以攀登的高大无比的山峰，认为自己如果能够把它攻下来，也就心满意足了，不敢再有更大的奢望。可是当我经过一段时间的艰辛跋涉，终于登上了它的顶峰之后，向下俯瞰，又感到这座被自己踩在脚板底下的山峰，其实并没有起初想象的那么高大，不值得驻足流连。我抬头仰望，发现面前又巍然耸立着另一座更高大的山峰。于是，我又收拾起行装，继续朝着新的高峰冲刺。这样我便不断地征服了一个比一个高的制高点，最后才把这些孤立的制高点连接成片，形成一个范围广泛的根据地——大陆层控构造学说。所以这个新的大地构造学说，是在小型构造、区域性构造的基础上逐步发展起来的。它每前进一步，都是战胜自我的结果。

多年来我深深地体会到，在前进道路上所面临的最大困难，主要不是来自客观环境的艰难险阻，而是自己的心理障碍。战胜了自我，事情便成功了一大半。这也是许多发明创造往往是非专家所为的原因。因为他们受传统观念的束缚较少，有着较多的自信。

这种情况在小孩身上表现得更加明显。我们的外孙女，是在14个月大的一天突然会走路的。邻居的孩子也有类似的现象。这种突变现象，完全受心理因素支配，而与生理变化无关。在此之前的一些日子，我们发现她已经具备了独立行走的能力，但就是不敢离开大人一步。这时你必须伸出一个指头让她抓着，或用一块手帕牵着她，让她感到有所依靠，有安全感，她才敢迈开步子。其实这种依靠并不起真正的作用，只是解除了她的心理顾虑罢了。当她突然发现自己离开大人也能行走时，便产生了自信心，不再强求大人的扶持了。事实上大人和小孩一样，许多事情并不是自己搞不了，而是不敢搞，受心理障碍束缚着。

好事多磨

层控构造观的基本理论框架，经过了半年多的紧张探索，到了1993年夏天已经初步拟定，可以正式开展课题研究了。可是，科研时间和科研经费没有着落。过去对一些局部构造问题的研究，尚且可以勉强利用业余时间自掏腰包来搞；此时要对这么个大课题开展系统的研究，工作量大，需要购置的图书资料多，课题完成后还要公开出版一部专著，再用过去那种游击式的科研办法，显然是行不通了。它需要正式立项，需要专门的科研时间和科研经费。然而根据以往的惯例，理论研究是不给立项的。这时，这项可能对地质科学发展产生重大影响的学术成果，面临着付诸东流的危险。

大陆是人类的家园，其地质作用是影响社会可持续发展极其重要的因素，而成为当今地质科学研究的主要对象。中国地域辽阔，地质现象丰富多彩，近些年来已为国际地学界所瞩目。所以1992年在日本京都举行的第29届国际地质大会，决定1996年的第30届国际地质大会在中国举办。这是自1878年在巴黎组织了第一届国际地质大会以来的100多年间，首次在中国举行的国际地质大会。我想如果能够让自己拟议中的具有中国特点的大陆层控构造观在大会上发表，将是个千载难逢的好机会。

当今人类面临的人口、资源、环境三大问题中，后两个问题都与大地构造关系密切。传统的地槽-地台学说，只是静止地孤立地描述地壳运动现象，未能说明这些现象产生的原因。20世纪60年代兴起的发端于海洋地质的板块构造学说，多年来一直试图“登陆”来解决大陆地质问题，但由于两者不是同一个构造层次、同一种构造体制的产物，而始终未能如愿，大陆地质成为当今地质科学的关键性难题。我坚信自己拟议中的大陆层控构造观，能够抓住大陆地质的特点，有效地解决其中许多悬而未决的重大问题，对社会的可持续发展作出重要贡献。

科研工作本身的问题难不住我，可是为了立项去向有关方面求神拜佛，教我望而生畏；何况我生性羞涩，也怕与人打交道。我像热锅上的蚂蚁，急得团团转。最后迫于无奈，只好鼓起勇气去敲几乎从未敲过的院长办公室的门，找时任院长的王鉴津高级工程师。

我小心翼翼地向他进行了全面汇报，从大陆层控构造观的基本内容、研究目的及意义、预期成果，到课题所需的科研时间和科研经费，一五一十地作了说明，请求院里给予3年的科研时间和5万元的科研经费。我是怀着试试看的忐忑心情去的，并未抱多大的希望。可是完全出乎意料，王院长听完汇报，竟然非常痛快地满口答应，只是要我向院里管理部门的负责人说一下，让他作具体安排。

这个负责人虽说是年轻的专业人员，但来院后只是起初几年跟着别人搞了一阵子课题研究，之后便一直从政，对权术比对学术更为精通。

我进入他的办公室，他视而不见。他不打招呼，我只好自己讪讪地坐到他办公桌对面一把空椅子上。我把向王院长汇报的内容，又从头到尾向他复述了一遍。他嘴角叼着支烟，两眼望着窗外，似听非听，满脸不屑。瞧着他这副盛气凌人的神气，我的肺都气炸了，想拂袖而去。可是人在屋檐下，不能不低头。我强忍着把话说完。

我讲完后，他头也不回，冷冷地丢过来一句话：“没有钱！”

“王院长同意的。”遭到断然拒绝，我慌了神，只好实话实说。

“没有钱谁同意的也不成！我总不能拿职工的奖金给你搞科研吧？”他斩钉截铁地说。

他拿大话压我、侮辱我。言下之意，你的课题不值得立项。姑且不说，这些年来我利用业余时间自费搞出来的这些理论成果，在国内外学术界已经产生了广泛的影响，也获得了化工部的科技进步奖，而建院十多年来，院里每年花掉国家百把几十万元的科研经费，究竟又出了几项过硬的成果？得过几个部级奖？有的课题完成后，不是连敷衍塞责的科研报告也没有交一份吗？可是我到院里十多年来第一次申请这个理论研究项目，而且只需要5万元，就说没有钱，要侵占职工奖金。真是岂有此理，欺人太甚！我这个一贯逆来顺受的“冷血动物”，这时也几乎控制不住自己。但过去长期在劳改队练就的过人的忍耐本领，突然发挥了作用，硬是把爆炸性的怒火压了下去。我二话没说便退了出来。

我与这个部门负责人向无来往，也没有任何瓜葛。这个连一般科研工作还未入门的小官儿，自然不知道理论研究为何物。他想，什么理论研究劳什子，都是活扯淡！不懂学术懂权术，不是照样管着你吗？在他的心目中，只有权、名、利。他看到我这些年来在国内外发表了一系列文章，荣获化工部科技进步奖，媒体对我作过多次报道，作为中国地质学会代表团成员参加在日本京都举行的第29届国际地质大会，荣获国务院颁发的政府特殊津贴，等等，妒忌的怒火早已在胸中熊熊燃烧。刻下，他认为发泄的机会到了：要我拿钱给你出名，没门儿！

虽然我对国内外地质构造研究现状了如指掌，但是对关于院里官场的盘根错节茫然无知。眼下我不知道院里科研经费的支配权，究竟是掌握在王院长手里呢，抑或由这个部门负责人说了算。不过听这个负责人的口气，似乎大权操纵在他的手里。立项的大门已经被他关上了，我也不敢把这种情况转告王院长，生怕惹怒这个负责人，招来更大的麻烦。这个课题是我一生学术思想的系统总结和重大发展，是我的生命线。为了地质科学的发展和个人的事业，我不得不忍辱负重。

1993年国庆节前后，正当我为课题立项无计可施、心急如焚的时候，化工部恰好派来了工作组，到院里主持召开廉政座谈会，部监察局黄世雄处长任工作组组长。我想利用这次座谈会的机会，呼吁一下，引起上面的注意，说不定院里不给钱部里还会给钱呢！5万元科研经费对部里来说，只是小菜一碟。所以我在会上说：

“作为一名专业人员，我虽然也关心廉政问题，但更为注意的是自己的科研工作。”

接着，我话锋一转，便把话题引到自己拟议中的课题上来。我首先就当时国内外大地构造的研究现状和存在问题，作了一番简要的介绍，进而谈及自己的大陆层控构造观的基本内容、研究目的及意义，说明这一课题所研究的大陆构造，正是即将在北京举行的第30届国际地质大会的中心议题，力图打动会议主持人的心，以期得到部的支持。

果不其然。我的发言立即吸引了在场工作组全体成员的注意。他们原来侧对我坐着，这时则都转过身来面对着我，倾听我所讲的每一句话，尽管一些专业词语他们未必听得懂。看得出来，他们已经掂量出了我发言的分量。座谈会结束后，黄处长把我留了下来，当着王院长的面，要我把刚才的发言，立即写成一份书面材料呈报部长。不是学地质专业的黄处长，对大陆层控构造观的热切关注，与我们院里这个地质专业出身的部门负责人的傲慢无理的态度，形成了强烈反差。

黄处长是位办事认真负责的干部。他收到我的报告后，随即转送到主管科研工作的一位副部长手里，并给我来了信，叫我耐心等待，很快会给答复。

结果只过了个把星期，在部领导的亲自过问下，一切人为设置的障碍被一扫而光，院里通知我立即写立项报告。这时我夙愿得偿，喜出望外。于是我便从1994年1月开始，进行为期3年的“层控构造基础研究”课题的研究。我邀请了张工和1965年毕业于北京大学地球化学专业的教授级高级工程师陈延成作为课题组成员。

水无定形，却能穿石。几十年来，我在艰难的人生旅途上，就是这样在几乎无路可走的困境中，利用种种纵横交错的细微裂隙，迂回曲折地穿插着前进，成为一条俯仰无愧的汉子。正如陈独秀先生晚年在一首自励诗中所云：“悠悠道途上，白发污红尘。沧海何辽阔，龙性岂能驯！”

押上性命的专著

这时离1996年8月在北京举行的第30届国际地质大会，只有两年多时间了，需要收集、研究的资料那么多，有待攻克的难题还有一大串。故我在立项报告中，只说在大会举行之前完成3篇论文，在课题完成后，再出版一部专著，根本不敢有拿专著赴会的奢望。

我这个人生性迟钝，写的又都是些理论性探索性的东西，难度大，写作态度又太认真、严肃，文章写得很苦，一篇稿子不修改10次以上不肯罢手。所以这些年来尽管自己成天忙忙碌碌，不敢有丝毫懈怠，但一年忙到头，也只能完成篇把万把字的论文。按以往这种写作速度，我认为在大会举行之前，如果能够写出3篇文章来，也就很不错了。可是到了1994年入秋时节，有一天我突然心血来潮，认为无论如何，专著应该赶在大会之前出版，把两个阶段的成果，集中在第一阶段完成，毕其功于一役。

因为这次国际地质大会，将有来自世界各地的数千名中外地质学家参加，如果能够让专著在大会上亮出，无疑将会大大地扩大大陆层控构造观的影响；其次，大会开过之后，说不定院里这个权势人物会以种种理由阻止专著的出版，使这个费了九牛二虎之力才争取到手的项目，最终没有完整的成果问世，那就太可惜了，机不可失，时不再来；第三，清明节故乡之行受到的盛情接待，也给予我莫大的激励，棉湖镇电视台在报道我的事迹时，末尾还情真意切地预祝我大陆层控构造学说创立获得成功，我不能辜负家乡父老的厚望。

这个部门负责人看到我的课题已经顺利开展了研究，此时又要出书，更是气得不能自已。后来书出了，并在第30届国际地质大会上赢得了赞誉。这时这个部门负责人当着我的面，指着摆在他面前桌上的这本书，愤愤不平地指责我：

“感谢这，感谢那！”

言下之意，我在书的前言中，怎么只感谢别人，不感谢他呢？其实我在那里指名道姓感谢的只有三人：为书作序的世界著名华裔地质学家许靖华教授、支持本课题立项的王鉴津院长、地质出版社编辑王璞副编审。在这里我再次目睹了缺乏制约的权力，对人们心灵强烈的腐蚀作用。一个年轻的专业人员，一旦弄到了一丁点儿这种权力，也会产生幻觉，以为整个地球都是他的，天下人都是他的子民。

在我们这个缺乏科学传统的国度，在我们这个权力高于一切的社会，在我们这个以应用研究为目的的科研单位，在我们这个处处充斥着几千年来小农经济社会滋生的嫉贤妒能恶习的环境，你想走一条与众不同的具有深远影响的理论研究之路，着实需要具备坚忍不拔的勇气和毅力，去冲破一个又一个人为的障碍才行。

这时离开会日期只剩下不足两年时间了。扣除掉出版社半年的出版时间，专著必须在一年半内脱稿；在这期间还得完成论文《大陆层控构造论》的中、英文稿，分别参加1995年的“八五”地质科技重要成果学术交流会和1996年第30届国际地质大会。这部25万字的专著，要在这么短的时间内完成，这就意味着它的写作速度，要比自己平常的快十多倍。虽然这部专著的部分内容，有自己以往的一些文章作基础，但毕竟这是一部自成系统的著作，不是论文集。一些可以利用的资料，也需要重新理解、重新编排。所以要在这么短的时间内，完成这么大的工作量，对我来说几乎是不可思议的。可是我又想，人生难得几回搏，这可能是自己这一生最后的一次冲刺了，在这个关键时刻，应该拿整个生命押上去，死也要死在这张办公桌上。

决心已定，我便像参加汽车拉力赛似的，开足马力不顾一切地往前冲。为了有条不紊地工作、减轻精神的压力，我根据拟议中书的篇幅、修改次数和脱稿时间，制订了一个详细的写作计划：什么时间完成哪一章、哪一稿，一天应写多少字，并在每章、每稿之间留出一点机动时间。虽然在写作过程中，由于种种原因，很难完全按计划进行，需要随时作些调整，但是计划还是非常有用的：它把整个庞大的写作工程，分解成一个个小工程，然后分期来完成这些小工程，这样目标明确具体，可操作性强，可以减轻面对一个庞大工程所造成的精神负担；而且知道每天每星期每月应该完成多少工作量，做到心中有数，从而增强了工作信心，提高了工作效率。

我日夜兼程伏案工作，每天写作时间都在12个小时以上，经常忙得没有时间泡杯茶喝。毕竟我已经是到了耳顺之年了，长期的超负荷工作，造成精神极度紧张，使本来就患失眠症的我，这时睡眠就更成问题了。一天睡不了几个小时。晚上睡不好觉，白天头昏脑涨，连路也走不稳。长期缺乏睡眠，火气大，嘴边长满了燎泡。当时我最忧虑的，不是自己的生命，而是怕“出师未捷身先死”，书未写成人便倒下，两头落空。

科学研究虽说是一种复杂的脑力劳动，但也是对体力和意志的严峻考验。当一个问题屡攻不克的时候，内心的焦急和沮丧是难以言表的。这时科研工作便成为不堪重负的烦人的体力劳动，成天在杂乱无章的资料和悬而未决的问题中苦苦挣扎，满肚子窝火。有时弄得筋疲力尽，真想撒手不干了。在这种进退维谷的困境中，顽强的意志便起着决定性的作用。它强迫着自己的大脑和双手，在非常厌倦的情况下坚持搞下去。我过去写文章，起初也是在缺乏激情的状况下从硬拼开始的。在理智的强迫下，写着写着，激情产生了，灵感也来了。虽然一些灵感是在心情轻松时自动迸发出来的，但更多的灵感，则是在紧张的工作中逼出来的。因此没有理想，没有毅力，是难以产生持久的激情的；而没有持久的激情，也难以有什么创造性。“天才出自勤奋”，这是真理。

这时由于我时时刻刻都在强迫自己按时完成工作计划，精神一直处于亢奋状态，每根神经都绷得紧紧的。精神高度集中了，所以在体力不支的情况下，我不但没有倒下，反而灵感不断涌现，工作效果奇佳。我成天沉醉于创造的激情之中，脑子里不断涌出新思路新观点，弄得一向学术思想活跃的张工也惊呼起来：“老李，你的新思想层出不穷，我跑步也跟不上了！”这种超常发挥现象，如同人在危险状态下，会迸发出异乎寻常的气力智力一样。一些过去我不敢问津的重大难题，在这样猛攻猛打下也一个个被解开了。一座气势磅礴的崭新的理论大厦，在经过一年半的奋力拼搏之后，终于巍然耸立。1996年2月，这部学术专著《大陆层控构造导论》按预定计划脱稿，并在地质出版社的密切配合下，于第30届国际地质大会举行前夕出版了。临门一脚，抢了个漂亮的险球。

后来我在1998年《读者》第11期上，读到了刘燕敏一篇题目为“分段实现大目标”的文章，说原来名不见经传的日本选手山田本一，在1984年东京国际马拉松邀请赛中，便是用分段实现大目标的办法，出人意料地一举夺得世界冠军宝座的。他在比赛之前，把40多千米的赛程，按沿途比较醒目的标志分成几个目标，对每个目标都以跑百米的速度奋力冲刺，从而获得了惊人的成绩。过去，他把目标定在终点线上，结果才跑了10千米就疲惫不堪，被前面那段遥远的路程给吓倒了。我实现大目标的分解法，与他的分段法如出一辙，达到了异曲同工之妙。

这一年半的日夜奋战，虽然没有要了我的命，但我也因劳累过度，经常便秘，引起大便出血，埋下了肛瘘的病根。翌年春天，肛瘘终于发作。随后去北京住了两个月的院，做了两次手术，被折腾得死去活来，最后才告痊愈。

2003年初秋，在北京的一个石油地质学术会议上，见到两位陌生的年轻博士。他们问我，你这位老师面孔好熟，不知道在哪里见过？我回答说，你们可能读过我的书，书上有我的照片。

“噢！你就是《大陆层控构造导论》作者李扬鉴老师。你的大作使我很震撼！”其中一位不假思索脱口而出地惊叹。

当时，我听后真的是很感动。一部文学作品使人震撼，不足为奇，因为它描写的是情感的世界。一本科学专著，是理性的东西，探讨的是冷冰冰的科学问题，怎么也会让读者激情满怀呢？诚然，我撰写该书时，确实经常充满了激情，感动不已，但是始料不及的是，这种被冰冷的理性的外衣包裹着的充沛情感，竟然也被读者感触到了。他们不仅读懂了它的内容，读懂了它的思想，也窥见了隐藏在它们背后那一颗跳动的炽热的心。这时我蓦然产生了强烈的满足感。我想，当年撰写这部书时，冒着献出宝贵生命的风险的拼搏，是值得的。

多元有序和谐的世界

当前人类面临着三大科学难题：宇宙、地球和人体（大脑）。地球虽然是人类的家园，但由于它已经存在40多亿年了，时间久远，而且深入了解地球内部结构又缺乏手段，往往只能看到一点表层地质现象，因而长期以来地球科学只能根据将今论古、由表推里进行猜测，导致对地壳运动规律的认识众说纷纭，学派林立。

解释地壳运动规律的各种大地构造学说，大凡是基于某些地质现象提出来的，均有或多或少的事实依据。可是由于人们的认识受到客观和主观条件的限制，都存在着一定的局限性；尤其是在多元的复杂多样的大千世界面前，往往持单元化的思维来看待事物，把自己根据局部事实提出的认识，当成放之四海而皆准的绝对真理，造成了严重的片面性。在地质科学史上，便发生过火成论与水成论、均变论与灾变论、固定论与活动论等等之争，以一种片面性去排斥另一种片面性。它们均以某种单一的地质作用，来解释各种各样的地质现象，结果都逃不脱以偏概全的可悲命运。这种单元化的思维模式，至今依然盛行，从而导致许多重大的构造问题长期以来悬而未决。充分发挥东方人整体思维的优势，是克服种种片面性的有效途径。

水平挤压力和重力共同产生压剪性正断层的认识，使我初步摆脱了传统单元动力成因观的片面性。日后吸收了科学的新成就，该认识便进一步发展成内容更加广泛的多元动力成因观，继而升华为多元的思维模式。

20世纪60年代西方学者根据海洋地质提出的板块构造学说，一直风靡全球。人们把这一适用于大洋及其周边地区、到中生代才出现的地壳运动形式，引上了大陆，推广到前中生代，结果受到越来越多事实的严峻挑战。板块构造学说的追随者为了摆脱困境，使该构造学说适用于复杂多样的大陆地质，前些年又把板块构造“微型化”，在大陆内部划分出许多微板块和地体来，将一幅空间分布有序、时间演化和谐的宏伟构造画卷，撕成一块块杂乱无章的小纸片。其实大陆构造不是板块构造“微型化”所能解决的，因为它们根本不是同一种动力作用、同一个构造层次、同一个演化阶段、同一个构造体制的产物。因此，1996年我们在《大陆层控构造导论》一书中，便开宗明义地指出：“板块构造学说是‘登不了陆’的。”同时，在自己以往研究成果的基础上，根据大陆岩石圈呈纵向分层、横向不均一的特点，从流变学的角度提出，上覆刚硬层的构造运动，受下伏软弱层控制，把岩石圈构造分成4个不同深度不同性层的层圈构造：上地壳结晶基底顶部不整合面对盖层的控制，形成薄皮构造；中地壳塑性层对上地壳的控制，形成厚皮构造；异常地幔对地壳的控制，形成过渡壳构造；软流层对岩石圈的控制，形成板块构造。大陆构造主要是厚皮构造和过渡壳构造。我们还建立了多元动力成因观，对大陆地壳运动起承上启下关键性作用的中地壳塑性层所控制的大陆三种主要构造类型——盆-山系、冲叠造山带和厚皮纵弯隆起带的成因机制及其演化，作出了全面的系统的说明，从而把上述四个不同深度不同性质的层圈构造，在时空四维上组成一个有机的整体，创立了大陆层控构造学说。这个惊世骇俗的新学说，既克服了各种大地构造学说的片面性，又包容了它们合理的部分。

现就大陆层控构造学说的基本内容，简述如下：

一、多元动力成因观

动力学是大地构造学的哥德巴赫猜想，也是长期以来各种大地构造学说的致命弱点。虽然它们的主张各异，但都一致认为地壳运动是单元动力成因的。

在地质科学史上拥有光辉一页的地槽-地台学说，主张垂直运动，强调重力作用。这种观点虽然能够从沉积学角度孤立地描述各个构造单元的形成和演化，对地壳运动规律的认识作出了重要贡献，但是它无视强烈的水平力的存在，无法解释受正断层控制的地槽系（盆-山系）为什么产生于它所在的地方，具有那样的形态和方向，以及与相邻构造单元之间的关系，也难以说明地槽为什么能够褶皱回返和分布广泛的各种水平扭动现象的成因。

在垂直运动论盛行的时代，李四光教授力排众议，创立了独具特色的地质力学。他主张地球自转速度变化派生的经向和纬向惯性力是造成地壳运动的主因，强调水平运动的重要性，提出了构造体系构造型式的系统观，把盖层构造研究推到一个崭新的高度。但是他漠视强大的永恒的重力作用，不能说明东西向和其他方向造山带前身盆-山系的成因，导致该学说陷入了只谈“改造”不谈“建造”，只谈“形变”不谈“形成”的局限性。

20世纪60年代以来，在海洋地质研究新进展基础上，发展起来的号称地学革命的板块构造学说，主张洋中脊扩张、板块漂移和海沟俯冲的活动论，强调热能引起的地幔对流作用。

这种观点虽然粗略地描述了占地球总面积约三分之二的海洋地壳运动状况，把海洋地质研究带进一个空前的历史新阶段，并对全球地壳运动及其演化的认识作出了突出贡献，但是在动力学上，它无视地球自转速度变化派生的惯性力对洋中脊和转换断层的产生所起的重要作用，解释不了这些构造单元为什么出现于它们所在的地方，并具有与地球自转轴呈一定关系的方向性。其次，它漠视重力在洋中脊软流层隆起带侧翼斜坡上派生的下滑力，以及在海沟处密度倒转派生的下拽力，对板块运动所起的重要作用，也难以说明板块运动速度为什么快于下伏地幔对流速度。第三，它漠视地球膨胀对洋中脊扩张所起的重要作用，无法解释在大西洋中脊与印度洋中脊之间并无海沟消减带的情况下，它们仍然进行大规模扩张运动的原因。

上述各个学说及其他学说，由于受到历史条件的限制，都没有涉及全球性造山运动等突变事件与陨星撞击的关系，多强调地球内部的自身演化，因而在急剧的突变事件面前束手无策。

鉴于上述种种，我根据自己长期的观察和研究，在多元思维的启迪下，吸取了科学的新成就，提出了多元动力成因观。认为地壳运动是地球自转力、陨星撞击力、重力和热力协调作用的产物，虽然它们在不同的构造体制和构造类型及其不同的演化阶段所起的作用有所不同。多元动力成因观使地壳运动及其演化得到了全面的系统的说明。这是大陆动力学认识上一次飞跃性进展。

在漫长的地质历史演化过程中，由于受上地幔物质部分熔融和万有引力常数随时间推移逐渐变小等因素的影响，地球体积逐渐膨胀，转动惯量逐渐增大；同时受月球引力潮汐摩擦作用，地球自转速度总体呈变慢趋势，各个地质时代历年天数依次减少，从寒武纪一年424天，减少到现在一年365天。

地球自转速度缓慢变化过程中，派生了平缓的经向和纬向惯性力。由于不同纬度的纬向惯性力强弱不同，位于不同纬度的相邻地区之间，产生东西向剪切力。这些水平力与重力一起，使位于中地壳塑性层之上、惯性力最大的上地壳，产生不同方向不同性质的正断层，形成了盆-山系。这是一个全球性的以重力作用及其降升运动为主的漫长造盆时期。

当地球受到陨星准周期性的顺向或逆向撞击时，地球自转速度便发生变快或变慢的急剧变化，从而派生强烈的经向和纬向惯性力，使具有相对侧向应变空间的上地壳正断层上盘断陷盆地和下盘断隆山之间，发生冲叠造山运动，以及经过冲叠造山作用把上地壳“焊接”成刚硬的整体后，在强烈侧压力作用下，整个上地壳发生纵弯隆起，形成厚皮纵弯隆起带。这是一个全球性的以水平力及其侧向运动为主的短暂造山时期。在地质历史进程中，长期的缓慢的造盆运动，与短暂的急剧的造山运动交替出现。

当地球自转速度变慢时，经向惯性力方向由赤道指向两极，纬向惯性力方向自西向东；当地球自转速度变快时，则经向惯性力方向由两极指向赤道，纬向惯性力方向自东向西。

二、不对称膨胀观

南半球膨胀率大于北半球。现在前者海洋面积占全球海洋面积的3/4，便与这种不对称膨胀作用有关。南半球膨胀速度大于北半球，导致古赤道不断南移。故现在位于北半球中纬度的古赤道地区，在晚古生代后期和三叠纪，先后产生了由东西向张性正断层发展而成、横贯欧亚大陆南部的北古特提斯地槽和南新特提斯地槽。古赤道地区东西向地槽的出现，把地球上原来的联合古陆，分割为北半球的劳亚古陆和南半球冈瓦纳古陆。古赤道不断南移，造成环南极洲洋中脊以北各陆块，根据古地磁古气候等资料，出现向北长距离漂移的假象。

三、多层次构造观

地球内部物质在重力和热力作用下，不断进行层圈分化运动，重物质向地心、轻物质向地表迁移汇集。由于各层圈的物质组成及温度、压力条件不同，古老的大陆岩石圈形成软硬相间的层圈结构特点。其中20世纪80年代之后，通过地球物理测深手段、科学深钻超深钻实施和深部地质研究，发现大陆中地壳低速低阻塑性层的广泛存在，意义最为重大。

在枫林矿区煤系软弱层对顶板刚硬层构造变动严格控制的认识启迪下，我发现大陆盆-山系、冲叠造山带、厚皮纵弯隆起带和大洋板块构造，也分别受其下伏软弱的中地壳塑性层和软流层控制。随后从流变学观点出发，把大陆构造分成四个不同深度不同性质的层圈构造。

在大陆岩石圈的层圈结构中，以中地壳塑性层所起的作用最为重要：它向上控制上地壳的盆-山系和由盆-山系演变而成的冲叠造山带，以及进一步发展起来的厚皮纵弯隆起带等厚皮构造，向下由于中地壳塑性层物质，从上地壳正断层上盘断陷盆地流向他处，引起该部位重力失衡和异常地幔或软流层上拱，断陷盆地厚皮构造分别发展成优地槽过渡壳构造和洋中脊扩张中心板块构造，从而把上述四个不同深度不同性质的层圈构造，联系成一个有机的演化系统。这种以流变学为核心的多层次构造观，克服了地质力学只谈盖层构造和板块构造只谈岩石圈构造的局限性，也比20世纪80年代，法国马托埃教授只是孤立地静止地描述不同层次地层因温压条件不同，而出现不同构造样式的构造层次概念，以及苏联学者把下伏软弱层，仅仅看作上覆刚硬层的拆离面、滑脱面的岩石圈构造分层说这些层圈构造观略胜一筹。

四、多阶段演化观

根据杜乐天研究员的研究，在地质历史长河中，来自地球深部具有高度挥发性的碱性地幔流体，在岩石圈的屏蔽下，对上地幔进行渗入、交代、富化、软化、致熔、积累，最终形成玄武岩浆。前中生代，这种碱交代作用只形成规模较小、分异不充分的异常地幔。到了中新生代，玄武岩浆才逐渐汇集成规模巨大、分异充分的软流层（不过为了叙述方便，书中往往把异常地幔也称为软流层）。时至今日，软流层也还不是遍及全球的圈层，而只是集中于大洋及其邻区。现在大陆内部许多被视为软流层的低速层，可能也还只是异常地幔而已，与大洋的软流层不是一回事。没有软流层便没有大洋岩石圈，故在当今散布着许多古陆块的各大洋中，没有一块前中生代的洋壳。没有软流层和密度大于下伏软流层的洋壳，岩石圈就不能在密度倒转驱动力作用下，于海沟处不断俯冲、潜没，就不会有板块运动。前中生代由于没有软流层，只有异常地幔，故断陷盆地演化到后来，只是引起基性超基性岩浆的强烈活动，在断陷盆地中形成蛇绿岩，上地壳断陷盆地厚皮构造由此演变成优地槽过渡壳构造便终止了，不可能进一步发展到海底大规模扩张。这就难怪在大陆造山带中，所发现的所谓古洋壳遗迹的蛇绿岩，无论在地球化学和规模等方面，都与现代洋壳存在着显著的差别。洋壳是没有下伏陆壳的巨厚大洋岩石圈，而蛇绿岩则是覆盖于陆壳之上2—3千米厚以内的薄层状或透镜体过渡壳构造的产物。所以，把板块构造体制引上大陆、推广到前中生代，是不切实际的。

五、自上而下发展观

上地壳离地球自转轴最远，惯性力最大，而且该层圈底部为刚硬的结晶基底，便于应力的积累和传递，又拥有上覆大气层和下伏中地壳塑性层应变空间，故在地球自转速度变化派生的惯性力，或在板块碰撞、汇聚力作用下，该层圈首先发生形变，然后才引起下面层圈的构造运动。

大陆层控构造学说吸收了地槽-地台、地质力学和板块构造等大地构造学说的合理部分，同时又克服了它们的缺点，从而可以合理地解释各种学说所无法解释的种种地质现象，为大陆地质研究提供一个简洁的系统的崭新的理论基础，使从观察和经验基础上发展起来的地质科学，真正摆脱了过去描述和猜测阶段的杂乱状态，成为一门具有高度综合性和共同基础的严谨学科，所以尽管该学说还有待充实和深化，但无疑是一个影响深远的学说。

当年，我虽然也曾经预感到，通过对枫林矿区小型构造的深入研究，可以对解开地壳运动奥秘作出贡献，可是连我这个勇于大胆想象的狂徒，也万万料想不到，该研究竟然具有如此广阔的应用前景。这点使我深深地体会到理性思维的无比威力：有了深入的理性认识，便能做到举一反三，触类旁通，认识愈深，应用愈广。这也说明，为什么思想深邃的智者，可以从一滴水珠窥见一个世界。

科学与艺术息息相关。这不仅表现在艺术享受中往往会激发出科学创造的灵感火花，而且它们所追求的最终目标，都是一个多元、有序、和谐美的世界。在大陆层控构造学说创立的过程中，我时时为自然界这种内在的美惊叹不已，并得到了高级的美的享受。如果说，当年我在枫林矿区发现了正断层强度曲线图和煤系厚度曲线图，与根据材料力学纵弯杆概念推导出来的纵弯褶曲构造应力场，吻合到几乎天衣无缝的地步，而享受到了自然界有序、和谐美的乐趣的话，那么此时我在研究整个地壳运动及其演化的过程中，见到在这个空间和时间跨度如此宏大复杂的世界里，竟然也如此井然有序、和谐无比、美不胜收，更是感动万分，从而油然产生了在冥冥的宇宙万物之中，无处不在的最初而基础的设计感。的确，大自然在最基础的水平上，是按美来设计的，是一件尽善尽美的艺术品。我虽然没有实现自己当初想当一名挽救国际共产主义运动的思想家或干预生活的作家的梦想，但是思想家的洞察力和作家对美的追求，在地质构造理论研究过程中，发挥着关键性作用。中学时代我对哲学和文学的兴趣，在日后长期的学术生涯中，都派上了用场。不错，科学研究的极致便是哲学和艺术。

大陆层控构造学说的意义

《大陆层控构造导论》这部被许靖华教授在序言中誉为“闪烁着创新精神光辉的重要著作”，于1996年第30届国际地质大会举行前夕出版，旋即惊动了大会组织者。他们迅速作出了新的安排，让《大陆层控构造论》论文在学科讨论会上宣讲。该文因观点新颖、说服力强、图件简洁明了，引起在座中外地质学家的强烈反应。会议主持人集中了这些反应，向记者发表了动情的讲话，指出：“大陆层控构造学说抓住了大陆地质的实质，代表了中国地质界的最新成就和最高水平，完全可以与西方板块构造学说相抗衡。”原中国地质学会理事长、中国科学院院士、已故老一辈著名地质学家程裕淇教授，在1996年11月12日的惠函中，也赞许该专著“不囿于洋人之观点，勇于向传统地质理论挑战，提出了许多充满挑战性的、创新性的见解。这是十分难能可贵的”。大陆层控构造学说创立十多年来，获得了越来越多事实的印证，也得到了国内外学术界愈来愈多的赞同和支持。该专著出版7年后的2003年4月，美国地学界终于在白皮书《构造地质学和大地构造学的新航程》中，认为“大陆地质并不适于板块构造模式”，与该专著所提出的“板块构造学说是‘登不了陆’的”预言不谋而合，也开始认识到流变学观点对解开大陆构造之谜的重要性。

大陆层控构造学说为大陆地质研究提供了一个崭新的全面系统的理论基础，解开了地槽系成因机制、特提斯地槽动力背景和厄尔尼诺成因之谜，创立了中国大陆3种主要构造类型——盆-山系、冲叠造山带和厚皮纵弯隆起带成因机制新模式，初步建立起这3种构造类型与油气资源关系新机制。现分述如下：

一、为大陆地质研究提供一个崭新的全面系统的理论基础

运用东方人整体思维优势和科学新成就建立起来的大陆层控构造学说，提出了多元动力成因观、多层次构造观、多阶段演化观、不对称膨胀观、自上而下发展观、盆-山系整体观、降升-冲叠造山观和厚皮纵弯隆起观等一系列新观点，使大陆构造运动的均变与突变、垂直降升与水平运动、造盆与造山、浅部构造与深部构造、大陆构造与大洋构造的形成及演变得到了合理的解释，从而为大陆地质研究提供了一个新的全面系统的理论基础。

1988年，在前国家石油和化学工业局主持下，聘请了中国科学院院士、国家地震局地质研究所马宗晋研究员，时任中国地质学会构造专业委员会副主任兼秘书长、中国地质大学吴正文教授，时任中国地质矿产信息研究院总工程师肖庆辉研究员，中国地质学会构造专业委员会委员、国家地震局地壳应力研究所刘光勋研究员，李四光地质奖获得者、明达化工地质有限责任公司李学仁高级地质工程师等五位专家，对《大陆层控构造论》项目进行了全面的严格的评审。这些具有真知灼见的态度严谨的专家，在评审意见书中，就大陆层控构造学说整

体，以及其中各个组成部分进行了深入的分析和确切的评价。现简述如下。

1. 关于大陆层控构造学说整体的评价

马宗晋指出，《大陆层控构造导论》所建立的大陆层控构造学说，“全面系统地论述了大陆构造的形成和演化，使当今成为地质科学热点的大陆地质问题，在区域构造和局部构造的理论分析方面，有了一个较系统的科学思维基础”。该专著认为：“大陆地壳是多介质、多层次的，而且以受中地壳塑性层控制的上覆厚皮构造和受莫霍面（或异常地幔）控制的过渡壳构造为主，与大洋地壳受软流层控制的大洋板块构造形成机制不同；前中生代只有厚皮构造和过渡壳构造，没有形成现今形态的板块构造，板块构造是到了中生代形成软流层之后才在全球出现；大陆的层控构造体制和大洋的单层板块构造体制不同。这些高度概括的构造观，对认识大陆地质具有重要的指导意义。”

吴正文评述：“在我国，迄今为止尚有众多的地质学家信奉经典的板块构造学说……并到处套用现成模式。在我看来，这是我国地质界的最大不幸，因为这是没有出息的‘拾人牙慧’表现。在这种情况下，李扬鉴先生等所著的《大陆层控构造导论》，更显示出它是一本富有创新精神和具有挑战意义的专著。它不仅令人耳目一新，而且无疑将对我国区域构造研究的深入开展起到极大的推动作用……就总体而言，它的思路新颖，立论有据，分析合乎逻辑，是一部有重要学术意义的优秀论著。”

刘光勋认为，这是“一项有关大陆构造及其动力学的基础理论成果，其突出的贡献和主要进展是提出了大陆层控构造这一全新的学说和理论……是这一研究领域的一次重大突破……（它）与国内外同类研究相比，具有下列特点：（1）科学依据充分、扎实——该学说不是空泛而脱离实际的理论，而是依据大量的地质事实，包括作者本身长期积累的第一手资料，也广泛吸收了多年来地质界的最新成果，因此该学说言之有据，说服力强；（2）将大陆构造的不同层次、不同阶段、不同体制、不同动力的观点很好而巧妙地结合在一起，建立了有关大陆构造的时、空有机体系；（3）该学说涉及地质学领域较广，论述全面，不仅使该学说立论依据充分，得到各领域多方面的考验，而且也为地质学有关的专业领域，如岩浆作用、变质作用、成矿作用、地质灾害等，在研究和应用上开辟了新思路。……该成果显然已处于当前国际同类研究领域的领先地位”。

肖庆辉也强调，在当今创立新的全球构造学说来取代陷于困境的板块构造学说，“已成为当代地球科学重大前沿。在这样的背景下，《大陆层控构造导论》的问世既顺应了时代潮流，参与了国际竞争，又为近几十年来沿着‘模仿学’道路发展的我国地质科学理论注入了新的活力，为我国创立和发展地质科学理论，跻身世界先进水平的行列树立了范例……本成果在第30届国际地质大会上被推荐到学科讨论大会上宣讲和展讲，并获得了中外地质学家很好的评价。我作为讨论会的召集人曾与国外另两名召集人以及一些学者讨论这个假说。他们都认为，该假说为当代大陆地质研究提供了新的思维，也具有许多新的认识和新的发现。总之，这部专著涉及的是当代国际地球科学研究的重大前沿问题，提出了一种全新的假说，这个假说内容丰富，论证有据，并颇有创新，有明确的理论基础和学术指导思想，它以显著的创新性、广泛性、系统性、简洁性为特色。大陆层控构造学说的提出为研究大陆地质重大问题提供了新的思路，学术上达到了国际先进水平”。

2. 关于多元动力成因观的评价

肖庆辉认为："大陆层控构造学说另一个创新点是提出了多动力成因说，认为构造运动是地球自转力、陨星撞击力、重力和热力综合作用的产物。这种观点对长期困扰着地学界的动力学问题提出了重大挑战。"

3. 关于多层次构造观的评价

吴正文指出：大陆层控构造学说"强调古老的大陆岩石圈因具有分层特点而不同于大洋岩石圈，进而阐明大陆岩石圈各相对'刚硬'层圈内部的构造变形，分别受到下伏的软弱层的控制。这一观点与原有的'层圈构造'认识相比，显然在变形机制的解释方面有了明显的进展。作者尤其强调上地壳的复杂变形直接受控于下伏的中地壳塑性层，并认为该塑性层是许多内外生矿藏的'矿源层'、地热的重要供给层、震源的集中层，对大陆构造演化过程和大陆地壳的稳定性起着关键性的作用。这一认识完全不同于板块构造学说将陆壳表层变形归之于假设性的软流圈的对流作用的设想"。

肖庆辉认为：大陆层控构造学说的主要创新点之一，"在于抓住了大陆岩石圈的分层结构特点，认为下伏软弱层控制上覆刚硬层的构造运动，把岩石圈的构造分成板块构造、过渡壳构造、厚皮构造和薄皮构造四个层次，指出大陆构造主要是受中地壳塑性层和莫霍面控制的厚皮构造和过渡壳构造，与大洋受软流层控制的板块构造截然不同。这种认识为大陆地质研究提供了一个全新的研究思维，具有深远的学术意义"。

4. 关于多阶段演化观的评价

吴正文指出："作者旗帜鲜明地反对将板块构造模式应用于前中生代的地壳演化阶段，因为迄今为止还没有找到一个能被公认的、真正古洋壳的残块；而分布在大陆造山带内的蛇绿岩，有关它的成因至今仍是众说纷纭。我认为这一论断，无论是从推理的角度看，还是从已获得的地质记录来看，都是完全站得住脚的；而且，它更符合唯物辩证法的思维逻辑。作者指出：在多元动力作用下，上地壳首次发生变形，形成盆-山系。而在断陷盆地的沉降过程中将下伏的中地壳塑性物质挤向侧方，导致断隆山和变质核杂岩的形成。从更大尺度看，它进而引起整个地壳变薄、重力失衡，致使莫霍面和上地幔，乃至软流圈上拱。这种自上而下的构造变形观，完全不同于经典板块构造学说中的地壳变形仰仗于地幔柱的观点。”

5. 关于盆-山系整体观和降升-冲叠造山观的评价

李学仁对这两个问题，作出了如下深入的评述：大陆层控构造学说“用多元动力成因观点，将地球作为一个统一的动力学系统进行研究，阐述了大陆动力学作用机制，建立了大陆造山带成因机制新模式——冲叠造山带。该模式不仅明确地解释了大陆造山带与碰撞造山带的区别，大陆造山带与其前身盆-山系的继承关系，而且对于俯冲型、仰冲型和复合型三种冲叠造山带的构造特征及成因，以及有关花岗岩、内外生矿床、超高压变质带、地质灾害等一系列问题也提出了新的认识，从而使长期以来困扰着国内外地质界的大陆造山问题，得到了比较全面系统的富于哲理的说明……用材料力学弹性基础悬臂梁的概念，对箕状断陷盆地、断隆山的成因机制，以及对弧后盆地等的产生及演化提出了新的解释，它体现了非线性科学的一个基本思想，即简单体系可以产生出复杂行为。作者巧妙地引入悬臂梁概念，它在解释一些复杂地质构造问题上显示出广阔的前景”。

二、创立了中国东部中、新生代盆-山系成因机制新模式

1. 中国东部中、新生代应力场及其构造现象

中国大陆中-新生代盆-山系，以富含油气资源的松辽盆地和渤海湾盆地为代表。前者产生于晚侏罗-早白垩世，后者形成

于新生代。由于这些盆-山系均受正断层控制，于是在正断层即张性断裂传统观点束缚下，大家把正断层上盘断陷盆地均视为水平拉张力的产物。至于拉张力来自何方，则各家有各家的说法，如区域拉张说、板块俯冲弧后拉张说、水平扭动局部拉张说（拉分盆地）、地幔柱隆起拉张说等等，不一而足。当前以地幔柱隆起拉张说最为流行。然而各种各样的水平拉张说，都无法对已知的基本地质事实作出全面的合理的解释。

近20多年来，我面对大量已知的地质事实，经过长期深入的研究，在《大陆层控构造导论》专著及其前后发表的一系列论文中，力排众议，对它们的成因机制提出了一个截然不同的新模式，认为控制这些盆-山系的正断层的，不是水平拉张力产生的张性、张剪性断裂，而是水平挤压力和重力共同作用下，所形成的在平面和垂向均呈X型产出的压剪性正断层。

晚侏罗-早白垩世，在太平洋伊泽奈崎板块低角度高速度北北西向斜向俯冲下，东亚大陆边缘受到强烈的挤压作用，产生了一系列平面X形断裂。其中左行的北北东-北东向断裂，剪切方向与斜向俯冲导生的区域性扭动方向一致，又与太平洋西缘应变空间大致平行而占主导地位，以著名的北北东向郯庐断裂为代表；右行的北西-北西西向断裂发育程度次之。这种构造现象，在松辽盆地可以清楚见到。

新生代，尤其是始新世以来，在印度次大陆东部西隆突出体推挤下，渤海湾地区受到北东东向挤压。该挤压力也产生两组在平面上组成X型的断裂：北北东-北东向右行断裂和北西-北西西向左行断裂。郯庐断裂在这时由原来的左行转变成右行。这些平面X型断裂的走向与水平挤压力斜交，断层面受到挤压和剪切，产生种种压剪性现象，并对油、气、水起遮挡作用，形成良好的储油断层封闭构造。这些基底断裂在重力作用下，垂向上也呈X型产出，成为压剪性正断层。

在当今强调水平运动的时代，人们往往漠视永恒的强大的重力作用。于是认为一切正断层都是水平拉张力的产物，均属于张性、张剪性。其实在重力参与下，正断层共有四种类型：张性、张剪性、剪性和压剪性。

2. 断陷盆地的形成

断陷盆地的形成，一般可以分为断陷、断坳和坳陷三个阶段。

位于中地壳塑性层之上、由底部刚硬结晶基底及上覆盖层所组成的上地壳，其正断层上盘在重力作用下的受力状态，类似于以下伏中地壳塑性层为弹性基础、以断层面为自由端的弹性基础悬臂梁。该盘在上地壳重力均布载荷和断层面三棱柱体岩块集中载荷所产生的弯矩和剪切力作用下，使其沉降幅度趋向断层面变大，成为箕状断陷盆地。随后在盆地中沉积物分布载荷叠加作用下，断陷盆地沉降幅度趋向断层面进一步加大。

上地壳正断层上盘箕状断陷盆地，一般宽度为20—30千米，梁的弯矩和剪切力异常强大，沉降幅度一般可达数千米，沉降速度也极快。渤海湾盆地断陷阶段沉积速率，便为其前身地台沉积速率的20—40倍。在盆地基底快速沉降过程中，迫使盆地翘降端下伏中地壳塑性层物质大规模他流。其中部分熔融物质沿断裂面等薄弱带上侵、喷溢，成为中酸性侵入岩和火山岩。松辽盆地在晚侏罗世火石岭组至早白垩世前期营城组的断陷阶段，便发生了广泛的中酸性岩浆活动。另一部分中地壳塑性层物质，则产生侧向迁移。其中大部分流入毗邻的切去部分三棱柱体岩块的下盘，促使该盘向上掀斜成断隆山；少部分流向上盘远离断层面的翘升端。所以断隆山的中地壳塑性层厚度，比断陷盆地大得多。当今中国东部大兴安岭、太行山、燕山、阴山和秦岭等宏伟的断隆山脉的形成，便是毗邻的中、新生代断陷盆地沉降过程中，把下伏中地壳塑性层物质大规模压入其中地壳所致。

当中地壳塑性层物质，从上地壳正断层上盘箕状断陷盆地翘降端流向该断层下盘促使该盘隆起时，势必带动该断层上盘翘降端抬升，导致盆地沉积中心从翘降端向盆地中部迁移，产生超覆现象；当中地壳塑性层物质，从箕状断陷盆地翘降端流向该盘翘升端时，则使盆地沉积范围向断层面退缩，产生退覆现象。这时断陷盆地便从断陷阶段转入断坳阶段，如松辽盆地早白垩世后期的登娄库组和泉头组。

上地壳正断层上盘的重力能，大量消耗于下伏巨厚的中地壳塑性层物质大规模的塑性流动过程中，而无力切入下地壳，成为终止于中地壳塑性层的上地壳断裂。所以，大陆内部并无切穿地壳切穿岩石圈的深大断裂存在。这点已经得到大量地球物理测深资料的证实，也为首先提出深大断裂概念的苏联地质学家裴伟于晚年所承认。

由于断陷盆地下伏中地壳塑性层物质大规模他流，厚度大大减薄，导致重力失衡。于是软流层便大幅度隆升，促使岩石圈地幔上拱，造成软流层顶面和莫霍界面与盆地基底呈镜像关系。

软流层物质流向断陷盆地下面聚集，引起盆地周围岩石圈大面积沉降。故松辽盆地到了断坳阶段中期的登娄库组三、四段时期，便开始出现全面沉降趋势，沉积范围超越断陷带向外扩大超覆，中央隆起带被覆盖，中部断陷带与东部断陷带连接成一个统一的沉积区。地槽形成过程，同样也引起相邻地台区的全面沉降。

被压走的中地壳塑性层物质与盆地中充填物之间的密度差，远远大于软流层与岩石圈地幔和岩石圈地幔与下地壳的密度差，故软流层隆起幅度比上面断陷盆地沉降幅度大得多。松辽盆地沉降最深的古龙凹陷基底埋深为10050米，但其软流层隆起幅度比盆地东西两侧的分别高出了31千米和26千米。

西方学者吉德勒在20世纪70年代初研究东非裂谷时，得知该裂谷的地幔普遍隆起，从而提出了地幔隆起拉张假说。可是，过了10年后，吉德勒又重新研究了东非裂谷。他发现处于裂谷初期阶段的南段，地幔并未明显隆起。向北随着裂谷的发展，地幔才逐渐上拱。即裂谷产生在先，地幔隆起在后。于是，他否定了自己原来的地幔隆起拉张假说。可是，令人尴尬的是，该假说被吉德勒本人否定之后很长时间，依然是我国学术界的主流观点，并成为研究大陆断陷盆地，包括中国东部中新生代断陷盆地成因的理论依据。20世纪70年代美国格洛玛·挑战者号科学考察船，在太平洋天皇-夏威夷海山链发现了该地区地幔深处存在着“热点”的证据之后，近些年人们又把海洋的这一地质现象搬上了大陆，提出地幔柱假说，以作为解释中国大陆不同地区不同性质构造，尤其是中国大陆东部中、新生代断陷盆地的成因。

其实，长期争论不休的地幔（严格地说，是异常地幔或软流层）隆起与上面断陷盆地，谁是因，谁是果，完全可以拿事实来检验。首先，地幔柱隆起产生的断裂，在平面上呈放射状和环状，与控制中国东部中、新生代断陷盆地的正断层，具有一定的方向性和平移规律，在平面上组成的X型明显不同。其次，断陷盆地产生在先，地幔隆起在后，也已经得到了国内外不少事实的证明。当今作为郯庐断裂北延、宽度狭窄的依兰-伊通断陷带，地幔至今便不但未上拱，反而下凹。第三，在地幔隆起的中国东部地区，地应力绝对值测量表明，均为水平压应力，并无张应力踪迹。第四，软流层隆起只反映重力均衡作用，与上面的构造性质并无必然的联系。当今软流层都大幅度隆起的中国东部渤海湾盆地和中国西部塔里木盆地中央隆起带，两者的构造性质迥然有别，前者受正断层控制，后者则产生逆冲断层。第五，大陆岩石圈中的各个层圈，都不是绝对刚体，它们在长期的地应力作用下都具有一定的流变性。软流层在隆起过程中，促使上覆岩石圈地幔和下地壳物质向两侧塑性流动，隆起幅度逐渐减小，到中地壳塑性层便完全被吸收了，上地壳并没有受到软流层隆起派生的张应力作用。我们的一些科研人员，为什么不面对地质事实，进行实事求是的分析，得出自己切合实际的结论，而非要死死盯住西方人的一言一行不可呢？

隆起的软流层物质沿着上覆各层圈横弯隆起产生的张性断裂涌入中地壳塑性层时，便使该层进一步重熔和基性化。之后这些玄武岩浆再通过上地壳断裂上侵和喷溢。显然，这些控制玄武岩浆活动的断裂，也不是什么直接切穿地壳或岩石圈的深大断裂。

由于基性火山岩是在断陷盆地发展到一定阶段，软流层物质大量涌入中地壳塑性层之后的产物，故松辽盆地一直到了断坳阶段末期的泉头组二段末和坳陷阶段初期的青山口组一段末，才在上地壳断裂活动诱发下，开始玄武岩喷溢，形成了中国东部中、新生代盆-山系常见的“先酸后基”的岩浆演化特点。渤海湾新生代断陷盆地之所以一开始就有玄武岩浆活动，是因为该地区在晚侏罗世—早白垩世断陷盆地形成期间，早已把中地壳塑性层基性化了，而不是在新生代断陷盆地产生之前，软流层便主动上拱所致。

玄武岩浆的上侵和喷溢，造成软流层物质的普遍亏损和热能的大量丧失，导致上覆岩石圈整体快速沉降，湖面相对抬升，从而使松辽盆地在早白垩世末开始玄武岩浆活动之后，晚白垩世便转入坳陷阶段。即从主要受中地壳塑性层控制的断陷-断坳阶段，转入受软流层控制的坳陷阶段。盆地沉积速率也由早白垩世泉头组的小于每百万年100米，到晚白垩世青山口组突增至每百万年230米。

到了青山口组沉积末期，松辽盆地下面被基性化、进一步重熔的中地壳塑性层，在普遍增加了数千米沉积物，而大大加厚了的上地壳重力作用下，其物质便大规模向盆地外侧顺层流动，迫使盆地周边地区上地壳抬升成为山区。所以大兴安岭等周边山区，伴随于松辽盆地晚白垩世整体沉降的坳陷阶段开始之后出现，绝不是巧合。

松辽盆地的中地壳塑性层物质，大规模顺层涌入大兴安岭，使后者中地壳厚度比前者大7千米左右，其过渡带成为我国东部著名的大兴安岭—太行山—武陵山重力梯级带的北段。

3. 盆-山系成因机制新模式的若干实际应用

（1）地质灾害。不少工程地质专家认为，只有切穿地壳切穿岩石圈的深大断裂，才对地壳稳定性构成威胁。长江三峡地区只有上地壳断裂，没有破坏该地区地壳和岩石圈整体的完整性，所以该地区的地壳是稳定的。这种认识对长江三峡及其他地区大型工程的安全，可能会酿成严重后果。

他们没有认识到，大陆岩石圈被一系列软弱层分割，其中巨厚的中地壳塑性层对大陆地壳稳定性的威胁最为严重，其上地壳正断层两盘垂向降升运动可达数千米。上盘表现为下降的断陷盆地，是活动的；下盘是上升的断隆山，也是活动的。一些人看到断隆山被剥蚀后露出了古老地层，便认为该地区是古老的稳定地块。这种认识非常危险。

长江三峡地区黄陵背斜为东西两侧中新生代断陷盆地的共同断隆区，黄陵背斜的形成与该断隆作用有关。从中生代晚期开始，随着两侧盆地的沉降，黄陵背斜也不断隆升。第四纪以来，其间隔性掀斜式上升幅度达500米以上。时至今日，两侧盆地仍在快速沉降，背斜也在急剧上升。据20世纪50—60年代的测量资料，两侧盆地的沉降速度分别为每年2—24毫米和3—6毫米。由于该地区上地壳活动正断层比较发育，因而成为我国东部地质灾害的多发区之一；而且上地壳的不均匀抬升，也会造成该地区大型工程基础断裂，产生严重后果。所以，对上地壳活动正断层对人类生存环境危害性的认识应予高度重视。

（2）变质核杂岩。变质核杂岩分布于上地壳正断层下盘的穹窿构造中，是内生金属矿床重要的成矿构造。由于许多人不了解大陆中地壳广泛存在着巨厚的塑性层，更不知道上地壳正断层上盘在自身重力作用下，会产生如此强大的弹性基础悬臂梁变形作用，促使下伏中地壳塑性层物质大规模侧迁运动，因而对变质核杂岩的成因，提出了岩浆浮力说、正断层上盘下降卸载说、地幔上拱说、区域性拉张说或区域性压缩说等等不切实际的假说，造成该问题长期悬而未决。

其实变质核杂岩，是上地壳正断层各段两盘降升运动的时间、速率、幅度不同，造成下盘呈穹状窿起所致。当其中地壳塑性层物质大幅度上升，并经剥蚀后露出地面时，便形成以来自中地壳塑性层侵入岩和上地壳底部结晶基底为核心的变质核杂岩。所以可以说，变质核杂岩是断隆山发展到晚期阶段的产物。

中地壳塑性层物质在上地壳正断层上盘沉降过程的强烈挤压下，流向下盘并沿断层面上升。长距离的摩擦作用使中地壳塑性层物质沿断层面产生几十米至几千米厚的糜棱岩带，而与其上盘的脆性构造截然不同。

中地壳塑性层物质长距离的侧迁过程强烈的摩擦作用，以及该断层下盘的大幅度上升、减压而熔点下降，使该塑性层物质产生选择性重熔。所以在变质核杂岩核部，往往出现与其正断层活动时间同期的花岗岩类侵入体，形成伸展背景上的穹窿作用—岩浆侵入—变质核杂岩三位一体的地质景观。

中地壳塑性层丰富的成矿元素，在糜棱岩化、重熔和长距离的运移过程中，又产生活化、萃取、富集，使变质核杂岩成为断隆山成矿带矿床最集中的部位。著名的湖南桃林铅锌矿，胶东金矿，安徽月山铜铁矿田和山西中条山胡篦型铜矿床等，便都受变质核杂岩控制。上述新观点，对指导寻找变质核杂岩金属矿床具有重要意义。

（3）地震活动。新生代以来，位于印度次大陆西隆突出体北东向挤压方向正前方的华北及其邻区，在该推挤作用导生的辐射状区域应力场和重力共同作用下，上地壳产生了一系列由北北东-北东向右行走滑正断层和北东东—北西西向左行走滑正断层所组成的压剪性平面X形断裂，形成众多的盆-山系，并控制地震的活动。由于压剪性正断层便于应力能的积累和突然释放，该地区成为中国大陆东部地震活动的集中场所，震级可达8级以上。其中两组断裂交汇部位的地震更为频繁。

由于上地壳底部重力较强，又与下伏中地壳塑性层应变空间毗邻，故该地区的主震及其余震震源，主要集中于上地壳底部至中地壳塑性层上部，深埋10—20千米，呈层状分布。这种地震现象，在其他大陆盆-山系分布区也普遍存在。

实际观测表明，华北及其临近地区的地震活动，发生于水平压应力增强、地震断层产生走滑—降升运动及下伏中地壳塑性层物质大规模侧迁的过程中。1975年海城7.3级地震发生之前一年多时间内，在距震中几百千米范围内，水平压应力普遍增强。1976年唐山7.8级大地震前两年，也开始出现类似现象。唐山北东30度的地震正断层两盘，在地震发生后，上盘下降了1044—1551毫米，下盘上升了178毫米，两盘的变形形态，与一般箕状断陷盆地及其断隆山无异。海城地震也发生于中地壳塑性层物质从下辽河断陷盆地，向东侧千山断隆山大规模侧迁的过程中，从而使前者下降了260毫米，后者上升了25毫米，并在断隆山的震区中，发现其中地壳出现了一个厚达5千米、上拱

4—5千米的低阻层塑性体，重力值也显著上升。

人们不明白大陆岩石圈中，位于中地壳塑性层之上的上地壳的活动性，更不清楚中地壳塑性层物质能够进行大规模长距离侧迁。所以有的研究者认为，上地壳断裂只能产生5级以下的小地震，只有切穿地壳切穿岩石圈的深大断裂，才能发生大于5级以上的大地震，并把上地壳正断层下盘断隆作用形成的前震旦纪古老变质岩系出露区列为稳定区。这种认识与中国大陆东部上地壳正断层两盘盆—山系控制着该地区的大地震活动，以及1975年7.3级海城大地震，发生于元古宇和上太古界广泛出露的千山断隆山等事实不符。

有的专家只看到水平压应力对地震的作用，漠视强大的永恒的重力和中地壳塑性层的存在，认为断裂交汇处地震之所以频繁，是因为该部位水平压应力集中所致。其实光弹性模拟实验表明，断裂交汇处水平压应力不但没有加强，反而下降。该部位地震活动之所以频繁，是因为位于中地壳塑性层应变空间之上的上地壳，其两组正断层交汇处的共同下降盘岩体，受到两边断层的切割，因而在重力作用下很不稳定。

（4）地热分布。地热是绿色的可再生的理想能源。华北盆-山系分布区地热资源丰富，并主要赋存于高温的中地壳塑性层物质聚集、上拱的上地壳正断层下盘断隆山（古潜山凸起），而使该分布区成为盆-山系的高温带。断隆区盖层地温梯度一般为每100米3.5—5.0摄氏度，大地热流值为每平方米63—84毫瓦；而断陷区则分别为每100米2.7—3.5摄氏度和每平方米46—59毫瓦。中地壳塑性层越厚、拱起愈高的古潜山凸起，一般来说其盖层的地温梯度和温度也愈大愈高。据统计，盆地基底埋深小于2000米的高凸起，盖层地温梯度最大，一般达到每100米4—5摄氏度。中地壳塑性层物质出露地面的变质核杂岩，则成为高温异常区，并有花岗岩类侵入。1975年海城地震时，震区气温也比常年高出10摄氏度。

关于盆-山系中古潜山凸起的盖层地温高的原因，一些学者强调盆地基底与盖层热导率不同，造成热流由凹陷区热导率低的盖层，向热导率较高的基底凸起区流动、汇集。但是对实际资料分析得知，凸起和凹陷的岩石热导率不同所引起的热流由低热导率区向高热导率区集中这一因素，还不足以完全解释凸起与凹陷之间的盖层地温及地温梯度这种显著差别，因而应该还有其深部的原因。然而注意深部热源作用的学者，只关注地幔热流，而对凸起、凹陷温度差异受控于中地壳热流缺乏足够的重视。诚然，在华北盆地中，地幔热流对地表热流的贡献达49.2%—62.2%，但那是区域性的背景热流，热量比较稳定，对其中次一级的凸起、凹陷温度差并不产生重要影响。所以华北盆地中地幔隆起最高、地壳厚度最薄的渤中凹陷，其盖层的地温及地温梯度反而较小。

三、解开了地槽系成因之谜

自从1857年美国地质学者霍尔提出地槽概念以来的100多年间，人们把其中的沉降带当成大向斜（地向斜），隆升带当成大背斜（地背斜），从而使这些沉降带和隆升带的构造形态、分布规律、相互关系、沉积作用和岩浆活动等特点的成因，得不到合理的说明。由于这些地槽系已经褶皱成造山带，原来的构造面目难以辨认，问题一直悬而未决。根据《大陆层控构造导论》和《论秦岭造山带及其立交桥式构造的流变学与动力学》、《大陆层控构造与油气资源》的研究，地槽系也是受位于中地壳塑性层之上的上地壳正断层控制的盆-山系，为地球自转速度变化派生的经向惯性力、纬向惯性力或东西向剪切力与重力共同作用的产物。其中地槽是断陷盆地，地背斜是断隆山。地槽在自身重力作用下，也呈弹性基础悬臂梁受力状态，而呈箕状产出。在箕状断陷盆地翘升端悬臂梁固定端最大弯矩派生的纵向张应力作用下，产生自上而下发育的次一级张性正断层，形成次一级地堑，组成一般大型断陷盆地常见的两堑夹一垒构造。其中主断陷发展成优地槽，次断陷成为冒地槽，两者之间的中央断隆山是冒地背斜，主断陷外侧的主断隆山则成为优地背斜。

陨击事件导致地球自转速度急剧变化派生的强烈经向和纬向惯性力，则使中纬度、赤道地区的盆-山系演变成冲叠造山带。其中主动力来自断陷盆地一侧时，形成俯冲型冲叠造山带；主动力来自断隆山一侧时，则形成仰冲型冲叠造山带。

把过去存在着几分神秘色彩的地槽系，理解为受上地壳正断层控制的盆-山系，它们的成因机制便可以得到简单、明了的合理解释。于是，地槽系的研究就从以往的描述性阶段，提升到解释性阶段。

四、阐明了特提斯地槽形成的动力背景

特提斯地槽是晚石炭世开始产生于劳亚古陆与冈瓦纳古陆之间的古赤道地区，略呈东西走向。地槽位于欧亚大陆南缘，向东延伸到印度尼西亚弧。它由北古特提斯地槽（基梅里造山带）和南新特提斯地槽（阿尔卑斯—喜马拉雅造山带）所组成。两者之间为基梅里大陆。自从1888年徐士创建特提斯地槽术语以来的100多年间，虽然研究特提斯的论著浩如烟海，但它们并不清楚该地槽被打开的动力背景是什么。地球自转速度加快产生的构造现象，前人已经有过许多论述；至于地球自转速度减慢对地壳运动的影响，似乎还没有引起关注。

《大陆层控构造导论》和《大陆层控构造与油气资源》认为，海西后期地球自转速度变慢，于是该时期位于基梅里大陆北侧的古赤道，在南北向拉张力和重力共同作用下，产生了由

东西向张性正断层发展而成的北古特提斯地槽，把联合大陆分割成北半球的劳亚古陆和南半球的冈瓦纳古陆。

二叠纪晚期，在地球自转速度逐渐变慢派生的东西向剪切力和重力共同作用下，这时仍位于南半球的基梅里大陆南侧，产生了东西向走滑正断层，形成南新特提斯地槽，导致基梅里大陆从冈瓦纳古陆北缘分裂出来。

地球呈不对称膨胀，南半球膨胀率大于北半球，造成古赤道不断南移。印支运动期间，在陨星逆向撞击引起地球自转速度急剧变慢派生的从赤道指向两极的经向惯性力强烈作用下，这时已经位于古赤道的南新特提斯地槽便快速张开，演变成优地槽，并促使北侧狭长的基梅里大陆向北与劳亚古陆会聚、拼贴，关闭了北古特提斯地槽，形成基梅里造山带。

位于特提斯构造带中段的是青藏高原，根据黄汲清教授等的研究，特提斯地槽具有北、中、南三带。北带位于拉竹龙—金沙江一带，开始出现于石炭—二叠纪。晚古生代末至三叠纪早期拉张强烈，产生蛇绿岩，形成优地槽。中带沿班公湖—怒江一带分布。在印支运动经向惯性力强烈作用下，于晚三叠世—早侏罗世也发展成优地槽，并促使北侧的羌塘地块北移，导致拉竹龙—金沙江地槽演变成印支褶皱造山带。南带以印度河—雅鲁藏布江断裂为代表。该带的优地槽是在前东西向走滑正断层形成的地槽基础上发展而成的，产生于地球自转速度急剧变慢的晚侏罗—早白垩世。该时期的强烈经向惯性力，也造成北侧的拉萨地块北移封闭了班公湖—怒江地槽。

到了晚白垩世—新生代，古赤道进一步南移和印度洋扩张。该时期在地球自转速度变慢派生的经向惯性力，和北西向卡尔斯伯格洋中脊软流层隆起带东北翼岩石圈下滑力的共同作用下，印度次大陆向北偏东方向运移、推挤，导致印度次大陆于65百万年前开始与古欧亚大陆拼贴，到始新世拼贴全部完成，海水从青藏高原全面退出。

由于古赤道不断南移，上述东西向拉张带存在时间短暂，来不及发育到洋中脊扩张阶段，便一一封闭了，与南极、北极等长期处于拉张状态的洋中脊不同。所以青藏高原这些由地槽演变而成的褶皱造山带，都是冲叠造山带厚皮构造，而不是碰撞造山带板块构造。在岩石圈尺度上，印度次大陆一直与古欧亚大陆连接在一起，真正分离的仅仅是上地壳而已，分开的距离也很有限。这点已经得到古生物分布状况和地球物理测深资料的证实。

五、提出了厄尔尼诺成因新假说

1997年秋天，我在电视上看到国家气象局一位专家，讲述几年一次的严重影响全球包括我国在内的气候异常变化的厄尔尼诺现象。其中一个画面给我留下了深刻的印象：每次发生厄尔尼诺现象前，首先海水沿东太平洋赤道地区自东向西升温。当时我对厄尔尼诺现象几乎一无所知，但通过对大陆层控构造的研究，知道这种海水的升温，与地球深部热流上升有关；这种热流上升，与该赤道地区的东西向加拉帕戈斯断裂张性活动有关；这种张性活动与地球自转速度变慢有关。于是，我便大胆地提出了一个完全不同于前人的假说：地球自转速度变慢，使东太平洋赤道地区产生东西向张性断裂活动，这是产生厄尔尼诺现象的根本原因。这个观点，突破了传统的把厄尔尼诺现象仅仅归因于大气和海水活动的局限性。

然而，那时我不知道产生厄尔尼诺现象之前，地球自转速度是否变慢。1978年初，经人推荐，我去拜访对这个问题颇有研究的中国气象科学研究院任振球研究员。到了他家里，得到了他和他夫人的热情接待。我谈了来意和自己的想法后，他便起身去书柜取来自己于1990年出版的专著《全球变化——地球四大圈异常变化及其天文成因》，翻到地球自转速度变量与厄尔尼诺年的关系图一页，指给我看。他说，根据他的统计，1956—1985年30年间所出现的7次厄尔尼诺年，都发生于地球自转速度急剧变慢的第二年。我的推断得到了初步的证实，我感谢他的指教。不过，他是位气象学家，对这种现象只从大气圈和水圈的角度进行解释，未能从地壳运动方面作进一步的说明。

随后我搜集了有关资料，撰写了《关于厄尔尼诺成因的新认识》一文，发表于《化工矿产地质》1998年第3期。2002年3月份《中国国土资源报》邀请我撰写《解开厄尔尼诺成因之谜》一文，并趁中国气象工作者大会于同年4月8日在人民大会堂开幕当天发表。这除了向他们介绍一个有助于解开厄尔尼诺成因之谜的新观点外，似乎也暗示，气象问题与大地构造学有关。在这里我又一次看到了理论研究的神力：你研究得越深，其应用范围也越广。

我的文章发表后，一些同行规劝我不要乱写文章，说我是搞地质的，管地下的事，怎么去写气候方面的文章，管起天上的事来了。我无言以对，只好唯唯诺诺，连连点头称是。

六、创立了秦岭印支造山带成因机制新模式

1. 盆-山系的形成

根据《大陆层控构造导论》、《论秦岭造山带及其立交桥式构造的流变学与动力学》和《大陆层控构造与油气资源》等论著的研究，从震旦纪开始，在地球自转速度逐渐变慢所派生的东西向剪切力和重力共同作用下，于商丹一带纬向惯性力最大的上地壳，产生了一条长达1000多千米、左行的东西向剪性正断层，把前震旦纪中国大陆上部切成扬子和华北两个陆块。作为下降盘的扬子陆块北部，形成南秦岭箕状断陷盆地（地

槽），作为上升盘的华北陆块南缘，则产生北秦岭断隆山（优地背斜），两者组成了盆-山系，从而使南、北秦岭从晚震旦世起，便具有完全不同的沉积环境。南秦岭箕状断陷盆地呈两堑夹一垒产出，北部商丹为主断陷（优地槽），南部安康—旬阳一带为次断陷（冒地槽），两者之间为中央断隆带（冒地背斜）。

根据古生物钟记录，志留纪末期发生一次强烈顺向撞击陨击事件，使地球自转速度由逐渐变慢转为急剧变快，从而在北半球派生一个自北而南的强大经向惯性力，激起了加里东造山运动。这时在该经向惯性力推挤下，北秦岭断隆山便向南侧商丹主断陷临空面大规模仰冲、推覆，把后者深部大幅度隆升的异常地幔物质压向四方，造成秦岭及其邻区普遍抬升，结束了该地区早古生代以来的沉积历史。

加里东运动之后，地球自转速度又恢复为逐渐变慢状态。所以南秦岭北部经过了志留纪末—泥盆纪初的短暂隆升剥蚀之后，中泥盆世—中三叠世，东西向剪切力和重力再次发挥了主导作用，商丹一带的东西向剪性正断层重新活动，南秦岭又形成两堑夹一垒的断陷盆地。

在地球自转速度逐渐变慢派生的平缓的南北向挤压力和重力共同作用下，秦岭北侧鄂尔多斯地块的西缘，从中元古代至中三叠世，也断断续续发展起北东向贺兰裂谷和北西向秦岭裂谷，组成一个不完全的平面X型断裂。它们与北西西向的北祁连裂谷相连，形成所谓的秦祁贺三叉裂谷系。前两支裂谷组成南北向断陷带，其西侧为阿拉善古陆和陇山断隆山，两者组成了盆-山系。

2. 俯冲型冲叠造山带的形成

在印支期，地球先后发生了4次较大的陨击事件。其中两次逆向撞击，造成该时期地球自转速度出现两次急剧变慢，从而于中三叠世末和晚三叠世末发生两期印支运动。该运动在北半球地区，于自南而北经向惯性力强烈作用下，南秦岭断陷盆地刚硬的结晶基底，便向毗邻的北秦岭断隆山软弱的中地壳塑性层俯冲，形成俯冲型冲叠造山带。

该时期两次地球自转速度急剧变慢派生的自西向东的纬向惯性力，则使鄂尔多斯地块西侧总体呈南北向的阿拉善—陇山断隆山，向东侧的贺兰—秦岭裂谷进行两次仰冲、推覆，形成仰冲型冲叠造山带，并自西向东先后产生了晚三叠世和侏罗纪南北向沉降带。印支期两期造山运动时间和作用力方向，与该时期两次陨星逆向撞击时间和地球自转速度急剧变慢派生的经向和纬向惯性力方向，具有良好的耦合关系。上述观点，不仅解开了秦岭印支造山带成因机制之谜，也合理地说明了大陆造山运动的动力来源，以及地质历史时期为什么长期的缓慢的降升运动，与短暂的急剧的水平运动交替出现。

七、提出青藏高原隆升机制新模式

作为世界屋脊的青藏高原，是近20百万年以来形成的。关于其大幅度快速隆升的原因，历来是国际地学界关注的焦点。主要观点可分为三类：印度板块俯冲碰撞、重力分异和水平挤压与重力分异并重。可是这些观点都无法全面合理地解释种种有关的重要地质事实。于是我们从大陆层控构造学说出发，在《大陆层控构造与油气资源》一文中，面对已知的基本事实，提出了一个与前人不同的新模式。

青藏高原上地壳经过印支运动以来几次冲叠造山运动的拼贴之后，便成为一个统一的刚硬的整体。新近纪以来，在陨星撞击引起地球自转速度急剧变化派生的南北向强烈挤压力，以及位于卡尔斯伯格洋中脊东北翼的印度次大陆的下滑力作用下，由于缺乏海洋侧向应变空间，于是便与下伏的中地壳塑性层拆离，作为一个独立的层件快速大幅度纵弯隆起，成为厚皮纵弯隆起带。

新近纪以来，地球发生过三次较大的陨击事件。它们分别为：21.5±1.2百万年前，发生于加拿大德文岛陨击坑直径20.5千米的陨击事件；14.8±0.7百万年前，发生于德国拜恩州陨击坑直径24千米的陨击事件；3.5±0.5百万年前，发生于俄罗斯楚科奇山脉西南陨击坑直径18千米的陨击事件。于是青藏高原的大幅度隆升，也出现于该时期。据有关学者的研究，青藏高原的隆升由慢变快，在20百万年前，青藏高原的海拔高度一般不超过600米。根据各个时期的隆升速率粗略推算，青藏高原上地壳近20百万年来，隆升幅度不下10千米，从而在周边地区沉积了巨厚的磨拉石建造。

根据青藏高原和天山的形变特征及岩浆活动特点，该时期第一次陨击事件，可能为顺向撞击，经向惯性力自北而南，造成青藏高原南部和南天山首先隆升并向南仰冲，而后才发生逆向撞击，经向惯性力转为自南而北，使青藏高原隆起中心向北迁移，北天山也到这时才隆升并向北仰冲。

青藏高原上地壳大幅度纵弯隆起，使它成为一个巨型的纵弯背斜，从而在其边缘横向剪应力作用下，产生了向外仰冲的扇型逆冲断层，于周边地区形成前陆盆地。

上地壳这么大幅度地纵弯隆升，自然在其下面出现了相应的巨大的潜在虚脱空间。在该空间中，围压急剧减小，从而产生强烈的吸入作用。于是，塔里木、四川等周边盆地的中、下地壳塑性物质，便大规模顺层涌入，使青藏高原地壳厚达65—78千米，为大陆地壳平均厚度的两倍，成为一个腹地厚、四周薄的双凸透镜状，并在高原与周边盆地之间接壤处，中、下地壳厚度发生了急剧变化。

塔里木盆地西南缘到青藏高原西北缘的西昆仑山，中地壳增厚了17—18千米，下地壳增厚了13—14千米。四川盆地到龙门山—锦屏山断裂西侧，中、下地壳分别增厚了9千米和10千米。

青藏高原地壳厚度大增，势必迫使下伏岩石圈地幔向下弯曲成为山根。岩石圈地幔在向下横弯过程中，其轴部外侧产生自下而上发育的张性断裂，为软流层的地幔流体大规模涌入地壳打开了通道，从而在下地壳形成了壳幔混合熔融层。这些进入地壳的地幔流体，在上面低压空间的吸引下，还上升到中地壳顶部，促使该部位物质也部分熔融，产生不同性质的岩浆。于是，在班公湖—怒江断裂带一带的青藏高原厚皮纵弯隆起带轴部的地壳中，存在着两个低速低阻层。上部低速低阻层位于中地壳塑性层顶部，埋深20—25千米，层厚10—13千米。下低速层，位于埋深50—56千米以深的下地壳，厚度10—30千米。

上部低速低阻层分布广泛，可能遍及整个高原。从塔里木盆地西南缘一进入西昆仑山，中地壳塑性层顶部便出现一层埋深15—20千米、厚约5—10千米的低速低阻层。从四川盆地西缘，一越过龙门山—锦屏山断裂进入川西高原，中地壳塑性层顶部埋深13千米处，也立即产生了一层厚8—10千米的低速低阻层。

所以藏南的岩石圈地幔，并没有像板块那样，向软流层深处一直俯冲下去，而只是进行横向弯曲而已。根据地震层析资料，岩石圈地幔高速体，在嘎拉附近以较高的角度向下延伸到150千米处，然后转平，到雅鲁藏布江附近，因消融逐渐变薄、尖灭，使青藏高原地壳变厚的厚皮纵弯隆起带轴部的岩石圈地幔大大减薄。

八、初步建立了大陆层控构造与中国油气资源关系新模式

根据杜乐天研究员等的研究，没有地幔流体（包括玄武岩

浆），便没有油气资源。来自地球深部的高温地幔流体，富含氢、卤素、碱金属、碳、氧、氮、硫族和金属元素。无机成因的石油，是地幔流体带来的氢、碳和起催化作用的金属元素，在中地壳塑性层适宜的温压条件下，进行费-托合成反应形成的，或进入上地壳与碳酸盐岩合成的产物。“有机”成因的石油，也是地幔流体对岩层中有机质加氢、加热和催化合成的。“生油岩”中的有机质和碳酸盐，也与地幔流体活动有关。演变成有机质的生物，其大量繁殖离不开地幔流体提供充足的养分，而且许多黑色页岩实际上还是内生碳交代矿床或与内生碳喷流有关。

由此可知，地幔流体的聚集、上升和侧迁，是形成不同成因类型油气资源的共同前提。与地幔流体侵入有关的中地壳低速低阻层，则成为地幔流体富集程度的标志。所以，研究一个地区控制地幔流体活动及其中地壳低速低阻层赋存状况的构造类型及演化，对认识该地区油气资源的远景和分布，具有决定性的意义。所以，与地幔流体息息相关的油气资源，4/5产生于软流层形成以来的中—新生代，并一半以上的油集中于地幔流体大规模上涌的古赤道纬向拉张带南新特提斯地槽。

以往在有机说影响下，只注重盆地内部构造和沉积物性质及其相互关系，强调油气藏形成的“生、储、运、盖、圈、保”六大条件，对地幔流体活动及控制地幔流体上升、侧迁、聚集等活动的深部构造缺乏应有的重视，从而使油气勘探工作存在着一定的局限性和盲目性。为了拓宽油气勘探的视野，提高油气勘探的科学性，我们在《大陆层控构造与油气资源》一文中，初步建立起中国大陆东部盆-山系、中西部冲叠造山带和西部厚皮纵弯隆起带三种主要构造类型与油气资源关系的新模式。认为中国大陆东部盆-山系油气资源，主要分布于玄武岩浆活动和具有中地壳低速低阻层地区，集中于富含地幔流体的中地壳塑性层变厚、上拱的断隆山（古潜山），如松辽盆地和渤海湾盆地。大陆中西部由盆-山系演变而成的冲叠造山带油气资源，以断隆山上地壳发生仰冲、地幔流体被吸了上来的仰冲型冲叠造山带的前陆盆地较为丰富，如鄂尔多斯盆地中西部和准噶尔盆地西北缘；缺乏地幔流体上涌的俯冲型冲叠造山带前陆盆地欠佳，如秦岭印支造山带南缘。大陆西部经过历次冲叠造山运动“焊接”成刚硬整体的上地壳，在强烈水平挤压力作用下，便与下伏中地壳塑性层拆离而快速纵弯隆起，从而在其核部形成了巨大的潜在虚脱空间，引起深部地幔流体大规模上涌，为其厚皮纵弯隆起带顶部及其周边前陆盆地油气资源的形成，提供了丰富的物质和热能来源，如青藏高原羌塘盆地和拉萨盆地、塔里木盆地中南部和四川盆地中西部等前陆盆地，以及天山南、北缘库车和乌鲁木齐等前陆盆地。

虽然大陆层控构造与中国油气资源关系新模式只是初步的，但2008年3月份应北京石油学会邀请，我和崔永强博士在中国石油大学（北京）、中国地质大学（北京）、中国矿业大学（北京）和北京大学举办的“幔源油气与深部构造”系列学术讲座上作专题演讲时，大家对它的热情还是远远超出了我们的预料。听众共400多人，多场演讲会座无虚席。参加会议的多是各校的研究生、老师和来自有关研究单位的专家学者。每场讲座还有多位院士应邀莅临。随后，该新模式引起了国土资源部油气资源战略研究中心的重视。同年5月9日我应邀到该中心进行详细汇报。中心的领导和专家对该模式很感兴趣，认为这一自主创新成果拓宽了大家的视野，打开了新的思路。目前该研究项目正在有关领导、有关部门的关怀下，酝酿开展进一步的研究。

当今在地学界重事实轻理论、重手段轻思维、重仿造轻创新的氛围中，我却力排众议，坚持走一条自主创新的理论探索的艰难之路。一个萌生于矿井深处的大地构造学说，由于不断得到理论思维的滋养，终于茁壮成长、绿叶成阴。理论是智慧，是统帅，它的神力大矣。

大陆层控构造学说的创立，在对地球科学作出突出贡献的同时，也把我的人生提高到了一个崭新的高度，使我的人生随着自己的创造走向成熟，走向极限。

学术生涯断想

一、缺乏宽容精神

科学研究不是小作坊生产，它离开科学家个人的自由创造将一事无成。科研的目的在于创新，在于对过去传统的修正或否定，在这里，“不正常”才是正常现象。所以没有宽松环境，没有宽容精神，科学的发展将举步维艰。

在过去“以阶段斗争为纲”的时代，科学成为权力的奴婢，许多新思想、新观点都被视为异端邪说，遭到批判和扼杀，勇于探索的人们被打成资产阶段反动学术权威、现行反革命分子。在这样严厉的禁锢下，思想窒息了，科学停滞了，衰落了。改革开放之后，环境自然是宽松了许多，人们无需再为自己的求异思维担惊受怕了。可是，旧的管理体制、僵化的思维模式、因循守旧的习惯势力、不思进取的惰性、嫉贤妒能的恶习和学阀的作风，还严重地制约着人们创新精神的充分发挥。在这几十年的学术生涯中，最使我头痛的，不是探索自然界奥秘的艰辛，而是来自方方面面人为的掣肘，它使我每前进一步都付出了沉重的代价。科学成果的力量是强大的，它往往对人类社会发挥极其重要的作用；然而科学事业是脆弱的，它需要呵护和培养，需要阳光和雨露。

当前权力腐败也渗透到学术界，造成学阀之风颇为盛行。权威人士的学术观点不许碰，权威人士的“领地”不允别人进入，形成了一定的学术垄断局面。

虽说眼下连西方人自己也承认板块构造学说不适用于大陆地质，但是国内一些原来靠板块构造学说起家的人，为了保住自己的名誉地位，不仅不敢站出来反思一下，反而利用手中的权势，竭力压制冒犯板块构造学说的文章发表。

我在1996年的《大陆层控构造导论》一书中，便根据有关的事实，对秦岭印支造山带提出了一个俯冲型冲叠造山带成因机制新模式。认为秦岭造山带的前身，不是大洋或小洋，不是沟-弧-盆系，而是陆壳基础上的地槽（厚皮构造，过渡壳构造），是盆-山系；秦岭造山带不是岩石圈对软流层俯冲形成的板块碰撞造山带，而是印支期间地球遭到陨星的强烈逆向撞击，自转速度急剧变慢派生的自南向北的巨大经向惯性力，使南秦岭断陷盆地上地壳底部刚硬的结晶基底，向北秦岭断隆山软弱的中地壳塑性层俯冲所产生的壳内俯冲型冲叠造山带。后来愈来愈多的事实，证明上述观点是切合实际的，但感到原来因资料不足，有些论述不够充分、不够确切，需要综合新的事实和新的认识，进行进一步的讨论。于是，撰写了《论秦岭造山带及其立交桥式构造的流变学与动力学》一文。但鉴于秦岭造山带是国内地学界研究的重点，牵连的人和事太多，异常敏感，文章写好后迟迟不敢拿出来。2004年，我看到西方自己也公开承认板块构造学说不适用于大陆地质了，才打消了顾虑，把文章寄给国内一家重要刊物。该刊物请专家评审通过后，想到该文讨论的是敏感的秦岭造山带，涉及国内一名权威人士，发表将“冒太大的风险”（该刊物编辑人员语）。为了保险起见，编辑部又把稿子寄给这名权威，希望得到他的首肯。这名权威看了稿子后，勃然大怒，竟然不顾学者的庄重，在评审意见书中对文章作者进行了人身攻击："这不是一篇自然科学论文，更像是古代道士在觉醒说梦，驴唇不对马嘴，前后自相矛盾，对地质事实随心所欲地加以曲解，目的是为了圆梦。""从这篇文章中，看得出中国古代玄学的遗风，而正是中国古代玄学的盛行，使近代中华民族对自然科学的贡献始终落后于西方。在目前科技强国的大环境下，此类玄学之风不可长！"

这名明知自己没有理论，是随大溜套用板块构造学说的"跟风派"，却在这里侈谈什么"中国古代玄学的遗风"，并指责我写文章是为了"圆梦"。如果说我有什么"野心"的话，那就是在崇洋之风盛行的今天，想向世人证明，中国人不是个个是软骨病患者！

至于谈到"中国古代玄学的盛行，使近代中华民族对自然科学的贡献始终落后于西方"，云云，则恕我直言，当前妨碍我国自然科学发展的重大障碍之一，是缺乏自主创新精神，是唯洋人马首是瞻的奴性和"替洋人立言"的科研方法。诚然，西方的分析型思维和实证主义精神，对摆脱中世纪的愚昧，促进近代人类文明的发展发挥了重大作用，然而这种精神也造成科学分析愈来愈细愈来愈窄。结果是技术愈来愈发达，思维愈来愈虚无，科学愈来愈萎缩。国际上一些有识之士便担忧这样发展下去，将会导致科学的终结。所以东方人整体思维的优势，在21世纪的科学研究中将会大放异彩！1988年1月，世界诺贝尔奖得主在巴黎集会的宣言中也呼吁："人类要在21世纪生存下去，必须回到2500年前去吸收孔子的智慧！"所以，我们要面向中国的地质实际，在吸取世界科学新成就的同时，充分发挥东方人整体思维的优势，创造出自己独具特色的新地质理论来，为国计民生服务，并对地质科学作出应有的贡献。

编辑部在这名强人的压力下，只好屈服了。他们要求我只谈自己的大陆层控构造，不要谈秦岭。一篇专论秦岭造山带的文章，却不让谈秦岭，只能谈其他，真是令人匪夷所思！到了21世纪，中国学术界的某些领域，居然还未“改革开放”，依然为一些强人所垄断，悲哉！

其实这名权威如果真的坚信真理握在自己手里，就应该让该文发表，然后他再撰文对其中“驴唇不对马嘴”的地方一一加以批判，把“毒草”转化成肥料，那么对中国地学界也算做了件功德无量的好事。现在文章已经在其他刊物上发表了，有兴趣的读者，不妨找这篇“古代道士在觉醒说梦”的“奇文”看看。

社会愈发展，对个人潜能的开发也愈彻底。到了今日知识经济时代，科学技术已经成为第一生产力，社会的进步主要依靠科学技术的发展，依靠个人的主动精神和聪明才智的充分发挥。人才已经成为一个国家经济实力的主导因素，因此21世纪是一个非常个性化的时代。在这个个体创新能力高低决定着一个民族一个国家兴衰存亡的新时代，为了最大限度地激发起人们强烈的创新精神，必须使每个人意识到自身的价值和尊严，让每个人都拥有充分发挥自己潜能的宽松环境。所以我们不能采取武大郎开店党同伐异的态度，宽容精神应该成为新世纪大家共同遵守的行为准则。

二、重手段，轻思维

长期以来，国内地学界不少学者断言，由于我们缺乏先进的技术手段，因而不可能创造出超越于西方的新理论来，把手段与思维、技术与科学、事实与理论混为一谈。

其实科学的发展，既需要新事实的发现，也有赖于对已知事实的新认识。前者固然往往得借助于先进技术手段的支持，如20世纪60年代的板块构造学说，便是基于第二次世界大战后，运用新的更精密的各种地球物理技术手段，发现了各大洋中都存在着洋中脊扩张带和转换断层等构造现象抽象出来的；但后者决定于综合性、创造性思维的能力，与先进的技术手段并无必然的因果关系。

1912年，年轻的德国气象学家魏格纳，就是偶然发现地图上大西洋两侧的非洲与南美洲的海岸轮廓线吻合，猜想两大洲亿万年前是连在一起的，进而在1915年出版的《海洋与大陆的起源》一书中，根据第二手、第三手的地质资料创立了著名的大陆漂移学说的。科学与技术之间，具有相对的独立性。

其实掌握着大量新事实的人，也未必就能创造出什么新理论。终身从事群星观察、积累了大量宝贵星球运行资料的第谷·布拉赫，由于无力对那么多重要的资料作出理性的认识，结果劳苦了一生未能有所发现。而其学生兼助手约翰·开普勒，尽管观察天体星空远不如他耐心、准确，却能够对这些观察资料运用数学方法进行理论处理，从而发现了划时代的行星运行三定律，即开普勒定律。

长期以来，国内地学界重事实轻理论、重手段轻思维、重仿造轻创新之风盛行。结果由于思路不对头，造成了种种重大失误。人类社会发展到今天，为了有效地解决人类面临的可持续发展问题，当代科学正由高度分化为主走向高度综合为主的阶段。单纯应用分析方法来解决这些系统性问题，往往会束手无策。没有认识到这一问题的严重性，依然片面地一味追求科学的"严密性"，过分强调技术手段的重要性，将会导致科学误入迷途，甚至产生危险的效果。在当今的时代，专家的作用是有限的。

三、缺乏民族精神

在当今世界经济一体化的大潮中，各个地区各个国家，都在根据本土的地理资源、自然资源、人力资源等优势，开发具有特色的产品和市场，使自己在经济全球化过程中立于不败之地。我们在文化领域里，也同样应该在吸收国外一切先进东西的同时，独立自主地弘扬民族精神，创造自己的民族文化。一切以西方为中心、为圭臬的文化观是灾难性的。正如台湾作家龙应台所说的，100年前中国的文化精英所思考的，是如何走向西方，而100年后的今天，中国的人文知识分子面临着如何走向自己。在这100年努力西化的过程中，中国人抛掉了太多自己的东西。

民族文化是一个民族、一个国家赖以生存、发展的根基，也是整个人类社会走向全面健康发展的基本保障。一个清一色的人类社会，宛如一个清一色的生态环境，是病态的、灾难性的。

美国有一家号称专门研究中国的杂志说过这么一句话："在中国面临的各种危机中，核心的危机是，中国人正在失去中国之所以成为中国的'中国性'。"我们应该在与外来文化的接触和碰撞中，充分发挥、发展自己传统文化的优势。一个缺乏个性的人，是不会有出息的；一个缺乏"个性"的民族，也是没有希望的。在当今知识经济时代和全球化大潮中，"个性"尤为弥足珍贵。生物之所以能够在杂交中发展，就是因为参加杂交的物种都具有鲜明的"个性"；而没有"个性"的物种，也就失去了杂交的价值。世界文化也只有在多元的民族文化"杂交"过程中，才能健康发展，而不是"良种"的移植。民族化与全球化，多元化与一体化，是相辅相成的。唯有自主创新，发扬民族文化，这个民族才可能对世界文化作出独特的贡献。一个缺乏个性的人，一个缺乏民族文化的国家，在当今多元化的世界里，将黯然失色。

多年来，我在构造地质学领域之所以能够作出一些贡献，提出一些新概念新模式新学说，正是因为我立足于自己过去对枫林矿区独特的地质构造进行长期研究的坚实基础上，是非常“个性化”的。如果没有这个“个性化”的认识，那么我也只能像当前学术界一些人那样，靠“复制”流行观点过日子，失去了“杂交”的价值；不过，如果我只是一味固守这个“个性”，局限于枫林矿区地质构造的研究，没有与国内外科学成就“杂交”，那么，我那些关于枫林矿区地质构造的研究，也不可能升华出具有普遍意义的新概念新模式新学说来。

国内一些学者受民族自卑感的强烈影响，不敢公开引用、肯定、支持国人提出的与西方认识相左的新观点、新理论。国内学术界多年来有一种习惯性做法：国人的研究成果拿到外国被肯定了才算数。这种异常“审慎”的态度与盲目追赶西方时髦的观点，形成强烈反差。于是造成国内一些重要成果得不到推广、应用。具有独立思考能力的专家学者，尚且如此缺乏民族自信心自尊心，真是可悲可叹！看来提倡民族精神，提倡自主创新，应该成为我们一项长期的基本国策才行。

第十四章◎人生追求

人是有追求的动物，一生都在路上。追求是人生的生命，是梦，是心灵的渴望。人在追求中激发激情，开发潜能，增长才干，充实人生。唯有不断地追求，才能始终体会到生活的乐趣、充实和意义。一旦停止了追求，生命也就枯竭了，就会感到生活的无聊、空虚和痛苦，不管他的生命过去是多么的辉煌。作为首批月球漫步者之一的阿尔德林就曾经说过：“我连月球都去过了，成功后突然感到极端失落，我找不到下一个奋斗目标，我痛苦死了。”所以人生是一个过程，不是一个目的。它的真正快乐，主要不在于追求的结果，而在于追求的过程。“流水不腐，户枢不蠹”，这是至理名言。

你把人生理解为一个不断追求的过程，那么你就会珍惜整个过程，处处留心观察、品尝、享受人生的甜酸苦辣，你就会在生活中不断地产生激情、灵感和乐趣，并在任何情况下都会乐观地从容不迫地面对生活，不会太在乎一时一事的得失荣辱，做到不以物喜、不以己悲的豁达大度。可是你如果把人生当成目的，只是为了一个目标活着，那么你就会把整个奋斗过程，仅仅当作完全受到理智控制的、为了达到某一目标的手段，而丧失了乐趣，甚至感到苦不堪言。一旦目标无法达到，你就会认为前功尽弃、彻底失败而绝望。即使目标达到了，在产生了短暂的欢乐之后，又会觉得索然无味，没有什么可以回味的东西。这宛如学生的学习，如果你学习的目的，只是为了考试得个高分，而不是由于自己对知识的渴望和热爱，那么你就会认为学习是一种来自外部的压力，而感到不堪重负，即使你也很用功，但学习的兴趣和效果是大不相同的。

我是个永远不满足于现状的追求者，一生都在追求独立人格、追求独立思考、追求理性、追求创造、追求极限和追求和谐。我一直在尝试，看看凭着这样的主观和客观的条件，自己在人生道路上究竟能够走多远。所以即使是令人绝望的劳改队生活，也禁锢不住我对追求的渴望；在颠沛困顿的逆境中，也尽力做着深渊上跃的准备。悲壮的人生也是美的。我在追求中寻找自我、发现自我、实现自我，也在追求中观察人生，了解社会，探索自然。追求使我的知识、智慧最大限度地转化成力量，创造出有益于社会有益于人类的物质财富和精神财富，达到了自己人生的极限。这种力求上进、力求创新的精神，使我在20世纪50年代成为不满现状的“右派分子”；可是它是我终生奋斗不息，并取得累累硕果的原动力。

这几十年来，我由于思想行为与众不同，而成为一个永恒的孤独者。我在孤独中思考，在孤独中拼搏，在孤独中享受欢乐，也在孤独中忍受痛苦。这是个超前思想者不能不忍受的高处不胜寒的孤独与寂寞。

追求独立人格

独立人格是人生追求的基石。没有独立人格，便不会有独立思考；没有独立思考，便不会有创新。

中国人普遍缺乏独立人格，有深刻的制度性原因。从前，以“三纲五常”为基础的封建专制，抹杀了“我就是我”的独立性。臣子对皇帝绝对效忠，奴才对主子绝对服从。皇帝老爷对听话的人施舍好处，对不听话的人予以打击。在这样长期的打压下，人的独立性消解了，人的奴性养成了。

一个社会的文明程度，决定了它对人力资源的开发深度。农业经济时代开发人们的体力，强调集中，强调服从，进行暴力统治；工业经济时代开发人们的知识，强调个性解放，强调理性，进行金钱统治；知识经济时代开发人们的智慧，强调创造性思维，强调和谐，进行智慧统治。随着科学技术的发展和时代的进步，个人在社会中的地位愈来愈重要，独立人格也将愈来愈受到尊重。

我这个一向我行我素的叛逆者，过去却长期生活在一个强调集中、强调服从的暴力统治时代，于是灾难也就接踵而至。所幸的是严厉的改造措施，也没有把我的独立人格摧毁。我依然不卑躬屈膝，不阿谀逢迎；依然以天下为己任，面对自己，面对社会，面对自然。这种刚直不阿的独立人格，使我在漫长的劳改生涯中，也能在生产和科研中作出独特的贡献；在改正后来到地研院，也不屑像学术界一些人那样，盲目追随西方的流行观点，而是进行独立思考，自主创新，创立一个个新概念新模式新学说。

追求独立思考

独立思考是人生追求的动力。没有独立思考，便不会有真正的追求，不会有创新，不会有社会的进步，不会有人类的未来。我这一生始终怀着一颗孤傲的叛逆的心，从家庭走向学校，走向社会，走向监狱，走向学术界。我像猎手追逐猎物一样，永远在寻找新的思考对象。没有思考，没有追求的生活，我便无法证明自己的存在，就会感到寂寞难耐，难以生存下去，虽然思考和追求使我历尽了坎坷和磨难。

在我的心中，揣着一把自己判断事物是非标准的尺度，决不拿别人的尺度来衡量自己，看待世界。我不模仿任何人，也不屈从于他人的意志和压力。不愿做“驯服工具”，做“螺丝钉”。我敢于思人之不敢思，做人之不敢做。在人生道路上每走一步，不管是好是坏，是对是错，是成是败，都是我自己认真思考后的选择。所以我这一生的思想行为，都深深地打上了个人的烙印。

多年来，我发现许多人没有自己衡量事物是非标准的尺度。他们身上揣着的尺度是别人给的：长官给的，权威给的，洋人给的，传统给的，大家给的。他们把别人给的尺度奉为金科玉律，如法炮制，而不去考虑事物本身的是非曲直。他们生活的全部内容，在于模仿，在于复制，似乎从未真正作为自己的主人生活过。

一个按照自己的思想选择人生的特立独行者，固然很艰辛很孤独，但也避免了随大溜的虚无。这宛如居住在一座自己设计、自己建造的宅院里，即使房屋并不华丽、雄伟，但样样都是自己亲手劳作，因而会油然产生一种异乎寻常的温馨之情。所以我这一生最引以为豪的，不是自己已经取得的种种学术成就，而是这些成就完全是自己力排众议主动选择的结果：这些学术观点，是我自己根据客观实际创造出来的，是独特的；创造出这些观点的思维方式和研究方法，是我自己摸索出来的，也是独特的；我的人生道路和主攻方向，是我自己凭着个人的信念、判断选择出来的，更是独特的。我在这个世界上，尽管每前进一步都很艰辛，都付出了沉重的代价，但是我凭着自己的智慧、勇气和毅力，终于走出了自己的特色，实现了自己的理想。独立思考使我把握了自己，把握了人生，把握了世界，成为自己命运的主人。所以这一生我自感活得自在，活得充实，活得深刻，从而产生了一种深深地扎根于广袤大地上的家园感。

一代宗师季羡林老先生在“文革”中惨遭凌辱、毒打，吃尽了苦头。到了暮年，他在《一个老知识分子的心声》一文中，痛心疾首地说，假使真有轮回转生，恳求“造化小儿，下一辈子无论如何也别再播弄我，千万别再把我弄成知识分子”。我有幸落难较早，没有赶上史无前例的“文革”，逃过这种皮肉之苦，但遭罪的日子要长得多。独立思考虽然给我招来了灭顶之灾，但也使我体验到做人的尊严和乐趣。倘有来世，想来想去我还是愿意当个知识分子，无意改悔。因为作为一个崇尚独立思考的知识分子，即使在丧失了人身自由的困境中，灵魂深处仍然可以保留一块暴力所无法企及的思想自由空间，多少还有点做人的味道。如果被弄成其他缺乏独立思考能力的“驯服工具”，那么人与畜牲便相去不远了。因此当个落难的知识分子，毕竟比一只从外到里都被人奴役的畜牲好得多。

追求理性

理性是人生追求的精髓。我始终是个沉湎痴迷的理想主义者，独钟于思想和理性，淡远于现实和情感，一心一意仰望着天空，不屑瞥视凡尘俗世。即使由此跌入了遍地皆是的阴谋“阳谋”陷阱，险些儿丢了老命，可是我爬上来后依然我行我素，死不改悔。这种异乎寻常的执著，来源于对这个冷酷世界的透彻理解。

我崇尚理性，以笛卡尔“我思故我在”从根本上怀疑的彻底理性精神，作为自己终生的治学信条。我一直用这种理性至上的精神，来观察社会和探索自然，从而在20世纪50年代专制制度如日中天时期，便超前于时代，预见到了它的权力过分集中将给国家民族带来严重灾难，为此被打成了“极右分子”，长期含冤系狱；到了1980年改正之后从事地质构造理论研究，这种精神却又推动我冲破传统观念的重重束缚，勇于创新，从而获得了一系列丰硕成果。真是政治不幸，学术幸。

理性精神也是我漫漫人生长夜里的一盏指路明灯，使我在荆棘遍地的困境中，始终能够朝着自尊、自信、自强方向，一步一个脚印地踽踽独行。

一、自尊自信自强

1958年，法庭宣判我为“现行反革命分子”，判处我5年徒刑时。虽然整个强大无比的国家专政机器已经压在我身上，已经“永世不得翻身”了，可是在这泰山压顶的可怕形势下，理性精神仍然鼓舞着我，敢于藐视权威，藐视暴力，坚信真理和正义，坚信自己无愧于时代无愧于人民，坚信历史终将还我一个清白。

理性精神也给了我无穷的力量，使我这个五尺之躯在长期的艰难的劳改生活中，于肉体上和精神上的双重重压下，不但没有被毁灭，反而生机盎然地蓬勃成长，迎来了胜利的黎明。我惊叹人的智慧和毅力的无穷无尽，我为自己作为这种理性动物的一员而感到骄傲。

中国传统文化中有太多的奴性，盲目地敬先贤、尊古训、师大人、学经典，把人的野性和个性彻底泯灭了。在这种文化氛围中熏陶出来的中国知识分子，即使是那些在自己的专业领域作出杰出贡献的优秀文化人，由于在政治上缺乏独立意识和理性精神，往往也成为极“左”思潮的俘虏。一直到了20世纪六七十年代“文革”时期，在不堪一驳的极“左”口号蛊惑下，许多知识分子还一个个不是充当“造反派”，干尽了种种丧尽天良的罪恶勾当，便是一个劲地“低头认罪”，自贱自辱，彻底否定了自己。就连一些满腹经纶的著名人士，包括巴金和季羡林这样的大师，也都成为别人的“精神奴隶”。

心地善良、一贯提倡讲真话的巴金老人，在《十年一梦》一书中诚恳地承认：“‘文革’初期由于个人崇拜，我更是心悦诚服地拜倒在‘四人帮’的脚下，习惯于责骂自己、歌颂别人”；“我完全用别人的脑子思考，别人大吼‘打倒巴金！’，我也高举右手响应”；到了后来“文革”问题逐渐败露，他才开始醒悟到自己被愚弄了，悔恨自己过去“吃够了‘人云亦云’的苦头，这要怪我自己不肯多动脑筋思考”，并认识到“单单讲真话已经不够了，太不够了”。

享有世界级声誉的东方文化大师、曾任北京大学副校长的季羡林老先生的情况更为可悲。他在《牛棚杂忆》一书的自序中，说到自己“文革”期间“在被打得‘一佛出世，二佛升天’的时候还虔信‘文化大革命’的正确性”，一直到了

“‘四人帮’垮台以后脑筋才开了窍。我实在感到羞耻”，“痛恨自己在政治上形同一条蠢驴”。

改革开放之后，一些知识分子又从过去的“唯上”转向“唯洋”，依然缺乏“唯我”。我想中国要真正实现四个现代化，看来还得需要首先破除我国几千年遗留下来的奴才思想，实现思想的自我解放。一个缺乏民族意识和理性精神的国家，是站不起来的。

二、勇于创新

在我的心目中，只尊重事实，尊重实践，决不盲目相信权威和传统。一切前人的观念、理论，我都要把它们端到理性的圣坛上进行审视、分析、批判，连风靡全球的板块构造学说，也不顶礼膜拜。这种彻底的理性精神，使我在科研工作中能够从根本上怀疑，也能够从根本上创新，决不在前人的沙滩上构筑自己的理论大厦。所以我在构造地质学领域所建立的新概念新模式新学说，都植根于全新的坚实的基础上，具有原创性意义，而不是前人学术观点的复制和延伸。

我不但不轻信别人，也决不轻信自己。我搞科研或写文章，不仅竭力摆脱传统观念的禁锢，也尽量减少受自己过去认识的影响。在写作过程中，为了避免后一稿的思路一开始就受到前一稿的约束，写第二、第三稿时，都先把前一稿暂时搁置在一边，另起炉灶从新开始。等到该稿写完后，再回过头来吸收前一稿中有用的东西。从第四稿起，才以前一稿为底稿进行补充、修改。整个撰写过程，也是我进行无情的自我审视、自我批判的过程。

继承与创新，如同生物学上的遗传与变异一样，是相辅相成的。没有继承，没有遗传，一个东西一个样，彼此之间毫无共同之处，也就谈不上创新；但是如果没有创新，没有变异，世世代代一个样，世界也无法前进。继承、遗传是基本的，创新、变异是个别的，然而正是这个个别的创新、变异，才推动了事物的发展。

三、勇于批评与自我批评

长期以来，国内地学界写文章或在学术会议上发言，如同聋子对话，各说各的，学术观点互不交锋。这种表面上一团和气的迂腐现象，其实是对科学事业的冷漠，对学术思想的蓬勃发展构成严重的阻碍。

科学的发展，有赖于对旧观念的批判和新观念的创立。可能是由于过去在“以阶级斗争为纲”的时代，所推行的那套以整人为目的的“大批判”，把人们搞怕了，搞厌了，现在大家便反其道而行之，事事只说自己的，不说别人的，有意见也不说；加之，还有一些学阀在那里压制不同学术观点的发表。这么一来，学术界便成为一潭死水，鸦雀无声，没有争鸣。没有自由竞争，便不会有活力，不会有进步。我对学术界这种沉闷的气氛很不以为然，并经常在论著中对自己认为不对的观念，进行指名道姓的批评。这么一来便得罪了一些人，包括帮助过我的朋友。这是无可奈何的事情，我总不能为了面子、为了友谊放弃科学吧。“我爱吾师，我尤爱真理。”当然我也严以律己，一旦发现自己过去的观念有错误，或在批评别人时有不妥之处，也都在后来的论著中一一予以改正，决不护短。我一直都是在批判别人和批判自己的过程中前进的。

四、重“理”轻“情”

特殊的性格和特殊的人生经历，使我重“理”轻“情”。

情感的东西是鲜活的、温馨的，但也是脆弱的、变幻莫测的。一位相交多年的朋友，可能因一句不经意的话而分道扬镳。一对爱得死去活来的恋人，忽然间也会反目成仇。而理性的东西经得起颠簸，经得起时间的考验，具有持久的永恒的意义。加之，我性格内向，不善于待人接物，所以几十年来我重“理”轻“情”，对世俗社会的情感世界讳莫如深，而独钟于科学事业。

我这一生经历了太多的磨难和痛苦，而且这些磨难和痛苦又多与友谊有关，对人性中丑恶的一面体会太深，使我这个本来就害怕交往的人，更感到在这个险象环生的社会里，世俗情感是个危险的陷阱，会惹来灭顶之灾。所以多年来我一直怯于交友，使那些主动亲近我的人，遭到不应有的冷漠，自尊心受到了伤害。这种负疚感，是我长期以来埋藏于心灵深处一块挥之不去的阴影。

追求创造

创造是人生追求的目的。“人生的真正价值在于创造。创造出有益于社会有益于人类的物质财富和精神财富，创造得越多越大，人生的价值也越高。”这是我终生的座右铭。根据每个人在社会生活中贡献的性质、大小，大体上可以把人分成四个层次：生物人，社会人，知识人，智慧人。

创造的人生，超然于世俗社会的得失荣辱之上，以追求充分开发自己深层次的潜能、最大限度地实现自我价值为目标。这是自身生命的需要和心灵的渴望，与外界的诱惑或压力无关。它与局限于分配层次上的占有的人生和奉献的人生截然不同。

占有的人生，追求少付出多索取，把人生变成一场权利的争夺。重占有的人生，将造成人与人之间相互争夺、相互对抗、相互恐惧。它永远陷于两难境地：占有欲得不到满足时的痛苦和得到满足后的空虚。当今人们物欲横流，追求高消费。然而高消费不仅增加了资源的消耗和环境的恶化，而且也未必就给自己增加了幸福。物质享受与幸福虽然有某些联系，但绝不是一回事。多物质享受的人，不一定便多幸福，甚至过分的物质享受，会成为不堪忍受的重负。毕竟物质享受依赖于外部世界，而幸福与内在的主观感受有关。在当今追逐物质享受、追逐感官刺激的时代，我依然保持着那颗孤傲的心，过着简朴的生活。在劳改队时买的那架电木刮胡子刀架，一直使用至今，已经半个世纪了。

奉献的人生，追求少索取多付出，把人生变成一次履行外在责任的义务。虽然它比占有的人生高尚得多，但也脱不开利益的计较，并须不断地强迫自己放弃占有的欲望。它与实现真实的自我相去甚远。占有的人生和奉献的人生，都是追求一种外在的东西，而不是让自身灵魂燃烧。

长期以来，如果我不是以创造作为自己人生追求的目标，并摆脱分配层次上的占有、奉献的桎梏，那么当年被押送到劳改矿山之后，由于成为专政对象，一切都被剥夺殆尽，自然不会有占有的可能，也没有奉献的权利，有的只是“立功赎罪”的份儿，那时我将坠入彻底绝望的深渊，无法自拔，而决不会有活下去的勇气。正是由于我所追求的是创造，才使自己在那万般无奈的情况下，还能够充分利用那里仅有的一点施展才干的狭小空间，对该矿区地质构造进行长期的苦苦探索，并从生产和科研不断有所收益和发现中，享受到了无穷的乐趣，让痛苦不堪的心灵得到了慰藉。

改正后被调到地研院，个人的一切权益都得到了恢复。在这么一个安逸的环境中，本来我也完全可以跟一些人那样，凭着一张文凭，端着个“铁饭碗”混日子，什么也少不了；何况自己蹲了那么多年的冤狱，吃了那么多的苦头，此时享点清福作为补偿也不为过，用不着再去拼死拼活创造什么新业绩。正是对创造的热爱，才使我昔日能够“生于忧患”，今日又避免“死于安乐”。我在这新的优越的环境中，充分发挥自己理论思维的优势，在构造地质学领域干出了一系列引人注目的业绩，做到了“贫贱不能移，富贵不能淫，威武不能屈”。时至今日年逾古稀，依然激情满怀，笔耕不辍，继续沿着“立德，立功，立言”的人生道路踽踽独行。

我在不断的创造中获得了无穷的乐趣，体验到了自身存在的价值和人生永恒的意义。创造的人生，是充实的人生，幸福的人生。这种幸福感贯穿于整个创造的过程中，而不仅仅是取得成果、得到褒奖的那一刹那。虽然创造也会有困难、挫折和烦恼，但那是孕妇分娩过程的阵痛，与那种追逐占有不遂造成的痛苦根本不同。

农业经济时代追求的是温饱，工业经济时代追求的是富强，知识经济时代追求的是幸福。所以在当今的社会里，追求创造具有特别重要的意义。

在小农经济时代，社会财富的创造主要依靠土地，它的总量大体上是个常数。当时生产方式落后，生活资料匮缺，为了大家的生存，财富的合理分配便成为社会关注的中心问题。中国古代社会的“不患寡而患不均”的思想，便是主张社会财富的平等分配，“均贫富，等贵贱”也成为当时农民起义的主要口号。可是进入了工业经济时代，尤其是进入了当今的知识经济时代，科学技术成为第一生产力，是创造社会财富的主要手段，从而使社会财富迅猛增长，社会物质条件大大改善。这时支配社会的核心问题是创造，分配退居次要地位。创造得愈多愈大，大家也都共同受益。过去的“赢家”，是以产生“输家”为代价的。现在则出现双赢的局面，彼此之间都在创造中一起受益。所以创造的人生，不仅是幸福的人生，而且也是当今社会发展的原动力。

追求极限

极限是人生追求的理想。人生的艺术，在于在一定的社会历史条件下，最大限度地开发自己的优势，创造出有益于社会有益于人类的物质财富或精神财富，达到自己人生的极限。各个时代、各个社会、各个环境，都存在着不同程度的局限性，同时又会给你提供或多或少的可能；每个人也各有自己的优势和劣势。面对同样的现实，有的人只看到这些局限性和个人劣势，唉声叹气，怨天尤人，荒废一生；而有的人满怀信心，趋利避害，充分利用客观环境提供的可能和个人的优势，成就一番事业。

几十年来，我无论是在环境险恶的劳改矿山，还是在条件优越的科研单位，都不甘心于顺应环境，做环境的奴隶，成为一颗平庸的“螺丝钉”。我总是力争做个驾驭舞台的艺术家，而不愿成为一个服务于舞台的蹩脚演员。在人生的每个阶段，我总是根据环境提供的最大可能和个人的最大优势，进行自我选择、自我设计、自我“施工”，从而达到了充分利用环境和充分开发个人潜能的最佳效果。我追求极限，但不追求完美。我只求自己在主攻方向上做到最好，不求事事尽善尽美；为了集中优势兵力于主攻方向上，也必须有所放弃。

我向来以技术高超的帆船舵手为榜样，不管刮什么方向的风，都能够利用这些风作为动力，驾驶着帆船朝着既定的目标前进。任何时候、任何情况下，都不放弃自己，不放弃机会，不放弃努力。在劳改矿山，我忍辱负重克服了种种难以想象的困难，充分利用那里采矿工程优越的观察条件，从事具有重要实际价值和学术意义的地质构造研究，解决了当时生产中许多地质难题，并为日后的科研工作奠定了坚实的基础。来到了地研院，我又顶住来自方方面面的巨大压力，充分发挥自己理论思维的优势，在过去矿区地质构造研究的基础上，吸取了前人的成果和科学的新成就，独辟蹊径，探索地壳运动的奥秘，获得了一系列重大突破。退休后我又挑战自我，在继续从事科研工作之余，又开发自己丰富的第二资源，撰写回忆录，把自己传奇式的人生经历及感悟，展示给广大读者，为世人提供一些了解自己、了解人生、了解社会、了解自然、了解思维的借鉴。所以我可以自豪地说，我这一生无论在总体方面或每个阶段，都已经尽了自己最大的努力，取得了最佳的效果，达到了自己人生的极限。的确，如果让我沿着自己过去走过的这条人生道路重新走一遍，也不可能比原来的做得更多、更好了。所以表面看来，我的人生道路大起大落、坎坷异常，其实我始终如一地朝着自己的人生极限前进。我想自己在临终的时候，有资格像保尔所说的那样，回首往事，不会因为自己碌碌无为、虚度年华而悔恨了。一位作家说得好：“生命的快乐是能量淋漓尽致的发挥。”

人的一生，在很大程度上是受历史条件、社会环境、客观情况和偶然因素决定的，留给自己选择的空间非常有限；而且决定人生命运的重大选择，一生也只有那么几次。所以我们应该珍惜这些稀少的宝贵的机会，进行认真选择，以便达到自己人生的极限，活得有点自己的特色。切不可像绵羊一样，把自己珍贵的一生完全让命运去随意摆布。不过一个缺乏抱负的人，是不会有最佳的人生选择和持之以恒的努力的，因而也就不可能最大限度地实现自我价值。

追求极限包括两层意思：一是在一定的环境中，充分发挥自己的主观能动性，争取获得最佳效果；二是根据自己的优势，寻找、创造更能发挥自己潜能的新的人生舞台。追求极限是个无止境的过程，与生命同在。生命不息，奋斗不止。在追求的过程中，有时会遇到意想不到的困难，仿佛进了死胡同，无路可走了。这时最要紧的是，不要轻易放弃你原来经过深思熟虑后的选择，要硬着头皮坚持走下去。走着走着，往往就会突然出现一片新天地，使你油然而生“山重水复疑无路，柳暗花明又一村”之感。

在漫漫的人生旅途上，困难、挫折、失败是很多的。为了克服由此产生的悲观情绪，孩童的积极、乐观、创造的心态，很值得我们学习。

我们的外孙女在两岁四个月的时候，有一天坐在她妈妈身旁，独自在玩弄一个四叶片的泡沫塑料小风车。泡沫塑料很脆弱，不一会儿，她弄断了其中一个叶片。可是她不但没有哭泣，没有沮丧，反而像制作出一件新玩具似的，乐不可支地拿着剩下三个叶片的小风车，笑嘻嘻地唤道：“妈妈，这是飞机。”她把中间一个叶片当机身，两边叶片当机翼，捏在手上作飞行表演。过了一会儿，她无意间又折断了一个叶片，剩下两个相邻呈直角形的风叶。她也没有哭泣，没有沮丧，而是握着其中一个叶片作射击状，又笑眯眯地嚷嚷：“妈妈，这是手枪。”没多久，她再次失手摔断了一个叶片，只剩下最后一个风叶了。这时她也还是没有哭泣，没有沮丧，而依然笑吟吟地叫着：“妈妈，这是钥匙。”她的小手捏着这片仅存的风叶扭动着，作开锁的样子。她把每次的失误、挫折，都当作一次新的创造、新的发现。在这孩童的心目中，没有失败，没有痛苦，有的是面对新的现实，寻找新的起点和乐趣。我在一旁见了此情此景，好生感动，这种健康的积极的童心实在太可贵了。如果我们每个人在遭受挫折、打击之后，也持这种乐观的豁达的态度，勇于面对新的现实，迎接新的挑战，那么无论我们的生活道路多么坎坷，都始终能够拥有一个充满着欢乐和创造的人生。

追求和谐

和谐是人生追求的真谛。我这一生虽然屡遭沉重的打击，历尽种种苦难，但对人对社会对自然始终持和谐的态度。和谐是我的人生观，也是我的世界观。

我向来以追求创造为自己的人生目标，不与任何人的利益相冲突。为了减少阻力，最大限度地开发自己的潜能，我处世为人处处采取息事宁人的态度，决不损人利己。“宁教天下人负我，不能教我负天下人”，是我处理人际关系的信条。在劳改队那个魔鬼的角斗场中，我超然于各种明争暗斗之外。来到了地研院，为了求得一个从事自己心爱的地质构造理论研究的安宁环境，我不争权夺利，事事持谦和态度。由于我一心一意献身于科学事业，成天翱翔于令人陶醉的科学乐园里，对世俗社会的功名利禄缺乏兴趣，对人世间的尔虞我诈也无暇顾及，因而心灵得到了净化，生活也由此变得简单和宁静。

我坚信千头万绪、异彩纷呈的自然界，都有其共同的发展规律。为了寻求隐藏在错综复杂的地质构造现象背后有序的和谐的美，几十年来我排除万难，苦苦求索。根据多元的新思维、自己及前人的研究成果和科学的新成就建立起来的大陆层控构造学说，我不独发现了时间和空间跨度如此漫长、宏伟的地壳运动，竟然如此井然有序、和谐无比，美不胜收，也认识到以往许多观点殊异的大地构造学说的合理部分，都可以用大陆层控构造学说统一起来。千变万化的自然界是有序的和谐的，切合实际的理论也具有广泛的包容性和严谨的系统性。

和谐是真、善、美三者的高度统一，是当今人类社会共同的精神家园。和谐是真的。宇宙万物是有序的和谐的统一的，所以科学发现了有序、和谐、统一的事物，也就发现了一个真实的世界。和谐也是善的。它要求每个人要善待自己、善待他人、善待社会、善待自然，让每个人、每个民族、每种宗教、每种文化、每个物种，都有其合理的生存和发展的空间，从而形成一个多元的和谐的世界大家庭。和谐更是美的。陈望道先生说得好，繁多的统一才是美。和谐是理性的科学的，也是情感的艺术的。和谐精神应该成为当今知识经济时代人类社会共同的行为准则，从而达到四个层次的全面和谐——自然界的和谐（生态平衡）、人与自然的和谐（绿色环境）、人与人的和谐（和睦相处）和心灵与肉体的和谐（心理平衡），使人类社会走上一条共同发展的幸福的健康道路。未来的人类社会，将从一味追求物质享受中解放出来，进入一个以追求精神生活为主的社会发展阶段。

如果说，欧洲中世纪文艺复兴运动所弘扬的人文主义，是强调人的力量、人的主导地位、人对自然的征服和改造，使人类的智力得到了空前的发挥，科学技术获得了突飞猛进的发展，社会物质生活也由此大大地丰富了起来，那么人类社会发展到了今天，人文主义也带来了严重后果：自然资源遭到了无情的掠夺，而几近枯竭；环境破坏、环境污染日趋严重，人类面临着自己毁灭自己的严峻问题。

避免人类文明从内外两方面毁灭的有效途径，是在方方面面倡导和谐精神。从工业经济时代开始实行的，以经济发达程度（人均GDP）作为衡量社会进步唯一标准的状况必须改变。因为在这种片面的经济杠杆刺激下，人们应用不断进步的科技手段，制造出越来越多、越来越新的产品，来满足大家追求无止境的物质享受的需要，结果便产生了一个病态的高消费社会。高消费社会如同营养过剩出现的肥胖症，既浪费了资源，又伤害了自己。在今天的知识经济时代，应该彻底改变人们的追求目标：从主要追求物质财富，追求物质享受，转向主要追求精神财富，追求精神享受，全面提高每个人的生活质量。所以应该根据和谐精神，制定一个包括经济发达、生态平衡、绿色环境、社会文明程度等的综合性指标，来取代过去单纯以经济发达程度的片面性指标，从而从物质上和精神上两方面，来满足人们日益增长的提高生活质量的需要，以达到心灵与肉体、人与人、人与自然、自然与自然的全面和谐。如果说文艺复兴运动的人文主义，是对过去以神为本位的宗教思想的背叛，那么今天提倡和谐精神，则是对人文主义的彻底修正，是人类文明发展到更高阶段的产物。人类不是自然界的主人，而是自然界的成员。《易经》中的“天人合一”思想，在这里应该得到发扬光大。这是一个整合人类已有文明，包括各种似乎相互对立的价值观的合理部分的多元、有序、和谐的哲学体系。

后记

1997年退休至今，这部回忆录断断续续写了11年，七易其稿。正当这本难产的书快要杀青时，突然传来了令世界震惊的四川汶川发生大地震的消息。

2008年5月12日下午2时28分，我正在院图书馆查阅资料，管理员小赵快步走来告诉我："李工，发生地震了，灯在摇晃。"我向来反应迟钝，并无觉察。经她提醒，抬头望了一下吊灯，呵，可不是吗，灯还在摆动呢！我以为是小震，没有介意，继续看我的书。过不了一会儿，出去探听消息的小赵又急急返回："不好了，四川发生了大地震！"这时，我才收拾起文具速速回家看电视。

随后一连好几天，我天天守在电视机旁，什么事也不干，什么事也干不了，双眼盯着那一个个撕心裂肺的悲惨画面和一幕幕感天动地的崇高场景，泪流满面，不能自已。我目睹了从未见过的大灾大难，一座座村庄、一座座城镇顷刻间被夷为平地，成千上万的同胞被活埋于废墟之下；同时我又看到了国家领导人第一时间便赶赴现场指挥救灾，举国上下众志成城，为灾区灾民献出一颗颗赤诚的心。一位解放军战士把自己仅有的那点食物，拿出来喂从背上放下来的受伤妇女。温总理在都江堰50具罹难学生的遗体前停了下来，对着遗体三鞠躬。新中国成立以来，首次为普通受灾民众降半旗和举行三天全国哀悼日……我为无数生命瞬间消失悲痛欲绝，也为全国同胞和世界友人对灾区人民的关切感动不已。从人民和国家对生命及其尊严的关爱和尊重中，我感受到一个以人为本的公民社会正迎面走来。一个经历过漫长严冬的人，对和煦的春天备感温暖和珍贵。回忆，使我热切地拥抱现在，更想拥抱未来。

2008年7月20日

主要著作目录

1.《应用手电池进行电雷管爆破的计算方法及经验介绍》，《地质与勘探》，1957年，第15期。

2.《高天井两段供水法》，《地质与勘探》，1957年，第19期。

3.《空隙眼排列方法与经验体会》，《地质与勘探》，1958年，第4期。

4.《对枫林矿区若干地质构造现象的分析及其在采矿工程上的应用》（署名枫林硫铁矿技术组），《化工矿山技术》，1973年，第3期。

5.《湖北枫林矿区褶曲构造中断裂系统力学成因的探讨》，《化工地质》，1980年，第3期。

6.《压剪性正断层的成因机制与能量破裂理论》，《构造地质论丛》，第4集，地质出版社，1985年。

7.《中国挤压型盆地边缘的逆冲断层是潜滑俯冲作用形成的吗？》，《石油与天然气地质》，1986年，第7卷，第2期。

8.《论正断层上盘逆牵引构造的成因机制》（第一作者），《构造地质论丛》，第7集，地质出版社，1987年。

9.《论褶皱系和挤压型盆地逆冲断层的成因机制》（第一作者），《西安地质学院学报》，1988年，第10卷，第2期。

10.《论纵弯褶曲构造应力场及其断裂系统的分布》，《地质力学文集》，第7集，地质出版社，1988年。

11.《中国东部中、新生代断陷盆地成因机制新模式》（第一作者），《石油与天然气地质》，1988年，第9卷，第4期。

12. *An alternative model of the formation of the Meso–Cenozoic down–faulted basins in eastern China*. In: *Progress in Geosciences of China*（1985—1988）—— Papers to 28th IGC，Volume Ⅱ. Beijing: Geological Publishing House, 1989: 153—156.

13.《辽东－吉南地区硼矿床控矿构造研究（1988—1990）》（第二作者，科研报告，未刊稿）。

14.《若干构造地质理论问题的新认识》，《山西地质》，1991年，第6卷，第3期。

15. *On the structural stress field of the longitudinal bend fold and its distribution with respect to the fault system. Journal of Geophysical Research*. 96（B13），1991：21659—21665.

16.《弧后盆地成因机制新模式》，《“七五”地质科技重要成果学术交流会议论文选集》，中国地质学会编，北京科学技术出版社，1992年，36—40。

17. *A new model of the Formation Mechanism about Back–Arc Basin*. In: *Progress in Geology of China*（1989—1992）——Papers to

29th IGC. Beijing: Geological Publishing House. 1992: 67—69.

18.《论辽东-吉南地区硼矿床控矿构造及找矿方向》（第一作者），《化工地质》，1993年，第15卷，第2期。

19.《青藏高原隆起及其断裂系统成因的探讨》（第一作者），《西藏地质》，1993年，第1期。

20.《大陆层控构造导论》（第一作者），地质出版社，1996年。

21.《中国东部中新生代盆-山系及有关地质现象的成因机制》（第一作者），《中国区域地质》，1996年，第1期。

22.《大陆层控构造论——盆-山系与造山带成因及演化新模式》（第一作者），《"八五"地质科技重要成果学术交流会议论文选集》，中国地质学会编，冶金工业出版社，1996年，592—596。

23.《大陆层控构造论——盆-山系与造山带成因及演化新模式》（第一作者），《化工矿产地质》，1996年，第18卷，第3期。

24. *CONTINENTAL LAYER-BOUND TECTONICS——A New Model for the Origin and Evolution of Basin-mountain System and Orogen*. In: *Progress in Geology of China*（1993—1996）—— Papers to 30th IGC. Beijing: China Ocean press. 1996: 248—251.

25.《层控构造与板块构造》，《中国地质》，1997年，第1期。

26.《大陆层控构造论——一个新的大地构造学说》，《科技日报》，1997年1月13日。

27.《地学新学说——层控构造论》，《中国地质矿产报》，1998年1月8日。

28.《关于厄尔尼诺成因的新认识》（第一作者），《化工矿产地质》，1998年，第20卷，第3期。

29.《略论地台区的海进、海退与相邻地槽区的造盆、造山运动伴生的原因》，《化工矿产地质》，1999年，第21卷，第4期。

30.《解开厄尔尼诺成因之谜》，《中国国土资源报》，2002年4月8日。

31.《论秦岭造山带及其立交桥式构造的流变学与动力学》（第一作者），《地球物理学进展》，2005年，第20卷，第4期。

32.《大陆层控构造与油气资源》（第一作者），《化工矿产地质》，2008年，第30卷，第2期。